기업 명성과 커뮤니케이션

이화학술총서

CORPORATE REPUTATION AND COMMUNICATION

기업 명성과 커뮤니케이션

통합 커뮤니케이션 자본 모델의 이론과 전략

차희원 지음

이화출판

머리말

무형 자산으로서 기업 명성corporate reputation에 대한 연구는 최근 들어 학계에서나 업계에서 많은 주목을 받아왔으며, 다양한 학문 분야에서 서로 다른 관점하에 연구가 다양하게 이루어지고 있다. 그러나 경영학이나 마케팅학, 조직학, 사회학, 심리학, PR학 등의 여러 영역에서 명성 연구가 진행되면서 명성에 대한 개념 정의가 명확히 정립되지 못하고 있는 실정이다. 또한 각각의 영역에서 관심을 갖는 주요 변수가 다르기 때문에 명성 형성 과정이나 통합적 모델에 대한 논의도 매우 큰 차이를 보이고 있다. 이로 인해 명성을 연구하는 학자들 간의 학제간 연구나 교류가 어려운 상황이다.

따라서 이 책에서는 명성의 다양한 관점과 개념들을 정리하는 한편, 각각 다른 학문적 접근에서 바라보는 명성 개념의 공통점과 차이점을 종합적으로 정리하고자 한다. 또한 PR과 커뮤니케이션의 관점에서 명성 개념과 명성 형성 모델들을 재조명하는 것이 주요한 목적이다. 이 과정에서 경영학, 조직학, 사회학적 접근에서 중요하게 고려하는 다양한 요인과 변수들을 논의하되, 기업 명성에 영향을 미치는 위기나 사회적 쟁점, 그리고 사회 공헌 활동 등 PR 및 커뮤니케이션과 관련된 주요 이슈들이 기업 명성에 얼마나 큰 영향을 주는지 논의하고 PR과 커뮤니케이션 관점에서 명성 모델을 통합적으로 정립해보고자 한다.

특히 커뮤니케이션 관점에서, 명성 형성 과정에 있어서 다양한 공중과 기업 간의 상호 작용적 커뮤니케이션을 통해 상호 의미를 공유하고 상호 이해를 추구해가는 과정에 주목한다. 커뮤니케이션이 조직과 공중 간 의미를 공유케 하며 상호 이해를 증진시키는 가장 중요한 변수이기 때문에, 기업은 커뮤니케이션이라는 매개체를 통해 자신의 입장을 표현하고 자신을 둘러싼 다양한 공중과 서로 다른 의미를 공유함으로써 상호 이해를 증진시켜 좋은 명성을 확보할 수 있게 되는 것이다. 또한 공중도 자신의 기대를 기업에 전달하고 기대에 부응하는지 여부와 근거를 판단하면서 기업에 대한 호의적 태도를 가질 뿐 아니라 이를 바탕으로 기업과의 좋은 관계를 형성할 수 있다. 즉, 이 책에서는 '조직과 공중 간 의미 공유를 통한 상호 이해'라는 커뮤니케이션에 대한 본질적 접근을 명성 연구에 접목함으로써 사회와 공중 간 진정한 의미의 대화dialogue를 촉진시키고 이를 통해 기업은 좋은 명성을 확보할 수 있게 된다는 점을 강조한다.

이 같은 연구를 위하여 이 책에서는 통합적 명성 관리 커뮤니케이션 모델을 조직, 공중, 그리고 사회 차원이라는 세 가지 차원에서 통합적으로 접근하고자 한다. 특히 '커뮤니케이션 자본' '커뮤니케이션 네트워크 이론' '대화/소통 커뮤니케이션 이론' 그리고 '조직-공중 관계성 이론' 등과 같은 PR학과 커뮤니케이션학의 주요 이론을 기반으로 모델을 구성함으로써 커뮤니케이션의 독특성과 철학을 부여하고 PR과 커뮤니케이션 관점의 새로운 명성 관리 모델을 제시하는 데에 초점을 맞추고자 한다.

이 책에서는 reputation에 대해 '명성'이라는 용어를 사용했다. 국내에서 reputation은 명성, 또는 평판으로 혼용되고 있는데, 국립국어원의 표준국어대사전에서는 명성名聲을 '세상에 널리 퍼져 평판 높은 이름'으로 정의하고, 예시로 '명성을 날리다/명성을 얻다/그는 청빈함으로 명성이 자자하다' 등을 제시하고 있다. 또한 평판評判은 '세상 사람들의 비평' 또는 '비평하여 시비를 판정함'이라고 정의하며, '평판이 나쁘다/그에 대한 사람들의 평판은 어떤가?' 등을 예로 들고 있다. 한편, 옥스포드 영어사전에서도 reputation을 여러 가지로 정의하고 있는데, 첫 번째는 '신용, 유명, 존경, 명예 등credit, fame, respectability, honour, good name etc.'의 긍정적 의미로 정의하는데 이는 '명성'과 유사한 정의이다. 두 번째는 '사람의 특성이나 자질에 대한 일반적인 의견이나 평가The general opinion or estimate of a person's character or other qualities'라는 중립적 의미로 정의하며, '평판'의 뜻과 유사하다.

이러한 reputation의 대표적인 두 가지 정의에 따라서 학자들의 입장도 구분되고 있는데, 첫 번째 정의에 따라 '명성' 용어를 선호하는 학자들은 경영학/마케팅 학자들로서 reputation을 조직의 특성(정체성)에 기반하여 얻게 되는 외부 평가이며 긍정적인 조직의 자산으로 보는 경향이 강하다. 반면, 두 번째 정의에 따라 '평판' 용어를 사용하는 학자들은 사회학적 관점에서 조직 외부의 비평과 판단에 초점을 맞추고 있다. 이 책에서는 reputation을 조직의 정체성에 기반한 외부의 평가이며 조직의 자산이라는 점에 초점을 맞추어 '명성'으로 칭했다.

이 책은 크게 다섯 가지 부분으로 구성된다. 첫 번째 장에서는 기업 명성에 대한 개념 정의와 구성 요소를 제시하고, 다양한 학문적 관점에서 논의된 명성의 개념을 소개한다. 또한 명성과 관련된 유사 개념으로 이미지와 정체성 등을 비교 분석한 후 개념 설정의 기준 및 속성과 관련된 논의를 토대로 이 책의 명성 개념의 기준과 특성을 제시했다.

두 번째 장에서는 여러 가지 학문적 관점에서 파생된 다양한 모델을 제시하고, 그들 모델의 특성과 구성 요인, 그리고 장단점 등을 다루었다. 이 모델을 통해 제시되는 주요 변수들과 그 특성이 무엇인지 소개하고 다른 모델에 비해서 강조되었거나 축소된 부분은 무엇인지 논의했다. 이러한 논의를 통해 다양한 시각의 독특성과 한계점을 제시했고 이를 토대로 이 책의 통합적 명성 모델을 구성하고자 했다.

세 번째 장은 PR과 커뮤니케이션 관점에서 명성을 연구한 학자들의 논의를 중심으로 명성과 관련된 일곱 가지 커뮤니케이션 요소와 특징을 다루었다. 기존의 다양한 관점과 학문적 영역에서 명성과 커뮤니케이션을 어떤 방식으로 논의해왔는지, 그리고 이들 영역에서 커뮤니케이션에 대한 시각이 어떻게 제시되고 있는지 논의했다. 특히 PR학과 커뮤니케이션학 영역에서 커뮤니케이션을 어떻게 다루어왔고 이것이 기존의 명성 연구에 어떤 역할을 수행해왔는지 확인해보는 작업도 이루어졌다.

기존의 PR학과 커뮤니케이션학 영역에서는 커뮤니케이션이 핵심적, 중심적 역할을 수행했다기보다는 다른 명성 연구들처럼 하나의 상황적 변수나 전략적, 기능적 변수로 연구되어온 경향이 있다. 그러나 이 책에서는 커뮤니케이션을 가장 중요한 핵심 변수로 규정하고 명성을 형성하고 강화하며 회복하는데 있어서 커뮤니케이션이 어떤 역할을 담당하는지 그 주요 특성을 밝혀보고 통합 모델을 구성하는 데 목적을 두고 있다. 경영학자인 반릴과 폼브런도 이와 유사한 주장을 하고 있는데, 그들은 커뮤니케이션이 조직 명성에 있어서 핵심적인 생명혈lifeblood로 기능한다고 주장한 바 있다. 그러나 그들 역시 커뮤니케이션을 조직 명성을 지원해주는 조직 중심적, 성과적, 기능적 변수로 다루고 있다. 하지만 이 책에서는 커뮤니케이션을 조직과 이해관계자(공중) 간 상호 의미를 공유하고 상호 이해로 나아가는 핵심 변수로 보고, 커뮤니케이션을 중심으로 조직 명성이 구축, 형성, 발전된다고 본다. 이와 같은 PR과 커뮤니케이션 관점에서 통합적 명성 관리 커뮤니케이션 자본 모델을 구성하고 그 구성 요소와 커뮤니케이션 특성을 밝혀보고자 했다.

네 번째 장에서는 명성과 커뮤니케이션 간 관련성에 대한 기존의 논의를 토대로 다양한 명성 관점을 PR과 커뮤니케이션 관점에서 통합한 통합적 명성 관리 커뮤니케이션 자본 모델을 제시했다. 이 모델은 조직 차원, 조직과 공중 관계 차원, 그리고 사회 차원 등 세 가지 차원에서 주요 변수들을 통합한 것으로 다양한 관점과 이론을 종합적으로 논의하고 있다. 특히 조직 커뮤니케이션 자본, 관계 커뮤니케이션 자본, 그리고 사회 커뮤니케이션 자본 등의 구성 요소를 집중적으로 조명하면서 명성 높은 기업이 갖춰야 하는 커뮤니케이션 자본의 특성이 무엇인지 검토했다.

마지막 다섯 번째 장에서는 네 번째 장에서 제시한 통합적 커뮤니케이션 자본의 특성을 바탕으로 18가지 커뮤니케이션 자본을 제안하고 국내외 명성 높은 기업의 커뮤니케이션 자본을 성공 사례 중심으로 제시했다. 특히 명성 높은 기업들의 커뮤니케이션 특성을 통합 커뮤니케이션 자본 모델의 구성 요소에 근거하여 국내/해외 기업의 사례와 성공 포인트를 구체적으로 다루면서 그 특징을 논의했다.

이와 같은 이 책의 구성은 기업 명성에 대한 이제까지의 연구를 다양한 학문적 관점에서 정리하는 한편, PR과 커뮤니케이션 관점에서 명성을 조망하고 통합적 모델을 제시하는 새로운 시도가 될 것이다. 특히 커뮤니케이션 고유의 특성을 담고 있는 명성 높은 기업의 커뮤니케이션 특징을 소개함으로써 기업 명성이 어떻게 생성, 증진, 회복되는가에 대한 이론적 지침서 역할을 시도했다. 이와 같은 논의를 바탕으로 통합적 명성 관리 커뮤니케이션 자본 모델을 제안했고 이러한 이론적 모델을 실제 명성 높은 기업의 성공 사례에 적용하고 소개함으로써 PR 실무자들이 기업 명성을 증진시키거나 회복하는 다양한 실제 상황에 활용할 수 있도록 실무적 전략 포인트도 제시했다.

이와 더불어, 사회적으로 존경받고 신뢰받는 기업이 되기 위해서 기업은 사회와 어떻게 커뮤니케이션해야 하는가라는 대화와 소통이라는 측면에서 통합적 명성 관리 커뮤니케이션 모델을 제공하고자 했다. 궁극적으로 기업은 사회와의 진정한 소통을 통해 기업을 둘러싼 다양한 이해관계자와의 약속을 지키고 사회적 책임을 다하며, 이를 통해 사회 공중의 호의를 획득하고 좋은 명성을 갖게 되는 상호 호혜적 결과를 기대할 수 있다. 사회 공중(일반 국민) 역시 기업과의 소통과 대화를 통해 의미를 공유하고 상호 이해를 하게 되며 이러한 과정을 통해 신뢰하는 커뮤니케이션 네트워크를 형성하고 신뢰 사회의 구축에 한 걸음 다가설 수 있을 것이다.

이 책을 쓰면서 큰 도움을 주신 많은 분들께 고마움을 전하고 싶다. 우선, 최선을 다해 집필할 수 있도록 좋은 환경을 조성해주고 배려해주신 이화여자대학교 커뮤니케이션·미디어학부 교수님들과 연구를 지원해준 학교에 감사를 드리고 싶다. 시라큐스대학교에서 함께 토론하면서 연구에 많은 통찰력을 부여해준 인디애나대학교의 양성운 교수님께도 감사의 마음을 전한다. 시작부터 마지막까지 항상 격려해주시고 도움을 주신 이화여자대학교출판부 부장이신 김훈순 교수님, 책 구성에 조언과 지원을 아끼지 않은 이혜지 실장님, 그리고 항상 웃는 얼굴로 도움을 주신 민지영 선생님께 진심으로 감사를 드리고 싶다. 대학원 수업을 통해서 문제의식과 다양한 논의를 제공해준 이화여대 대학원생들과 좋은 사례를 찾아준 학부생들은 이 책을 저술해야겠다는 동기를 부여해주었고 큰 힘이 되었다. 책을 집필하는 과정과 마무리에 이르기까지 자료를 찾고 정리하면서 책의 부족한 부분을 메꾸는 데 큰 도움이 된 박사 과정의 이준희, 자료 조사와 정리, 사례를 찾는 데 많은 시간을 할애해준 민지원, 교정하면서 책의 문제점을 꼼꼼히 체크해준 오예진, 그 외에도 이 책의 자료 조사를 돕느라 수많은 시간을 아끼지 않은 연구조교와 대학원생들에게 많은 고마움을 전한다. 마지막으로, 이 책을 쓰느라 보낸 수많은 시간들을 묵묵히 지켜보면서 아내와 엄마의 빈자리를 인내해준 남편과 주연, 지은, 그리고 상희에게 고마움과 사랑을 전한다.

이화여대 포스코관에서
2015년 6월
차희원

차례

CORPORATE REPUTATION AND COMMUNICATION

1장

기업 명성에 대한 다양한 관점과 개념화

1. 기업 명성 개념 정의와 관련 개념 논의

기업 명성의 역사와 주요 쟁점

기업 명성 이론의 진화 과정을 검토한 발머J. M. T. Balmer에 따르면, 기업 명성 관련 이론은 3단계의 발전 과정으로 구분할 수 있다(Balmer, 1998; Bennett & Kottasz, 2000에서 재인용). 1단계는 1950년대로 기업 이미지에 초점을 맞춘 단계이며, 2단계는 1970년대와 1980년대로 기업 정체성과 기업 커뮤니케이션을 강조해왔던 단계이다. 그리고 3단계는 1990년대로 기업 브랜드 관리와 명성에 관심이 기울어지기 시작한 단계이다.

기업 명성이 주목을 받기 시작한 시점은 1983년 『포춘』 지가 '올해의 가장 존경받는 기업들Most Admired Companies of the Year'이라는 특별한 주제로 기업 순위를 발표하면서부터이다. 하지만 『포춘』 지의 기업 순위에 대한 과학적 방법론에 관해서 비판이 일기 시작했고 이에 대한 학자들의 관심은 크지 않았다. 기업 명성에 대한 학문적 성과는 1993

년 브롬리D. B. Bromley의 저서 『명성과 이미지, 그리고 인상 관리 *Reputation, Image, and Impression Management*』에서 시작되었다(Carroll, 2013에서 재인용). 브롬리는 사회심리학적 관점에서 인상 관리 이론에 근거하여 명성이 어떻게 회복되고 관리될 수 있는지를 다루었다. 이와 같이 『포춘』 지의 명성 순위에서부터 출발하여 브롬리의 명성에 대한 학문적 논의, 그리고 『포춘』 지의 명성 순위 조사 결과에 대한 지속적인 발표 등은 기업 명성에 대한 관심을 촉발시켰고, 『기업 명성 리뷰 *Corporate Reputation Review*』 같은 저널이 발간되면서 기업 명성 연구가 가속화되었다. 기업 명성에 대한 학문적 관심의 촉발은 1990년 폼브런 C. J. Fombrun과 샤인리M. Shanley가 『포춘』 지의 순위 발표에 대한 검토를 미국 경영학회 저널 『*The Academy of Management Journal*』에 발표하기 시작하면서 시작되었다. 이 즈음에 많은 다른 학문 분야(경제학, 사회학, 심리학, 그리고 마케팅 등)에서 기업 명성에 대한 관심과 연구가 크게 진전되었다. 하지만 다양한 학문 분야에서 명성에 대한 개념 정의가 이루어지면서 서로 다른 학문적 근거와 다른 인식론적 토대하에서 명성 개념에 대한 다른 논의가 이루어졌고 개념에 대한 혼란은 학계에서 큰 문제로 제기되었다.

쟁점 1: 명성, 이미지, 정체성 개념의 차이

명성 개념에 대해서 가장 많이 문제가 된 것은 명성reputation이라는 개념이 이미지image, 정체성identity, 인상impression 등의 개념들과 혼동되어 사용되어왔다(Grunig & Hung, 2002)는 점이다. 특히 가장 많이 논란이 되어왔던 것은 '기업 명성'과 '기업 이미지'의 개념이 혼용되는 문제와 상호 영향성 이슈이다. 60-70년대 연구들은 '명성'보다 '기업 이미지'에 초점을 맞춰왔고, 80년대 이후에야 '기업 명성'과 '기업 이미지' 간의 관계에 주목하기 시작했다. 두 개념을 별도의 개념으로 인식(Grunig, 1993; Balmer, 1997)하거나 유사 개념으로 지적하거나(Dowling, 1986; Dutton et al., 1994) 간에 대다수 학자들은 두 개념간의 상호 연관성을 지적하고 있다. 또한 기업 명성이 이미지에 영향을 미치는지 그 반대인지에 대해서도 많은 이견이 있어왔으며 상호 영향을 주고받는 역동적 구성체라고 지적하기도 한다(Gotsi & Wilson, 2001).

명성이란 회사에 대해 이해관계자가 갖고 있는 일반적인 인식이며, 다른 경쟁사들에 비교했을 때 회사의 전반적인 매력을 나타내는 회사의 과거 행동과 미래 전망에 대한 인식적 표상이다(Fombrun, 1996)라고 정의한 폼브런의 정의가 학자들 사이에서 가장 일반적으로 받아들여지고 있는 정의이다(Barnett et al., 2006). 명성에 대한 이러한 정의는 이미지image나 인상impression, 연상association 등의 개념과 유사하다는 문제가 많이 제기되었다. 이러한 문제점에 대해서 폼브런과 반릴van Riel은 명성 안에서 이미지와 정체성을 포괄하려 했는데, 그들의 통합적 관점에서는 이미지와 정체성은 명성의 기본 요소이다(Fombrun & van Riel, 1997; Barnett et al., 2006에서 재인용). 정체성은 내부 구성원과 매니저가 회사의 본질에 대해 갖고 있는 인식인 반면, 이미지는 외부 관찰자들의 인식이며 명성은 이들 인식의 총합의 순수한 결과net result이다. 반면, 발머는 다섯 가지 정체성 모델을 제시하면서 정체성 아래 이미지와 명성을 포함하는 방식을 보여주고 있다. 그가 제시한 바라는 정체성desired identity과 이상적인 정체성ideal identity, 실재 정체성actual identity은 정체성identity과 유사한 개념으로 구성하고 있으며, 전달된 정체성communicated identity과 인식된 정체성conceived identity은 각각 이미지(투사된 이미지, 인식된 이미지) 혹은 명성과 유사한 개념으로 구성했다.

그러나 이들의 통합적 관점과는 달리, 어떤 학자들은 정체성, 이미지, 그리고 명성을 상호 교환적으로 사용한다. 예를 들면, 마윅과 필(Marwick & Fill, 1997)은 정체성을 다양한 이해관계자에 대한 조직의 표현이며 다른 모든 조직과 구별하는 수단이라고 주장했으며, 브롬리(Bromley, 2001)는 회사 이미지를 내부의 집합적인 마음의 상태로, 기업 커뮤니케이션에 기반하여 다른 사람들에게 자신을 제시한 것이라고 지적했다. 휘튼과 맥키는 이미지라는 것이 조직 구성원들이 외부 이해관계자에게 보여주고자 하는 조직의 가장 중심적이고 지속적이며 독특한 그 무엇이라고 했다(Whetten & Mackey, 2002). 바넷 등은 이들 학자들이 조직의 내적 요소에 초점을 맞추고 있으며 이러한 정의는 폼브런의 기업 정체성 정의와 유사하다고 지적했다(Barnett et al., 2006). 이들 개념을 상호 교환적으로 사용하지 않는 학자들은 특정 위계를 주장했다. 와이는 명성이 이미지를 포괄하지 않아야 하며, 이미지가 명성을 포괄해야 한다고 주장했다. 그는 만일 명성이 설득에서 시작된 것이라면 이미지 아래에 포괄되어야 한다고 지적했다. 물론 명성 또한 이미지 창출에 기여하지만, 마케팅 전략, 제품 품질, 고객서비스 등과 같이 이미지 메이킹의 결과를 만들어낼 수 있는 다른 변수들처럼 '이미지' 내에 있는 변수로 고려되어야 한다고 주장한다(Barnett et al., 2006에서 재인용).

쟁점 2: 인식, 평가, 자산으로써의 명성 개념

바넷 등(Barnett et al., 2006)은 명성에 대한 기존의 연구들을 검토하여 명성의 개념 정의가 세 가지 군집으로 구성되어 있음을 확인했다. 인식awareness으로서의 명성, 평가assessment로서의 명성, 그리고 자산asset으로서의 명성. 첫 번째 군집인 인식으로서의 명성은 관찰자나 이해관계자들이 회사에 대해 갖는 일반적인 인식이며, 판단을 내리지 않은 것을 의미한다. 두 번째 군집인 평가로서의 명성은 조직의 상태에 대해서 관찰자들이나 이해관계자가 평가하는 정의들을 포함한다. 세 번째 군집인 자산으로서의 명성은 회사의 무형적 자산 혹은 자원이나 가치로서의 명성을 지칭하는 정의들을 포함한다.

이처럼 명성에 대한 다양한 개념 정의가 이루어진 이유는 기업 명성에 대한 연구가 여러 학문 분야에서 진행되었기 때문이다. 학문 영역에 따라서 명성의 속성 중 관심을 갖는 요소와 이론적 토대가 큰 차이를 보인다. 예를 들면, 경영학자나 전략가들은 자원 기반 이론이나 게임 이론에 근거를 두고 명성을 조직의 '자산'이며 '자원'으로 개념화하고 명성 자원을 통한 '상대적 우위'와 '경쟁적 이점'에 초점을 맞춘다(Barney, 1991; Deephouse, 2000; Helm, 2007; Weigelt & Camerer, 1988; Dowling, 2002). 반면, 사회학자들은 제도 이론과 정당성 이론에 기반하여 명성을 사회 제도나 규범에의 '순응'이며 '정당성'을 확보하는 것이라 정의하면서 이해관계자의 '기대'와 '평가'에 관심을 갖는다(Rindova et al., 2005; Rao, 1994; Fombrun et al., 2000). 그리고 심리학자나 커뮤니케이션 학자들은 정보과정화 이론이나 스키마 이론, 귀인 이론 등에 근거를 두고 수용자가 인식하는 기업 '인식'과 '연상' 등 기업 관련 스키마에 초점을 맞춘다. 따라서 수용자가 기업 행동을 해석하는 귀인 과정, 혹은 불확실성을 줄이려는 정보화 과정 등에 관심을 갖고 연구를 진행했다(Grunig, 1993; Hollady, 2013; Kottasz & Bennett, 2014).

이와 같이 학문적 토대와 관심 영역이 다름에 따라서 명성은 '자산'이나 '자원'으로 개념화되기도 하며, 또는 '평가'나 정당성' 그리고 '인식' 등 서로 다른 특성에 초점을 맞추어 개념화가 이루어져왔다. 물론 이러한 다양한 관점과 학문적 토대로 인하여 명성에 대한 학제간 연구도 가능해지고 다양하고 풍성한 이론적, 개념적 논의가 가능해졌다는 장점도 존재한다. 하지만, 여전히 개념에 대한 논란과 혼돈을 가져올 소지를 안고 있다는 문제가 남아 있고, 이와 관련하여 최근 여러 학자들은 다차원적 학제적 통합 모델과 개념화를 시도하고 있다(Smaizine & Jucevicius, 2009; Bennett & Kottasz, 2000; Lange et al., 2011; Fombrun, 2012).

쟁점 3: 명성의 총체성 대 구체성

2000년대 초반 접어들면서 명성을 정의짓는 주요한 속성 중에서 모든 이해관계자의 '총체적aggregate'이며 '집합적인collective' 인식이라는 측면에 대한 논쟁이 촉발되었다. 2002년 워틱S. L. Wartick이나 르웰린P. G. Lewellyn 등의 학자들은 명성이 이해관계자 의견의 총합체이며 집합적 인식이라는 주장에 문제를 제기했다. 그들은 명성이 이해관계자 전체의 집합적 인식이 아니라 특정 이슈나 특정 이해관계자와 관련하여 '무엇'에 대한 명성인지에 초점을 맞춰야 한다는 주장을 하기 시작했고, 일반화된 명성이 아니라 '무엇에 대한 명성', 또는 '누군가의 명성' 개념을 다루어야 한다는 주장이 몇몇 학자들을 중심으로 나타나기 시작했다.

워틱(Wartick, 2002)은 명성의 정의와 데이터에 존재하는 문제점을 지적하면서, '총체적인' 명성 측정에 대한 이슈를 제기했다. 특히, 그는 『포춘』 지의 가장 존경받는 기업Most Admired Companies: MAC, 또는 폼브런의 명성 지수Reputation Quotient: RQ에 대해서, 측정된 결과는 측정 대상이 누구인지, 그리고 특정 이슈 상황에서 대상이 가지고 있는 이해관계는 무엇인지에 의존하고 있다고 보았다. 무엇보다도 MAC으로 측정했을 때 나타나는 경제적인 후광 효과는 조직의 경제적 수익을 극대화시키는 데 관심을 두고 있는 기업 대표자나 애널리스트로부터 비롯되며, 조직의 사원들을 대상으로 측정하게 된다면 그들의 이해관계인 업무 환경과 관련된 평가가 작용하게 된다는 것이다. 이러한 유형의 서로 다른 편견은 어느 이해관계자 집단에나 존재하는 것으로 보여지는데, 집단별 개인별 차이를 고려하지 않고 개개인의 응답을 평균화하여 종합 지수로 명성을 산출해내는 데에는 무리가 따를 수밖에 없다. 따라서, 다양한 공중별로 가중치를 두는 방식을 개발해야 한다고 지적한다(Wartick, 2002; Lewellyn, 2002).

워커(Walker, 2010)는 기업 명성에 대한 문헌들을 체계적으로 검토하여 54개의 논문들을 분석한 결과, '기업 명성'의 개념과 관련하여 세 가지 문제점—분명한 개념 정의의 필요, 기업 명성을 조작화하는 것의 어려움, 보다 발전된 이론의 필요—이 드러났다고 주장했다. 워커의 연구의 주요 발견점은 '(1) 명성은 차별적인 차원을 갖고 있으며, 이슈 구체적이라는 것'과 '(2) 서로 다른 이해관계자 그룹들은 명성에 대해 각기 다른 인식을 갖고 있다는 것'이다. 따라서 워커는 '기업 명성은 회사의 과거 행위와 미래 전망에 대한 상대적으로 안정적이고 이슈 구체적인 집합적 인식적 표상이다'라고 정의했다.

이러한 주장에 따라 르웰린(Lewellyn, 2002)이나 레인지 등(Lange et al., 2011)의 학자들은 명성 개념을 '무엇인가에 대한 명성'으로 구분했고, 명성 개념의 세분화나 하위 명성sub reputation 개념도 구체적으로 등장하기 시작했다. 이에 대해 폼브런(2012)은 명성의 통합화를 시도하는 과정에서 특정 이슈와 특정 이해관계자에 초점을 맞추고 그들이 기대하는 것을 기준으로 통합적 개념화를 시도했다.

폼브런(Fombrun, 2012)은 바넷 등(Barnett et al., 2006)과 워커(Walker, 2010)의 개념 정의에서 제시된 것처럼, 기업 명성이 외부 관찰자에 의한 판단과 평가로 묘사되어지는 경향이 많으며, 기업 명성에 영향을 미치는 재정적, 사회적, 그리고 환경적 선행 요인이 다양하게 작용한다는 주장에 동의한다. 그러나 이러한 바넷과 워커의 정의는 한계점이 있다고 주장하면서, 하나는 이슈 특정적인 것과 변화하는 표준이라는 점이며, 더욱 치명적인 것은 이들 모두 명성 구성 요소 안에 명성의 선행 변수와 결과 변수를 내포하고 있다는 것이라고 지적했다. 그가 1999년부터 명성을 연구해온 바에 따르면, 이해관계자 인식을 추동하는 2가지 요인이 있음을 지속적으로 일관되게 확인했다. 한 가지 요인은 그들끼리 강하게 상관관계가 있는 폭넓은 감정적 속성으로 구성되어 있다는 것이며, 두 번째 요인은 회사의 차원 특정적 인식으로 구성되어 있다는 것이다(Fombrun, Gardberg, & Sever, 2000). 감정적 속성은 ‘좋은 느낌’ ‘신뢰’ ‘존중’ ‘존경’ 그러한 용어로 구성된 것들이며, 이는 모든 이해관계자 집단, 국가, 그리고 산업에서 동일하게 나타난 요인이다. 이러한 논의에 따라서 폼브런은 기업 명성의 구성 요소를 4가지로 제시했다. 명성은 (1) 집합적 평가이며 (2) 회사의 매력이고 (3) 정의된 일련의 이해관계자가 존재하며, (4) 다른 회사의 준거집단에 상대적인 것이다. 그리고 그는 ‘기업 명성은 회사가 자원을 얻기 위해 경쟁하는 준거 집단에 비교하여 상대적으로 특정 집단의 이해관계자가 갖는 회사의 매력도에 대한 집합적 평가이다’라고 정의했다. 그는 이러한 정의를 통해 기업 명성이 언제나 특정 이해관계자 집단과 특정 준거 집단의 용어로 정의되어야 함을 주장한다. 즉, ‘이 회사의 명성은 무엇인가’라는 질문은 모호한 답변을 갖게 한다는 것이다. 예를 들면, ‘특정 준거 집단에 비교해볼 때 이해관계자 집단 X에 대한 이 회사의 명성은 A이며, Y집단에 대한 명성은 B이다’라고 명시되어야 하며, 따라서 명성에 대한 가설 발전은 이해관계자 집단과 준거 집단 둘 다의 용어로 정의되어야 한다고 주장했다.

이와 같은 명성 개념에 대한 논쟁과 쟁점에 의해 볼 때, 기업 명성의 주요 구성 요소가 보다 깊이 있게 논의되어야 하며, 주요 구성 요소나 속성을 기준으로 유사 개념인 정체성이나 이미지와 비교 분석될 필요가 있다. 따라서 다음에서는 기업 명성과 정체성, 이미지를 중심으로 여러 학자들이 어떤 측면을 기준으로 비교하고 그 차이를 논의했는지 검토해보겠다.

기업 명성과 정체성, 이미지 개념의 비교

그레이E. R. Gray와 발머J. M. Balmer는 기업 이미지와 정체성, 그리고 기업 명성 사이를 구분하는 운용 모델을 통해 세 가지 개념 차이를 설명했다(그림 1.1). 그들은 기업 정체성을 시발점으로 하여 이를 전달하

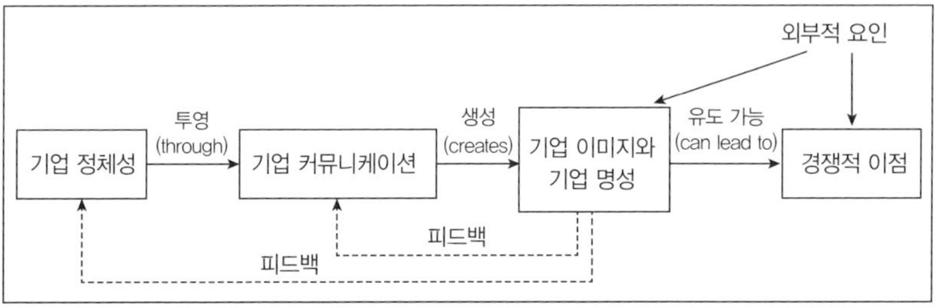

그림 1.1 기업 명성과 이미지 관리를 위한 운용 모델

출처: Gray, E. R., & Balmer, J. M. T.(1998). Managing corporate image and corporate reputation. *Long Range Planning*, 31(5), p. 696.

는 기업 커뮤니케이션을 통해서 기업 이미지와 기업 명성이 형성되며, 이는 기업의 경쟁적 이점을 만들어내게 된다고 설명했다. 다만, 외부의 여러 가지 영향 요인에 따라서 기업 이미지와 기업 명성은 영향을 받게 되기도 하며 이는 기업의 경쟁적 이점에도 다시 영향을 미치게 된다는 것이다. 여기서 기업 이미지나 명성은 다시 기업 정체성과 기업 커뮤니케이션에 피드백을 주고 이에 따라서 다시 변화된 기업 정체성은 커뮤니케이션을 거쳐 이미지나 명성을 또다시 창출하게 된다(Gray & Balmer, 1998).

그레이와 발머는 기업 정체성이란 기업의 실재이며 그 조직의 차별적인 특성을 나타내는데, 간단히 말하면 '그 조직이 무엇인가'라고 제시한다. 여기서 기업 정체성의 관리는 기업 경영 전략, 핵심 간부의 철학, 기업 문화, 조직 구조 사이에서 역동적인 상호 작용을 포함한다. 기업 커뮤니케이션이란 다양한 미디어를 통해 공식적/비공식적으로 발생되는 모든 메시지인데 기업들은 이를 통해 정체성을 다양한 오디언스와 이해관계자들에게 전달한다. 즉, 이는 기업의 정체성, 이미지, 명성의 결합을 의미한다. 기업 이미지란 오디언스에 의한 기업의 관념적인 그림으로, 그들이 기업의 이름을 듣거나 로고를 보았을 때 마음속에 떠오르는 것이다. 기업 명성은 이와 연관된 개념으로 구성원들에 의한 기업 평가를 말한다.

일반적으로, 기업 이미지는 명성에 비해 빠르고 쉽게 형성된다. 강력한 이미지는 이름, 로고, 심볼, 기업 광고, PR 등의 공식적인 커뮤니케이션을 포함한 이미지 형성 캠페인을 통해 만들어질 수 있다. 반면에 기업 명성은 더 효과적인 커뮤니케이션 노력이 필요하다. 이는 보통 수년에 걸친 일관된 행위를 통해 형성된 가치 있는 정체성이 요구된다. (조직된 커뮤니케이션 프로그램은 긍정적인 명성을 강화하고 증진시킬 수는 있다.) 기업 명성은 기업 행위에 대한 가치 평가를 의미하며, 이는 오랜 시간 동안 이루어진 기업의 일관된 행위의 결과이며 효과적인 커뮤니케이션을 통해 강화된다. 기업은 이해관계자들에게 정확하고 긍정적인 이미지를 투영하고자 하며, 그들 마음속에 우호적인 명성이 형성되기를 바란다. 결과적으로 이해관계자들의 관점에서 이미지와 명성은 기업에게 매우 중요하다고 지적하며, 기업 정체성과 기업 커뮤니케이션은 기업 이미지와 명성을 형성하고 관리하는 중요한 요소라고 주장했다.

워틱(Wartick, 2002)은 과거의 명성 연구에서 정체성identity, 이미지image, 위신prestige, 선의good will, 존경esteem, 지위standing는 기업 명성corporate reputation과 밀접한 관련이 있는 개념이었다고 지적한다. 이 개념들은 (a) 명성의 동의어 (b) 명성의 중요한 요소 (c) 명성을 포괄하는 광의의 개념으로 인식되었다. 그는 조직의 상대적 지위를 묘사하기 위해서는 많은 용어들이 사용되며, 사회학에서는 권위prestige, 경제학에서는 명성reputation, 마케팅에서는 이미지image, 회계학과 법학에서는 호의goodwill라는 개념이 선호된다고 지적했다. 그는 권위prestige와 자존심esteem은 긍정적 개념이지만 명성reputation은 사회학적 관점에서 보면 중립적이라고 보았으며, 이미지image는 마케팅에서 기업이 아닌 브랜드에 적용되었다고 보았다. 그는 이미지, 정체성, 명성의 개념은 혼용되어 사용되고 있지만 이러한 점이 문제를 일으킬 수 있다고 지적하면서, 각각의 개념들은 다른 집단의 인식으로 구분되어야 한다고 주장했다. 예를 들면, 이미지는 주로 고객과 다른 외부 이해관계자들과 관련되어 있고, 정체성은 직원이나 관리자 같은 내부 이해관계자들에게 초점을 맞추고 있다는 것이다. 그리고 명성은 이미지와 정체성의 집합체라고 설명했다. 브롬리(Bromley, 2001)도 이와 유사하게 기업 정체성이란 조직의 주요 구성원이 조직을 개념화하는 방법, 기업 이미지란 조직 스스로 그들의 공중에게 제공하는 것으로, 특히 시각적인 방법이라고 정의했다. 또한 기업 명성은 주요 외부 이해관계자 그룹이나 다른 이해 공중들이 실제로 조직을 개념화하는 방법으로 정의한다.

베넷R. Bennett과 코타츠R. Kottasz는 다양한 기업 명성의 정의가 존재하지만, 폼브런(Fombrun, 1996)의 정의가 가장 포괄적인 정의로 받아들여지고 있다고 지적한다. 폼브런은 기업 명성을 모든 핵심 구성원들에게 다른 주요 경쟁자들과 비교했을 때의 회사의 전반적인 매력을 설명하는, 기업의 과거 행동과 미래 전망에 대한 지각적인 표현이라고 정의했다. 그들에 따르면, 기업 명성은 이해관계자들 사이에서 오랜 기간에 걸쳐 정착된, 사회적으로 전달 가능한socially transmissible 기업에 대한(기업의 특성과 행동, 그 결과에 대한) 평가이며, 이는 기업 행동에 대한 기대expectation와 진실성trustworthiness, 호의성favorability, 그리고 승인acknowledgement의 수준을 나타낸다(Bennett & Kottasz, 2000).

그들은 기업 명성에 대한 16가지 정의를 정리했는데(표 1.1), 이 정의들을 종합해보면, 명성은 인지-지각의 차원(1~4, 6, 7, 9~11)과 역사적 차원(2, 4~8, 13, 15, 16)을 갖는다. 또한 명성은 회사의 특성과 행동(1, 2, 7, 8, 14, 15), 이해관계자(4~6, 10, 12, 14), 기업 이미지(3, 4, 9~11), 향후 사업적 행동에 대한 기대(4, 8, 12)와 관련된 차원들을 포함한다. 특히 학자들이 정의한 명성 개념에는 인식과 역사적 차원, 회사의 특성과 행동, 그리고 이해관계자와 관련된 차원 등에서 공통점이 많았음을 보여주었다(표 1.2).

표 1.1 명성의 정의

출처: Bennett, R., & Kottasz, R.(2000). Practitioner perceptions of corporate reputation: an empirical investigation. *Corporate Communications: An International Journal*, 5(4), p. 227.

	Definition	Source
1	명성은 사회-인지적 공동체의 개개인들로 이루어진 그룹들 사이에서 공유되는 여러 속성들과 그 사이의 상호 관계성으로 정의될 수 있다.	Andersen et al. (1999)
2	기업 명성은 (조직이) '무엇인지'와 '어떻게 행동했는지'에 대하여 오랜 기간에 걸쳐 구축되는 조직에 대한 지각을 나타낸다.	Balmer(1998)
3	기업 명성은 사람들에 의해 지속되는 조직 이미지로서, 조직에 대한 평가이다.	Dowling(1994)
4	기업 명성은 핵심 구성원들에게 회사의 매력을 설명해주는 회사의 과거 행위와 미래 전망에 대한 지각적 표현이다.	Fombrun(1996)
5	기업 명성은 다양한 이해관계자들에게 가치 있는 결과를 전달하는 회사의 능력과 관련된 과거의 행동과 그 결과에 대한 집합적인 표현이다.	Fombrun, and Rindova(1996)
6	기업 명성은 누적적 판단의 표현으로 조직의 실질적 또는 상징적 행동에 대한 사회적 지각에 기반한다.	Fombrun and Shanley(1990)
7	효과적인 커뮤니케이션으로 촉진되는 기업 명성은 기업의 속성에 대한 가치 판단을 나타내며 일관된 수행의 결과로 발전해간다.	Gray and Balmer(1998)
8	명성은 전체의 속성—가격과 품질, 마케팅 스킬 등—에 대한 일관성의 평가이다. 이 평가는 유사한 방식으로 행동할 것이라는 전체의 의지와 능력에 근거한다. 명성은 전체의 생애에 걸친 모든 거래들로 구성되는 종합적이고 역사적인 개념이며, 그것이 형성되는 시간에 걸쳐 행위의 일관성을 요구한다.	Herbig and Milewicz(1995)
9	기업 명성은 (구매자의 관점에서) 회사가 잘 알려져 있는지, 좋거나 또는 나쁜지, 믿을 만한지, 진정성이 있는지의 정도로 구성된다.	Levitt(1965)
10	기업 명성은 조직의 이해관계자, 고용자, 소비자, 공급자, 투자자, 공동체 구성원, 액티비스트(사회운동가), 미디어 이외 다른 이해관계자들의 의견과 지각, 태도의 종합체이다.	Post and Griffin(1997)

	Definition	Source
11	기업 명성은 회사의 정보에 대한 명료한 평가이다. 이 정보는 회사를 점유하고 있는 행위자 또는 행위자 그룹들의 의사 결정에 사용된다.	Schweizer and Wijnberg(1999)
12	명성은 핵심 이해관계자들이 회사의 상품과 행동들에 대해 갖고 있는 기대를 설명해준다.	Sever and Fombrun(1992)
13	기업 명성은 회사의 행동에 대한 종합적인 기억으로 유지되는 기업의 가치를 나타낸다.	Smythe et al. (1992)
14	기업 명성은 회사가 사회적 지위를 극대화하기 위하여 그들의 핵심 특성들을 구성원들에게 전달하는 경쟁적 과정의 결과이다.	Spence(1974)
15	기업 명성은 회사의 과거 행위들로부터 비롯된 회사의 경제적, 비경제적 속성들의 종합이다.	Weigelt and Camerer(1988)
16	기업 명성은 회사의 과거 행위들의 역사를 반영한다.	Yoon et al. (1993)

표 1.2 명성 개념의 공통적 구성 요소

	1	2	3	4	5	6	7	8	9	10	11	12	13	14	15	16
인지-지각 차원	○	○	○	○		○	○		○	○	○					
역사적 차원		○		○	○	○	○	○					○		○	○
회사의 특성과 행동 차원	○	○					○	○						○	○	
이해관계자				○	○	○				○		○		○		
기업 이미지			○	○					○	○	○					
향후 사업에 대한 기대				○				○				○				

바넷 등(Barnett et al., 2006)은 〈그림 1.2〉와 같은 모델을 통하여 기업 정체성과 이미지, 명성, 그리고 명성 자산 간의 관련성을 설명했다. 〈그림 1.2〉에 따르면 명성은 다른 개념의 결과 변인이며 다른 개념들을 포괄하는 양상을 보인다.

첫째, 기업 정체성Corporate Identity이란 내부 공중에 의해 만들어진

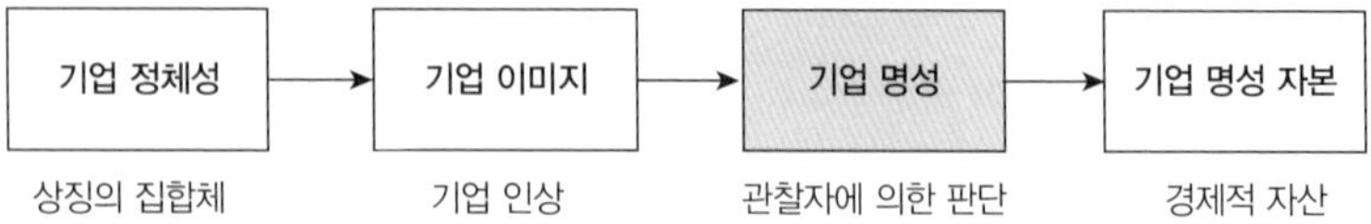

그림 1.2 기업 명성 구성 요소 분석
출처: Barnett, M. L., Jermier, J. M., & Lafferty, B. A.(2006). Corporate reputation: The definitional landscape. *Corporate Reputation Review*, 9(1), p. 33.

이미지가 아니라 그 기업의 핵심적이고 기본적인 특성을 나타내는 것이다. 이는 기업과 동일시되는 것이 아니고 '실제 그 기업이 어떤지'와 같은 기업 정체성을 의미한다. 이 개념은 알버트와 휘튼(Albert & Whetten, 1985)에 의해 본격적으로 논의되었고 폼브런과 반릴(Fombrun & van Riel, 2004)이 발전시켰다. 이들은 정체성이란 직원들이 그 기업에서 가장 중심적으로 고려하는 특성, 직원 관점에서 그 기업이 다른 기업에 비해 갖는 차별적인 특성, 과거부터 미래까지 지속되는 특성으로 이루어진다고 말한다. 이는 조직 문화와 유사한 개념으로 조직 문화의 관점에서 기업은 물질적이고 행동적인 상징, 신념 및 가치에 부합하는 시스템 등의 집합체로 보여지게 된다. 따라서 〈그림 1.2〉에서 언급했듯이 정체성이란 여러 상징의 집합체로 정의될 수 있다. 둘째, 기업 이미지Corporate Image란 그 기업에 대한 내외부 관찰자의 인상으로 이는 다른 기업들과의 차별성을 만든다. 그레이와 발머(Gray & Balmer, 1998)는 이미지란 기업의 이름을 듣거나 로고를 보았을 때 떠오르는 것으로 정의했고 앞서 정의한 정체성을 이미지로 전환시키는 것이 PR과 마케팅 등의 역할이라고 보았다. 이를 통해 이미지는 만들어질 수 있지만 미디어, 정부 규제, 산업 구조 변화 등의 외부 요인 때문에 그 조직에 의해서 완전히 통제될 수는 없다. 셋째, 기업 명성Corporate Reputation이란 관찰자들이나 이해관계자들의 기업에 대한 평가를 의미하는데, 이 평가는 기업 정체성의 인식이나 이미지에 의해 만들어지기도 하지만 계기가 되는 사건이 있을 수도 있다. 이는 좀 더

가시적인 기업의 행동 또는 실수에서 발생하기도 한다. 이때 그 기업의 정체성은 외부 사건에 의해 쉽게 변하지 않지만 이미지와 명성은 상대적으로 쉽게 변할 수 있다는 것이 중요하다. 마지막으로 명성 자산은 기업의 가치와 의미로 정의되며, 이는 그 기업의 무형 자산, 금융 자산, 경제 자산이 된다고 말한다.

즉, 기업 정체성은 다양한 기업 노력에 의해서 이미지를 만들어내고 이는 기업 명성에 영향을 미친다. 물론 외부적 요소로 인하여 기업 이미지나 명성이 기업의 통제하에 완전히 관리되기는 어렵다. 이처럼 내외부 관찰자와 이해관계자들에 의해 평가가 축적되면서 이는 기업의 명성 자산을 형성하게 된다. 바넷 등(Barnett et al., 2006)은 이러한 비교를 통해 볼 때, 명성의 사전적 의미에 평가적 요소가 포함되어 있고 실제로도 인식이나 자산보다는 평가와 관련된 정의가 더 높은 빈도로 사용되고 있다고 지적한다. 그는 이러한 점을 고려해볼 때, '명성이란 오랜 시간 기업으로부터 영향을 받은 금융, 사회, 환경적 영향에 대한 평가를 기반으로 하여 관찰자들이 그 기업에 대해 집합적으로 평가한 것'이라고 정의했다.

워커(Walker, 2010)는 조직 정체성, 조직 이미지와 같은 관련 개념들과의 차별화를 위해 '기업 명성이 아닌 것'에 대한 논의에서 명성에 대한 정의를 시작한다. 세 용어들의 주된 차이점은 '그 개념이 내부 또는 외부 또는 내/외부 모두의 이해관계자들에 관한 것인가'이다(조직 정체성은 내부 이해관계자들에 관한 것; 조직 이미지는 외부 이해관계자들에 관한 것; 기업 명성은 내/외부 모두의 이해관계자들에 관한 것). 명성에 관한 모든 문헌들이 이러한 개념적 차이를 사용하지는 않지만, 대다수의 문헌들에서 이를 세 개념들을 구별하는 데 적합하고 유용한 방법이라는 것을 보여주고 있다.

가장 널리 인용되는 '조직 정체성'에 대한 정의는 휘튼과 맥키의 개념인데, 그들은 조직 정체성을 '조직에 대하여 가장 중심적이고central

지속적이며enduring 독특한distinctive 것'이라고 정의했다(Whetten & Mackey, 1985). 또한 휘튼(Whetten, 1997)은 우리가 '우리'라고 믿는 것은 무엇/누구인가?who/what do we believe we are?라는 질문을 통해 조직 정체성의 개념에 접근했다. 그녀는 이 같은 조직 정체성의 개념은 '내부 이해관계자들이 회사에 대해서 알고/생각하기를 바라는 것desired identity'과 '내부 이해관계자들이 실제로 알고/생각하는 것actual identity'으로 구분된다고 지적했다.

조직 이미지는 '고객들, 또는 다른 구성원들과의 커뮤니케이션으로 형성되는 다양한 외향적 커뮤니케이션 채널'에 대한 것이다. 듀튼과 듀크리히(Dutton & Dukerich, 1991)는 이미지를 '외부자들의 판단 기준'이라고 했으며, 켈러(Keller, 1993)는 보다 구체적으로 브랜드 이미지는 곧 고객들의 지각이라고 설명했다. 그녀는 이미지에 대해 다루고 있는 논문들 중 일부는 '바라는 이미지desired image'로, 다른 일부는 '실제 이미지actual image'로 조직 이미지를 설명한다고 지적하면서, 이러한 불일치는 개념상의 혼란을 불러온다고 지적했다. 휘튼(Whetten, 1997)은 조직 이미지를 '다른 사람들이 우리가 무엇/누구라고 생각하기를 바라는가?What/who do we want others to think we are?'의 질문으로 설명할 수 있다고 했다. 이미지가 '조직이 그들의 외부 이해관계자들로 하여금 알기를 바라는 것'이라면, 이는 외부 이해관계자들의 지각이 아닌 조직으로부터 비롯된 것이다. 이와 달리 이미지가 '외부 이해관계자들이 실제로 알고 있는 것'이라면, 이는 조직 외부에서 비롯된 것으로 외부 이해관계자들의 지각을 근거로 한다. 워커는 대다수의 논문들에서는 조직 이미지를 '바라는 이미지desired image'로 간주했는데, 이는 조직 이미지를 외부 청중들에게 투사된 내부의 상internal picture이라고 보는 견해라고 지적했다. 즉, 기업은 적극적으로 하나의 이미지를 투사하고자 하며, 조직 정체성과 명성은 이러한 노력 없이도 존재하지만, 조직 이미지는 그렇지 않다는 것이다. 따라서 이미지는 (조직이 스스로 원하지 않는 한) 부정적일 수 없다는 것이다.

워커는 조직 이미지와는 달리 기업 명성의 정의들은 모두 실제 이해관계자들의 지각과 관련된 것이라고 보았다. 기업 명성이 내/외부 이해관계자들이 실제로 알고 있는 것을 대표한다고 했을 때, 이는 긍정적이거나 부정적일 수 있다. 또한 그녀는 시간이 이미지와 명성을 구분하는 중요한 요소가 될 수 있다고 주장했다. 이미지가 단시간에 습득되는 기업 지각의 결과인 반면, 명성은 비교적 안정적이고 지속적이며, 다양한 이미지들로부터 오랜 시간에 걸쳐 정제된 것이다. 린도바(Rindova, 1997)에 따르면, 이미지와 명성 간의 관계는 역동성과 안정성, 또는 다양성과 선택의 관계이다. 그레이와 발머(Gray & Balmer, 1998; 696)는 '이미지는 비교적 빠르게 형성되는 반면, 좋은 명성을 구축하는 데는 왜 시간이 걸리는지'에 대해 논의했다. 린도바는 이러한 학자들의 주장에 근거해볼 때, 결과적으로 기업 명성은 이미지와는 달리 형성되는 데 시간이 걸리지만, 한번 형성되고 나면 비교적 안정적이라고 주장했다. 그녀는 이와 같은 논의를 전개하면서, 조직 정체성, 조직 이미지, 기업 명성의 정의를 이해관계자(내부 또는 외부)/지각(실재의 또는 희망하는)/출처(내부로부터 또는 외부로부터)/긍정적 또는 부정적 지각 관련 질문들에 따라 분류하고 개념들 간 차이점을 정리했다(표 1.3).

이러한 논의를 바탕으로 워커는 명성 개념에 다섯 가지 주요 속성이 담겨 있다고 정리했다. 첫째, 명성은 지각에 근거한다Reputation is based on perceptions. 폼브런(Fombrun, 1996; 59)은 '명성은 누군가의 (직접적인) 통제하에 있는 것이 아니기 때문에, 조작하기 어렵다'고 지적했는데, 이는 명성이 내/외부 이해관계자들의 종합된 지각에 근거한다는 주장과 일관된다. 지각에 대한 강조는 명성이 현실과는 독립적으로 발전할 수 있으며, 따라서 사회적으로 구성된다는 것을 암시한다(Berger & Luckmann, 1966). 둘째, 명성은 모든 이해관계자들의 종합된 지각이다It is aggregate perception of all stakeholders. 이는 폼브런(Fombrun,

표 1.3 조직 정체성, 조직 이미지, 기업 명성의 구분

출처: Rindova, V. P.(1997). Part VII: Managing reputation: Pursuing everyday excellence: The image cascade and the formation of corporate reputations. *Corporate Reputation Review*, 1(2), pp. 188-194.

	조직 정체성	조직 이미지	기업 명성
이해관계자: 내부 또는 외부	내부	외부	내부/외부
지각: 실재 또는 바라는	실재 지각	바라는 지각	실재 지각과 외부 지각
출처: 회사 내부 또는 외부	내부	내부	내부와 외부
회사에 대한 긍정적 또는 부정적 지각	긍정적/부정적	긍정적	긍정적/부정적
관련 질문	우리가 우리라고 믿는 것은 무엇/누구인가?	다른 사람들이 우리가 무엇/누구라고 생각하기를 바라는가?	우리가 무엇으로 보이는가?

1996)의 명성 정의에서 두 가지 중요한 요소들을 강조한다; ① 명성은 사회적/집합적 개념이다; ② 명성은 모든 이해관계자들의 지각에 근거한다. 즉, 명성은 특정 이해관계자가 아니라 모든 이해관계자들의 지각을 종합한 것임을 의미한다. 셋째, 명성은 본질적으로 '상대적'이다It is inherently comparative. 폼브런(Fombrun, 1996)은 이러한 비교가 '다른 일류 경쟁자'에 대한 것이라고 구체화했다. 워커는 이와 같은 명성의 특성은 폼브런의 정의에 토대를 둔 것이며, 다음과 같은 두 가지 특성이 추가될 수 있다고 보았다. 넷째, 명성은 긍정적 또는 부정적일 수 있다It can be positive or negative. 명성 개념에 대한 여러 학자들의 정의에서, 명성은 긍정적이거나 부정적일 수 있다는 것을 밝히고 있으며(Brown et al., 2006; Mahon, 2002; Rhee & Haunschild, 2006), 이는 또한 명성이라는 구조의 '상대적 본질comparative nature'을 반영한다. 다섯째, 명성은 안정적이며 지속적이다It is stable and enduring. 기업

명성은 '비교적' 안정적이다. 바넷 등(Barnett et al., 2006)의 정의에서 '시간'의 차원을 포함하고 있지만, '기업의 과거 행동과 미래의 전망에 대한 결과'라는 폼브런의 정의에서도 시간이 암묵적으로 언급된다. 이러한 논의를 바탕으로 워커는, 전반적으로 기업 명성이란 '다른 기준들과 비교했을 때, 비교적 안정적이고, 특정 이슈와 관련한 기업의 과거 행동과 미래의 전망의 지각적인 표현'으로 정의된다고 정리했다.

천(Chun, 2005)은 명성 패러다임의 흐름을 보면, 어떤 이해관계자에게 초점을 맞추었는지에 따라(주제나 인식론적 토대라기보다는) 평가적Evaluative, 인상적Impressional, 관계적Relational의 세 가지 학파로 나누어볼 수 있다고 보았다. 이때 이해관계자는 크게 내부 이해관계자(직원, 관리자)와 외부 이해관계자(고객, 주주)로 나누어진다. 평가적 학파와 인상적 학파는 주로 단일 이해관계자의 이해관계를 고려하는 데 비해 관계적 학파는 다양한 이해관계자들이 각각 다른 기대치를 가진다는 이해관계자 가설을 기반으로 내외부 이해관계자 모두의 관점에서 명성 개념을 논의하고 있다고 보았다(표 1.4 참고).

첫째, 평가적 학파는 명성이 기업의 금융 가치 또는 단기 실적에 의해 평가된다고 주장한다. 이러한 관점은 명성이 경쟁 우위(Hall, 1993)나 무형 자산(Grant, 1995)으로 인식되면서 대중화되었다. 이들의 주요 오디언스는 주주, CEO, 투자 고문 등 기업의 금융 관리에 관심 있는 '명확한explicit' 이해관계자들이다. 이 학파의 학자들은 1990년 이래로 이해관계자들의 감정적 결합이 기업의 장기 실적에 미치는 영향에 주목하기 시작했다. 이에 비해 '암묵적implicit' 이해관계자에 관심 있으며 기업의 금융 외적인 면에 관심이 있는 학자들은 앞으로 소개될 다른 학파에 포함된다.

둘째, 인상적 학파는 이미지, 정체성, 기업 성격에 관심이 많다. 이들은 명성이 관련 이해관계자들의 조직에 대한 인식과 생각에 의해 평가된다고 보며, 주요 공중은 직원 또는 고객으로 보았다. 조직적 관점에서

표 1.4 명성 패러다임: 세 가지 학파

출처: Chun, R.(2005). Corporate reputation: Meaning and measurement. *International Journal of Management Reviews*, 7(2), p. 94.

<table>
<tr><th>관점</th><th colspan="2">주요 이해관계자</th><th>초점</th><th>대표 학자</th></tr>
<tr><td rowspan="4">평가적 학파: 명성을 조직의 재무 성과에 대한 평가로 봄</td><td colspan="2" rowspan="4">단일 이해관계자 (투자자 또는 관리자)</td><td>투자자 행동</td><td>Fryxell & Wang(1994)</td></tr>
<tr><td>CEO들의 동료 평가에 기반한 순위</td><td>Annual Fortune Studies</td></tr>
<tr><td>투자자</td><td>Srivastava et al.(1997)</td></tr>
<tr><td>명성과 금융/전략 성과의 연결</td><td>Fombrun and Shaneley(1990); Weigelt & Camerer(1988)</td></tr>
<tr><td rowspan="6">인상적 학파:명성을 조직에 대한 전반적인 인상으로 봄</td><td rowspan="6">주로 단일 이해관계자 관점</td><td rowspan="3">마케팅</td><td>이미지, 기업 정체성</td><td>Abratt(1989); Bromley(1933); Balmer(1997); Brown et al.(2005); Dowling(1993)</td></tr>
<tr><td>명성과 구매자 의도의 연결</td><td>Yoon et al.(1993)</td></tr>
<tr><td>기업과 판매자 이미지에 대한 고객 관점</td><td>Weiss et al.(1999)</td></tr>
<tr><td rowspan="2">조직적 행동</td><td>명성과 직원 공감의 연결</td><td>Dutton et al.(1994); Dutton & Dukerich(1991)</td></tr>
<tr><td>이미지와 정체성의 인식 관리</td><td>Gioia & Thomas(1996)</td></tr>
<tr><td>미디어</td><td>명성과 미디어 보도 태도의 연결</td><td>Deephouse(2000)</td></tr>
<tr><td rowspan="3">관계적 학파: 명성을 내부/외부 이해관계자 관점 사이의 갭과 관련된 것으로 봄</td><td colspan="2" rowspan="3">다양한 이해관계자들의 관점 비교(주로 내부 이해관계자 vs 외부 이해관계자)</td><td>일반적인 다수의 이해관계자</td><td>Fombrun(1996); Post & Griffin (1997)</td></tr>
<tr><td>기업 명성에서 내부적 관점(정체성)과 외부적 관점(이미지)의 연결</td><td>Hatch & Schultz(2001); Davies & Chun(2002); Chun & Davies(2006)</td></tr>
<tr><td>명성(외부적 관점)과 정체성(내부적 관점)의 연결</td><td>Fiol & Kovoor-Misra(1997)</td></tr>
</table>

노사 관계에 초점을 맞춘다면(Dutton & Dukerich, 1991; Dutton et al., 1994; Gioia & Thomas, 1996) 마케팅적 접근에서는 고객과 기업 이미지 관리(Abratt, 1989; Bromley, 1993; Dowling, 1993), 또는 기업 정체성 관리에 집중한다(Balmer, 1997). '기업 연상corporate association' 개념을 명성 영역으로 가지고 온 브라운과 데이신(Brown & Dacin, 1997)은 명성이란 외부자들과의 정신적 유대감을 통해 가질 수 있다고 보았다. 반면 다른 학자들은 다수의 이해관계자를 고려한다. 예를 들어 명성을 내외부 이해관계자 모두의 인식 및 태도로 보거나 (Post & Griffin, 1997) 기업 명성을 기업이 모든 공중에게 소구한 기업의 과거 행동과 미래 전망에 대한 인식을 나타낸 것으로 보았다 (Fombrun, 1996). 이러한 관점은 다수의 이해관계자의 인식을 개념화했기 때문에 여기서의 기업 명성은 다수 개인의 인식을 포괄한 총괄적이고 다차원적인 것이다(Fombrun et al., 2000). 그러므로 기업은 단일한 명성을 갖는 것이 아니다. 이 관점에서 이미지가 외부 이해관계자의 인식이라면 명성은 내외부 이해관계자 모두의 인식으로 볼 수 있다.

셋째, 관계적 학파인데, 이 학파에서의 명성은 조직의 내외부 관점의 반영(Davies & Miles, 1998; Hatch & Schultz, 2001)이다. 이들은 각각의 이해관계자들의 관점 차이에 집중하며 내외부 관점이 서로 연결되어 있다고 본다. 이 학파의 학자들 중 하치와 슐츠는 이미지, 정체성, 문화를 연결시킴으로써 이 학파의 개념에 대한 배경을 이루었다. 데이비스와 마일즈(Davies & Miles, 1998)는 다른 사람들(특히 고객)이 우리를 어떻게 보는지, 우리가 진짜 누구인지, 우리는 우리가 무엇이라고 말하는지 이 세 가지 요소를 통해 명성을 관리한다고 보았다. 한 기업에 대해 서로 다른 관점이 있을 때 호의적이지 않은 관점이 호의적인 관점에 미치는 영향이 더 크고, '관계적 차이relational difference (Hatch & Schultz, 2000)' 또는 내외부 공중 인식 간의 '갭'(Davies & Miles, 1998; Dowling, 1994; Hatch & Shultz, 2001)은 명성 관리에서 매우 중요하다. 실증 연구 측면에서도 각각의 관점 사이의 갭은 기업 명성에 좋지 않은 영향을 주며 특히 내부가 외부에 비해 호의적인 평가를 할 때 문제는 크다고 주장한다(Davies & Chun, 2002). 그러므로 관계적 학파의 학자들은 다수의 이해관계자들의 관점을 비교하는 데 집중하게 된다.

천(2005)은 이러한 학파들의 관점에 기반하여 세 가지 개념을 다음과 같이 정의했다. 첫째, 이미지는 '다른 사람들이 우리를 어떻게 바라보는가Image: How others see us'를 말한다. 명성 연구에서 가장 보편적인 이미지에 대한 정의는 외부 공중에 의한 인상과 지각의 요약이며, 이는 기업의 입장이 아닌 고객 관점이 중심이 된다. 따라서 이미지란 회사가 믿고 바라는 것이 아니라 고객이 그들의 경험과 의견을 바탕으로 그 기업에 대해 믿고 느끼는 것이다. 마케팅 관점에서의 기업 이미지란 고객들이 가지는 기업 성격과 현실에 대한 태도와 감정, 또는 고객들이 어떻게 기업을 인지하는지에 대한 결과를 의미한다. 이에 비해 조직 행동적 관점에서는 이미지를 외부 인식에 대한 내부 일원의 믿음으로 정의했고, 명성을 조직에 대한 외부인의 인식으로 정의했다.

이미지와 명성 모두를 외부인의 인식으로 정의하는 관점에서는 명성에 축적된 역사적 의미를 부여한다. 예를 들어 기업 명성은 거듭된 성과의 결과로 효과적인 커뮤니케이션을 통해 강화될 수 있는 반면, 기업 이미지는 잘 만들어진 커뮤니케이션 프로그램을 통해 더 빠르게 형성될 수 있다. 이미지란 조직에 대한 공중의 최근 인식이고 명성은 일정 기간 동안 기업이 무엇을 어떻게 했는지 가치 평가된 것이다. 이미지는 실제 행동 없이 만들어질 수 있는 반면, 명성은 경험을 바탕으로 형성된다. 이미지는 명성과 비교했을 때 광고 수단에 의해 상대적으로 빠르게 변할 수 있고 명성을 변화시키기 위해서는 더 많은 시간 동안 꾸준한 내외부적 노력이 필요하다. 하지만 위기 상황에서는 이미지와 명성 모두 매우 빠르게 손상될 수 있다. 기업 명성은 내외부 공중의 기업에 대한 인식의 집합체이며 가장 중요한 공중인 직원과 고객의 인식은 상호 작용하며 영향을 준다.

둘째, 정체성이란 '우리가 스스로를 어떻게 보는가Identity: How we see ourselves'를 말한다. 정체성은 크게 조직 정체성과 기업 정체성으로 나누어볼 수 있다. 조직 정체성은 우리가 누구인가, 우리는 우리 스스로를 어떻게 보는가, 즉 그 조직에 대한 직원의 인식을 말한다(Albert & Whetten, 1985). 정체성이란 구성원들이 조직에 대해 무엇을 인식하고 느끼고 생각하는지를 말하며(Hatch & Schultz, 1997), 가장 중심적이고 지속적이고 차별적인 조직 특성과 관련 있다(Albert & Whetten, 1985). 문화와 조직 정체성은 유사한 특징을 가지고 있다. 정체성이 우리가 우리 스스로를 어떻게 보는가라면, 문화는 우리가 이곳에서 어떻게 하는지를 말하는 것으로 두 개념은 서로 연관되어 있다. 문화에 내재된 정의는 알버트와 휘튼(Albert & Whetten, 1985)의 정체성에 대한 정의와 유사하다; 정체성이란 지속적이고 차별적인 특성이다. 우리가 우리 스스로 어떻게 정의하고 느끼는지, 즉 정체성은 문화적 가정과 가치에 기반한 신념의 영향을 받는다.

셋째, 바라는 정체성은 '우리는 다른 사람들이 우리를 어떻게 보기를 원하는가Desired identity: How we want others to see ourselves'를 의미한다. 조직 정체성은 기업 정체성과 구분된다. 조직 정체성이 조직적 행동 개념이라면 전략적 정체성, 또는 바라는 정체성desired identity으로도 불리는 기업 정체성은 마케팅 영역에서 자주 사용된다. 기업 정체성(혹은 바라는 정체성)은 기업명, 로고, 심볼과 같은 시각적 단서나 비전, 미션, 철학과 같은 전략적 단서를 언급하며, 이것은 기업 전략과 기업 이미지 및 명성을 연결시키는 전략적 과정의 부분으로 개념화된다. 이러한 기업 정체성의 정의는 PR 효과와 관련된 외부 기업 이미지 관리의 일부분이 되었다(Abratt, 1989). 최근에는 기업 이미지가 조직 일원의 행동에 기반한 고유의 특성이나 기업 성격, 그리고 직원들이 회사와 자신들을 어떻게 동일시하는지를 반영해야 한다는 데 동의한다. 천(2005)은 기업 정체성에서 직원의 역할과 조직의 내외부 인식의 상호 작용을 강조하는 점이 21세기의 주목할 만한 동향이라고 주장했다. 상호 의존적이라는 점에서 기업 정체성과 조직 정체성은 유사하다(그렇지만 두 개념이 동의어는 아니다). 이러한 동향의 이점 중 하나는 기업 행위에서의 호환성이다. 조직에서 명성을 관리하는 부서는 없지만 이는 경영진(주로 CEO)의 역할로 대신할 수 있다. 외부적으로는 마케팅과 기업 커뮤니케이션을 통해 이미지를 관리하며, 내부적으로는 인적자원 관리를 통해 정체성에 집중할 수 있다. 모든 경영에서(특히 서비스 산업) 무엇이 명성을 형성하는지 관심을 가지고 있으며 이는 기업 명성의 세 가지 요소를 내포하고 있다. 이미지는 명성의 동의어이거나 단순히 조직 외부 공중(특히 고객)의 인식이라기보다는 명성의 한 가지 요소로 볼 수 있으며 나머지 요소인 조직 정체성이나 바라는 정체성desired identity 또는 바라는 이미지desired image와 함께 고려되어야 한다(그림 1.3).

이는 앞에서 살펴본 '관계적' 학파에 해당한다. 이들은 특히 명성을 이미지의 다른 용어로 봐서는 안 된다고 주장한다. 또한 기업의 외부 이미지는 기업의 내부 이해관계자들과 그들이 기업을 어떻게 인지하

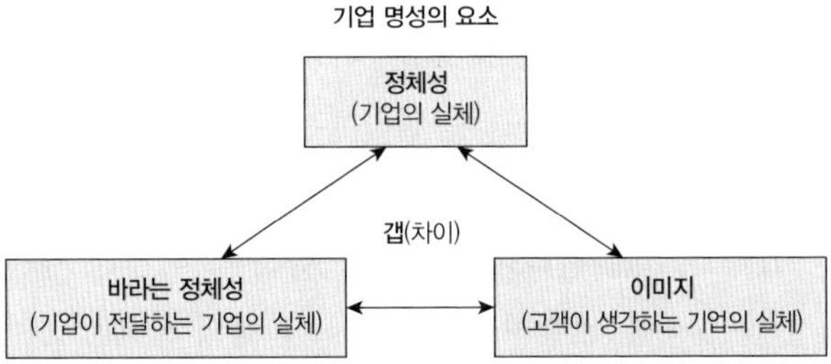

그림 1.3 기업 명성의 핵심 요소

출처: Chun, R.(2005). Corporate reputation: Meaning and measurement. *International Journal of Management Review*, 7(2), p. 98.

는지로부터 시작된다고 본다. 특히 고객을 직접 상대하는 직원의 행동은 기업 이미지에 큰 영향을 미친다. 실제 이해관계자들이 기업을 인지하거나 느끼는 것과 기업에서 그들에게 약속한 비전이나 미션 사이의 갭은 명성에 손상을 가져온다. 데이비스와 마일즈(Davis & Miles, 1998)는 이미지, 정체성, 바라는 정체성 사이의 갭은 특히 서비스 산업에서 중요하다고 주장했으며 하치와 슐츠(Hatch & Schultz, 2000)는 '관계적 차이'와 '갭'을 개념화하면서 이와 유사한 지적을 했다. 기업은 현실을 공유하는 것보다는 이미지를 만들어내려는 유혹이 있기 때문에, 직원들이 생각하는 것과 다른 사람들이 생각하는 것을 모니터링하는 것은 위기 관리 측면에서 잠재적인 문제의 조짐을 파악할 수 있는 좋은 방법이라는 주장이다.

천(2005)의 기업 명성 구성 요소에 중요하게 등장하는 정체성, 이미지, 그리고 바라는 정체성 요소들은 기존의 정체성이나 이미지 개념과 혼돈될 가능성이 높다. 특히 이미지 개념이 매우 다양하게 논의되고 있어서 혼란을 가중시키고 있는데, 어떤 학자는 전달자 관점에서 '투사된 이미지'에 초점을 맞추고, 다른 학자들은 수용자 관점에서 '인식된 이미지'에 초점을 맞추는 등 많은 혼란이 일어나고 있다.

발머와 그레이저(Balmer & Greyser, 1998)는 이 같은 기업 이미지 개념의 문제점에 대해서, (1) 다의미성 (2) 부정적 연상 (3) 통제의 어려움 또는 불가능함 (4) 다른 이해관계자 그룹에 대한 다른 이미지 효과 등을 제시하고 있다. 그들에 의하면 기업 이미지 학파에서는 네 가지 관점에 따라서 이미지 개념을 다르게 형성하고 있는데, (1) 전달된 이미지로서 기업에 초점, (2) 수용자의 이미지에 초점 (3) 이미지 자체에 초점. 이는 산업 이미지나 원산지 이미지를 포함 (4) 구성된 이미지, 신념에 대한 신념 등을 들 수 있다. 예를 들면, 외부 이해관계자에 의해 형성된 기업 이미지에 대한 사원들의 인식 등이다.

이와 같이 이미지 개념 자체가 다양하고 복합성을 더하므로 이를 다루기는 매우 힘들다. 따라서 어떤 이미지 유형이 언급되는지 확인하는 것이 필수적이며, 다양한 이미지 개념을 올바로 정립하는 것이 중요하다는 것은 모든 학자들의 공통 의견이다. 이미지의 다양한 차원과 유사하게 발머와 같은 학자는 정체성을 중심으로 실재 정체성, 바라는 정체성, 이상적 정체성, 전달된 정체성, 그리고 인식된 정체성 등 다섯 가지 정체성을 제시하고 정체성 개념을 통해서 이미지와 명성 개념을 포괄했다.

브라운 등(Brown, Dacin, Pratt & Whetten, 2006)은 이제까지의 명성 연구가 서로 다른 관점과 학문 분야에서 정체성, 이미지, 명성을 다르게 개념화했고 용어 사용과 내용들이 혼재되어 사용되었다는 점을 비판하면서, 주요 개념에 대한 기존의 연구와 이론을 종합할 수 있는 틀을 제공해야 한다고 지적한다. 특히, 그들은 다양한 학문 분야에서 연구자들이 사용한 주요 개념들을 망라하는 틀을 제안하고 일관성 있는 전문 용어를 만들기 위한 안을 제시하고 있다(표 1.5).

첫 번째 범주는 조직 구성원들의 조직 연상 및 정체성인데, 이는 조직 내부자들이 가지는 조직에 대한 인식에 관한 것이다. 조직 구성원들은 조직에 대한 다양한 연상을 가질 수 있는데, 이들 구성원의 조직에 대한 연상은 조직의 실체로서의 기능을 한다. 구성원들의 시각, 조직의 역할, 경험, 다른 고객들과의 상호 작용 등에 따라 조직에 대한 연상이 차이가 난다. 두 번째 범주는 의도된 연상 및 의도된 이미지인데, 이는 기업 경영자들이 전략적 수준에서 조직을 주요 이해관계자들의 마음에 조직의 위상을 정해주는 것과 관련된다. 본질적으로 여기서 중요한 문제는 조직이 다양한 이해관계자 집단이 어떤 연상을 갖기는 원하는가이다. 경영자들이 특별한 이해관계자 집단이 갖기를 원하는 연상들을 연구자들은 의도된 연상이라고 명명한다. 세 번째 범주는 추론된 연상 및 이미지이며, 이는 조직 구성원들이 조직 외부자들이 조직에 대해 갖고 있다고 믿는 연상이다. 다른 사람들이 조직을 어떻게 바라보는지

표 1.5 제안된 통합 전문 용어

출처: Brown, T. J., Dacin, P. A., Pratt, & Whetten(2006). Identity, intended image, construed image, and reputation: An interdisciplinary framework and suggested terminology. *Journal of the Academy of Marketing Science*, 34(2), p. 102.

관점	설명	유사 용어	전문 용어
1. 조직으로서의 우리는 누구인가?	조직 구성원들이 가지고 있는 조직에 대한 정신적 연상	조직 구성원의 조직에 대한 연상	정체성
2. 조직은 다른 사람들이 조직에 대해 무엇을 생각하기를 원하는가?	조직 지도자들이 중요한 수용자들이 조직에 대해 지니기를 원하는 정신적 연상	의도된 연상	의도된 이미지
3. 조직은 다른 사람들이 조직에 대해 무엇을 생각하고 있다고 믿는가?	조직 구성원들이 조직 외부자들이 조직에 대해 가지고 있다고 믿고 있는 정신적 연상	추론된 연상	추론된 이미지
4. 이해관계자들은 실제로 조직에 대해 무엇을 생각하는가?	조직 외부자들이 실제로 조직에 대해 지니고 있는 정신적 연상	기업의 (조직에 대한) 연상	명성

에 대한 조직 구성원들의 믿음은 구성원 스스로가 조직에 대해 바라보고 반응하는 것에 중요한 역할을 하기 때문에 첫 번째 범주인 조직 구성원들의 정체성에 중요한 영향을 미친다. 마지막 네 번째 범주는 기업 연상 및 명성이다. 이는 조직 외부의 개인들이 조직에 대해 핵심적이며 독특하고 지속적이라고 믿는 기업 연상을 의미한다. 따라서 이미지는 조직 구성원이 다른 사람들이 조직에 대해 알기를 원하는 것과 관련된 것이며, 명성은 외부 이해관계자들이 실질적으로 가지고 있는 조직에 대한 인식을 의미한다. 〈표 1.6〉에서는 이와 같은 분류체계에 따라 모든 개념들을 재구성했다.

브라운 등(Brown et al., 2006)은 기업 명성, 정체성, 이미지 등 기존의 다양한 개념들을 통합하고 정리해놓았기 때문에 유사한 전문 용

표 1.6 주요 개념 및 기존의 전문 용어

출처: Brown, T. J., Dacin, P. A., Pratt, M. G., & Whetten, D. A.(2006). Identity, intended image, construed image, and reputation: An interdisciplinary framework and suggested terminology. *Journal of the Academy of Marketing Science*, 34(2), p. 101.

관점	설명	제시된 용어 및 기존 연구
조직으로서의 우리는 누구인가?	조직 구성원들이 가지고 있는 조직에 대한 정신적 연상(associations)	집합적인 정체성(Pratt, 2003)
		기업의 퍼스낼리티(Markwick & Fill, 1997)
		정체성 또는 조직 정체성(Davies, 2003; Gioia et al., 2000; Hatch & Schultz, 1997; Pratt & Foreman, 2000b; Whetten & Mackey, 2002)
		인지된 조직 정체성(Dutton et al., 1994)
조직은 다른 사람들이 조직에 대해 무엇을 생각하기를 원하는가?	조직 지도자들이 중요한 수용자들이 가지고 있기를 원하는 조직에 대한 정신적 연상	기업 정체성(Dacin & Brown, 2002; Hatch & Schultz, 1997; Markwick & Fill, 1997; Whetten & Mackey, 2002)
		바라는 기업 정체성(van Rekom, 1997; van Riel & Balmer, 1997)
		바라는 미래의 이미지(Gioia et al., 2000)
		바라는 정체성(van Riel, 1997)
		바라는 조직의 이미지(Scott & Lane, 2000)
		이미지(Whetten, 1997)
		투사된 이미지(Gioia et al., 2000)
조직은 다른 사람들이 조직에 대해 무엇을 생각하고 있다고 믿는가?	조직 구성원들이 조직 외부인들이 조직에 대해 가지고 있다고 믿고 있는 정신적 연상	추론된 외부 이미지(Dutton et al., 1994; Gioia et al., 2000)
		인지된 외부 명성(Smidts, Pruyn & van Riel, 2001)
		인지된 조직의 명성(Bhattacharya et al., 1995; van Riel & Balmer, 1997)
		인지된 이해관계자의 평가(Scott & Lane, 2000)
이해관계자들이 실제로 조직에 대해 무엇을 생각하고 있는가?	조직 외부인들이 실제로 가지고 있는 조직에 대한 정신적 연상	회사 평가(Sen & Bhattacharya, 2001)
		기업 연상(Berens et al., 2005; Brown, 1998; Brwon & Dacin, 1997; Dacin & Brown, 2002)
		기업 평가(Brown & Dacin, 1997)
		기업 정체성(Bhattacharya & Sen, 2003)
		기업 이미지(Markwick & Fill, 1997; van Rekom, 1997)
		이미지(Barich & Kotler, 1991; Britt, 1971; Davies et al., 2003; Dichter, 1985; Enis, 1967; Gronroos, 1984)
		조직 이미지(Hatch & Schultz, 1997)
		조직 명성(Scott & Lane, 2000)
		명성(Dacin & Brown 2002; Gioia et al., 2000; van Riel, 1997; Whetten, 1997)
		일시적인 인상(Gioia et al., 2000)

어를 망라할 수 있다는 점에서 의미 있는 방향성을 제시했다. 하지만, 이 개념들이 어떤 관점에서 어떤 기준이나 특성을 중심으로 차이가 나타나는지 논의하고 이를 토대로 하여 개념들간의 차이점을 정리한다면 보다 명확한 차이가 도출될 것이다. 따라서 다음에서는 기업 명성에 대한 다양한 관점과 이론적 토대를 중심으로 개념 정의가 어떻게 이루어졌는지 검토해보고자 한다.

2. 기업 명성에 대한 다양한 관점

명성에 대한 연구는 다양한 학문 영역에서 이루어졌으며, 특히 경영학이나 마케팅 관점, 사회학적 관점, PR 관점, 심리학적 관점, 그리고 조직학적 관점 등 다양한 학문 분야에서 명성을 논의하고 연구했다. 각각 다른 관점과 학문 분야는 토대 이론의 차이를 보이면서 명성에 대한 개념 정의나 연구 주제가 큰 차이를 보이고 있다. 따라서 명성 개념의 혼돈을 일으킨 각각의 학문 분야의 관점과 이론적 논의를 중심으로 그 차이를 좀 더 상세히 살펴보고자 한다.

경영/마케팅 관점

경영학이나 마케팅 관점에서는 자원 의존 이론과 게임 이론, 신호 이론 등을 근거로 하여 명성을 연구하며, 이 분야에서 연구하는 경제학자나 경영학자, 마케팅학자 및 전략가들은 명성을 '자원resource'이나 '자산asset'으로 개념화한다. 이들 학자들은 명성이란 '무형 자산intangible asset'이며 '본질적 가치intrinsic value'를 갖고 있기 때문에 다른 기업들과 경쟁할 수 있는 경쟁적 이점으로 작용한다고 주장한다. 경쟁적 이점이란 소비자에게 로열티를 일으키며(Fombrun, 1996) 상품의 질과 관련하여 불확실성을 감소시키며, 투자자와의 관계 수립도 도와주며, 현재와 미래의 직원들에게도 불확실성을 감소시켜준다. 따라서 좋은 명성을 갖는다는 것은 비슷한 재무 성과를 갖추었지만 명성이 확고하지 않은 회사들에 비해 위험성을 덜 느끼게 한다(Helm, 2007). 또한 새로운 사업 파트너를 끌어들이기 용이하며, 공급자나 분배업자, 그리고 다른 이해관계자 등과의 관계에서도 더 좋은 관계를 형성케 해준다(Dalton & Croft, 2003). 따라서 전략가들이나 경영학자들은 기업이 이와 같은 무형 자원을 갖추게 되면 다른 기업들이 쉽게 모방하거나 진입하기 어렵게 만드는 진입 장벽으로 작용한다고 주장한다.

자원 의존 이론과 게임 이론

자원 의존 이론Resource-Based Theory은 회사의 경쟁적 이점을 개발하도록 이끌어주는 자원을 규명하는 데서 출발한다(Barney, 1991; Fombrun, 2012). 회사는 독특하고 차별적인 전략을 개발하도록 해줄 수 있는 물질적, 인적, 조직적, 그리고 지역적 자원과 기술에 대한 통제를 얻어냄으로써 경쟁적 이점competitive advantage을 갖게 된다. 이러한 무형 자산의 특성으로 바니(Barney, 1991)는 희귀성rare, 가치성valuable, 불완전한 모방성imperfectly imitable, 비대체성nonsubstitutable 등 다섯 가지 특성을 제시했다. 회사 자원이 희귀하고 차별적 가치를 갖고 있고, 모방하기 어렵고 대체 불가능할 경우 그 자원은 경쟁적 이점의 원천이 된다고 본다. 명성은 그 스스로 경쟁적 이점의 원천이 되는데, 그 이유는 그들이 독특하고 인과관계를 찾기 어려울 정도로 모호하며, 모방 불가능하기 때문이다(Deephouse, 2000; Roberts & Dowling, 2002). 이해관계자가 인식하는 모호성이 클수록 회사에 대한 불확실성을 감소시키는 명성의 중요성은 더욱 커진다.

경제학자들은 명성을 조직이 경쟁적 이점을 수립하는 특질이나 신호로 여긴다. 게임 이론가들은 명성이 회사들의 '유형' 중에서 구분해

낼 수 있고 그들의 전략적 행위를 설명할 수 있는 특징적 자질이라고 묘사한다. 신호 이론가들은 명성의 정보적 내용에 초점을 맞춘다. 둘 다 명성은 외부 관찰자들에 의해 형성된 회사에 대한 인식이라는 점을 인정한다. 게임 이론적 관점에서는 과거 행위자들의 행동이 미래의 전략적 상호 작용에 어떻게 영향을 미치는지 연구한다. 행동적 경제학자들은 게임 이론에서 한 행위자의 명성은 다른 사람들이 그 행위자의 가치에 대해 갖는 인식이며 그것은 전략 선택을 결정짓는다는 것을 지적한다(Weigelt & Camerer, 1988). 정보 불균형은 외부 관찰자들이 경쟁자 선호와 그들의 가능한 행위들을 묘사하는 대리인에 의존하도록 만든다. 소비자들은 경영자보다 상품의 특징이나 품질에 대한 정보가 부족하기 때문에 조직의 명성에 의존한다. 비슷하게, 외부 투자자들도 회사의 미래 행위에 대해 관리자보다 정보가 부족하기 때문에 좋은 기업 명성은 경영자들이 명성과 일관된 방식으로 행동하리라는 확신을 증진시켜준다. 그래서 게임 이론가들에게는 명성이란 기능적이다. 즉, 명성은 직원, 고객, 투자자, 경쟁자, 그리고 일반 공중에게 회사가 어떤 회사이며 무엇을 하는지, 무엇을 추구하는지 등에 대한 인식을 발생시킨다. 이러한 인식들은 회사와 공중 간 상호 작용을 안정화시킨다.

따라서 이러한 관점에서는 명성이 관찰 불가능한 회사 속성에 대한 정보를 제공하여 가치를 창출한다는 점을 강조한다. 이해관계자가 가치를 부여하는 특정 속성에 관한 정보는 회사 행위를 예측하는 데에 관심을 갖는 이해관계자나 특정 행위자들과 회사 간의 경제적 교환의 예측성을 향상시킨다. 예를 들면, 구매자들 사이에서 품질에 대한 회사의 명성은 다른 구매자들의 경험에 근거한 것인데, 이런 정보로서의 명성은 품질에 대한 기대를 갖고 제품을 선택하려는 구매자들에게 매우 유용하다.

신호 이론

신호 이론Signaling Theory은 회사가 이해관계자에게 영향을 미치고 그들이 선호하는 관심사에 부응하며 지지를 얻어내려는 노력에 초점을 맞춘다(Fombrun, 2012). 기업 커뮤니케이션, 로비, 그리고 다른 사회적 상호 작용/주도권 등은 회사가 중요한 구매자나 경쟁자에게 그들의 주요한 특징을 알리기 위해서 전달하는 전략적 신호이다. 따라서 이러한 신호들은 이해관계자에게 회사의 바람직한 이미지 등을 전달하기 위해서 투사된 마케팅 메시지이다. 또한 회사는 주요 공중들에게 영향을 미치는 애널리스트와 기자와 같은 중재자를 대상으로 회사의 인상을 관리하려고 한다. 회사와 상품의 많은 특징이 보이지 않기 때문에 명성은 회사 상품과 서비스에 대한 관찰자들의 확신과 신뢰를 증진시키는 정보 신호가 된다. 따라서 경영자들은 회사의 명성을 그들의 매력을 알려주는 전략적 신호로 활용할 수 있다. 특히 회사의 상품과 서비스 품질을 직접 관찰할 수 없을 때, 고품질의 생산자들은 그들의 품질을 알리기 위해서 명성 수립에 투자한다(Shapiro, 1983). 예를 들면, 보험회사나 은행 등은 그들의 상품이나 서비스를 직접 육안으로 관찰하기 어렵기 때문에 상대적으로 회사의 명성에 더 의존하게 된다.

신호 이론에서는 회사가 특정 이해관계자 집단을 대상으로 수행하는 특정 속성에 대한 명성을 강조한다. 똑같은 회사라도 다른 이해관계자의 다른 속성에 대해서 각각 다른 명성을 가질 수 있다. 왜냐하면 특정 유형의 행위는 다른 이해관계자에 의해 다르게 인지되고 가치를 부여받기 때문이다. 이러한 관점에서 명성의 경제적 가치는 이전의 회사 행위로부터 추론된 명성에 근거하며, 그렇기 때문에 회사 명성에 대한 통제가 대체로 회사 내부에 있다고 본다. 왜냐하면 결국 어떤 행위를 취하는지 선택하는 것도 회사이고 따라서 명성적 신호는 그에 따라서 보내지는 것이기 때문이다.

명성 자산의 경쟁적 이점

전략가들에게 명성은 자산임과 동시에 이동장벽이다(Caves & Porter, 1977). 명성은 기업 고유의 내부 특성에서 만들어지기 때문에 모방되기 어렵다. 명성은 경쟁자들이 모방하기 어렵기 때문에, 유동성을 지연시키고 조직에 수익을 가져다준다. 경제학자들처럼 전략가들은 호의적 명성을 획득하는 것과 같은 경쟁적 이점에 관심을 갖는다(Rindova & Fombrun, 1999).

스메이진과 쥬세비시우스(Smaiziene & Jucevicius, 2009)는 전략가들을 세 그룹으로 구분한다. 첫 번째 그룹(자원 의존적 관점)은 기업 명성의 가치를 드러내는 것에 초점을 맞추고 이해관계자 사이에서 긍정적 명성이 회사에 가져올 수 있는 경쟁적 이점을 제시한다. 특히 이들은 기업 명성이 가치 있는 무형 자산이 된다고 주장하는데, 이는 자연적으로 '경쟁'에 영향을 미치는 기업 명성의 잠재성을 강조하는 두 번째 그룹의 연구자들(경쟁성 강조)과 연결된다. 경쟁을 강조하는 두 번째 그룹은 기업 명성이 어떻게 회사의 경쟁적 이점을 촉진시킬 수 있는지, 그리고 어떻게 경쟁적 이점의 원천이 되는지 제시하고 있다. 데이비스 등(Davis et al., 2003)은 기업 명성이 더 나은 유형 자산, 더 낮은 비용, 그리고 매력적인 인적 자산 다음인 네 번째 경쟁적 이점의 원천이라고 주장했으며, 페트릭 등(Petrick et al., 1996)은 회사가 이해관계자에게 그들의 주요 특성을 신호로 전달하여 그들의 사회 경제적, 도덕적 지위를 최대화하게 된다고 지적한다. 이는 기업 명성이 명성 자본을 창출하는 것은 물론, 이를 체계적이고 의도적으로 관리할 수 있는 도구로 다룰 수 있게 된다. 따라서 명성 전략은 기업 전략의 불가피한 일부가 되며 기업 명성을 명성 자본으로 변형시키는 것에 초점이 맞춰진다. 세 번째 이해관계자에 초점을 맞춘 학자(이해관계자 초점 그룹)들은 명성을 다루는 것이 그렇게 쉬운 일이 아니라고 지적한다. 이는 회사의 행위가 이해관계자의 인식에 어떻게 영향을 미치는지에 대한 증거 부족과 회사의 명성 관리 노력에 대한 이해관계자의 비판적 해석 때문에 쉽지가 않다는 것이다.

이 같은 접근을 통합해보면, 비즈니스 전략 영역에서는 기업 명성이 독특하고 모방하거나 복제하기 어려운 무형 자산이며, 무형 자산이란 시장 영역에서 경쟁할 수 있는 것은 물론 회사의 유형/무형 자산으로 기능하며 회사 역량에 영향을 미치는 잠재력이 큰 자산이다. 이 같은 기업 명성의 높은 중요성은 이를 가치 있는 기업 자산으로 다루고자 하게 되며, 의도적으로 지속 가능한 경쟁적 이점을 추구하도록 관리하게 된다. 전략적 학자들은 명성을 회사에 대한 자원이라고 보고 이는 가치를 가진 것이며 관리될 수 있다고 지적한다. 따라서 상품과 서비스 시장에서 경쟁적 이점에 기여한다고 본다(Mahon, 2002).

이들 관점은 회사의 유형이나 특성이 특정 이해관계자 집단에 의해 어떻게 보여지는지 이해하는 데에 요긴하긴 하지만, 한 이해관계자가 다른 이해관계자에 영향을 미치는 흘러넘치기 효과나 서로 다르거나 모순되는 명성에서 발생되는 개입 효과에 대해서는 설명하기 어렵다. 따라서 특정 이해관계자 집단에 대한 특정 명성의 결과를 강조하는 반면에, 이 관점은 보다 넓고 일반적인 수준의 명성 형성에 대한 이해관계자 사이의 연결과 관련된 효과를 제시하지 못한다. 이러한 이슈는 사회구성주의 관점에서 제시된다.

기업 명성과 브랜드 자산

경영학이나 경제학에서 회사의 경영을 위한 자원으로서 명성의 경쟁적 이점이나 신호에 초점을 맞추는 것과는 달리, 마케팅 영역의 학자들은 기업 명성이 소비자의 구매 과정에 영향을 미칠 수 있는 중요한 요인이 됨은 물론, 고객 충성도를 증진시킬 수 있는 잠재적 역량으로 다룬다. 즉, 브랜드와 명성 간 관련성에 주목하여 좋은 명성을 갖추면 장기적/단기적 마케팅 성과에 긍정적 영향을 미친다고 주장한다. 그러나 마케팅 학자들은 명성을 마케팅 행위의 결과로 다루지는 않는다. 기업 명성의 관리나 형성에도 관심이 없으며, 단지 기업 명성은 기업 환경에서 마케팅 활동에 작용하는 하나의 요인일 뿐, 독립적인 주요 변수로 주목하지는 않는다(Smaiziene & Jucevicius, 2009).

케이우드(Caywood, 2013)는 통합마케팅 커뮤니케이션IMC이 어떻게 명성 지지 세력으로 등장했는지 탐색했는데, 그는 경영 과정으로서 IMC는 조직을 위한 보다 긍정적 명성의 창조와 조직의 긍정적 브랜드 행위들, 긍정적인 상품과 서비스 창출을 지원한다고 주장했다. IMC는 이해관계자와 메시지, 채널, 그리고 브랜드 커뮤니케이션 프로그램의 결과들을 전략적으로 관리하는 비즈니스 과정이다. 케이우드는 IMC가 명성과 브랜드를 관리하는 전략을 제공한다고 주장하는데, 그 이유는 IMC에서는 모든 이해관계자들을 고려하기 때문이다.

명성 관리에 있어서 IMC 역할 중 하나는 조직이 압력 아래 있을 때이다. 어떤 조직은 상시적으로 이해관계자가 압박을 가하는 상태에서 운용된다. 이러한 상황과 연관된 두 가지 유형의 조직들이 있는데, 하나는 음식, 화학 제품, 건강, 화장품, 운송, 그리고 에너지 산업과 같은 치명적이거나 큰 손해를 야기시킬 수 있는 고위험 상품과 서비스군이다. 두 번째 그룹은 '보호받지 못하는(어린이나 유아 등)' 가시적인 또는 비가시적인 집단(가난하거나 정신병을 앓고 있는)을 타겟으로 하는 조직들이다. 이들 두 가지 유형은 규제자, 언론, 사회적 커뮤니티, 소비자, 경쟁자, 정부 등과 같은 이해관계자에 의해서 항상 커다란 압박을 받게 된다. 에너지나 화학 제품 같은 고위험 산업군은 고위험 상품을 제공하고 판매하기 때문에 다른 것보다 더 위험하게 고려될 수 있는 상품이나 서비스군은 매우 많이 있다. 이들이 잘못 다루어지거나 오용됨으로 인해서 모든 상품이나 서비스는 위험과 연관될 수 있다. 기업 명성을 다루는 관리자들은 이런 종류의 조직과 상품, 서비스를 다루기 때문에 IMC를 활용하도록 조언받아야 한다. 또한 잘못 제조된 또는 임상 시험된 제약 회사 제품, 비위생적으로 처리된 음식, 안전 관련 자동차 제품 등 치명적 손상을 일으킬 수 있는 산업군이 많이 있다. 이들 카테고리는 타겟 구매자(어머니), 이용자(어린이), 그리고 영향력자(언론 또는 소셜 미디어 등)에 타겟을 맞추고 있다. 어떤 인구 집단은 취약한 집단으로 인식될 수 있는데, 그런 집단에 판매하는 조직들은 그들을 착취하는 모습처럼 여겨지지 않도록 명성 관리를 활용해야 한다.

바레이(Varey, 2013) 역시 기업 명성이 마케팅 분야에서 상당한 주목을 받아왔다고 주장했다. 그는 회사의 위상이나 회사에 대한 호의도는 상품의 판매나 품질 평가와 밀접한 관련이 있다고 지적하면서, 좋은 명성은 신뢰와 존경을 보여주고 확신을 만들기 때문에 '명성 자산'은 마케터들이 '브랜드 자산'이라고 부르는 것과 유사하다고 보았다. 존경받는 기업은 품질에 대한 기대와 신뢰도를 상승시키며, 믿을 만하며 책임 있는 것으로 여겨지는 '좋은 특성'을 전달해야 한다. 명성의 기반은 특히 차별화된 기술과 능력, 혁신성, 운용의 우수성, 그리고 고객과의 친밀성인데, 이 모든 속성은 회사를 다른 회사와 구별하도록 한다. 마케팅과 관련해볼 때, 호의적인 기업 명성은 소비자에게 상품을 구매하도록 돕고 비호의적인 퍼블리시티의 영향을 줄일 수 있다. 또한 부분적으로는 구매 후 인지부조화를 줄임으로써 마케팅을 보완하고 지지해준다.

기업 브랜드corporate brand는 브랜드 관리의 일부이다(Fombrun, 2012). 회사를 하나의 브랜드로 취급하면서 회사 이름을 인식하게 하고 회사를 전문성, 경험, 그리고 연관된 능력을 보유하는 것으로 구매자에게 믿음직하게 보이도록 하는 것이다. 따라서 기업 브랜드는 회사의 가치를 표현하고 회사에 부가가치를 부여하며 신뢰와 확신을 주면서 관계를 지지한다. 이러한 점에서 기업 명성은 '슈퍼' 브랜드이다(Dowling, 2001). 이와 같은 의미에서 바레이는 기업 브랜드는 기업 명성의 일부라는 것을 주장한다.

마케팅 학자들은 점차 기업 브랜드와 기업 명성이 수렴되는 추세이며, 기업 명성이 전략적 커뮤니케이션 의제의 일부이며 중요한 비즈니스 자산임이 분명하다고 지적했으며, 기업 명성은 마케팅 커뮤니케이션보다 더 포괄적인 것이며 기업 커뮤니케이션으로 확장되고 있다는 점을 강조한다(Varey, 2013).

기업 명성에 대한 정의: 경제학적 관점

- 경제학자: 자원resource, 자산asset, 신호signal로서의 명성
  1) 대표학자: Dowling, Davis, Graham, Cable, Barney, Stewart, Friedman
  2) 근거 이론: 게임 이론, 신호 이론
- 전략학자: 자원, 자산으로서의 명성
  1) 대표학자: Mahon, Deephouse, Carroll, Wood, Rindova, Wartick, Weigelt, Camerer, Goldberg
  2) 근거이론: 이해관계자 이론, 자원 의존 이론
- 마케팅 학자: 소비자 구매 행동, 충성심, 브랜드 보호로서의 명성
  1) 대표학자: Caywood, Varey
  2) 근거이론: 브랜드 자산, 관계 마케팅, 공익 연계 마케팅

• 한 행위자의 명성은 '다른 행위자가 알려지지 않은 특성에 대해 갖고 있는 신념이며 그들이 그의 행위를 예측하는 기반"이라고 정의된다(Rindova & Martins, 2012).

• 명성 형성은 일종의 신호적 행위이다: 이전의 시기에 형성된 아이템의 질은 현재 기간 중 생산되는 품질에 대한 신호이다. 높은 품질의 명성은 판매자들에게 그들의 제품에 대한 프리미엄을 얻도록 해준다. 품질에 대한 명성을 개발시키는 데는 비용이 든다. 그 결과로 명성은 시장 진입을 위한 비용/장애가 된다(Shapiro, 1983).

• 조직의 현재 명성은 대중이 조직 행위에 대해 받아들이는 신호 – 조직에서 직접

나온 신호이든 미디어나 주식 시장과 같이 다른 정보 채널로부터 나온 신호이든 간에 — 에 의해 결정된다(Brammer & Pavelin, 2006).

- 조직 명성은 조직 경쟁력에 중요한 비교적 안정적이고, 장기간에 걸쳐 형성된, 무형의 조직 자산이다(Ou, 2007; Friedman, 2009에서 재인용).
- 우수한 조직 명성은 결과적으로 탁월한 마케팅 효율성 및 수익성을 낳고 경쟁력을 키우는 효과적인 메커니즘이다(Ou & Abratt, 2006).
- 좋은 기업 명성은 회사의 성장을 도울 수 있다. (a) 현재 시장에서 판매량을 늘림으로써 (b) 회사가 새로운 시장으로 진입하도록 도와 미래의 성장 동력이 됨으로써 (c) 회사와 거래하는 리스크를 낮춤으로써, 그리고 (d) 회사가 새로운 사업의 실행 가능성을 테스트하는 것을 도와 선택권을 창출함으로써(Dowling, 2006).

사회학적 관점

대부분의 경영 전략적 모델들은 명성 순위를 발생시키는 사회인지적 과정을 무시한다(Granovetter, 1985; White, 1981). 경영학자나 마케팅 학자들과는 대조적으로, 사회학자들은 명성 순위란 회사가 공유된 제도적 환경 내에서 이해관계자와 형성하는 관계를 통해서 만들어지는 사회적 구성물임을 강조한다(Ashforth & Gibbs, 1990). 회사들은 다수의 평가자를 갖고 있는데, 그들 각각은 회사를 평가할 때 다른 기준을 적용한다. 그러나 이들 평가자들은 공통적 조직 필드 내에서 상호 작용하며 사회적 규범 및 기대와 관련된 회사 행위에 대한 정보를 교환한다. 예를 들면, 통신산업에서 종사하는 SKT, KT, LG U+ 등의 통신사들은 제품 품질을 높이기 위해 다양한 마케팅 노력을 추구한다. 하지만, 사회제도 내에서 상호 작용하는 다양한 이해관계자는 고객이나 투자자 뿐만 아니라 시민단체나 네티즌, 정부 등 규제자/정책입안자 등을 포함한다. 통신사들은 통신요금이나 보조금 규제 등의 이슈와 관련하여 다양한 이해관계자 기대와 사회적 규범을 반영해야 하며, 이러한 사회적 기대와 규범에 부응하는 경우 좋은 평가를 얻게 되고 그것은 그 기업에 대한 명성 순위에 영향을 미친다.

따라서, 사회학자들에게는 명성은 정당성의 지표이다. 즉, 그것들은 제도적 영역에서 기대와 규범에 대한 조직 성과물의 총체적 평가이며, 사회적 기대나 규범에 부응하여 좋은 평가를 얻게 되면, 그 기업은 사회적 승인인 정당성을 부여받는다. 따라서 사회학자들에게 명성이란 사회 구성원들의 승인인 정당성을 얻는 것이다. 특히 사회학자들은 명성을 구성하는 과정에서 관련된 다수의 행위자들과 그들과의 상호 관련성에 관심을 갖는다. 알비슨(Alvesson, 1990)은 명성이란 누군가가 조직에 대해 갖는 그림과 조직이 전달하는 인상으로 구성된다고 주장한다. 그는 서구사회가 명성적 신호로 넘쳐흐른다는 것을 비판했는데, 조직은 끊임없이 경쟁자보다 뛰어나게 만드는 강력한 신호들을 만들어내도록 압력을 받는다는 것이다. 사회학적 관점에서는 이러한 가정을 전제로 하여 사회 구성주의 관점과 제도주의 관점에서 제도 이론, 정당성 이론 등의 이론을 기반으로 명성에 대한 논의를 진행했다.

사회 구성 이론

사회 구성 이론Social construction theory은 명성 연구의 수많은 토론에 근간이 된다. 그것은 조직의 명성 관리자와 이해관계자들을 사회 구성의 과정에 밀접하게 관련된 것으로 보는 관점에서 출발하기 때문이다. 조직 관리자들과 이해관계자들은 사회적이고 정보적인 교환 과정에 함께 참여하면서 그들의 역할에 대한 공유된 이해를 함께 창조해낸다. 이해관계자, 중재자, 그리고 조직은 상호 작용하면서 다음과 같은 것에 의해 특징지어지는 해석망a web of interpretations을 구성하게 된다. (1) 회사와 구성원 사이의 폭넓은 정보와 해석의 교환 (2) 회사에 관한 다양한 지식과 이해 (3) 해석의 복합성, 그중 대다수는 설득적이고 자기 이익 중심적 본질을 가짐 (4) 산업의 성과 기준에 대한 동의가 어느 정도 이루어짐 (5) 명성 기준과 경쟁자에 대해 상대적인 회사의 평가 등. 이러한 상호 작용을 통해서 어떤 회사는 '승자'가 되고 다른 회사는 '패자'가 되는 성패의 정의가 나타나고 명성과 순위가 만들어진다. 이 관점은 명성적 역동성과 거시 문화 콘텐츠를 이해하는 컨텍스트를 제공하지만 실증적 연구를 위한 지침이 되지는 못한다.

제도 이론

제도주의적 관점에서는 명성 순위에서 포지션(지위)으로서의 명성을 강조한다. 이 관점은 제도 이론Institutional theory에 근거하고 있는데, 제도 이론은 회사가 어떻게 사회적 질서 내 특권화된 지위를 발전시키면서 정당성과 사회적 지지를 얻어내는지 설명하기 위해서 등장했다(Suchman, 1995). 회사 행위는 부분적으로 기존의 규범과 규제에 순응하도록 하는 사회적 압력에 의해 동기화되었고, 또 회사 행위가 정당화된 것으로 간주되고자 하는 욕망, 그리고 지속적으로 운용 가능한 면허를 얻어내려는 욕구에 의해 동기화되었다. 이와 같이 제도적 관점에서는 산업의 '거시 문화'의 중요성에 주목한다. 거시 문화는 조직과 이해관계자 사이의 상호 작용에서 생겨났고 미디어나 다른 전문화된 조직 같은 제도적 중재자에 의해 매개되었다. 거시 문화에 대한 순응은 시간이 지나면서 회사의 특성이 더 비슷해지고 동형화되는 결과를 낳게 된다. 예를 들면, 지난 세기에 이슈가 되었던 기업의 사회 책임활동의 폭발적인 성장은 이해관계자와의 호의적인 관계 유지가 전략적 가치가 있다는 회사의 인식과 제도화의 결과를 보여주는 것이다.

이 관점에서 보면, 명성 순위란 조직 분야에서 강력한 제도적 중재자들에 의해 형성된 순위를 의미한다. 제도적 중재자들은 미디어, 재무 분석가, 조직 모니터링 등을 포함한다. 중재자들은 정보 중재에 의해 결정된 기준에 근거해서 다른 회사에 비해 상대적인 회사의 지위를 제시하는 다양한 순위 리스트를 만들어낸다. 예를 들면, 『포춘』 지는 최고의 직장 순위를 발표했고, 『파이낸셜 타임즈』는 최고의 비즈니스 스쿨 순위를 발표했다. 이들 순위는 여러 행위자들과 이해관계자에 의해 승인된 것이며 회사의 지위는 다양한 속성에 대한 회사 명성의 반영으로 비추어진다. 이러한 위계적 순서는 과거 성과에 대한 객관적 지표를 반영하거나 주관적이고 평가적인 판단을 반영한다. 결국, 명성적 순위는 이해관계자에게 여러 가지 회사 속성에 대한 독립적인 '제3자'의 인증을 부여하는 것으로 여겨진다(Lammers & Guth, 2013).

그러나 명성 순위에서 회사의 지위는 다양한 측정 방식에 의존하기 때문에 때로 논쟁거리가 된다. 학자들은 명성 순위가 작위적이고 상황에 따라서 매우 달라진다는 문제를 제기한다. 순위를 둘러싼 논쟁에도 불구하고 이들은 지속적으로 회사의 행위와 이해관계자와 직원의 경험에 영향을 미친다. 정보 중재자들에 의해 창조되는 명성적 순위와 위계는 제도적 타당성을 만들어낸다. 이러한 객관화 지표를 얻어내면서 회사의 명성은 이해관계자에게 보다 유용해지고 회사 명성 그 자체가 되어버린다. 그 결과, 명성적 순위의 포지션으로서의 명성은 명성의 가장 중요한 평가이자 자산으로서 많은 사람들이 취급한다. 이러한 이유로 명성 순위로서의 명성은 독특한 경제적 효과를 가진 명성의 독특한 차원이 되는 것이다.

요약하자면, 제도적 관점에서는 다른 회사들 또는 경쟁자에게 상대적인 명성 순위의 체계화를 강조한다. 이러한 관점의 명성은 명성 순위가 경쟁 회사에 대한 정보를 요약하고 객관화하며 이해관계자의 불확실성을 줄이기 때문에 중요하다. 이 관점은 회사 명성에 대한 통제의 소재가 회사를 평가하는 제도적 중재자들에게 놓여 있다는 점을 보여준다.

정당성 이론

제도 이론에서는 합리적 신념으로서 정당성legitimacy을 다룬다

(Deephouse & Suchman, 2008; Meyer & Rowan, 1977). 제도주의자들이 개발한 개념 중에서 '정당성' 개념은 기업 명성과 가장 밀접하게 연관된 것이며, 정당성과 명성은 둘 다 조직 행위에 대한 이해관계자의 인식과 승인으로 자주 측정된다. 하지만 몇몇 연구자들은 정당성과 명성을 구분하려고 했다. 딥하우스와 카터(Deephouse & Carter, 2005)는 "정당성은 사회의 인식적 규범과 기대에 순종함으로써 얻어지는 사회적 승인이다. 대조적으로, 명성이란 이들 규제적이고 규범적 또는 인지적 차원들을 포함하는 다양한 속성들에 대해서 조직들간의 사회적 비교라고 볼 수 있다"고 언급했다. 덧붙여서, 이들은 과거의 재무적인 성과와 규범에 대한 순응(제도적 용어로, 동형화)은 명성과 두 가지 유형의 정당성(공공 규제 및 재무적 규제)을 차별적으로 예측했다고 주장했다. 회사가 그들의 명성을 위해서 비슷한 전략을 채택한다는 이론적 주장은 모든 연구에서 지지되고 있으며, 제도주의자들의 주장은 동형화가 피할 수 없는 사회의 압력에서 생겨난다는 것이다(Lammers & Guth, 2013).

기업 명성에 대한 정의: 사회학적 관점

– 사회학: 명성을 정당성legitimacy, 인식perception, 평가evaluation로 개념화
  1) 대표학자: Fombrun, Shanley, Gardberg, Rindova, Martins
  2) 근거 이론: 제도 이론, 정당성 이론, 사회 구성주의 이론

- 명성은 '성과의 주요 차원에 따라 가치를 전달할 수 있다는 기대감에 근거하여 이해관계자가 회사에 대해 갖는 생각을 언급하는 것'이다. 명성은 미디어에 의해 해석되고 보고되는 것인 회사의 전략적 행위를 반영한다(Rindova, Petkova & Kotha, 2007).
- 명성은 이해관계자에 의한 조직의 전반적 평가이다. 이는 조직 능력이 이해관계자

의 기대치를 충족시키는가에 대한 총체적인 인식이며, 이들 이해관계자는 상품 구매자자나 회사의 직원, 또는 투자에 관심 있는 사람들이다(van Riel & Fombrun, 2007).

- 명성은 "성과를 지칭하는 시장과 회계적 신호와 사회 규범의 순응도를 지칭하는 제도적 신호, 그리고 전략적 입지를 지칭하는 전략적 신호를 이용하는 조직 분야 내에서 회사의 상대적이고 구조적인 위치에 대한 정보"에 기반해서 조직의 이해관계자에 의해 결정된다(Fombrun & Shanley, 1990).
- 미디어는 회사에 관한 정보의 발생과 전파에 결정적인 역할을 수행하고 회사에 관한 여론에 영향을 미친다. 미디어 명성은 은행 사례에서 회사 성과와 관련하여 긍정적으로 연관된 것으로 나타난다(Deephouse, 2000).

PR/커뮤니케이션 관점

PR학 관점에서는 조직-공중 관계성 이론과 우수 이론, 상황 이론 등의 논의를 통해서 명성을 어떻게 관리해야 하는지 주로 커뮤니케이션 관점에서 연구를 진행해왔다. 특히 조직-공중 관계성(PR) 이론에 기반하여 관계성이 명성에 어떤 영향을 미치는지에 주목했다.

조직-공중 관계성 이론

PR학자들은 조직과 공중과의 관계성Public Relations이라는 PR 개념에 초점을 맞추고 명성을 연구한다. 관계성이란 조직과 공중 사이에 존재하는 결과적인 상태이며, 신뢰, 헌신, 만족, 상호통제, 공공관계, 교환관계 등의 요소로 구성된다(Hon & Grunig, 1999). 그루닉과 같은 PR 학자들은 장기적인 조직-공중 관계에 주목하면서 명성과 이미지를 구분했다. 그루닉(Grunig, 1993)은 PR이 가치를 가지기 위해서는 보다 활동적이고 관여되어 있는 '전략적 공중'과 장기적인 행동적 관계를 증진시켜야 한다고 주장한다. 그것이 곧 조직 목적을 달성하는 길이며, 이를 통해 두 가지 수준에서의 효과성을 달성할 수 있다고 주장한다. 그는 조직이 공중과의 관계를 통해서 미시적 수준에서 다른 공중과 커뮤니케이션하는 개인적 프로그램 효과를 달성해야 하며, 거시적 수준에서 전반적으로 조직 효율성을 달성하는 데 기여해야 한다고 주장한다.

연구자들은 PR에 대해 서로 다른 두 가지 관점을 갖고 있다. 상징적이고 해석적 패러다임과 전략적 관리인 행동적 패러다임이다(Kim et al., 2013). 상징적 패러다임을 주장하는 사람들은 PR이란 공중이 조직 행위를 어떻게 해석하는가에 영향을 미치려는 것이며, 그 목적은 의사결정자의 권력을 확보하는 것이라고 가정한다. 이러한 해석적 패러다임을 따르는 실무자들은 메시지, 퍼블리시티, 미디어 관계, 그리고 미디어 효과 등을 강조하며, 그것들이 공중 마음속에 조직을 환경으로부터 완충buffer시키도록 허용하는 인상을 만들어낸다고 믿는다. 그런 조직들은 PR에 의해서 창조된 호의적인 인상들이 그들의 결정과 행위를 보호해주고 권력을 가진 관리자들이 공중으로부터의 간섭 없이 그들이 원하는 대로 행동할 수 있도록 해준다고 믿는다.

대조적으로, 행동적이고 전략적인 관리 패러다임에서는 PR 임원들의 전략적 의사 결정 참여에 초점을 맞춘다. 이를 통해서 그들은 단순히 공중들에게 조직 행위를 해석하기보다는 조직 행위를 관리하도록 돕는 데 주력한다. 반덴 보쉬와 반릴(van den Bosch & van Riel, 1998)은 이런 유형의 PR을 완충buffering 기능이 아닌 연결/교량bridging 기능으로 정의했다(Kim et al., 2013에서 재인용). 교량 행위로서의 PR은 이해관계자와의 관계를 수립하도록 하는 것이다. 이러한 PR의 전략적 관리 패러다임은 쌍방 커뮤니케이션을 강조하는데, 이는 경영 의사 결정을 하는 데 있어서 공중에게 목소리를 낼 수 있도록 해주고 최종 결정이 이루어지는 전후에 경영자와 공중 사이에 대화를 촉진시키도록 해준다. 전략적 관리 패러다임은 미디어 관계나 정보의 전달 같은 전통적인 PR 행위를 배제하는 것은 아니다. 그보다는, 많은 다양한 유형의 커뮤니케이션 행위로 넓히면서 환경 스캐닝, 조사, 그리고 경청 프레임워크로 통합시키는 것이다. 그 결과, 메시지들은 조직의 주장과 요구는 물론, 공중의 정보 요구를 반영하는 것이다.

미시적 수준에서 PR 실무자들은 인식, 인지, 태도, 스키마, 그리고 행위의 개념들을 사용하여 커뮤니케이션 프로그램의 목표를 설정하고 그 효과성 측정을 개발한다. 이를 통해 조직은 공중과의 상징적 관계를 수립할 수 있지만, 이것만으로는 PR의 문제를 해결할 수 없다. 조직에게 PR이 필요한 이유는, 보다 거시적인 수준에서 조직과 공중의 행동들이 서로에게 영향을 미치기 때문이다. 그러므로 장기적으로 조직은 그들의 거시적 특성이라고 할 수 있는 '공중과의 행동적 관계'를 평가해야 하며, 이로써 PR이 조직 목적과 사명을 달성하는데 기여했는지 평가할 수 있게 된다. 그루닉은 상징적 관계와 행동적 관계는 로프의 가닥처럼 서로 얽혀있기 때문에, PR 실무자는 조직이 보다 효과적이 될 수 있도록 두 관계의 연계성을 수립해야 한다고 주장했다(Grunig, 1993). PR이 '관계성'에 주목하기 때문에 '명성' 개념화가 대인 커뮤니케이션 영역이나 심리학적 관점에서 사용되는 용어들이 중복되는 부분이 생겨나게 된다(Holladay, 2013). 따라서 관계성을 근간으로 하는 PR분야와 인지심리학 분야, 대인커뮤니케이션 분야에서 명성을 바라보는 관점이나 기본 이론은 많이 중복된다.

PR 우수 이론

김정남 등(Kim et al., 2013)은 우수 이론Excellence Theory의 핵심은 PR이 전략적 관리 과정의 일부분으로서 조직의 가장 전략적 공중을 규정할 때, 그리고 이들 공중과 효과적인 장기적 관계를 배양시키는 커뮤니케이션 프로그램을 수행할 때 조직을 가장 효과적으로 만든다고 주장한다. 연구자들은 전략적 공중과의 관계의 질을 측정함으로써 PR의 가치를 결정할 수 있으며, 관계척도와 이들 프로그램의 관련성을 갖고 그 효과를 측정함에 의해서 커뮤니케이션 프로그램을 평가할 수 있어야 한다고 주장한다.

PR의 전략적 관리 역할 실행과 PR부서 실행 방법에 대한 지식은 우수이론에서 우수한 PR 특성에 대해 잘 제시되어 있다. 우수 이론에서는 가장 효과적인 PR부서가 조직의 전반적인 전략적 의사 결정에 어떻게 참여하는지 보여주고 있다. 일반적으로 덜 효과적인 부서는 조직의 다른 사람들이 행한 전략적 의사 결정에 관한 메시지를 전파하는 데 있어서 덜 중심적인 역할을 수행한다. 우수한 PR 부서는 조직 의사 결정에 참여함으로써, 조직의 의사 결정에 의해서 영향받을 수 있는 이해관계자 또는 의사 결정에 영향을 미칠 수 있는 이해관계자를 규명하는 위치에 있다. 일단 이해관계자를 규명하고 나서, 우수한 PR 부서는 전략적으로 그들과 커뮤니케이션할 프로그램을 개발한다. 그들은 잠재 이슈를 규명할 형성적 조사를 수행하고 이해관계자와 커뮤니케이션할 프로그램 목표를 정의하며, 커뮤니케이션 프로그램의 측정 가능한 목표를 구체화하며, 목표가 잘 수행되었는지 여부를 평가하는 공식적 비공식적 방법을 활용한다. 덜 우수한 부서는 어떠한 형성적/평가적 조사도 수행하지 않으며, 측정하기 어려운 모호한 목표만을 갖고 있다.

따라서 김정남 등(2013)은 이같은 PR 우수 이론에 근거하여 조직의 거버넌스에서의 PR 역할을 설명함으로써, 단순한 해석적 기능보다는 전략적 관리 기능으로써 PR을 바라보는 관점이 중요하다고 본다. 브랜드나 명성 같은 개념은 본질적으로 상징적이다: 브랜드는 조직이 이해관계자에게 조직에 대해 생각하도록 만드는 것이다. 그리고 명성은 그들이 실제로 조직에 대해 생각하고 말하는 것이다. 사람들이 조직에 대해 생각하는 것은 중요하며, 그것이 그들의 행동에 영향을 미친다. 그러나 상징적 패러다임을 수용하는 대부분의 학자와 실무자들은 메시지나 미디어만으로 명성을 창조한다고 믿는 듯하다. 대조적으로, 연구자들은 이해관계자가 생각한 것(그들의 마음속에 있는 명성과 같은 인지 구조)은 조직이 보낸 메시지를 반영하기보다 조직 행위를 더 반영하고 이해관계자가 조직과 갖는 실제적 관계를 더 반영한다는 것을 주장한다. 단순히 말하면 행위가 언어보다 더 크게 말한다actions speak louder than words. 그러므로 실제 명성을 '관리'하려면 PR 전문가들이 경영 의사결정과 조직행위 관리에 더 많이 참여해야 한다. 연구자들은 PR의 전략적 역할과 조직 행위, 관계, 그리고 명성간 관련성을 검토함으로써 이런 일들이 어떻게 이루어지는지 설명할 수 있다고 본다.

명성 관리란 매스미디어를 통해서 일반 국민에게 배포되는 메시지를 다루는 것 이상을 의미한다. 조직은 그 행위에 의해서 '브랜드화된다'. 그리고 나쁜 행위는 그 명성에 손상을 입힌다. 따라서 명성과 같은 인지적 표상은 조직의 행위를 관리함으로써만 관리될 수 있다. 물론, PR 전문가는 조직 행위를 스스로 관리하지 않는다. 그러나 그들은 이러한 행위를 만들어내는 전략적인 의사 결정 과정에 참여해야 한다. 그리고 조직 거버넌스에 중요한 역할을 해야 하며, 그들의 작업에 대한 가치와 성공의 지표로서 관계에 초점을 맞춰야 한다. 그렇게 한다면 조직의 명성은 저절로 높아질 것이다.

PR은 이런 점에서 가치 있는 것이다. 왜냐하면 그것은 다른 종류의 문제들과 다양한 가능한 해결책을 전략적 관리자가 주목하도록 해주기 때문이다. PR 관리자들은 공중에게 영향을 미칠 가능성이 있는 정책 결정의 결과들에 대해 최고 경영자들에게 알려주고 상담해야 한다. 그들은 또한 조직의 의사 결정에 있어서 전략적 공중을 규명하고 그들의 문제와 이해관계를 이해하도록 조사를 수행하고, 그리고 그들의 견해를 상위 관리자에게 전달함으로써 공중의 목소리를 내게 해주고 그들에게 권능을 부여해야 한다(Grunig, 1993; Kim et al., 2013).

상황 이론과 행동적 공중

상황이론Situational Theory 역시 기업 명성에 적용할 수 있는 중요한 이론이다. 상황이론은 이슈에 대한 공중 인식과 관여도를 중심으로 공중을 유형화하고 이에 대한 커뮤니케이션 전략을 제안한 이론이다. PR 실무자들은 경영적 의사 결정에서 이해관계자와 관련하여 공중과의 관계의 질을 측정할 때 적극적이고 관여도가 높은 전략적 공중을 강조해야 한다고 믿는다. 그럼에도 관계의 지표는 덜 관여된 공중과의 평판적 관계를 평가하기 위해서도 활용되어야 한다.

관여된 전략적 공중에 대한 브랜드와 명성은 대부분 조직과의 실제적인 행동을 통한 관계적 상호 작용의 부산물이다. 덜 관여된 공중에게, 이러한 인지적 표상은 그들에게 이용 가능한 신호에 근거한 개략적이고 불확실한 추측일 뿐이다. 그러나 관여된 공중들(행동적 관계 소유자들)은 목격담이나 증언, 권고(그들의 커뮤니케이션 행위) 등을 통해서 덜 관여된 집단(평판적 관계 소유자들)에 영향을 미친다. 그래서 모든 공중의 기업 브랜드나 명성에 영향을 미치는 가장 중요한 방법은 행동적 관계 소유자를 규명하고, 그들의 관심이나 이해관계를 경영적 의사 결정과 통합해서 간접적으로 평판적 관계 소유자들에게 영향을 미치도록 하는 것이다(Kim et al., 2013).

행동적 관계 소유자들에 의해 만들어진 브랜드나 명성에 대한 기회나 위협은 뉴미디어의 디지털화 때문에 더욱 확장되는 경향이 있다. 전략적이고 적극적인 구성원들 사이의 커뮤니케이션 행위는 이제 소셜 미디어를 통해 개개인들이 형성하는 확장된 사회적 관계를 통해서 디지털적으로 부호화되고 확산된다. 이는 네트워크 사회에서는 디지털화되어 복구 가능하다. 따라서 비관여적 집단은 그들이 디지털 미디어를 사용하면 부정적(또는 긍정적) 목격을 접할 기회를 더 많이 얻게 된다.

결론적으로, PR 학자들에게 있어서 조직-공중 관계성의 결과는 명성이며, 특히 행동적 관계 소유자들에 의해 만들어진 명성은 조직 거버넌스에 있어서 매우 중요한 전략적 역할이라는 것을 강조한다.

기업 커뮤니케이션과 스토리텔링

기업 명성 영역에서 커뮤니케이션의 중요성을 다룬 학자들은 다수 존재하지만, 그중에서도 반릴과 폼브런(van Riel & Fombrun, 2007)은 커뮤니케이션의 구체적인 특성을 통해 기업 명성과의 관계를 모델링하고 있다. 그들은 이해관계자를 내부 구성원과 외부 이해관계자로 구분 하면서 이해관계자들과 어떤 메시지로 어떻게 커뮤니케이션하는가가 기업 명성에 중심적 역할을 수행한다고 지적한다. 기업 명성이 증대되기 위해서는 유기적인 형태의 기업 커뮤니케이션 시스템이 매우 중요하다는 것이다. 기업의 내부 커뮤니케이션과 외부로 표출되는 기업 커뮤니케이션은 상호 연계되며, 모든 커뮤니케이션 흐름이 기업의 목표 성취와 성과에도 영향을 줄 수 있기 때문이다. 그들은 조직의 커뮤니케이션 특성을 경영 커뮤니케이션, 내부 미디어, 부서간 커뮤니케이션, 기업 메시지, 커뮤니케이션 분위기 등으로 제시하고, 이 같은 커뮤니케이션적 요소들이 사원의 조직 동일시에 영향을 미치며 외부 표출을 통해 기업 명성에 순환적으로 작용함을 지적하고 있다.

기업의 실제 정체성과 이해관계자들의 기대 사이에 존재하는 역학관계를 커뮤니케이션을 통해 이론적으로 설명한 사람이 바로 발머(Balmer, 2001)이다. 그는 기업의 정체성은 다섯 가지의 다른 정체성 요소들(실재 정체성, 전달된 정체성, 지각된 정체성, 이상적 정체성, 바라는 정체성)에 의해 하나로 발현된다고 보았다. 기업의 정체성이 하나로 발현되기 위해서는 기업의 실제 정체성 요소들에 대한 내, 외부 이해관계자들의 인식 차이를 커뮤니케이션을 통해 알아내고 그 차이를 최소화하려는 노력이 매우 중요하다. 이러한 노력을 통해 하나로 수립된 정체성을 적극적으로 내외부에 커뮤니케이션할 때 기업의 높은 명성이 형성, 유지된다는 것이다(Balmer & Greyser, 2003).

반릴과 폼브런(2007) 역시 지속 가능한 기업 스토리를 통해서 기업 버전이나 철학, 기업 활동에 대한 포괄적인 스토리를 전달해야 함을 강조하고 있다. 특히 이들은 전략적 커뮤니케이션과 기업 목표, 명성, 그리고 재무 성과 간의 관련성이 긴밀하고 연관되어 있어야 한다고 주장했다.

커뮤니케이션 학자들 중에서 특히 기업 커뮤니케이션에 관심이 있는 반릴과 발머 등의 학자들은 기업 명성에 있어서 기업 커뮤니케이션(특히 전략적 커뮤니케이션)의 역할을 강조한다. PR 학자들 역시 전략적 커뮤니케이션에 관심이 높지만, 그보다는 조직-공중 관계성을 구축하는 커뮤니케이션의 역할에 대한 관심이 높으며, 결국 관계성이 명성을 구축하는 데 기여한다고 믿는다. 하지만 기업 커뮤니케이션을 연구하는 반릴과 발머는 기업 경영 과정에 있어서 기업의 정체성을 전달하고 확산하는 기업 커뮤니케이션으로서의 역할, 특히 지속 가능한 기업 스토리와 같은 커뮤니케이션의 역할을 강조한다.

- PR학: 명성은 조직-공중 관계성organization-public relationship, 상징적 & 행동적 관계symbolic & behavioral relationship의 결과
  1) 대표학자: Grunig, Hung, Caruana, Hutton, Yang, J. N. Kim
  2) 근거이론: 관계성 이론, 상황 이론, 우수 이론
- 커뮤니케이션학: 지속 가능한 기업 스토리SCS: Sustainable Corporate Story, 전략적 커뮤니케이션이 중요함을 강조
  1) 대표학자: Balmer, van Riel, Gotsi, Wilson, Cornelissen, Jackson, Greyser
  2) 근거이론: 기업 커뮤니케이션 이론, 기업 스토리텔링

• PR이 가치를 갖기 위해서는 활동적이고 관여되어 있는 전략적 공중과 장기적인 행동적 관계를 증진시켜야 한다. 대부분의 PR 프로그램은 미디어를 통한 상징적

관계를 형성하지만, 행동적 관계를 통한 명성 수립에는 별로 영향을 미치지 못한다(Grunig, 1993).

- 조직 공중 관계는 명성에 영향을 미치며, 특히 조직 행위는 조직 공중 관계와 명성에 강하게 연관되어 있다(Grunig & Hung, 2002)
- 조직 명성을 증진시키기 위해서는 관계의 질을 높이는 행동적 관계를 배양할 필요가 있다(Yang, 2007).
- 명성과 같은 인지적 표상은 조직 행위를 관리함으로써만 관리될 수 있다. 따라서 PR 전문가는 조직 행위를 만들어내는 전략적인 의사결정 과정에 참여해야 한다(Kim et al., 2013).

심리학적 관점

심리학에서 명성은 주로 개인적 수준에서 분석되고 있다(Dalton & Croft, 2003). 특히 대인간 상호 작용 관계에 있어서 위험을 평가하는 메커니즘으로 다루어지는데, 이 같은 위험 평가는 사회 교환에 있어서 매우 중요하다. 이 같은 이슈는 조직적 수준으로 쉽게 전이될 수 있는데, 기업 명성은 이해관계자들이 기업과 상호 작용함에 있어서 위험성을 평가하는 메커니즘으로 취급될 수 있다. 다시 말해서, 기업 명성은 현재와 잠재적 고객, 공급업자, 직원, 비즈니스 파트너 등에게 회사의 미래 행동을 예측할 수 있는 능력을 부여한다는 것이다. 긍정적인 기업 명성은 기업의 높은 신뢰 수준과 낮은 위험성에 대한 신호로 작용한다. 따라서 구매 의사 결정이나 투자 결정, 계약이나 직원이 되는 데 따르는 의사 결정시 촉매 역할을 하게 된다(Smaiziene & Jucevicius, 2009).

정교화 가능성 모델

명성 형성에 있어서 가장 근거가 되는 프레임워크는 정보 과정화 이론이다. 페티R. E. Petty와 카시오포J. T. Cacioppo의 "정교화 가능성" 모델Elaboration Likelihood Model은 명성이 다양한 자극에 의해 형성됨을 보여준다. 주체가 만들어놓은 해석과 수용자의 마음속에 형성된 자극의 상대적 가중치는 여러 요인에 의해 영향 받는다. 이 평가 과정은 개개인의 정보 과정화로 인해 발생한다(van Riel & Fombrun, 2007에서 재인용). 타겟에게 전달된 자극은 모든 정보 과정화 단계가 완성될 때 보유될 수 있다. 그러므로 타겟에 영향을 미치려는 회사는 메시지가 3가지 기준에 부응해야 하는지 확인해야 한다. 세 가지 기준은 다음과 같다: (1) 회사가 적정한 인지를 발생시킬 때, (2) 오디언스 주목을 끌 때, (3) 이해를 발생시킬 때. 전통적인 마케팅 커뮤니케이션은 항상 (3)번이 부족하며, 이해, 수용, 그리고 지속적 기억 등이 부족하므로 실패하게 된다. 명성은 조각 덩어리이다—그들은 개인들이 조직에 대한 인상을 조직화하는데 사용하는 의미 체계이며 현실을 단순화한다. 명성 형성의 과정은 그러므로 '조각묶음'로 구성된다. 조각 묶음이 개인의 단기 기억에서 반복적으로 나타나면 장기기억 저장고로 전환되면서 명성이 결정체화된다. 장기기억은 조직이나 상품에 대한 경험과 지식이 지속적으로 누적된 것이다.

커뮤니케이션 영향력은 정보 과정화 시기에 발생하는 '정교화' 정도에 의존한다. 정교화 가능성 모델에서 페티와 카시오포(Petty & Cacioppo, 1986)는 정교화 정도가 높으면 주체는 확신적 상황에 있다고 주장한다. 정교화 정도가 높은 상황에서는 중요한 사인이나 신호만이 이성적 이해를 형성하고 논쟁의 강도나 내용만이 의견 형성에 영향을 미친다. 그러나 정교화 정도가 낮으면 주체는 확신이 부족하며, 이성적 이해와 관련 없는 메시지 요소들이 더욱 중요해진다. 메시지를 전달하는 사람의 매력도나 메시지에 포함된 논쟁 수 같은 말초적 신호들이 의견 형성에 더 중요한 역할을 한다.

중요한 요인은 결국 수용자의 개인적 특성인 관여도이며, 메시지가 그들의 개인적 경험과 일치되는가 하는 정도이다. 예를 들면, 회사나 상품에 대한 관여가 높다면 중심적(합리적) 경로가 채택될 것이고, 관여가 낮으면 주변적(말초적) 경로가 채택될 것이다. 수용자가 깊은 '지식욕구'를 가졌다면 상품이나 회사에 대한 관여도가 높아질 것이다. 하지만 대부분의 수용자들은 관여도가 낮으며, 이들은 회사나 상품에 대한 정보를 적극적으로 처리할 동기 부여가 되어 있지 않다. 따라서 수용자는 더 주변적 경로를 추구할 것이며, 이때 기업 명성은 그들의 행위에 영향을 미치는데 더욱 중심적 역할을 할 것이다.

사회 인지 접근

폼브런(Fombrun, 1996)은 "긍정적이고 지속적이며 쉽게 없어지지 않는 명성을 얻는다는 것은 관리자들이 회사의 구성원들과 좋은 관계를 수립하고 유지하는 데에 많이 투자해야 함을 의미한다"고 주장했다. 기업이 이해관계자들과 '좋은 관계'를 구성한다는 것은 무엇이며, 기업이 이런 관계에 '투자한다'는 것은 어떻게 해야 하는 것인가? 이러한 문제에 대해서 홀라데이(Holladay, 2013)는 대인 커뮤니케이션의 세 가지 접근, 즉 사회 인지 접근과 사회 교환 접근, 그리고 인상 관리 접근을 통해서 이런 문제를 해결해야 한다고 주장한다.

대인 커뮤니케이션에 대한 사회 인지 접근Social cognition approach이란 "사람과 사회적 사건의 인식에 영향을 미치는 인지 구조와 과정 연구"에 관한 것이다. 사회 인식은 해석학적 프레임워크나 스키마를 검토하는데, 이것은 사람들이 스스로나 다른 사람들, 사건, 상황에 대해 인식할 때 의존하게 되는 것이다. 또한 사회 인식은 그들이 바람직한 결과에 도달하도록 도울 수 있는 목적과 행위를 형성하는 것은 물론, 행위와 관계에 대한 기대를 하도록 한다. 따라서 내적 인식이 해석이나 계획, 상호 작용을 구성하는 메시지 생산을 인도함으로써 관계에 영향을 미치는 것으로 추정된다. 사회적 인식의 분야는 인식, 태도, 귀인,

그리고 기대 등을 포함하여 명성 연구에 중요한 다양한 논의를 포함한다. 페티와 카시오포(Petty & Cacioppo, 1986: 4)는 태도란 "사람들이 자신이나 다른 사람들, 사물, 그리고 이슈에 대해 갖고 있는 일반적인 평가"라고 정의했다. 명성은 인지와 태도로 구성된 일종의 스키마인데(Grunig, 1993), 이런 경우에 '명성'은 일반적으로 명성 있는 조직에 관한 스키마, 또는 인지적 연상을 언급한다. 따라서 명성은 속성의 집합체로 간주되며, 명성 스키마는 인식적 과정과 추론을 인도한다.

스키마는 우리의 지식을 조직하고 포함하는 인지 구조를 의미하며(Fiske & Taylor, 1991; Holladay, 2013에서 재인용), 스키마 이론은 우리의 머릿속에 존재하는 선험 지식이 새로운 정보를 이해하고 학습하는데 도움이 된다는(영향을 미친다는) 이론이다. 스키마와 태도가 상호 관련되어 있고 변화하기 어렵다는 사실에도 불구하고 '명성 관리'라는 언어는 조직이 긍정적인 연상과 긍정적인 명성 평가를 강화하거나 개발하는 데 영향을 미칠 수 있도록 구성원들과 커뮤니케이션해야 한다는 것을 제시하고 있다. 정보원의 신뢰도 같은 신호는 이슈 관여도가 강하지 않은 사람들이 태도를 변화하는데 중요한 요인이 될 수 있다. 그래서 『포춘』지 '가장 존경받는 회사'라는 명성 순위는 회사 명성에 대한 태도를 변화시킬 수도 있게 된다. 인지 일관성 이론이라고 불리는 패밀리 이론들은 일관되지 않은 인식이 불편함을 야기시켜서 태도가 변화할 수도 있음을 설명해준다. 예를 들면, CSR(기업의 사회책임)을 강하게 지지하는 누군가는 어떤 기업에 대한 부정적인 태도가 그 회사의 CSR 수상 기록을 듣고나서 태도가 긍정적으로 변해갈 수도 있다(Holladay, 2013).

사회 인지 이론의 또 다른 중요한 연구는 인과적 귀인을 통해서 환경과 행위에 대해 알아차리는 것과 관련된 것이다. 하이더는 사람들이 그들 자신과 다른 사람들의 행위에 대해 인과적 설명을 추구하는 '순진한 심리학자'라고 말했다(Heider, 1958; Holladay, 2013에서 재인용). 사람들은 이러한 인과적 설명을 구성할 때 이미 존재하는 스키마에 의존하게 된다. 명성의 경우, 외부 구성원이 인과적 설명을 통해서 기업 행위를 이해하려고 하는데, 이러한 귀인 과정은 문제에 대한 해답을 준다. 또한, 조직은 행위에 대한 설명을 제공함으로써 사람들의 귀인을 형성하도록 적극적으로 시도해야한다. 특히 이것은 조직의 행위가 부정적으로 평가받기 쉬운 경우에 더욱 중요해진다. 예를 들면, 언론에서 조직 CEO의 횡령 사실을 비윤리적으로 행동했다고 보도할 수도 있으며, 사람들은 CEO의 비윤리적 행위를 조직의 '부패 문화' 때문으로 귀인할 수도 있다. 그러나 조직은 CEO가 개인적 생활에서 재정적 어려움 때문에 횡령한 것이라고 설명함으로써 귀인을 변화시키려고 해야 한다. 이러한 설명은 비윤리적 행위의 원인에 대한 귀인을 조직 면죄부와 같은 더 나은 방향으로 바꿀 수도 있다. 이와 같이 조직에게 도움이 되는 방식으로 해석을 재구성하는 것이 중요하다. 이는 인상관리 영역의 개념과도 긴밀하게 관련되어 있다(Holladay, 2013).

귀인 이론의 기본 논리에서는 행위를 설명하는 정보가 없다는 것이 심리적으로 매우 불편하게 여겨지기 때문에 사람들은 불확실성을 줄이기 위해서 동기화된다는 것이다. 예를 들면, 사람들이 다른 것에 대한 정보가 부족하면, 그들에게 편한 수준으로 불확실성을 줄이려고 동기화된다. 이는 자기 자신이나 다른 사람들의 행위에 대해 인과적 귀인을 하는 것 또는 부차적 정보를 얻기 위해서 정보추구적 행위에 참여하는 것과 연관될 수 있다. 낯선 사람과의 초기 상호 작용에 있어서 불확실성 감소의 원칙은 많은 다른 상황에 확장될 수 있다. 인과적 귀인을 하려는 사람들의 경향을 고려하여, 조직은 구성원의 불확실성을 줄이기 위해서 정보를 제공해야 한다. 불확실성은 때때로 재정적 위기나 CEO와 관리자 변화, 위기 등의 시기에 많이 작동한다. 이 경우 조직은 구성원과의 적극적인 커뮤니케이션을 통해 불확실성을 줄이도록 도와주고 조직에 대한 긍정적 태도를 갖도록 해야 한다.

사회 교환 접근

사회심리학에 근거를 둔 사회 교환 접근Social exchange approach의 2가지 이론은 사회 침투 이론과 사회 교환 이론이다. 두 이론들은 사람들이 관계와 관련하여 비용과 보상을 어떻게 평가하는지, 그리고 어떻게 관계를 유지하고 강화하고 멈추기를 결정하는지 설명해준다(Holladay, 2013).

사회 침투 이론Social penetration theory에서는 관계 발전 과정을 설명하기 위해서 자기 노출에 초점을 맞춘다. 자기 노출은 넓이(breadth, 이야기하는 주제의 수)와 깊이(depth, 개인적 정보의 정도)에서 차이를 보인다. 이 모델에서는 사람들이 보다 '위험'하고 친밀한 정보를 노출하기 전에 공공 정보를 더 노출시키는 경향이 있다고 주장한다. 명성 연구에서 자기 노출과 유사한 것은 조직에 의해서 제공되는 운용 정보information about operations일 수 있다. 어떤 조직은 보다 투명해지려고 하지만, 다른 조직은 좀 더 폐쇄적이다. 구성원들이 질이 높은 정보를 받고 있다고 믿기에 충분한 정보가 어떤 종류인가? 그리고 이러한 정보는 관계의 질과 명성 평가에 어떻게 영향을 미칠 수 있을까?

이는 사회 심리학에 기반을 둔 사회적 침투 이론social penetration theory과 사회 교환 이론social exchange theory 두 가지를 통해서 살펴볼 수 있다(Holladay, 2013). 이 이론들은 사람들이 어떻게 그들의 관계에 대한 비용과 보상을 평가하고, 그 관계를 유지, 강화 또는 단계적으로 축소시켜나갈지를 결정하는 것을 설명하기 위한 사회적 인지 개념에 기반한다.

사회적 침투 이론은 관계가 발전함에 따라 대인간 커뮤니케이션이 얕고 덜 친밀한 수준에서 깊고 더 친밀한 수준으로 발전되어 간다고 설명한다. 특히 관계 발전의 과정을 설명하기 위해서 자기 노출self-disclosure에 집중하고 있다. 즉, 조직들은 공중들이 조직으로부터 얼마나 고급 정보("사적인" 것과 동등하거나 심리학적 수준의 데이터를 의미)를 얻는다고 믿으며, 이것이 관계의 질과 조직 명성 평가에 대한 인식에 어떻게 영향을 미치는지에 대해 신경을 써야 한다는 것이다.

사회 교환 이론은 왜 어떤 관계는 더욱 친밀하고 안정적으로 발전해 나가고, 어떤 관계는 피상적으로 비개인적impersonal인 관계에 머물거나 소멸되는지를 경제적 은유를 통해 설명하고 있다(Holladay, 2013). 사회 교환 이론에서는 공중을 관계 교환 과정에서 발생하는 비용(관계에 대한 헌신 등)과 보상(관계로부터 얻을 수 있는 이익 등)을 이성적으로 계산할 수 있는 존재로 보고 있다. 또한 사회적 침투 이론에 비해, 비용 대비 이익에 대해 평가하는 의사 결정자로서의 개인에 집중한다.

사회 교환 접근은 외부 구성원이 조직을 지지하는 데 있어서 비용과 보상을 규명하는 것과 이런 점들이 관계 행위와 명성 평가에 어떻게 영향을 미치는지 등을 다룸으로써 명성 연구자들이 관계를 교환하는 협상을 고려하도록 도와준다. 부차적으로, 조직은 교환 관계를 어떻게 바라보는가? 그리고 암묵적인 교환 계약을 어떻게 달성할 수 있는가? 전반적으로, 교환에 의해 규정되는 조직-구성원 관계의 본질은 어떠한가?

루스벌트(Rusbult, 1987)와 루스벌트 등(Rusbult et al., 1982, 1988)은 사회 교환 접근을 이용해서 관계적 투자와 상호의존성, 그리고 불만족스러운 교환 관계에 대한 반응을 개념화하고 있다(Holladay, 2013에서 재인용). 그들은 허쉬만의 탈출-목소리 높이기-로열티 모델 exit-voice-loyalty model을 사용하여 조직적 관계에서 관계의 하락에 대한 반응을 형상화했다. 탈출과 같은 관계를 떠나라는 반응, 목소리높이기의 관계 증진을 시도하라는 반응, 그리고 로열티, 관계 증진을 기다리며 희망하라는 반응 등이다. 루스벌트는 높은 관계 만족과 높은 투자를 경험한 사람들은 목소리 높이기와 로열티에 참여한다는 것을 발견했다. 또 현재의 관계를 넘어서는 더 매력적인 대안을 가질 때 탈출 반응을 한다는 것을 밝혔다.

인상 관리 접근

인상 관리 접근Impression Management Approach은 사회학자인 어빙 고프만Erving Goffman의 이론적 접근에 기반을 두고 있다. 고프만은 사람들 간의 상호 작용을 드라마적dramaturgical 은유를 적용하여 설명하는데, 즉, 사람들은 다른 사람들에게 믿을 만하고 적합하다고 여겨질 수 있는 행동을 하기 위해 언어적, 비언어적 커뮤니케이션을 통하여 "자신self"을 만들어낸다는 것이다(Holladay, 2013). 체면이나 체면 유지를 위한 상호 작용에 대한 그의 생각들은 전략적, 전술적 명성 관리에 대한 현대적 개념과 유사하다. 따라서 조직들은 자기 표현과 관련한 다양한 방법들을 개발할 필요가 있으며, 이러한 다양한 커뮤니케이션 수단(예를 들어, 면대면 상호 작용, 또는 페이스북이나 트위터를 사용할지와 같은)과 행위자들(조직의 CEO, 대변인, 직원 등과 같은)을 어떻게 조율하여 더욱 복잡해진 조직의 인상 관리를 수행할지에 대해 신경 써야 한다.

인상 관리의 목적은 명성 관리 목적과 유사하다. 우리는 "조직의 유능한 커뮤니케이션이란 무엇과 같아야 하며, 명성 평가에 이것이 어떻게 영향을 미치는가?"를 물어볼 수 있다. 유능한 대인 커뮤니케이션은 관계 관리, 만족, 그리고 효과적인 갈등 관리와 같은 긍정적 결과와 연관되어 있다. 그러나 성공적인 인상 관리는 주어지는 것이 아니다. 효과적인 체면 유지를 하지 못했거나 다른 사람으로부터 정체성 도전에 직면한다던가 이런 행위의 오류는 행위자가 다른 사람들의 기대에 부응하지 못했음을 의미하는 것이다. 이런 오류로 인해 조직은 명성 위협에 직면케 되는데, 이는 행위에 대한 바람직한 해석을 제공한다든지 하는 등의 복구 전략을 통해서 이루어져야 한다. 복구 전략은 행위를 정당화하거나 변명하는 등을 의미하며, 문제되는 행위를 성공적으로 복구하는 중요한 함의점을 갖고 있다. 명성 관리 연구들에서는 조직이 잘못된 의사 결정이나 결함이 있는 제품, CEO의 잘못된 행위, 정당성 도전, 또는 관리 실패 등과 같은 조직 행위로 인한 명성 위협을 규명하고 반응하는 방법을 제시하고 있다.

인상 관리 영역에서도 명성은 개인적 수준에서 연구된다. 하지만 이 분야에서 사용되는 몇몇 정의와 연구 결과들은 조직 수준으로 쉽게 전이되어 다루어질 수 있다. 특히 '부정적 편견negative bias'이라는 용어는 더욱 그러한데, 이는 부정적 정보가 어떻게 인상에 영향을 미치는지 그리고 '신뢰 불균형trust asymmetry' 용어와 관련하여 부정적 사건들이 긍정적 사건보다 신뢰에 얼마나 더 부정적 영향을 미치는지를 보여주고 있다. 이러한 주장을 조직수준으로 전이한다면 기업 명성이 얼마나 잃기가 쉬우며 회복하기 어려운지에 대한 통찰을 가능케 한다(Holladay, 2013).

연상 네트워크 모델과 기업 연상

인지심리학자들은 정보가 어떻게 기억 속에서 복구되는지 이해하기 위해서 연상 네트워크 모델associative network models(또는 의미 네트워크 모델semantic network models)을 제안한다(Einwiller, 2013). 연상은 기억 속에서 정보 조각들, 혹은 지식 노드 사이의 관계를 지칭한다. 지식 노드란 예를 들면, 회사 이름(애플), 경영자 이름(스티브 잡스), 상품(스마트폰), 또는 특징(혁신성)과 같은 어떤 정보 조각을 제시할 수 있는 것이다. 반면, 연상은 두개 노드 사이에서 연결을 제시한다(예: 스티브 잡스와 혁신성). 상호 연상된 지식 노드의 집합체는 카테고리를 형성한다. 카테고리란 어떤 사물의 유형의 독특한 특성과 공통적 의미를 보여주며, 이를 통해서 세계를 보다 예측 가능한 것으로 만들어준다. 예를 들면, 뉴애플 스마트폰이라는 새로운 상품은 특정 카테고리인 애플 상품에 속하는 것으로 인식된다. 이를 통해서 사람들은 새로운 상품의 속성을 그 카테고리에서 추론해낼 수 있다. 복잡한 지식 구조는 다양한 카테고리와 연결들을 갖고 있는데 이는 '연상적 네트워크'라고 언급된다.

정보를 해독하고 복구하는 정도는 '활성화 확산spreading activation'에 의해 결정된다. 이 과정은 어떤 지식이나 노드 셋트의 활성화에 의해서 시작되고 이러한 활성화를 반복적으로 소스 노드와 연결된 다른 노드에 확산시키게 된다. 이러한 연상의 강화는 기억 속의 두 개 이상의 노드가 동시에 활성화될 때 일어난다. 따라서 활성화 과정에서 더 자주 동시에 발생하는 아이템은 더 강하게 연상되며, 활성화된 노드 사이의 연상 강도는 기억 속에서 복구될 수 있는 특정 정보를 결정한다. 예를 들면, 혁신적 회사의 투자를 고려할 때, 투자자가 '혁신'이라는 속성을 포함하는 노드의 강력한 연상 때문에 애플을 생각하기 쉬울 것이다.

아인윌러S. A. Einwiller는 기업 명성에 필수적인 두 가지는 기업 연상corporate associations과 기업 속성corporate attributes이라고 주장했다(Einwiller, 2013). 그는 이 변수들을 인지심리학적 관점에서 이론적 논의를 검토해보았다. 기업 연상이란 기억 속에서 두개의 지식 노드 사이의 관계를 지칭한다. 이 개념에 의해보면, 기업 연상은 본질적으로 회사를 대표하는 지식 노드(무엇보다도 회사 이름)와 이해관계자의 기억 속에 이와 관련하여 다른 지식 아이템과의 연결고리가 고려되는 것이다. 다수의 태도 연구자들은 연상적 지식 네트워크에서 연상의 용어로 신념과 태도를 해석해왔다. 피쉬바인M. Fishbein과 아젠I. Ajzen은 신념을 동사(창조한다 등)에 의해서 태도 객체(회사 등)를 어떤 다른 지식 노드(공해 등)와 연결하는 명제 형태로 제시한다(Fishbein & Ajzen, 1975). 따라서 '태도 객체와 연상된 존재, 전통적으로 신념이라 해석되는 존재는 명제적 네트워크에서 연결된 노드로 간주될 수 있다'고 했다. 신념은 인지적 표상인데, 이는 평가적 반응을 표현할 수 있다. 태도 객체가 부정적 속성(공해)와 연결되어 있다면, 결과적 평가는 비우호적일 것이다. 반대라면(안전한 직장) 평가는 우호적일 것이다. 사람들은 태도 객체와 관련하여 감정과 정서를 경험할 수 있다. 정서적 반응은 극단적으로 부정적(분노, 두려움)이거나 극단적으로 긍정적(희망, 기쁨)인 양극단에서 다양한 범위를 갖는다. 개인들은 그들이 태도 객체와 관련하여 파악한 이전 경험의 표상을 이러한 지식 노드와 연결할 수 있다. 이것 또한 다른 평가적 표상(호의적에서부터 비호의적인)을 갖게 된다.

태도 이론의 논리에 의해보면, 기업 연상은 구체적으로 근본적인 회사를 대표하는 지식 노드와 이해관계자의 기억 속에 복구된 다른 지식 아이템간의 연결이라고 할 수 있다. 여기에는 태도의 형태로 함축된 평가와 요약 평가가 담겨 있다. 예를 들면, 회사는 혼합된 평가를 가질 수 있는데 한 면에서는 긍정적이지만 다른 면에서는 부정적일 수 있다. 그러나 일반적으로 한 객체에 대해 호의적으로 평가하는 사람들은 부정적 속성으로 연상하려고 하지 않으며, 그 반대의 경우도 마찬가지이다(Eagly & Chaiken, 1993; Einwiller, 2013에서 재인용). 학계와 업계에서 공통적으로 고려하는 것은 사람들이 회사에 대해 인식하고 판단하는 것은 회사가 성취하는 성공과 관계가 깊다는 것이다. 이러한 관련성을 형성하는 데 필수적인 요소는 사람들이 회사에 대해 연상하는 지식과 판단이다. 회사와 사람들의 기억 속에 저장된 속성인 기업 연상은 회사가 자신을 어떻게 제시하는지 그리고 그 속성에 대해 어떻게 커뮤니케이션하는지에 의해서 영향을 받는다. 또한 직접 관리할 수 없는 언론이나 소셜 미디어 같은 다양한 외부 소스로부터도 영향을 받는다. 기업 속성과 연상들은 기업 명성의 개념에 내재된 것이다.

바넷 등(Barnett et al., 2006)은 49개의 명성 정의를 검토해보면서 명성이란 기업에 대한 여러 가지 속성에 대한 사람들의 평가에 의해 영향을 받는다고 지적했다. 기업 속성이 기업의 요소이긴 하지만, 기업 명성은 매우 인식적인 현상이다. 이 속성들은 회사를 바라보는 개인들에 의해서 어떻게 인식되고 판단되는지에 의존하기 때문이다. 이들 관찰자 중에서 그들의 판단이 특별히 관련되어 있는 사람들은 회사의 이해관계자이다. 그들은 자발적이든 아니든 간에 회사의 부를 창출하는 구매나 투자 행위 등의 역량과 행위들에 기여하고 있기 때문이다.

기업 명성에 대한 정의: 심리학적 관점

– 인지 및 사회심리학: 인상, 인식, 연상으로서의 명성

1) 대표학자: Bromley, Dalton, Croft, Holladay, Einwiller

2) 근거이론: 스키마 이론, 사회 인지 이론, 사회 교환 이론, 정교화 가능성 모델, 연상 네트워크 모델 등

- 심리학에서 명성은 주로 개인적 수준에서 분석되고 있다. 이는 특히 상호 작용의 위험성을 평가하는 메커니즘으로 다루어지고 있다(Smaiziene & Jucevicius, 2009).
- 긍정적 명성이 가져다주는 경쟁적 이점은 새로운 소비자를 유도하고, 새로운 비즈니스 파트너와의 관계를 더 잘 형성할 수 있으며, 공급자, 유통업자를 포함한 다른 직접적 이해관계자들과의 관계를 더욱 강화할 수 있다는 데 있다(Dalton & Croft, 2003, Smaiziene & Jucevicius, 2009에서 재인용).
- 사회적으로 공유된 인상인 명성은 이질적인 사람들의 '무리'가 아니라 '집합체'에 기반한다(Bromley, 2002).

조직학적 관점

조직학자들은 기업 명성을 직원의 인식적 경험에 뿌리를 둔 개념으로 간주한다. 기업 문화와 정체성은 경영자들이 주요 이해관계자와 수립하는 관계의 종류뿐 아니라 조직의 비즈니스 관행을 형성한다. 기업 문화는 경영자들의 인식과 동기에 영향을 미치고(Barney, 1986; Dutton & Penner, 1992), 기업 정체성은 경영자들이 환경적 분위기를

어떻게 해석하고 반응하는지에 영향을 미친다(Meyer, 1982; Dutton & Dukerich, 1991). 공유된 문화 가치와 강한 정체성 인식은 경영자들에게 회사가 대표하는 것을 규정하게 할 뿐 아니라 주요 이해관계자와 상호 작용하는 그들의 전략을 정당화한다(Miles & Cameron, 1982). 또한 정체성과 문화는 서로 관련되어 있다. 정체성은 핵심적이고 지속적이며 독특한 조직의 특성을 묘사하는데, 그것은 경영자들이 외부환경에 어떻게 반응해야 하는지에 대한 공유된 해석을 만들어낸다(Albert & Whetten, 1985).

정체성 이론

정체성 이론Identity Theory에서 핵심적으로 제기하는 문제는 '나는 누구인가?' '우리는 누구인가?'와 같은 자기 관련 질문들이며, 그 자신을 정의하려는 조직체의 시도에 초점을 맞춘다(Albert & Whetten, 1985). 정체성 이론가들에게 기업 명성은 부분적으로는 정확하지만 부분적으로는 회사 정체성의 중요한 특징에 대해 이해관계자가 갖는 비틀리거나 왜곡된 것이기도 하다(Whetten & Godfrey, 1998).

정체성에 대한 다양한 개념 정의 가운데 가장 널리 받아들여지고 있는 것은 1985년 알버트와 휘튼이 제시한 CED 개념이다. 조직의 구성 요소 가운데 '핵심적central'이고 '차별적distinctive'이며, '지속적enduring'인 특징을 지닌 것만이 해당 조직의 정체성이라는 것이다. 정체성의 세 기준 가운데 첫 번째 기준인 '핵심성'이란 기업의 여러 요소 중에서 부차적이 아닌 핵심적인 요소에 초점을 맞추는 것이며, 조직이 추구하는 바와 조직 유형에 따라 달라질 수 있음을 의미한다. 두 번째 기준인 '차별성'은 다른 개체와의 구분을 가능하게 하는 요소이며, 마지막으로 '지속성'은 쉽게 변하지 않는 연속적이고 일관되게 유지되는 속성을 의미한다. 특히 자기 조직과 타 조직을 구분 짓게 하는 차별적인 관점에서의 정체성은 조직동일시identification 개념과도 연결된다

(Albert & Whetten, 1985).

알버트와 휘튼(1985)의 정체성 관련 논의에서 또 한 가지 주목할 점은 조직이 복수複數의 정체성을 가질 수 있음을 지적한 부분이다. 대부분의 조직은 CED 기준을 만족시키는 정체성을 하나 이상 가지며, 그 가운데서도 성장기와 성숙기에서는 이중적 정체성dual identity이 나타날 가능성이 높다고 했다. 이중적 정체성에 대한 언급은 일반적으로 한 조직이 하나의 정체성으로 대변될 것이라는 기존의 생각을 부인한 것이다. 이중적 정체성은 전체 조직에 걸쳐서 나타날 수도 있으며, 조직 내 하부 구성 단위가 각각 다른 정체성을 지니거나, 또는 하나의 하부 조직이 조직에 존재하는 서로 다른 정체성을 모두 지닐 수도 있다. 또한 이들은 이중적 정체성을 규범적 차원과 실용적 차원으로 구분했는데, 실용적 정체성을 갖는 조직은 경제적 생산성에 기반을 두고 이익 극대화와 비용 최소화를 목표로 하는 것으로 주로 기업이 이에 해당한다. 한편, 문화적, 교육적, 표현적 기능을 지니며 주로 이데올로기에 의해 운영되는 조직, 대표적으로 교회나 대학과 같은 조직은 규범적 정체성을 지닌 것으로 보고 있다. 그러나 정체성을 실용과 규범의 단일 차원으로 분류하는 것은 비슷한 목적을 가진 조직 유형 내에서의 정체성을 구별해내기 어렵다는 문제점을 갖는다.

조직 정체성의 사회적 행위자 관점

정체성의 CED적 요소(중심적이며 지속적이고 독특한 요소)는 정체성 모델의 핵심적인 속성이다. 조직의 특성을 이해하는데 가장 근본적으로 작용하는 것이 바로 정체성의 CED 본질이다. 정체성은 조직이 무엇을 하는지, 어떻게 구조화되는지, 그리고 환경과 어떻게 상호 작용하는지에 대한 공유된 인지틀로 작용한다. 따라서 조직 명성은 정체성의 반영이다(Foreman et al., 2012). 휘튼과 맥키(Whetten & Mackey, 2002)는 이러한 관점에서 조직을 하나의 사회적 행위자Social Actor로 인식하여 정체성에 대한 논의를 전개했다. 이들은 존재론적 관점에서 조직을 사회적 집합체이며 그 자체로서 권리와 의무를 지닌 인격체(행위자)로 규정했다. 따라서 조직도 개인과 마찬가지로 후천적으로 정체성이 형성됨과 동시에 타고나는 고유 정체성self-definition이 있다고 보았다(Baumeister, 1986; Whetten & Mackey, 2002에서 재인용). 따라서 조직 정체성의 사회적 행위자 관점에서는 조직이 스스로 행위를 취할 수 있는 인격체라고 간주했다. 그렇기 때문에 외부의 이해관계자들은 조직 행위를 조직이 책임져야 한다고 인식한다.

포만 등(Foreman et al., 2012)은 기업 정체성의 사회적 행위자 관점을 적용하여 이해관계자 평가의 내용과 초점, 그리고 기준을 토론하면서, 명성이란 무엇인가를 위한 누군가와의 명성as a reputation for something with someone이라고 규정했다. 먼저, 그들은 명성의 '무엇인가를 위한' 측면에 정체성을 적용했다. 즉, 명성은 어떤 이해관계자(들)이 조직의 어떤 측면(들)에 대해 갖는 평가이며, 이는 인식과 기대의 비교로 구성된다는 것이다. 연구자들은 이러한 명성 정의에 근거하여 무엇에 대한 판단인가를 질문한다. 평가받는 것이 무엇인가, 평가의 초점은 무엇인가, 그리고 평가 기준은 무엇인가? 이러한 질문은 기대 이슈—주어진 사회적 행위자의 기대는 무엇이며, 왜 그러한가—와 연결된다. 두 번째로 연구자들은 정체성에 명성의 '누군가와 with someone'라는 측면을 적용했다. 명성 개념의 본질이 이해관계자와 관련하여 상황적이기 때문에 이러한 이슈를 고려하는 것은 필요하다는 것이다. 명성이 존재하는 곳은 어디인가—어떤 이해관계자 내에? 그리고 왜? 누가 평가하는 것이며 평가의 범위는 무엇인가? 연구자들은 바로 여기에 정체성 개념이 존재한다고 지적한다. 정체성이란 이들 이해관계자를 이해하게 만드는 도구이며 개인 수준의 정체성은 이것과 특별히 관련되어 있다는 것이다.

명성 연구에 조직 정체성 개념을 도입한 듀튼과 듀크리히(Dutton

& Dukerich, 1991)는 뉴욕과 뉴저지의 항만 관리당국port authority이 버스터미널 등의 편의 시설에 있어 노숙자들을 어떻게 다루었는지 연구하면서, 조직의 전략과 선택에 대해 새로운 견해를 제시하고 있다. 항만 관리당국은 자신들의 정체성을 깨끗하고 편리하며 안전한 교통 서비스를 제공하는 조직으로 인식했기 때문에 그들이 관리하는 시설에 거주하는 노숙자들의 이슈를 서비스와 관련된 기술적 이슈로 다루고자 했다. 그러한 조직 정체성 인식에 따라서 관리당국은 노숙자를 자신들이 관리하는 버스터미널과 같은 장소에서 나가도록 하는 데에 초점을 맞추었고 경찰 관리를 더 강력히 요청하는 등의 단속 정책을 실시했다. 몇 년 후 마약과 범죄 이슈가 커지면서 노숙자들을 더 강력히 단속하고 버스터미널이나 기차역 등에서 쫓아내려는 규제 정책이 강화되었다. 그러나 다른 한편으로는 노숙자들을 쫓아내는 법이 폐지되고 영하의 추운 날씨에 노숙자들을 밖으로 내몬다는 문제가 보도되는 등 노숙자 이슈는 사회적 이슈로 확대되었다. 항만 관리당국은 조직의 정체성과 이미지 사이에서 어려움을 겪게 되었고 부정적 이미지에 대한 고민과 함께 노숙자 문제를 단순히 서비스나 기술적 이슈가 아닌 인간적이고 윤리적인 이슈로 재해석하게 되면서 다른 전략을 선택하게 되었다. 즉, 관리당국은 깨끗하고 편리하며 안전한 서비스를 제공하는 조직 정체성 뿐 아니라 보다 인간적이고 윤리적인 정체성을 가져야 한다는 쪽으로 자신들의 정체성 이슈를 전환하면서 노숙자 이슈에 보다 관심을 갖고 사회 서비스를 확대하는 등 적극적으로 이 문제를 해결하는 방향으로 전략을 선회하게 되었다. 연구자들은 조직의 이미지와 정체성에 대한 조직 구성원의 해석과 동기가 사회적 이슈에 대한 해석을 다르게 만들고 이는 조직의 전략과 선택, 그리고 조직 행동에 영향을 미친다고 본다. 조직은 정체성을 갖고 있고(Albert & Whetten, 1985; Ashforth & Mael, 1989), 이는 개인들이 이슈를 어떻게 해석하는지에 영향을 미칠 뿐 아니라, 그들이 사회적 이슈에 대해

어떻게 반응하는지에 영향을 미친다는 것이다. 이 연구는 조직 정체성 이론social identity theory과 인상 관리 이론impression management theory에 근거했으며, 조직 구성원들은 외부의 다른 사람들이 그들의 조직에 대해 어떻게 인식하고 평가하는지에 영향을 미치고자 자신들의 정체성과 이미지를 관리했다고 주장했다.

사회 정체성 이론

애쉬포스B. E. Ashforth와 마엘F. Mael은 사회 정체성 이론Social Identity Theory, SIT에 근거하여, 사람들은 조직 일원, 종교적 소속, 성, 나이 같은 다양한 사회적 카테고리에 근거하여 그들 자신과 타인을 분류하는 경향이 있다고 주장한다(Ashforth & Mael, 1989). SIT 이론에 따르면, 개인들은 집단 구성원의 관점에서 자신을 규정한다. 그들은 동일시란 집단과의 일체감oneness, 집단에 대한 소속의 인식이라고 지적했다. 동일시 개념—조직과의 인식된 일체감—은 조직적 이슈에 새로운 관점을 제공한다. 조직 동일시는 조직 행동 연구의 주요 연구 대상으로 30여 년 동안 지속적으로 연구되어왔다(김민주, 1996; 김원형, 2002). 구성원의 소속감 형성과 조직 의미 부여, 개인과의 관련성, 효율성 추구 등 조직과 관련된 영역 전반에 걸쳐 영향을 미치는 중요한 동인(Denhardt, 1987; 김민주, 1996에서 재인용; 김원형, 2002)으로 인식되었기 때문이다.

조직 동일시를 연구한 학자들(Dutton, Dukerich & Harquail, 1994)은 조직 동일시를 '조직을 정의하는 데 사용하는 것과 같은 속성을 사용하여 자신을 정의하는 정도'라고 정의했다. 이들은 특히 개인의 자기개념self-concept과의 일치성을 조직 동일시의 중요한 요소로 보았다. 자기개념self-concept은 개인이 사회적 맥락을 어떻게 받아들이고 대응할 것인가를 중재하는 해석적 구조 체계(Gecas, 1982; Dutton, Dukerich & Harquail, 1994에서 재인용)이며 그 자체가 인지 과정에서 비롯한 것이기 때문에, 자기개념과 조직에 대한 정의간 연결고리를 찾는 것 또한 인지적 차원의 행위이다.

오라일리C. A. O'Reilly와 채트만J. Chatman은 조직적 헌신의 구성 요소가 조직 행동 연구에서 주요한 위치를 차지해왔음에도 불구하고 헌신commitment이 어떻게 정의되고 측정되어야 하는지에 대해서는 합의가 이루어지지 않았다고 주장한다(O'Reilly & Chatman, 1986). 어떤 학자들은 헌신을 특정 조직에서 참여와 동일시의 강도로 정의했으며, 동일시와 참여는 다른 연구자들에 의해서 심리적 애착의 기본요소로서 간주되기도 한다. 헌신과 관련된 연구에 대한 접근에서 많은 차이가 존재하지만, 일관된 중심 주제는 조직에 대한 개인의 심리적 애착이며, 개인과 조직을 연결하는 심리적 연결고리라는 점이다.

대학 종업원과 학생들을 대상으로 한두 개의 연구 결과는 심리적 애착이 (1) 순응compliance, (2) 동일시identification, (3) 내면화internalization와 관련되었음을 제시한다. 동일시와 내면화는 친사회적 행동prosocial behaviors들과 긍정적으로 관련이 있고, 조직 개편, 인사 이동turnover과 부정적으로 관련이 있었다.

인적 자원 관리 영역에서도 조직의 정체성에 초점을 맞추고 기업 명성을 전달하는 홍보 대사들이 바로 직원들이라고 주장했다. 직원들은 공식적, 비공식적으로 회사를 대표하고 그 가치를 다른 이해관계자에게 전달하고 있으며 그들과의 긍정적 관계를 지원하기 때문이다. 직원들은 모든 일상적 생활에서 회사의 가장 강력한 지지자가 될 수 있다. 회사의 정책이나 행위에 만족하지 못하거나 동의하지 못할 경우, 또는 회사가 솔직하지 못하다고 느끼게 되면 직원은 회사의 가장 강력하고 심각한 비평가가 될 수 있다. 더구나 기업 명성에 대한 총체적인 접근은 이 같은 인적 자원 관리를 기업 명성 관리의 과정에 통합시킬 필요성을 갖게 한다는 지적이다. 인적 자원 전문가들은 기업 정체성이나 기업 문화를 발전시키는 분야의 책임자와 협력하여야 하며, 회사를 직원에게 더욱 긍정적이고 투명하며, 그들이 동의하고 동기화할 수 있도록 만들어야 한다(Smaiziene & Jucevicius, 2009).

또한 맹J. Meng과 버거B. K. Berger는 조직 명성을 관리하는 데 있어서 임원들의 역할과 기능에 대해서 논의했는데, 그들은 CEO와 임원들이 조직 가치를 대변하고 조직의 목소리와 얼굴이라고 할 수 있다고 주장했다(Meng & Berger, 2013). 그들이 보기에 대부분의 전략적 주도권은 CEO의 리더십에 기인한 것이며, 따라서 그들은 커뮤니케이션과 명성 형성 및 관리에 대해서 CEO와 임원 리더십의 역할에 주목했다. CEO의 공공 이미지는 오디언스와 이해관계자 마음속에 있는 조직이다. 내부적으로, CEO는 사원의 인식과 태도, 경영 신뢰, 성과 등 조직과 관련된 결과에 영향을 미친다. 외적으로 CEO 이미지는 회사 명성을 결정하는데 중요한 역할을 한다. 게인스 로스L. Gaines-Ross는 CEO 행동이 회사 마케팅과 소비자에 대한 상품 및 서비스에 영향을 미칠 뿐 아니라 CEO 이미지도 재무 분석가의 투자 권고, 투자자의 구매 의사결정, 그리고 회사 명성에 영향을 미친다고 했다(Gaines-Ross, 2000).

맹과 버거(2013)는 임원 리더십 연구의 다섯 가지 경향을 검토해보고 최고 임원이 조직성과에 어떻게 영향을 미치는지 검토했으며, 이러한 경향은 기업 명성과 성과에서 커뮤니케이션 역할과 매우 연관되어 있다고 주장했다. 다섯 가지 경향이란 (1) 임원 계승 과정에 대한 규명과 복합적인 심리적 특성, 그리고 임원진의 특성 (2) 최고임원진과 전략팀 사이의 상호 작용적 관계와 전략 형성 및 조직 발전에 대한 일치된 함의 (3) 조직 변화를 촉진하는 데 있어서 최고 경영진의 독특한 역할과 기여 (4) CEO 리더십과 권력 사이의 혼합된 관계, 이는 설득의 소프트 파워에 초점을 맞춤 (5) 조직 문화 형성에 있어서 독립적인 임원 리더십의 역할 등이다.

이들 조직학적 관점의 연구에서는 조직 정체성 이론과 사회적 정체성 이론, 그리고 조직 정체성의 사회적 행위자 관점 등에 기반하여 조직의 이미지나 명성이 조직의 정체성인 조직 구성원과 조직 문화에 의해 어떻게 영향을 받는지 논의하고 있다. 인적자원관리 영역에서도 기업 명성에 있어서 조직 내부의 구성원과 그들의 역할에 초점을 맞추고 있다. 조직학자의 관점에서 조직 이미지나 명성은 조직 구성원이나 문화와 같은 조직 정체성에 뿌리를 두고 있으며, 조직 정체성과 명성은 서로 상호 작용한다.

기업 명성에 대한 정의: 조직학적 관점

– 조직학: 명성의 뿌리는 정체성, 정체성과 명성은 상호의존적
  1) 대표학자: Albert, Whetten, Mackey, Gioia, Dutton, Dukerich, Elsbach 등
  2) 근거이론: 조직 정체성 이론, 사회 정체성 이론, 사회적 행위자 관점 등

- 조직 명성은 조직 정체성의 신뢰와 관련하여 이해관계자들이 주는 특정 방식의 피드백이다(Whetten & Mackey, 2002).
- 조직 명성은 외부인들이 조직 행동과 정체성에 대한 만족 혹은 불만족을 표시함으로써 그들의 기대를 표면화하는 메커니즘이다……결과적으로, 정체성과 명성은 상호 의존하고 있고 서로 상식한다(Gioia et al., 1998).
- 기업 명성은 또한 고용자들의 태도와 행동, 기업 문화에 대한 외부 지각의 결과이다(Gray & Balmer, 1998; Schultz & de Chernatony, 2002).
- 정체성, 이미지, 명성 간의 관계에 대해, 일부 학자들은 이 세 가지 개념들을 같은 의미로 사용하고 있고(Williams & Barrett, 2000), 반면 다른 학자들은 이들 개념들이 독립적이지만, 서로 긴밀한 관련이 있는 것으로 보고 있기도 하다(Bromley, 2001; Schultz, Hatch & Larsen, 2000; Whetten, 1997). 좀 더 구체적으로 살펴보면 다음과 같다. (a) 명성은 정체성과 이미지의 결합이다(Davies, Chun, Vinhas da Silva, & Roper, 2001; Wartick, 2002), (b) 정체성은 결국 이미지가 되고 이미지는 결국 명성이 된다(Dutton et al., 1994), (c) 이미지는 일부 학자들이 명성으로

정의하고 있는 것과 동일하다(Wartick, 2002), (d) 정체성은 일부 학자들이 이미지로 지칭하는 것과 동일하다(Wartick, 2002).

- 정당성과 명성은 둘 다 조직 행위의 승인에 대한 인식이지만, 정당성은 포함(집단 기준에 대한 순응) 요구에 초점을 맞추며, 명성은 독특성(동료 집단 내에서 긍정적 차이) 요구에 초점을 맞춘다. 명성과 정당성은 상호 보완적이며 상호 호혜적 개념이며, 이중적인 동일시 요구와 연결되어 있다: 행위자가 누구와 비슷한지, 그리고 이 행위자는 모든 비슷한 다른 행위자들과 어떻게 다른지 등(King & Whetten, 2008).

3. 기업 명성 개념 정의 기준과 주요 속성

명성 개념이 다양한 학문 분야와 서로 다른 관점에서 출발하여 다양한 속성과 다른 기준을 갖고 있기는 하지만, 공통적으로 개념 정의의 기준이 되는 특성이 존재하고 있다. 이 책에서는 이제까지 학자들의 논의를 토대로 하여 명성 개념을 다른 개념과 구분하기 위해서 기준이 될 수 있는 요소를 다섯 가지로 정리했다. 즉, 명성을 인식하고 평가하는 주체(누가 WHO), 행위(무엇을 WHAT), 시간(TIME), 왜 하는가(명성의 가치와 효과 WHY), 그리고 어떻게 명성이 형성되는지에 관심을 갖는가(형성 방법 HOW) 등이다. 이러한 기준과 속성들은 명성 개념을 정의하는 데에 도움이 되며, 명성과 관련된 유사 개념뿐 아니라 연관된 개념인 이미지, 정체성, 정당성, 기업 브랜드 등과의 차이를 구별해내는 데 있어서도 유용한 기준이라고 볼 수 있다(표 1.7).

첫째, 대부분의 학자가 제시하는 첫 번째 명성 기준은 '누가WHO' 회사에 대해 인식하고 평가하는지 그 주체에 관한 것이다. 명성에 대한 초창기 연구는 마케팅/경영학 관점에서 출발하여 '소비자' '고객' '투자자' 등에 초점을 맞추었다. 그러나 최근 연구는 사회학적 관점에서

표 1.7 명성 개념 정의를 위한 기준과 주요 속성

기준	주요 기준	유사/관련/대립 속성	학문분야
1. 누가 WHO	모든 이해관계자 대 특정 이해관계자	총체성, 집합성 ⇎ 특수성, 단일성 aggregation, collectivity ⇎ specificity	경영학/심리학/사회학
2. 무엇을 WHAT	평가 대 중립적 인식	평가, 판단 ⇎ 인식, 연상 evaluation, judgement ⇎ perception, association	경영학/사회학/심리학
3. 시간 TIME	축적성 대 일시성	역사성, 누적성, ⇎ 단편성, 일시성 history, accumulation ⇎ temporary, transient	경영학/조직학
4. 명성의 효과와 가치 WHY	사회적 승인 대 기업 자산	사회적 정당성/승인 ⇎ 자산, 경쟁적 이점 legitimacy, acknowledgment ⇎ asset, competitive advantage	사회학/제도이론가/경영학
5. 명성 형성 과정 HOW	회사의 실질적 행동 대 상징적 행동	행동적 관계 ⇎ 상징적 관계 behavioral relationship ⇎ symbolic relationship	PR학/커뮤니케이션학/경영/사회학

'다양한 이해관계자' '기능적/규범적 이해관계자'에 관심이 모아지고 있으며, 조직학적 관점에서 '내부 구성원' '직원' '관리자'나 '조직 리더'에도 초점을 맞추는 경향이 커지고 있다. 최근 PR 분야에서는 위기 상황에 대한 연구가 다수 진행되면서 '위기 공중'이나 '갈등 공중'에도 관심이 쏠리고 있고, 소셜 미디어의 등장과 더불어 '네티즌'이나 '행동주의자' 공중에 초점을 맞추고 갈등이나 위기가 어떻게 진행되는지 등에 대한 연구가 이루어지고 있다.

명성 연구에서는 이러한 다양한 이해관계자 모두를 종합하여 '내외부 이해관계자 모두'인 '총체성'과 '집합성'이라는 속성이 '누가' 회사에 대해 평가하고 인식하는가에 있어서 가장 중요한 기준이 된다. 총체성이나 집합성이란 외부인들의 인식 하나하나가 아니라 그들의 인식

모두를 모아놓은 총체적 또는 집합적 특징을 갖고 있음을 의미한다. 이러한 특징은 '투자자'의 이미지, '소비자'의 이미지 등과 같이 개별 이해관계자의 인식에 초점을 맞추는 '이미지'와 구별시켜주는 기준이 되기도 한다. 명성 개념을 정의하는 대부분의 학자들은 명성이 모든 이해관계자들의 인식을 종합한 집합성과 총체성을 갖고 있다는 점에 동의한다.

대부분의 학자들은 '모든 이해관계자'라는 기준에 대해서 동의하고 있지만, 최근 몇몇 학자들은 명성 개념을 논의하면서 이에 대한 문제를 제기한다. 초기 명성 연구자들은 명성 개념이 '모든 이해관계자'들의 총체적 인식이라는 점을 강조해왔으며, 이에 대해 반론을 제기하는 학자들은 많지 않았다. 워틱과 같은 학자들이 이에 대한 의문을 제기하기는 했지만, 이것이 지속적으로 이슈화되지는 않았다. 그러나 2002년 르웰린 등의 학자가 '누구'의 명성인지, '누가' 평가하는 것인지에 대해서 강조했고, 이후 다수의 학자들은 명성 평가가 총체적으로 '모든 이해관계자'에 의해 이루어진다는 점에 대해 문제를 제기하기 시작했다. 최근 린도바나 맥키 등의 학자는 명성이 이슈 특정적이기 때문에 '특정적인 이해관계자 집단'이 명성을 인식하거나 평가한다는 점에 초점을 맞추고 이를 중심으로 명성을 개념화하고 모델링했다. 그들은 명성이 때로는 이슈 특정적issue specific이며 특정 이해관계자 집단stakeholder group specific에 관한 것이라고 주장(Lewellyn, 2002; Walker, 2010)한다. 이는 단일하고 일반적인 스키마로는 구성원들의 명성 평가를 견인할 수 있는 특정 속성을 잡아낼 수 없다는 것을 의미한다.

이처럼 최근의 명성 연구에서 명성이라는 개념의 복합성에 대해 문제를 제기하고 개념의 수정을 제기하고 있기는 하지만, 여전히 다수의 학자들은 모든 이해관계자가 평가하는 총체성과 집합성을 강조하고 있다. 따라서 명성이란 '모든 이해관계자'가 인식하고 평가하는 것이라고 개념 정의를 하고 있다. 즉, 정체성은 내부 이해관계자가 인식하거나 평가하는 것이고 이미지는 외부의 특정 이해관계자 집단이 인식하는 것이라면, 명성은 내외부 모든 이해관계자가 인식하고 평가하는 것이라고 정의할 수 있다.

두 번째 기준은 명성이란 이해관계자가 '무엇WHAT'을 하는 것인가?'라는 행위적 특성인데, 이러한 특성은 명성 개념을 다른 개념과 구분하는 기준이 될 수 있다. 대다수의 학자들은 명성이란 이해관계자가 회사에 대해 '평가'하거나 '인식'하는 것이라고 주장한다. 즉, '무엇을 하는 것인가'라는 기준에 대해서는 '인식'과 '평가'라는 두 가지 행위가 명성 개념을 판별하는 주요 속성이 될 수 있다.

먼저, '인식'이란 회사의 실체가 아니라 외부인들이 회사에 대해 '어떻게 생각하고 있는가'라는 것을 의미하며, 이 속성은 인지심리학자들이나 PR학자들이 강조하고 있는 속성이다. 브롬리와 같은 인지심리학자들이나 그루닉Grunig이나 헝Hung 등의 PR학자들은 명성은 인지와 태도로 구성된 일종의 스키마로 개념화한다. 이 경우, 명성은 일반적으로 명성 있는 조직에 관한 스키마, 또는 인지적 연상을 언급한다. 레인지 등(Lange et al., 2011)은 일반적으로 회사에 대해 알려진 것, 집합적 인식 측면에서 회사의 현저성 등을 의미하며, 사람들이 회사의 표상을 더 독특하게 인식한다면 회사 명성은 더 강할 것이라고 지적한다.

이러한 인식적 특성은 명성을 정체성이나 이미지와 구별하는 중요한 속성이 되기도 하는데, 왜냐하면 정체성은 조직의 실체이며 내부인들이 조직을 판단하는 특성인 반면, 이미지나 명성은 외부인들의 인식이기 때문이다. 인식성을 기준으로 보면 명성은 외부인들이 조직을 바라보는 '인식적' 요소이며 정체성과는 다르지만 이미지와는 유사한 개념이라고 보여지기도 한다. 물론 이미지는 '인식된 이미지' 외에도 '투사된 이미지'나 '반영된 이미지' 또는 '구성된 이미지' 등 다양한 차원을 갖고 있기도 하다. 그렇지만, 이미지는 정체성과는 다르게 외부인들의 인식이며, 조직의 실체가 아닌 외부인들의 생각이기 때문에 이러한 '인식' 측면에서 명성과 유사한 점을 갖고 있다.

하지만 또 다른 일단의 학자들은 명성이란 외부 이해관계자들이 회사에 대해 중립적으로 갖는 인식이 아니라 긍정 또는 부정적인 '평가'라는 점을 강조한다. 이 '평가'라는 속성은 외부 이해관계자들이 조직의 과거 및 현재 행동에 기반하여 다른 경쟁자들과 비교하여 순위를 매기고 '평가'하며 '판단'한다는 특성인데, 이는 경영학자나 전략가, 사회학자 등에 의해서 주장되어왔다. 인지심리학자들이 명성을 '인상'이나 '인식'과 같은 중립적 속성에 초점을 맞추고 스키마나 태도에 의한 인지적 연상으로 보는 반면, 사회학자나 경영 전략가에게 있어서 명성은 산업 내에서 경쟁자들과 비교하여 상대적으로 어떻게 평가되는지에 따른 상대적 순위 개념이라고 할 수 있다. 특히 그들에게 있어서 명성을 판단하는 근거는 '기업의 과거 및 현재 행동에 기반하여 판단'하게 된다는 점에서 명성의 본질이자 뿌리인 '정체성' 개념과 연결된다고 볼 수 있다.

명성은 '기업의 과거 및 현재 행동에 기반'하여 외부 이해관계자가 평가하고 판단하는 것이기 때문에 단순히 조작이나 포장을 통해 평가되는 것이 아니며, 회사의 실체나 정체성에 뿌리를 두고 이에 근거하여 판단되는 것이다. 반면, 이미지는 굳이 정체성에 기반하지 않더라도 마케팅과 회사 전략에 따라서 포장되거나 심지어 조작이 가능할 수도 있고 회사 전략가들에 의해서 만들어질 수도 있는 '투사된 이미지'가 가능하다. 이러한 측면에서 명성은 자신들의 과거 및 현재 행동을 바탕으로 외부 이해관계자에 의해 평가되는 것이라고 보는 학자들이 대다수이다.

셋째, 명성 개념을 다른 개념과 구분하는 세 번째 기준으로 대부분의 명성 연구자들은 '시간TIME'이라는 속성을 매우 중시한다. 명성을 평가하거나 인식할 때 어느 정도의 기간을 바탕으로 회사를 평가하는

가에 있어서 많은 학자들은 '역사성, 누적성, 축적성'을 들고 있다. 이 속성에 대해서는 이제까지 제시된 명성 개념의 논의 중에서 가장 논의의 여지가 없는 부분이라고 할 수 있다. 명성 연구자들은 명성이란 오랫동안 축적되어온, 안정된, 시간이 흐름에도 별로 변하지 않는 역사성과 누적성, 축적성, 안정성 등의 속성을 가지고 있다고 강조해왔다.

발머는 이미지가 명성과 명확히 다르다고 지적하면서, 이미지는 조직에 대한 공중의 "가장 최근 신념"에 관한 것이며 명성은 조직이 오랜 시간을 두고 그간 해왔던 활동에 기반하여 수립된 가치 판단 체계에 근거한 것이라고 지적한다. 따라서 명성은 시간을 두고 조직이 반복적으로 수행한 능력과 의지에 근거하여 전체적 특성에 대한 일관된 평가를 내린 것이라고 할 수 있다(Balmer, 1998: 971). 폼브런과 반릴(Fombrun & van Riel, 1997) 역시 명성의 역사적 특성을 강조하면서, 명성이란 과거의 성과에 근거하여 "조직의 신뢰성과 진실성에 대한 주관적이고 종합적인 평가"를 내리는 것이라고 지적한다. 명성이 시간에 따라 진화하기 때문에 이미지와는 달리 빠르게 변화될 수 없다. 더욱이, 조직은 좋은 명성을 가질 수 있지만 동시에 구식이거나 부적절한 이미지를 가질 수도 있다. 이 반대도 가능할 수 있다. 즉, 강력한 CI나 광고, PR, 그리고 통합 마케팅 커뮤니케이션 등에 의해 좋은 이미지가 생겨날 수도 있지만, 진정한 명성은 없을 수도 있다. 그레이와 발머(Gray & Balmer, 1998; 696)는 '이미지는 비교적 빠르게 형성되는 반면, 좋은 명성을 구축하는 데는 왜 시간이 걸리는지'에 대해 논의했다.

많은 학자들의 주장과 같이, 기업 명성은 이미지와는 달리 형성되는 데 시간이 걸리지만, 한번 형성되고 나면 비교적 안정적이다(Walker, 2010). 기업 이미지는 회사의 메시지나 신호를 받은 후 개인이 일시적으로 형성한 인상과 관련된 반면, 명성은 오랜 기간을 두고 축적된 종합적 평가를 의미하기 때문이다(Cornelissen, 2006). 즉, 기업 이미지는 회사 신호에 대한 반응으로서 개인의 마음에 떠오른 갑작스런 연상이라면 명성은 그보다 더 깊고 의미 있는 것이다. 기업 명성은 상대적으로 일관성이 있고 활발히 움직이지 않는 것이며 빨리 형성되거나 쉽게 형성되는 것이 아니다. 이는 조직의 행위나 커뮤니케이션의 결과이며 오랜 시간에 걸쳐 형성된 것이다(Smaiziene & Jucevicius, 2009). 베넷과 코타즈(Bennett & Kottasz, 2000)는 역사적 차원(구축의 지속성)을 두 개념을 구별하는 주요 특성으로 제시했다. 즉, 기업 이미지는 짧은 기간 동안 생성될 수 있는 반면, 명성은 오랜 기간에 걸쳐 생성되어 이미지처럼 빨리 변화할 수 없다. 여러 연구자들이 강조하는 것은 오랜 시간을 두고 명성에 영향을 미치기에는 회사가 한계가 있다는 것이다. 따라서 이미지는 창조될 수 있지만 명성은 얻어져야 하는 것이다.

이처럼 오랜 기간에 걸쳐 형성되었다는 명성 개념의 '역사성' 속성은 주로 이미지 개념과 비교하는 방식으로 논의되어왔는데, 명성의 역사성과 축적성, 그리고 안정성에 비해서 볼 때 이미지는 순간적이거나 단편적, 일시적이어서 안정적이지 못하며 쉽게 변화한다는 특성을 갖는다. 이와 같이 시간은 이미지와 명성을 구분하는 중요한 요소가 될 수 있다. 이미지가 단시간에 습득되는 기업 지각의 결과인 반면, 명성은 비교적 안정적이고 지속적이며, '다양한 이미지들로부터 시간에 걸쳐 정제된' 것이다(Rindova, 1997).

물론 정체성이라는 개념과 비교해보면 오히려 명성이 정체성보다 더 불안정하고 덜 역사적이고 덜 축적된 개념이라는 주장도 있다. 워커(Walker, 2010)는 이미지와 명성이 외부 이벤트의 결과로서 변하는 반면, 조직 정체성은 변화하지 않을 수 있다는 점을 인지하는 것이 중요하다고 지적했다. 사회학적 관점에서 보면, 명성이란 사회적으로 구성되는 개념이며 사회적 제도가 명성에 권위와 합법성을 부여한다는 명성의 특성에 비추어볼 때 역시 불안정하다고 볼 수 있다. 따라서 어떤 학자들은 위기나 사회적 쟁점과 관련하여 명성이 하루아침에 사라지거나 파괴되는 불안정성과 일시성을 명성의 특성으로 제시하기도 한다. 이처럼 명성 역시 이미지처럼 불안정하고 일시적이라는 주장도 있으며 명성이 특정 상황에서는 조직 정체성에 비해 변화하기 쉬울 수도 있지만, 대부분의 학자들은 명성이 오랫동안 누적되어서 쉽사리 변화하지 않는 안정적 특성을 가졌다는 점은 동의한 바 있다.

명성 개념을 정의하는 데 있어서 네 번째 중요한 기준은 '왜WHY' 조직과 이해관계자는 명성을 고려하고 평가하는 데에 관심이 있는가이다. 즉, 명성을 얻은 회사의 가치와 효과는 무엇인가에 관한 것이다. 좋은 명성을 획득한 조직의 가치는 무엇인지에 대해서 학자들은 그들의 관점에 따라 다른 답을 내놓는다. 경영학자들은 기업 명성이 조직의 수익이나 성과에 긍정적 영향을 미치는 '자산'이며, 이는 이해관계자에게 시장 상황에서 상품을 선택하게 되는 신호로 기능하게 된다고 주장한다. 즉, 명성 높은 기업의 제품은 복잡한 시장 상황에서 소비자가 편하게 그 기업의 제품을 선택할 수 있는 '신호' 역할을 한다는 것이다. 반면, 사회학자들은 이해관계자와의 '약속' '신뢰' 그리고 그들의 기대에 대한 '부응'을 주장하며, 사회 제도나 구성원으로부터 얻는 '정당성'이나 '사회적 승인'에 초점을 맞춘다.

먼저 경영학이나 마케팅 관점에서 보면, 명성은 회사의 자산이라고 볼 수 있는데, 자산으로 보는 이유는 첫째, 명성이 회사 성과에 기여하는 자원resources이며, 이는 회사의 자산이 될 수 있는 경쟁적 이점을 갖추게 되기 때문이다. 둘째, 이해관계자의 호의성이나 애착과 같은 정서적 반응으로서의 자산이다. 그리고 셋째, 회사에 대한 신뢰를 높여주는 사회 자본으로서의 자산을 의미한다.

경영학자나 전략가들에게 있어서 명성은 '자산'이자 '기업 브랜드'이다. 명성 자산은 자원 이론에서 주장하는 '희소성'이나 '높은 진입장벽' '모방 불가능성' 등의 속성을 갖추고 있기 때문에 높은 명성을 얻는 것은 기업 '자산'을 얻는 것이라고 평가된다. 이러한 자산은 산업 내에서 경쟁자들과 비교하여 경쟁적 우위를 갖는 것이며, 차별화된 조직의 정체성을 인정받는 것이 된다. 다울링G. R. Dowling은 기업 명성을 조직의 자산이라는 관점에서 보고 있으며, 그는 좋은 기업 명성은 (1) 현재 시장에서 판매량을 늘림으로써 (2) 회사가 새로운 시장으로 진입하도록 도와 미래의 성장 동력이 됨으로써 (3) 회사와 거래하는 리스크를 낮춤으로써, 그리고 (4) 회사가 새로운 사업의 실행 가능성을 테스트하는 것을 도와 선택권을 창출함으로써 회사의 성장을 도울 수 있다고 주장한다(Dowling, 2006). 바니는 명성을 경쟁적 이점을 가진 자원으로 묘사하고 있으며(Barney, 1991), 홀은 기업 명성이 사람 의존적인 무형의 자원이며 특히 무형의 서비스를 제공하는 지식 기반 조직들에게 중요하다고 주장했다(Hall, 1993). 프리드만도 기업 명성이 조직 경쟁력에 중요한 비교적 안정적이고, 장기간에 걸쳐 형성된 무형의 조직 자산이라는 주장에 동조했다(Ou, 2007; Friedman, 2009에서 재인용).

또한 명성은 호의성이나 애착이라는 정서적 자산으로서 기능한다. 폼브런(Fombrun, 1996)은 '기업 명성'을 회사와 이해관계자(소비자, 기자, 투자자, 직원, 일반 공중 등) 간의 이성적이면서 '감정적인 애착'이라고 표현하며, 다양한 이해관계자에게 조직의 장점을 전달하고 사람들을 만족케 하며 경쟁사와 회사와의 차별적 특권으로 여겨지는 것이라고 지적한다. 특히 그는 최근 통합적인 기업 명성 모델을 제시하면서 기업 명성의 구성 요소로 '회사의 매력'이라는 부분을 추가하면서 이해관계자가 회사에 대해 갖는 정서적 반응을 중요시하고 있다(Fombrun, 2012). 이미지-명성 피라미드를 제시한 다울링(Dowling, 2001) 역시 이미지가 단순히 '그 회사를 알고 있다' '어떠어떠한 인상을 갖는다'라는 태도적 측면이라면 명성은 그보다 한 수준 높은 호의적 감정으로서 '다른 사람에게 추천하고 싶다' '나의 첫 번째 선택' 등과 같은 '강한 애착'이라고 지적한다. 바이스 등도 기업 명성은 기업에 대한 존경과 호의성의 수준을 나타내는 일반적인 지각이다(Weiss,

Anderson & Maclnniss, 1999; Sage, 2002)라고 주장하는 등 여러 학자들이 '호의성이나 애착'과 같은 감정적 특성을 명성 개념의 중요한 요소로 보고 있다.

또 다른 학자들은 명성을 '신뢰 자산'이며 '사회 자본'이라고 주장한다. 허빅과 마일위쯔(Herbig & Milewicz, 1993)에 따르면, 기업 명성이란 기업이 그들의 약속을 정해진 방식들을 통해 지켜나가면서 만들어진 신뢰이다. 기업의 과거 경험의 성과와 그들의 행위에 대한 참-거짓의 평가로서의 신뢰는 주관적이고 총체적인 평가이기 때문이다(Fombrun & van Riel, 1997). 누엔과 갓슨(Nguyen & Gaston, 2001)은 기업 명성이 단지 상품 가격과 품질에 관한 것만이 아니며 기업 역사의 결과이거나 반영이기 때문에 기업들은 오직 명성만으로 그들이 차별화될 수 있다고 주장한다. 오랜 시간을 두고 형성된 신뢰는 일관성, 영속성, 지속성, 그리고 명성 관리의 기반 전체와 함께 고객의 만족을 이루게 된다. 때문에, 명성의 개념은 전략적인 요소로서 반드시 구성되고, 보호되고 관리되어야 하는 필수적인 사회적 자본이 되었다고 지적한다. 즉, 기업의 신뢰는 기업의 공식적인 목표로 볼 수 있다. 폼브런과 반릴은 기업 명성은 과거 행동에 근거한 기업의 진실성trustworthiness과 신뢰도reliability에 대한 주관적인 평가의 종합이다(Fombrum & van Riel, 1997)라고 주장하는 등, 여러 학자들이 명성 개념 정의에서 존경esteem, 신뢰도reliability, 권위authority 등을 강조한다.

명성을 자산으로 바라보는 경영학자들이나 마케팅 학자들은 회사의 차별성이나 독특성이 다른 회사에 상대적으로 비교해볼 때 경쟁 우위를 갖는 자산이 될 수 있음을 강조한다. 반면, 사회학자들은 시장 상황보다는 회사들이 운영되는 전체 사회 제도라는 컨텍스트 안에서 회사들을 바라보며, 사회 제도나 규범 내에 순응하고 동조하여 사회 구성원의 승인을 얻어내는 것을 명성이라고 지칭한다. 즉, 명성을 '사회적 정당성'을 얻는 것과 동일시하는 것이다. 사회학자들은 명성을 사회 구성원에 의해 승인되는 것, 그리고 제도권 내에서 합법적이라고 조직의 정당성을 인정받는 것이라고 주장한다. 따라서 산업 내 다른 경쟁자들에게 비해서 차별되거나 경쟁적 우위를 점하는 것이 명성 관리의 목적이 아니라 산업 내 다른 경쟁자들과 유사해지는 것이 중요한 목적이 된다. 이는 제도권에서 요구하는 사회적 규범이나 제도에 순응하는 것이 목표가 되며 결국 제도권 내 다른 경쟁자들과 유사해지는 결과를 낳게 된다.

예를 들면, 유한킴벌리는 20년 이상 '우리강산 푸르게 푸르게'라는 환경 사회 공헌 프로그램을 지속적으로 가동시켜왔다. 처음 이 프로그램을 시작했을 당시에는 산업 내 다른 경쟁자들은 유한킴벌리가 하는 방식의 사회 공헌 프로그램에 거의 관심이 없었고 이에 대한 투자를 하지 않았다. 이 때문에 유한킴벌리는 환경 프로그램을 통해서 사회 기여적이고 사회적 책임이 높다는 차별화된 기업 철학과 정체성을 인정받을 수 있었다. 따라서 유한킴벌리는 환경 보호 프로그램이라는 차별화된 희소성 가치를 바탕으로 경영학자와 전략가들이 주장하는 '명성자산'을 확보할 수 있었다. 그러나 시간이 지나면서 점차 사회 제도권에서는 유한킴벌리가 해왔던 것과 같은 사회 책임적 경영 윤리를 기업 윤리 프로그램으로 갖추도록 요구하게 되었다. 이러한 사회 책임성과 기업 윤리가 기업이 운용되는 사회 제도권 내에서 사회적 규범으로 자리잡게 되면서 유한킴벌리와 유사한 방식의 사회 공헌 프로그램을 가동시키는 회사가 많아졌고, 회사들은 점점 비슷한 프로그램을 갖추고 동형화되는 양상을 빚게 되었다. 바로 이러한 방식을 통해서 기업들은 사회학자들이 주장하는 '기업 정당성'의 형태로 명성을 확보하게 되었음을 잘 보여준다.

마지막 기준은 명성이 '어떻게HOW' 획득되는가와 같은 명성 형성 과정/방식이다. 경영학자나 사회학자, 그리고 인지심리학자 등 많은 명성 연구자들은 '회사의 과거 행동과 현재 행위에 기반하여' 인식하거나 평가하는 것이라고 지적한다. 이는 명성이 회사의 커뮤니케이션이나 상징적 전략적 행위에 의해 형성되는 것이 아니라 회사의 과거 및 현재의 실제적 행위에 의해 형성된다는 점을 강조하는 것이다.

PR학자나 커뮤니케이션 연구자들은 '커뮤니케이션'과 '관계'라는 용어가 명성 형성에 있어서 매우 중요하다고 주장하면서 명성의 개념 정의에 중요하게 포함되어야 한다고 지적한다. 그루닉과 헝 등의 PR학자들은 명성을 조직과 공중과의 행동적 관계를 통해 이루어진 결과물이라고 주장하고 있다. 즉, 조직과 공중과의 관계란 언론 보도나 광고를 통한 상징적 관계를 통해 이루어진 결과로서 '이미지'가 있는 반면, 실제적인 공중과의 행동적 관계를 통해 얻어진 결과로서 '명성'이 있다(Grunig, 1993)는 주장이다. 상징적 관계로 얻어진 '이미지' 혹은 '평판적 명성reputational reputation'은 실제 기업의 행동을 통해 얻어진 관계가 아니라 조직의 상징적인 커뮤니케이션만을 통해서 이루어진 관계이기 때문에 쉽사리 깨질 수 있는 명성이라고 볼 수 있다. 반면, 행동적 관계는 조직에 대한 경험을 통해서 얻어진 관계이기 때문에 실제 기업의 행동에 기반하여 얻어진 행동적 관계이며 쉽게 깨질 수 없는 진정한 의미의 명성이라고 볼 수 있다는 것이다. 따라서 행동적 관계의 결과를 바로 명성이라고 지칭하며, 이러한 명성만이 오래 지속되고 조직에 대한 신뢰와 충성을 얻어낼 수 있는 중요한 개념이라고 보았다.

하지만 기업 커뮤니케이션을 연구하는 발머나 반릴 등의 학자들은 PR학자들이 주장하는 상징적 관계나 전략적 커뮤니케이션 역시 기업 명성의 개념에서 매우 중요한 한 축을 담당하는 것으로 보고 있다. 카루아나A. Caruana에 따르면, 모든 행동들이 일관성을 이루는 것과 더불어, 긍정적인 커뮤니케이션 또한 중요하다(Caruana, 1997). 명성을 이루기 위해서는 기업 커뮤니케이션 수단과 매체를 효과적이고 지속적으로 사용하고, 각각의 활동에 대해 그것이 무엇이며 왜 하는지에 대해 적절히 설명하고, 이를 기업의 비전과 미션, 가치와 연결시키는 것이 중요하다. 하지만, 대부분의 학자들은 명성이 전략적 혹은 상징적 행위보다 실제적인 회사의 행위에 기반하여 형성된다는 점에 동의하고 있다.

이상과 같은 다섯 가지 기준에 기반하여 논의한 것을 정리해보면, 명성은 다음과 같은 특징을 갖고 있다고 볼 수 있다.

첫째, 명성의 주체는 '모든 이해관계자'이다. 명성이란 이슈 특정적이기도 하고 특정 이해관계자에 따라서 명성 평가 기준이 달라질 수는 있지만, 이러한 특정 이해관계자에게 초점을 맞추게 되면 명성이 산업군이나 비교 기준에 따라서, 특정 이해관계자에 따라서 다르게 평가되는 양상을 띠게 될 것이다. 또한 특정 이슈나 이해관계자에 따라서 명성을 평가한다면 그것이 과연 회사 전반적인 인식이나 평가를 할 때 동등한 차원에서의 비교 분석이 가능하고 정확한 평가라고 볼 수 있을지 의문시된다. 따라서 명성 주체는 '모든 이해관계자'로 보는 것이 적절하다. 또한 정체성은 내부 이해관계자에게 초점을 맞춘 반면, 이미지는 외부 이해관계자에게 초점을 맞추고 있다. 하지만 명성은 내부/외부 이해관계자 모두에게 초점을 맞추고 그들의 집합적 평가라는 점을 강조한다.

둘째, 명성은 회사에 대한 '인식'과 '평가'이다. 인식은 회사에 대해 떠오르는 인상이나 심상과 관련된 것이며 긍정, 부정적 평가나 판단이 배제된 중립적인 것이며, 반면 평가는 회사에 대한 선호도가 담겨 있는 것을 의미한다. 학자에 따라서 완전히 중립적 인식을 주장하는 반면, 다른 학자들은 의견과 태도가 포함되어 있는 평가를 명성이라고 불러야 한다고 주장한다. 명성은 회사에 대해 떠오르는 인식이나 연상을 의미하지만 여기에는 선호도나 태도가 함께 포함된다고 본다는 점에서 중립적 인상이나 인식에 초점을 맞추는 이미지와 차별화되며, 인식을 포함하는 평가와 판단에 초점을 맞춘다.

셋째, 명성은 지속적이고 누적적이며 오랜 시간에 걸쳐 축적되어온 회사에 대한 평가나 판단을 의미한다. 따라서 일시적으로 미디어를 통해 전략적으로 전달된 캠페인 효과나 그로 인해 생겨난 일시적인 이미지와는 다르다. 명성은 회사의 전략적 커뮤니케이션에 의해 투사된 이미지로 인해 생겨나기도 하지만, 오랜 기간을 통해 회사의 실제적인 행위에 기반을 두고 축적되어온 인상과 평가를 의미하기 때문에 이미지와는 차이를 보인다.

넷째, 명성의 가치나 효과에 대해서 학문 분야에 따라서 차이를 보인다. 자산이나 경쟁적 우위, 사회적 정당성 등 다양한 가치를 제시하고 있지만, 그 가치와 효과를 중요시하고 명성 자산이라고 불리는 것은 이미지나 정체성에는 담겨 있지 않은 효과이다. 따라서 다른 개념과는 달리 명성 개념은 자산과 사회적 정당성이라고 볼 수 있는 가치나 효과를 갖고 있다.

다섯째, 명성의 형성 과정에 대해서 여러 연구자들은 명성이 이해관계자에 대한 회사의 과거 행동과 그 결과에 대한 표현이라는 점에서 회사의 실재적 행위를 명성의 중요한 특성으로 제시하고 있다. 즉, 회사의 전략적 커뮤니케이션이나 회사의 바라는 행위에 근거한 결과가 아니라 회사의 과거 및 현재의 실재적 행위에 기반하여 형성된다는 점을 강조한다. 이는 회사의 가치 및 철학, 그리고 내부 구성원의 동의에 기반하는 정체성과도 다르며, 회사의 전략적 커뮤니케이션과 미디어 등을 활용한 상징적 행동에 기반하는 이미지(투사된 이미지)와도 차이를 보인다. 인식된 이미지라 해도 조직의 실재 행위보다 커뮤니케이션 전략에 의해 영향받기 쉬우며, 때로는 외부의 의도치 않은 사건, 사고와 같은 단발적 이슈에 의해서도 손상받기 쉬운데, 명성은 이와는 달리, 과거 및 현재 조직의 실질적, 상징적 행동에 기반하여 평가되고 누적적 판단에 의해 나타나기 때문에 차이를 보인다.

이와 같은 기준과 특성에 근거하여 이 책에서는 명성 개념을 다음과 같이 정의했다. 명성이란 회사를 둘러싼 다양한 이해관계자가 오랜 시간에 걸쳐 형성되고 축적된 회사의 과거 및 현재 행위와 커뮤니케이션

표 1.8 명성, 정체성, 이미지 비교 기준과 특성

주요 기준과 속성		명성	아이덴티티	이미지
1. 누가 WHO	이해관계자 (내부/외부)	내외부 모든 이해관계자	내부 이해관계자	내부 또는 외부
	집합성 대 특수성	집합성 총체성	단일(내부)	단일 혹은 특정 이해관계자들
2. 무엇을 WHAT	인식 대 실체	인식/연상	실체/실재	인식/연상
	평가/판단 대 중립적 인식	평가와 인식	중립적	중립적 인식
3. 시간 TIME	축적성 대 일시성	장기적, 축적성, 누적적	축적성, 지속성, 안정적	단기적, 일시적, 불안정
4. 명성의 효과와 가치 WHY	사회적 정당성	사회적 정당성 사회구성원의 승인	관계없음	관계없음
	자산(asset)	매력적, 호의성, 존경, 신뢰도	중립	중립
5. 형성 과정 HOW	실현방법 (means)	회사의 실질적 행동 중심+상징적 행동	철학/가치/실질적 행동	전략적 커뮤니케이션/상징적 행동 중심

에 근거하여 회사를 종합적으로 인식하고 평가한 것이다.

이와 같은 개념 정의와 다섯 가지 기준에 따라서, 명성과 정체성, 그리고 이미지를 구분하는 내용을 〈표 1.8〉에 정리했다. 첫째, 누가(WHO)라는 명성의 주체 측면에서는 명성이 내외부 모든 이해관계자에 초점을 맞추는 반면 정체성은 내부 이해관계자에 초점을 맞추고 있고 이미지는 외부 이해관계자에 초점을 맞춘다.

둘째, 무엇(WHAT)을 하는가라는 행위 측면에서 보면, 명성은 회사에 대해 떠오르는 인식이나 연상이자 평가와 판단을 포함하고 있다. 하지만, 정체성은 실체에 초점을 맞추는 반면 이미지는 실체가 아닌 인식에 초점을 맞추며, 둘 다 평가나 판단을 포함하고 있지는 않은 중립적인 개념이다. 셋째, 시간(TIME) 측면에서 보면 명성이 장기적이고 축

적된 판단이기 때문에 안정적 요소를 담고 있지만, 이미지는 단기적이고 일시적인 연상이나 인식이기 때문에 불안정하다. 반면, 정체성은 명성보다 더 장기적으로 축적된 개념으로 훨씬 더 안정적 개념으로 볼 수 있다. 넷째, 명성의 효과와 가치(WHY) 측면에서 보면, 명성은 많은 학자들이 사회적 정당성이건 자산이건 간에 명성의 긍정적 효과는 회사의 자산 가치를 갖는다고 보고 있다. 하지만 정체성이나 이미지는 그 효과나 가치가 명성과 같이 자산적 가치를 갖는 것은 아니며 중립적 개념이라 할 수 있다. 마지막으로, 명성 형성 과정(HOW) 측면에서는 명성이 회사의 과거 행동과 그에 따른 결과, 그리고 이에 대한 누적적 판단이라고 여러 학자들이 주장하고 있다는 점에서 회사의 실질적 행위에 기반하여 형성된다고 볼 수 있다. 정체성은 회사의 가치나 철학에 초점을 맞추고 있고, 이미지는 회사의 전략적 커뮤니케이션이나 상징적 행위의 결과로 보는 경향이 많기 때문에 이미지는 회사의 실제적 행위보다 상징적 행위에 더 초점을 맞춘다는 점에서 차이를 보인다.

CORPORATE REPUTATION AND COMMUNICATION

2장

명성 모델과 영향 요인

이 장에서는 앞서 정리한 명성의 다양한 관점에서 학자들이 제시한 명성 모델을 논의하고자 한다. 그동안 여러 학자들의 모델이 제안되어 왔지만, 여기서는 각 관점에서 대표적인 특성을 보여준다고 생각되는 모델을 중심으로 제시했고, 그 특성과 장단점을 논의했다.

1. 다울링의 기업 명성 형성 모델

다울링(Dowling, 2001)은 경영전략적 관점에서 기업 정체성과 기업 이미지, 그리고 기업 명성 간의 관련성을 논의했다. 그는 기업 이미지란 기업에 대한 인식, 회상, 그리고 기업이 무엇을 하는지를 아는 것과 관련된 것이며 기업의 상품이나 서비스를 구매하려는 의도를 창출할 수 있지만, 고객에 대한 최고의 상품과 서비스 제공자, 직원에 대한 최고의 업무 장소, 그리고 최고의 비즈니스 파트너 등과 같은 기업에 대한 긍정적, 평가적 연상이나 인식은 기업 명성에 의해 대표된다고 주장한다. 그는 명성과 관련된 유사 개념들에 대해 다음과 같이 정의내렸다.

기업 정체성: 사람들에게 조직 자신을 확인시키기 위해 사용하는 심볼과 조직적 명명법—기업 이름이나 로고, 광고 슬로건, 작업복 등

기업 이미지: 전체적인 평가—사람들이 회사에 대해 가진 넓은 의미의 평가, 느낌이나 믿음

기업 명성: 추정되는 가치attributed values—확신, 정직, 책임감, 신뢰와 같은 것으로 기업 이미지로부터 환기된 것

기업 슈퍼 브랜드: 기업 명성으로부터 생겨난 사람들의 지지, 확신과 신뢰

다울링에 의하면, 잘 만들어진 기업의 정체성은 사람들에게 기업의 특징과 상징물을 연결시켜줄 수 있으며, 이러한 기업의 정체성은 사람들이 기업에 대해 갖고 있는 이미지를 상기시키도록 돕는다는 것이다. 기업 이미지는 논리적인 요소와 감성적인 요소로 구성되며, 사람들은 이 같은 두 가지 요소를 통해 기업 이미지를 형성하게 된다. 감성적인

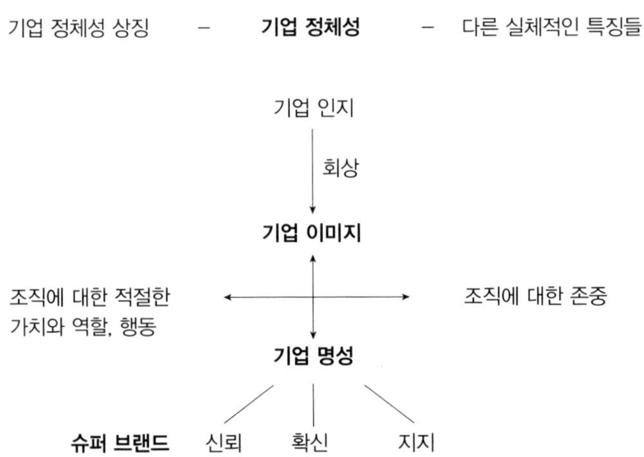

그림 2.1 기업 정체성, 이미지, 그리고 명성

출처: Dowling, G. R.(2001). *Creating corporate reputations: identity, image, and performance*. NY: Oxford University Press, p. 20.

요소의 역할은 개개의 기업에 대한 반응에 활력을 돋우는 것이며, 감정적인 요소 없는 신념은 효과적일 수 없다.

기업에 대한 신념이나 감정이 기업의 행동에 대한 사람들의 가치와 일치한다면 그들은 기업에 대한 좋은 명성을 형성하게 된다. 이는 내부 외부 공중 모두에게 해당한다. 좋은 명성은 결국 소비자의 가치 시스템과 기업 이미지 사이의 완벽한 적합도를 보여준다. 많은 관리자들이 그들의 기업 이미지와 핵심공중의 가치 사이에 연결고리를 만들기 위해서 노력해왔다. 이때 가치가 문화에 의존적이라는 사실에 주목할 필요가 있다. 국내 기업이 해외로 진출할 때 다른 나라 공중의 가치가 각각 문화에 따라서 다르기 때문에 그에 맞추어 기업의 이미지를 변형시켜야 한다.

기업 이미지와 명성을 중복되는 개념으로 생각하는 학자들도 있겠지만 이 둘을 분리시키는 것이 중요하다. 실무적으로 좋은 명성을 위한 단계는 우선 회사가 이상적이라고 생각하는 이미지를 만들고 그 다음에 이를 중요한 핵심 공중의 가치와 연결시키는 것이다. 사람들의 가치를 바꿀 수 없다면 그들의 기업에 대한 인식을 바꿀 수 있을 것이다(Dowling, 2001).

명성의 사전적 정의는 '어떤 사람이나 대상에 대한 다른 사람들의 평가'이다. '기업 명성'은 사람들이 기업을 '좋게' 혹은 '나쁘게' 보는 정도를 반영하는 전반적인 평가를 말한다. 좋은 명성은 신뢰와 신용을 강화시키는데, 이러한 관점에서 기업 명성은 기업의 새로운 특성들을 실제보다 더 좋거나 혹은 나쁘게 판단할 수 있다는 '후광 효과'를 야기할 수 있다.

회계학과 광고, 기업 커뮤니케이션, 디자인, 경제학, 마케팅, 심리학, 조직 이론, 사회학의 분야에서 기업 명성에 관심을 갖는다. 〈그림 2.2〉는 다양한 학문적 이론에 기반하여 종합적으로 제시된 기업 명성 형성 모델이다. 이 모델에서는 사람들이 조직과의 관계와 조직에 대한 지식들(조

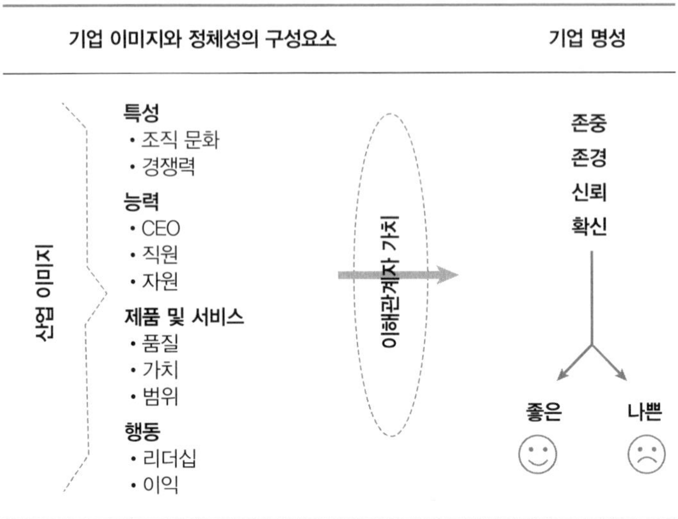

그림 2.2 기업 명성 형성 모델

출처: Dowling, G. R.(2004). Corporate reputations: Should you compete on yours?. *California Management Review*, 46(3), p. 21.

직의 특성과 능력, 제품/서비스, 행동)에 근거하여 조직에 대한 그들의 신념을 형성한다고 주장한다. 조직에 대한 지식들은 조직과의 개인적인 관계, 조직의 과거 행동 및 다른 사람들의 의견에 근거한다.

전형적으로, 조직을 설명하는 일련의 신념들은 특정 이해관계자 그룹의 관심사를 반영한다. 예를 들어 애널리스트와 경영자들을 대상으로 하는 포춘지의 '미국의 가장 존경받는 기업들America's most admired companies' 조사에서는 각 회사의 재정적 건전성/ 혁신의 수준 / 품질 / 핵심 인물들을 발굴하고 유지하는 능력 / 경영의 질 / 자산의 사용 / 지역 사회 및 환경 친화성 / 투자 가치 등에 대한 신념을 평가한다.

많은 학자들은 조직에 대한 개인의 반응은 '조직의 특성'과 '적합한 조직 행동에 대한 개인의 지각된 신념(또는 가치)'의 조화에 달려 있다고 주장했다. 따라서 명성을 형성하는 데 있어 조직에 대한 신념은 개인의 가치에 의해 매개될 수 있다. 이러한 과정은 개인의 가치와 조직에 대한 그들의 신념이 일치될 때 발생하는 일종의 '동일시'로 볼 수 있다.

〈그림 2.2〉의 화살표는 '기업 이미지의 지각적 구성 개념'과 '기업 명성의 감정적 구성 개념'을 연결하며, 기업 명성의 관계적 측면을 반영한다. 즉, 좋은 명성을 가진 기업은 개개인의 가치에 적합한 이미지를 가지며, 그것이 관련이 있을 때에만 좋은 관계를 증진시킨다. 시간이 지남에 따라, 조직에 대하여 지속적으로 배운 것what is learned과 받아들여진 것 또는 거부된 것accepted or rejected은 조직의 좋은 것과 나쁜 것에 대한 강력한 신념이 된다. 〈그림 2.2〉의 우측은 좋은 명성이 가치 있다는 것을 보여주는데, 이는 좋은 명성이 개인이 '이 조직과 함께 하는 것(주식을 구매하는 것, 조직에서 일하는 것, 조직의 제품과 서비스를 구매하는 것, 위기에도 불매 운동을 하지 않는 것 등)은 안전하다'고 느낄 수 있는 조직에 대한 신뢰와 확신을 강화시키기 때문이다. 또한 다양한 연구들은 좋은 명성을 가진 기업이 장기적으로 뛰어난 수익을 얻고, 유지한다는 것을 보여준다. 따라서 우수한 기업 명성은 여러 긍정적인 보상을 가져온다.

이러한 다울링의 명성 형성모델은 경영 전략적 관점에서 이해관계자 이론을 기반으로 하기 때문에 기업을 구성하고 있는 다양한 속성과 명성간의 관계에서 이해관계자들의 가치가 매우 중요함을 보여준다. 이 모델의 첫 번째 장점은 기업과 기업 이미지를 구성하는 속성을 다면적으로 제시했다는 점인데, 기업 속성으로 상품과 서비스 측면 이외에도 조직 능력과 실제 행위 등을 포함하고 있다. 특히 조직 문화와 같은 특성을 포함하는 것은 조직의 상품이나 능력과 같은 마케팅적 요소 이외에도 조직 자체의 정체성과 연관된 부분이 중요한 구성요인을 제시하고 있다는 점에서 다양한 학문적 관점을 포함하고 있음을 보여준다. 두 번째 장점은 이러한 기업 구성 요소들이 '이해관계자 가치'를 통해 여과됨으로써 이해관계자에 초점을 맞춘 모델이라는 것이다. 실제 기업 명성은 외부인들의 평가와 판단의 총합체라는 점에서 이같은 이해관계자 가치라는 필터를 통해 걸러진 기업 구성 요소들이 그들의 기대에 부응하는 만족감을 주었다면 기업에 대한 신뢰와 존중 등의 좋은 결과를 얻을 수 있음을 제시했다.

그러나 이 모델이 갖는 이해관계자 관점의 장점에도 불구하고, 기업 명성을 경영 전략적 관점에서 바라보고 있기 때문에 기업에 영향을 미치는 중요한 사회적, 제도적, 환경적 변수들을 고려하지 않고 있다는 점이 한계라고 볼 수 있다. 또한 이해관계자에 초점을 맞추고 있기는 하지만, 수용자로서 그들이 다양한 기업 정보를 수용하는 과정이 어떻게 이루어지는지 개인의 지각과 정보 처리, 그리고 수용 과정에 대한 논의가 결여되어 있다는 한계점을 갖는다. 이러한 논의는 기업 명성에 대한 커뮤니케이션 학자와 인지심리학자, 그리고 PR 학자들의 모델에서 보다 상세히 다루어지고 있다. 특히 기업 정체성과 강점을 전달하는 과정에 중요한 역할을 하는 커뮤니케이션 요소에 대한 논의가 전혀 없는데, 이에 대해서 발머와 그레이, 그리고 반릴 등의 학자는 커뮤니케이션을 명성 관리 모델의 주요 요인으로 구성하며 강조했다.

2. 발머와 그레이의 기업 정체성-기업 커뮤니케이션 과정의 새로운 모델

발머와 그레이(Balmer & Gray, 2003)는 기업 정체성과 기업 커뮤니케이션 과정을 통합한 새로운 모델(〈그림 2.3〉)을 제시했다. 이 모델의 목적은 기업의 자산을 획득하는 과정에서 기업 정체성, 기업 커뮤니케이션, 기업 이미지, 그리고 명성이 분리될 수 없음을 보여줄 뿐 아니라, 기업 커뮤니케이션 시스템의 세 가지 요소가 갖는 중심 역할을 묘사한 것이다. 여기서 기업 커뮤니케이션은 기업 정체성과 그 결과인 이

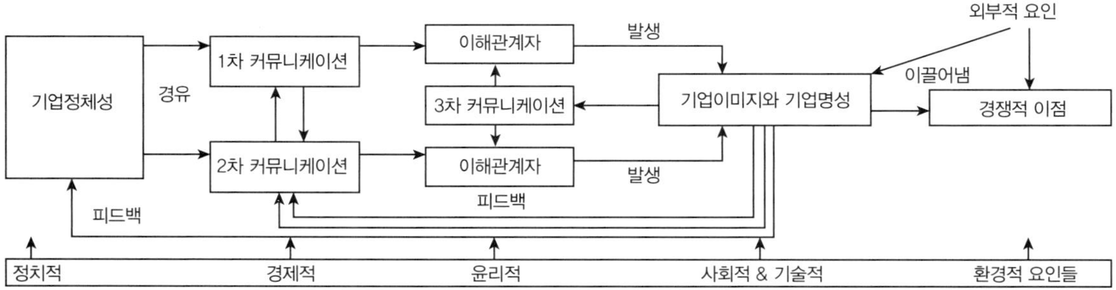

기업정체성
- 가치 & 목적
- 기업전략
- 조직문화
- 조직구조

환경적 요인
다섯 가지 환경적 요인이 위에 설명된 모든 과정에 영향을 미침

1차 커뮤니케이션
- 제품 및 서비스
- 시장행위
- 직원에 대한 행동
- 다른 이해관계자에 대한 직원의 행동
- 비시장행위

2차 커뮤니케이션
- 공식적 기업 커뮤니케이션 (광고, PR, 그래픽디자인, 판매촉진 등)
- 시각적 정의 시스템

3차 커뮤니케이션
- 구전
- 미디어 해석 & 왜곡
- 경쟁자 – 커뮤니케이션과 '왜곡'

이해관계자
- 개인들(점점 조직 내/외부의 다수의 이해관계자 그룹에 속하는 것으로 보여짐. 전통적으로 이해관계자는 하나의 이해관계자 그룹에 속하는 것으로 분류되었음.)
- 고객 • 유통자, 소매상
- 공급자 • 합작투자자
- 금융기관과 애널리스트
- 주주 • 정부, 규제기관
- 사회적 행위 조직
- 일반 공중 • 직원

기업 이미지
- 개인 또는 개인 이해관계자 그룹이 조직에 대해 갖는 즉각적이고 심리적인 상

기업 명성
- 세 가지 유형의 커뮤니케이션에 의한 지속적인 성과의 결과로 오랜 시간을 거쳐 발전함

경쟁적 이점
- 기업 명성은 개인이나 이해 관계자들이 그 기업을 지지하거나 지지하지 않거나 하는 마음에 영향을 줄 것임

외부적 요인
조직에 대한 인식과 경쟁적 이점의 강화는 아래의 많은 요소에 의해 영향을 받음
- 원산지, 이미지, 명성
- 산업 이미지, 명성
- 이미지, 결합 규제와 파트너십 규제

그림 2.3 기업 정체성–기업 커뮤니케이션 과정의 새로운 모델

출처: Balmer, J. M. T., & Gray, E. R.(2003). Corporate identity and corporate communications: creating a competitive advantage, in Balmer, J. M. T., & Greyser, S. A.(Eds.), *Revealing the corporation: perspectives on identity, image, reputation, corporate branding, and corporate-level marketing*. Routledge, p. 132.

미지 및 명성 사이에서 삼각 교량 역할을 보여준다. 즉, 기업 커뮤니케이션은 조직의 기업 정체성과 호의적인 기업 명성을 획득하려는 전략적 목표 사이에서 두 가지를 이어주는 역할을 맡고 있다. 또한 연구자들은 기업 커뮤니케이션에 대한 폭넓은 패러다임이 채택되어야 한다고 주장하면서 1차, 2차, 그리고 3차 커뮤니케이션이라는 세 가지 요소를 강조하고 있다. 그들은 기업 정체성과 포괄적인 기업 커뮤니케이션 관점을 결합한다는 것이 매우 전략적 영역이라는 점을 강조하고 있으며, 이를 통해서 위협적인 외부 환경 요소들을 잘 관리하고 경영하게 되고 기업은 경쟁적 이점을 획득할 수 있다고 지적한다.

발머와 그레이는 이 모델을 통해서 기업 정체성과 기업 커뮤니케이션간 연관성을 강조하는 의미 있는 작업을 진행했다. 이 모델의 중요한 기여점은 외부의 위협적 환경 요소를 극복하기 위해서 기업 정체성과 기업 커뮤니케이션의 관리가 효과적으로 이루어져야 한다는 것을 강조했다는 점이다. 특히, 그들은 두 가지 요소가 회사의 전략적 관리에 있어서 매우 중요한 요소임을 주장했다. 또 한 가지 기여점은 기업 커뮤니케이션의 개념화인데, 여기서는 기업 커뮤니케이션의 폭넓은 특성을 제시하면서 '토탈 기업 커뮤니케이션'이라고 부르고 있다. 토탈 기업 커뮤니케이션은 1차, 2차, 그리고 3차 커뮤니케이션으로 이루어진다. 1차 커뮤니케이션primary communication이란 상품/서비스 성과, 기업 정책, 그리고 직원 행위 등에 대한 커뮤니케이션 효과를 의미한다. 2차 커뮤니케이션secondary communication이란 기업의 계획된 '공식적' 커뮤니케이션 정책으로써 시각적 로고는 물론 광고나 PR, 스폰서쉽 등을 활용하는 커뮤니케이션을 의미한다. 마지막으로 3차 커뮤니케이션tertiary communication은 제3자 커뮤니케이션 효과를 의미하는데, 다른 사람들 사이에서 발생하는 구전 효과나 미디어의 해석, 그리고 경쟁자들의 커뮤니케이션 모두를 포함한다.

이 모델에서는 첫째, 기업 정체성과 기업 커뮤니케이션은 전략적 중요성이 있다는 것, 둘째, 이들이 효과적으로 관리된다면 조직은 지속 가능한 경쟁적 이점을 갖출 수 있다는 것을 중요하게 제안하고 있다. 또한 발머와 그레이는 기업 이미지에 영향을 미치는 열 가지 외부 환경 요소들이 있음을 주장한다. 이러한 환경 요소들은 회사의 전략적 포지셔닝에 위협 요인이 되지만, 또 다른 의미에서 회사의 좋은 명성을 만들어낼 기회를 창출하기도 한다. 그러나 이러한 것이 성취되기 위해서는 기업 커뮤니케이션이 획기적으로 재검토될 필요가 있다는 것이다. 커뮤니케이션에서 가장 중요한 것은 말해지지 않은 것을 듣는 것이다. 연구자들이 중요시하는 토탈 커뮤니케이션은 조직이 말하고 만들어내고 수행한 모든 것이 바로 커뮤니케이션하는 것으로 비춰진다는 점을 강조하고 있다.

이 모델은 기업의 혈관 역할을 담당하는 커뮤니케이션의 중요한 교량 역할을 잘 표현한 모델이다. 다만, 기업 정체성을 구성함에 있어서 중요한 내부 커뮤니케이션의 역할이 제외되어 있는데, 이는 조직학적 관점에서 조직 커뮤니케이션과의 접목이 필요한 부분이다. 현재의 모델은 조직 경영 전략 관점에서 기업 정체성의 투사에만 초점을 맞추고 있지만, 조직 정체성이 조직 내부에서 어떻게 구현되는지 조직 내부 커뮤니케이션을 포함하여 모델이 구성된다면 더욱 유용한 토탈 기업 커뮤니케이션 모델이 될 것이다.

3. 반릴과 폼브런의 기업 커뮤니케이션 경영 모델

반릴(van Riel, 2003)은 기업 커뮤니케이션 관점에서 기업 경영에 있어서 커뮤니케이션 요소를 핵심 변수로 보고 있으며, 기업 경영을 위한 질문을 크게 세 가지로 분류한다.

첫째, 정체성 군집Identity cluster에 대한 질문: 어떻게 조직 정체성이 결정되는가? 조직 성과에 대한 정체성의 각 구성 요소들의 영향은 어떠한가? 정체성은 단일, 또는 복수의 개념인가?

둘째, 명성 군집Reputation cluster에 대한 질문: 어떻게 조직 명성이 결정되는가? 조직 성과에 대한 명성의 각 구성 요소들의 영향은 어떠한가? 조직의 긍정적/부정적 명성에 가장 큰 영향을 미치는 요소는 무엇인가?

셋째, 커뮤니케이션 관리Management of communication에 대한 질문: 조직이 사용하는 서로 다른 커뮤니케이션 유형들을 조화시키는 것이 왜 중요한가? 조직은 '커뮤니케이션', '상징', '조직 구성원들의 행동'을 어떻게 일관된 방식으로 조정할 수 있는가? '지속 가능한 기업 이야기Sustainable Corporate Story'는 기업 커뮤니케이션의 일관성을 어떻게 높일 수 있는가?

〈그림 2.4〉는 위 질문들의 상호관계성을 나타낸다. 조직의 내적 정체성과 외부 환경(경쟁 환경, 명성 등)은 상호 작용하며 다양한 정체성 믹스 전략과 관리를 결정짓게 된다. 이는 다시 지속 가능한 기업 스토리의 생성과 완성, 적용을 통해 외부에 전달되게 된다. 그리고 이러한 것들은 기업 커뮤니케이션의 관리를 통해 이루어지고 실행과 평가를 거쳐 다시 조직 정체성과 명성에 영향을 미치게 된다.

기업 커뮤니케이션을 오랫동안 연구해온 반릴은 공통 출발점 CSPCommon Starting Point 과정을 활용함으로써 조직 차원의 커뮤니케이션에 일관성을 달성해야 한다고 주장한다. CSP 과정이란 통합적이고 학제간 접근인데, 전략/정체성/이미지를 고려해야 하며, 이 과정에서는 기업의 다양한 커뮤니케이션 부서 대표자를 포함해야 한다. 그리고 이들로부터 공통분모가 수립되어야 하고 이것이 공식적인 기업 커뮤니케이션에 활용되면서 일관성을 만들어낼 수 있다는 것이다. 또한 지속 가능한 기업 스토리SCS: Sustainable Corporate Story란 통제 가능한 커뮤니케이션 요소를 통해 성취될 수 있다. SCS란 조직 전체에 대한 포

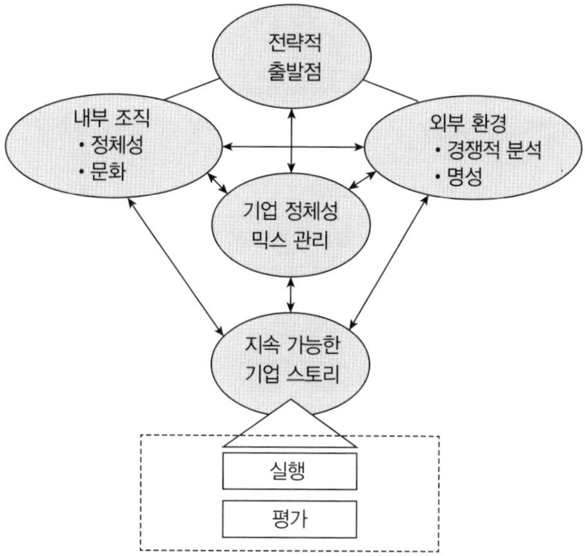

그림 2.4 기업 커뮤니케이션 연구의 네 가지 핵심 주제들간의 일관성
출처: Van Riel, C. B. M.(2003). The management of corporate communication, in Balmer, J. M. T., & Greyser, S. A.(Eds.), *Revealing the corporation: perspectives on identity, image, reputation, corporate branding, and corporate-level marketing*, Routledge, p. 166.

괄적인 내러티브(조직의 탄생, 비전, 그리고 미션 등을 포함)를 제공하는 것이며, 현실적이고 사람들과 관련된 묘사를 통해 믿을 만하도록 전달되어야 한다. 이는 조직 내부에서 개발되어야 하며 이러한 것들이 조직을 독특하고 차별적이게 한다. 반릴은 기업 스토리를 구성하는 네 가지 기준을 제시했다. 현실적이며 연관성 있고, 반응적이며 지속 가능한 것이어야 한다.

반릴과 폼브런(van Riel & Fombrun, 2007) 역시 기업 명성에 있어서 기업 커뮤니케이션을 가장 중요한 요소라고 주장하고 있으며, 기업 커뮤니케이션과 명성이 비즈니스와 어떻게 연결되는지 그 연결점을 다음과 같은 그림을 통해 설명하고 있다.

〈그림 2.5〉에서는 기업의 전략적 목표와 기업 커뮤니케이션, 명성,

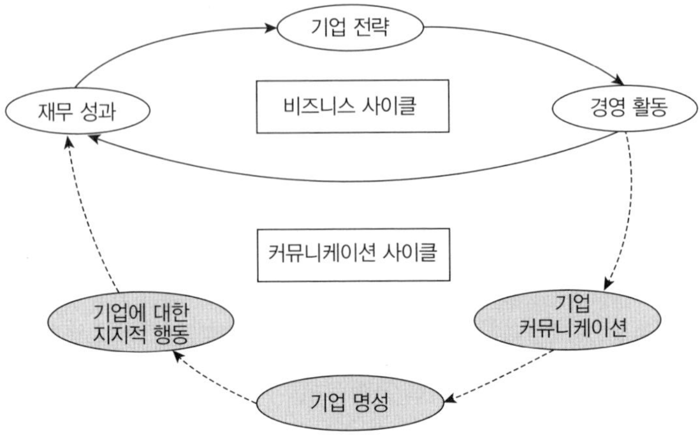

그림 2.5 커뮤니케이션 및 명성과 비즈니스의 연결
출처: Van Riel, C. B. M. & Fombrun, C. J.(2007). *Essentials of corporate communication: Implementing practices for effective reputation management*. Routledge, p. 60.

그리고 재무적 성과의 연관성에 대한 틀을 제공한다. 이 프레임워크에 나타나는 두 가지 사이클은 상호 보완적이다. '비즈니스 사이클'은 조직의 사업 활동에 대한 기업 전략에 근거하며, 이것이 성공적으로 시행된다면 재무적 성과를 거둘 수 있다. 이를 효과적으로 수행하기 위해서는 '비즈니스 사이클'에 대응하는 기업 명성 구축을 위한 '커뮤니케이션 사이클'이 필요하다. 이것이 성공적으로 수행된다면, 기업 커뮤니케이션은 이해관계자들과의 동일시identification를 유발하며 그들의 지지적 행동을 얻어내게 된다.

이들 모델은 그간 기업 명성과 관련된 모델들에서 간과한 기업 커뮤니케이션을 중시하고 있다는 점에서 다른 모델과 차별된다. 특히 연구자들은 커뮤니케이션을 '지속 가능한 기업의 이야기Sustainable Corporate Story'로 제시하면서 서로 다른 커뮤니케이션을 통합하고 조화시키는 일관된 기업 스토리로 제공해야 한다고 강조하고 있다. 이 모델에서 커뮤니케이션을 표현하는 방법은 독특하지만, 조직과 공중 간 소통과 대화라는 커뮤니케이션 자체의 특성과 본질에 충실하기보다는 경영 목표를 달성하기 위한 전략이자 도구로서 제시했다는 점이 모델의 한계로 작용한다. PR 관점에서는 조직과 이해관계자의 상호호혜적 관계를 중시하는 커뮤니케이션 관점에 더욱 주목하고 있다.

4. 그루닉의 전략적 PR 관리 모델

그루닉의 전략적 PR 관리 모델에서는 조직의 커뮤니케이션 프로그램이 조직-공중 관계를 거쳐 명성에 도달하는 과정을 PR 관점에서 설명해주고 있으며, 우수한 PR의 역할을 조직과 프로그램의 두 가지 수준에서 제시하고 있다. 조직 수준에서는 조직의 상위급 커뮤니케이션 임원들이 전략적 관리를 어떻게 수행하는지, 그리고 프로그램 수준에서는 커뮤니케이션 담당자들이 PR 프로그램 자체의 전략적 관리에 어떻게 참여하는지를 보여준다(Kim et al., 2013).

〈그림 2.6〉에서 보여주는 핵심 개념은 상위급 임원의 경영적 의사결정, 이해관계자와 공중들(오른쪽), 그리고 관계적 결과(왼쪽)이다. 경영진과 공중을 연결하는 것은 각각의 행위가 상대방에게 미치는 결과이다. 그림 오른쪽 상단의 경영적 의사 결정과 이해관계자 간의 쌍방 화살표는 조직의 전략적 의사결정자가 PR 기능을 통해서 이해관계자와 상호 작용해야 하는 것을 의미한다. 이는 경영진의 의사 결정이 공중에게 영향을 미치기 때문이며, 조직은 목표를 성취하고 책임 있는 의사 결정을 하기 위해서 지지적인 이해관계자와의 관계를 필요로 하기 때문이다. 이해관계자들 역시 조직과의 관계를 추구할 수도 있다. 왜냐하면 환경 단체는 화학 공장이나 핵연구소로부터 나오는 공해를 줄이려하거나 지역 사회는 지역민을 위한 직업을 얻어내려 하는데, 이들 역시 그들이 인식하는 문제 해결을 위해서 조직으로부터 결과를 얻어내

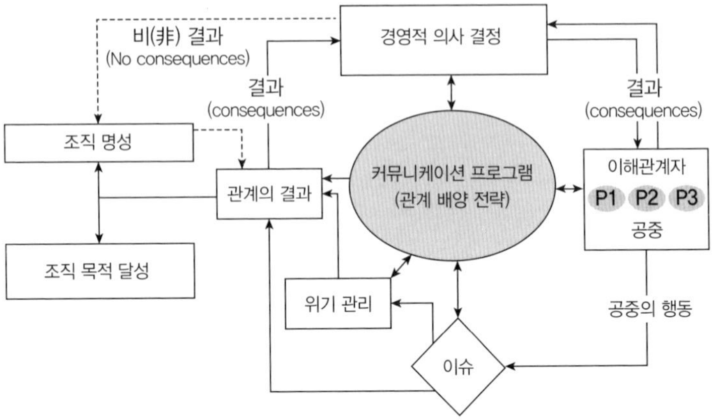

그림 2.6 전략적 PR관리 모델

출처: Kim, J. N., Hung-Baesecke, C. J. F., Yang, S. U., & Grunig, J. E.(2013). A Strategic Management Approach to Reputation, Relationships, and Publics: The Research Heritage of the Excellence Theory 1, in Carroll, C. E.(Ed.), *The Handbook of Communication and Corporate Reputation*. John Wiley & Sons, Inc., p. 203.

려고 하기 때문이다. 따라서 조직의 의사 결정(그리고 그 결정으로부터 얻어지는 행위들)은 조직의 이해관계자를 규정하게 되고 조직은 이해관계자와의 관계를 필요로 한다(Kim et al., 2013).

이해관계자란 경영적 의사결정에 의해 영향받을 수 있거나 의사결정에 영향을 미칠 수도 있는 넓은 범주의 사람들—직원, 고객, 또는 지역 사회 거주민과 같은—로 정의할 수 있다. 전략적 PR 관리자는 환경을 모니터링할 때, 먼저 이해관계자 범주라는 용어로 폭넓게 생각해야 한다. 그리고 공중 상황 이론 등을 사용해서 공중과 비공중을 구분하고 활동, 인지, 그리고 잠재 공중을 비공중으로부터 구분하고 세분화해야 한다. 세분화된 공중이 항상 영원하거나 안정적이 아니라는 것을 기억해야 한다. 그들은 상황이나 조직의 결과가 변화하면 때로 다가오기도 하고 물러가기도 하므로, PR 관리자는 조직의 의사 결정과 결과가 변화하면서 지속적으로 공중을 다시 세분화해야 한다.

특히 활동 공중 세분화가 매우 중요한데, 활동 공중은 적극적으로 조직과 관계를 가지려고 하고 조직이 그들과 커뮤니케이션하지 않을 때 조직의 결정에 따른 결과에서 이슈를 만들어내려고 한다. 또한 이들은 덜 적극적인 공중에게 그들의 불만을 이야기해서 다른 공중들 사이에 부정적 명성을 형성하려고 한다. 이를 활동공중의 메가포닝 효과 megaphoning effect라고 부르기도 한다. 때로 공중은 조직 행위의 부정적 결과—공해나 차별주의 같은 결과에 부정적 반응을 보이며, 그들에게 유용한 결과—지역 사회 공중이 깨끗한 강을 원하는 것, 또는 공중이 제약 회사로부터 희귀 약품 생산을 원하는 것—를 가진 조직에게서 그것을 확보하기 위해서 적극적으로 행동한다. 어떤 경우에는 공중이 조직과 협력하여 둘 다 이익이 될 수 있는 결과를 얻고자 노력한다(Kim et al., 2013).

조직이 의사 결정 이전 또는 결정이 이루어지는 동안 효과적으로 공중과 커뮤니케이션한다면, 이슈나 위기는 발생하지 않고 오히려 좋은 관계가 확보된다. 〈그림 2.6〉에서 보면, 이는 커뮤니케이션 프로그램으로부터 관계의 결과로 향하는 화살표로 묘사된다. 일반적으로 공중과의 좋은 관계는 조직에 대한 좋은 명성을 이끌어내는 결과를 보여주는데, 이는 공중이 승인하는 방식으로 의사결정을 내리고 행동하는 조직과는 좋은 관계를 갖고, 공중이 조직을 호의적으로 생각하게 되는 경향 때문이다. 하지만 공중은 그들에게 해가 되는 결과를 멈출 수 없다면 이슈나 위기를 만들어낸다. 그리고 이슈나 잠재 이슈가 커뮤니케이션을 통해서 공중과 토론되고 협상되면 그 결과를 통해 공중과의 좋은 관계가 증진된다.

〈그림 2.6〉의 전략적 과정 중심에는 커뮤니케이션 프로그램을 대표하는 타원이 있다. 이 프로그램은 공중과의 관계를 배양하는 프로그램이다. 잠재공중과 커뮤니케이션하는 것은 전략적 의사결정자들이 결정을 내리기 전에 필요한 과정인데, 이 시기에는 공중이 형성되긴 하지만

이슈나 위기를 만들지는 않기 때문이다. 마지막 두 단계의 커뮤니케이션 프로그램은 일반적으로 이슈 관리와 위기 커뮤니케이션이라고 불리운다. 하지만 의사결정 이전에 공중과 커뮤니케이션하는 것은 이슈와 위기를 해결하는 가장 효과적인 방법이다. 왜냐하면 공중이 이슈나 위기로 치달을 수 있는 결과를 가장 최소화하는 의사 결정을 하도록 경영자들을 도와주기 때문이다. 그림 중심의 타원형에서 묘사하는 PR 프로그램은 공중과의 관계를 배양하기 위해서 개발되어야 하는데, 대부분의 커뮤니케이션 기술, 프로그램, 또는 캠페인들은 관계 배양 전략이라고 분류된다. 커뮤니케이션 프로그램들은 형성적 조사로부터 시작되어야 하고 달성 가능하고 측정 가능한 목표를 개발하고 프로그램을 수행하여 목표에 부응하는지 여부를 평가하는 것으로 마무리되어야 한다.

그림의 마지막 경로는 경영적 의사결정에서부터 조직 명성과 관계의 결과-비결과로 이르는 점선이다. 이 경로는 대부분 매스미디어를 통해 확산된 메시지가 긍정적인 조직 명성을 창출할 수 있다고 믿는 학자들에 의해 취해지는 접근 방식이며, 직접 경험이 아닌 간접 경험에 의해 생겨난, 그리고 조직-공중 간 실제 관계에 기반을 두지 않은 명성적 관계reputational relationship를 만들어낸다. 이 관계는 조직이 실제적인 결과를 갖지 않은 사람들과 형성하는 관계이다. 그런 사람들은 진정한 공중이 아니라 오디언스로 정의될 수 있으며, 이들 오디언스는 조직에 그다지 중요한 사람들이 아니다. 조직이나 공중이 서로에게 실제적 결과를 갖는다면 이는 명성적 관계가 아니라 행동적 관계를 갖는 것이며, 이들은 수동적 오디언스가 아니라 행동적이고 전략적 공중이다(Kim et al., 2013).

따라서 그림에서 제시되는 PR 전략적 관리 과정은 명성과 같은 무형적인 기업자산이 조직 가버넌스와 조직-공중 관계 배양을 통해 어떻게 생겨날 수 있는지를 설명해주며, 커뮤니케이션 프로그램이 조직 명성을 형성하는 데 있어서 어떻게 작용하는지 경로를 보여준다. 또한 그루닉은 이 모델을 통해서 조직과 실제적 관계를 형성하는 행동적이고 전략적 공중만이 조직 명성에 가장 중요한 진정한 공중이라고 주장한다.

PR 관점에서는 경영 전략적 관점과는 달리, 커뮤니케이션을 조직과 공중과의 관계를 형성하는 중요한 변수로 강조하고 있으며, 특히 조직과 공중 간의 직접적 행동적 관계를 통해 명성을 얻게 됨을 강조하고 있다. 이 모델은 조직 수준에서 조직과 공중과의 관계에 주목하고 조직의 목표와 정체성을 전달하는 일방적인 관계를 넘어서고 있다는 점에서 명성 관리 모델의 중요한 진전을 보여주었다고 볼 수 있다. 한편, 인지심리학적 관점에서는 조직보다는 수용자에 주목하고 수용자의 개인적 수준에서 조직이 전달한 메시지를 수용자가 어떻게 수용하고 처리하는지 수용 과정에 초점을 맞춘 모델을 제시했다.

5. 알레산드리의 기업 정체성 작동 방식 모델

알레산드리(Alessandri, 2001)의 기업 정체성 작동 방식 모델은 심리학적 관점에서 수용자들이 어떻게 기업 정보를 지각하고 수용하게 되는지, 그리고 이 과정에서 기업 명성이 어떻게 형성되는지를 설명해주고 있다(그림 2.7). 이 모델의 특징은 기업 정체성이 작동되는 과정을 기업의 통제 여부에 따라서 상부 영역과 하부 영역으로 구분하고 있다는 점이다. 기업의 하부 영역은 기업 미션과 기업 정체성 구성 요소들로 이루어져 있으며, 이것은 '기업이 스스로를 어떻게 보여주는가'라는 부분으로 기업이 통제 가능한 부분이다. 반면, 기업의 상부 영역은 기업 이미지와 기업 명성으로 구성되는데 이 부분은 '공중이 기업을 어떻게 인식하는가'라는 부분으로 기업이 통제 불가능한 부분이다.

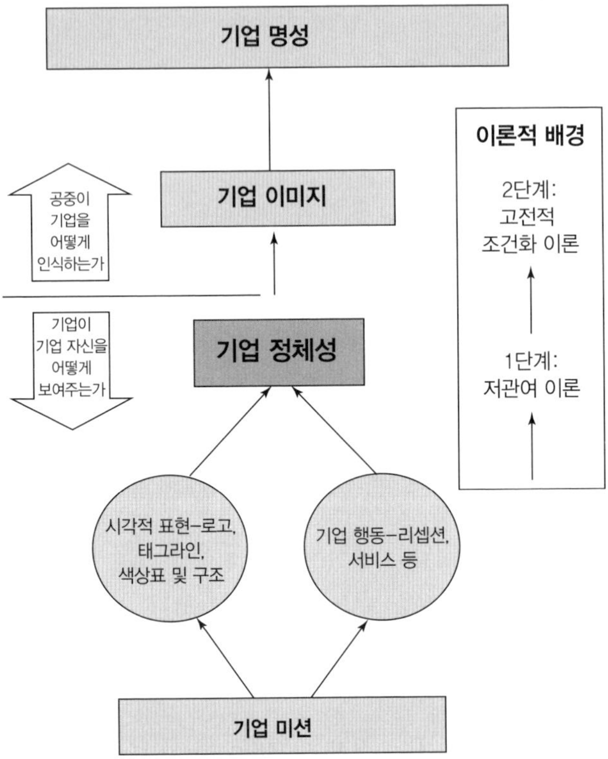

그림 2.7 기업 정체성 작동 방식 모델

출처: Alessandri, S. W.(2001). Modeling corporate identity: A concept explication and theoretical explanation. *Corporate Communications*, 6(4), p. 178.

기업 미션은 기업의 철학으로 가정되는데, 모든 기업은 암묵적 또는 명시적인 기업 철학을 갖고 있으며, 이는 기업의 행동이나 시각적 표현을 통해 구현된다. 기업의 행동과 시각적 표현들은 기업의 정체성을 형성한다. 기업 미션 및 기업 정체성을 구성하는 두 가지 요소는 본 모델의 하부 영역을 이루고 있는데, 이들은 모두 기업의 통제 아래 있으며 기업의 결정에 의해 조작되거나 변경될 수 있다. 모델의 상부 영역인 기업 이미지와 기업 명성은 기업이 통제할 수 없는 공중의 인식이며, 기업 이미지는 기업 정체성에 대한 경험이나 기업과의 상호 작용을 통해 공중들의 마음속에 만들어진다. 기업은 그들의 정체성이나 미션에 대해서는 완전한 통제권을 갖지만, 공중의 인식인 기업 이미지나 기업 명성에 대해서는 통제권을 가질 수 없다. 이 모델에 따르면, 기업 명성은 시간에 지나면서 반복적인(부정적 또는 긍정적인) 기업 이미지의 영향에 의해 형성된다.

이 모델에서 제시하고 있는 두 가지 이론은 저관여 이론과 고전적 조건화 이론이다. 1단계인 기업이 통제할 수 있는 하부 영역에서는 메시지의 '반복성'이 중요하다. 왜냐하면 저관여 상태의 공중에게는 시각적인 로고나 메시지 등의 반복적 노출을 통해 단기 기억에서 장기 기억으로 만드는 것이 가능해지기 때문이다. 저관여 상태에서는 이 같은 주변적인 메시지(로고나 노래와 같은 청각적, 시각적 메시지 등)의 반복을 통해 회상recall이 가능해지고 이를 통해 구매 행동까지 이루어질 수 있다. 예를 들면, 기업 로고나 메시지 광고를 반복한다면 소비자들은 매장에서 상품을 구매하는 그 시점에 기업 로고나 메시지가 떠오르고 쇼핑하는 장소에서 곧바로 구매 행위가 이루어지게 된다. 이 같은 구매행위를 통해 이후 태도 변화도 가능해진다. 따라서 1단계인 저관여 모델에서는 메시지의 반복성을 통해 인지-행동-태도 변화가 이루어질 수 있다는 것을 주장하고 있다.

2단계인 기업이 통제할 수 없는 상부 영역에서는 메시지의 '지속적 노출'이 중요하다. 특히 기업로고와 연관된 긍정적 연상을 지속적으로 노출하다보면 자연스럽게 고전적 조건화 이론에서 주장하는 기업 연상이 이루어진다. 따라서 어느 정도 기업 정체성이 인지된 상태에서는 기업 정체성을 긍정적인 기업연상과 연결짓는 메시지를 지속적으로 제시할 필요가 있다.

알렉산드리는 이와 같은 심리학적 모델을 통해 기업 정체성 작동 방식 모델을 설명하고 있다. 그러나 소비자가 저관여된 상태에서는 이러한 모델의 작동 방식이 연구자가 주장한 것처럼 적절하게 이루어질 수 있지만, 고관여된 상태의 소비자라면 복잡한 인지 평가 과정을 거치기 때문에 이러한 이론들이 곧바로 적용되기 어렵다. 또한 이 모델은 기업 이미지를 긍정적으로 만들 수는 있지만, 기업의 본질과 행동에 근거한 '기업 명성'이라는 개념까지 연계시키기에는 이론적 기반이 약하다는 점에서 한계가 있다. PR 학자인 그루닉과 헝(Grunig & Hung, 2002) 등은 조직 공중 관계성 이론의 상징적, 행동적 관계 논의를 통해 기업 연상이나 이미지가 어떻게 기업 명성으로 연계, 형성될 수 있는지를 설명해주고 있다. 따라서 알렉산드리의 모델과 PR 모델을 통합적으로 구성한다면, 기업은 자신의 정체성을 어떻게 긍정적 이미지로 노출, 인식시키며, 나아가서 기업 명성으로 변화될 수 있는지 설명이 가능해진다.

알렉산드리와 그루닉의 모델을 통해서 조직 수준에서 공중과 어떻게 관계를 형성하며, 이러한 조직의 노력을 수용자가 어떻게 수용하는지 통합하여 설명할 수 있으며, 이러한 인지심리학적 관점과 조직의 PR 전략 관점에서 기업 명성의 작동과 수용 과정을 통합할 수 있다. 이 모델들에서는 커뮤니케이션을 기업 명성을 형성하는 매우 중요한 요소로 다루고 있다. 알렉산드리는 긍정적 이미지 형성을 위해서 광고나 반복적 메시지 전달, 그리고 정보의 정교화라는 특성을 제기하고 있는 반면, 그루닉은 관계를 배양하는 전략으로서 커뮤니케이션 프로그램을 효과적으로 수행하는 방법을 제시하고 있다.

하지만 경영 전략적 관점의 모델들과 심리학적 모델, 그리고 PR 전략관리 모델 등은 모두 조직의 입장에서 그들의 정체성과 커뮤니케이션을 어떻게 전달하고 수용자에게 긍정적으로 인식하게 만들 것인지에만 초점을 맞추고 있다. 따라서 조직 외부환경에서 작동하는 다양한 이슈와 이해관계자의 영향력에 대해서는 중요하게 다루지 않았는데, 마흔은 이러한 외부 환경적 요소들의 영향력을 사회학적 관점에서 심도 깊게 논의했다.

6. 마혼의 기업 명성의 역동적 모델

마혼(Mahon, 2002)은 두 가지 시장에서의 명성 이슈를 제기했는데, 제품과 서비스 시장marketplace of goods and services 및 사상의 시장marketplace of ideas이 그것이다. 제품 및 서비스 시장에 있어서 조직은 경쟁사와 비교하여 차별적인 이점을 얻기 위해 전략을 세우는 데 초점을 맞춘다. 외부 평가자들이 성공 여부를 판단하는 기준으로는 시장의 규모, 수익성, 자기 자본 이익률return on equity; ROE 등이 있다. 성과에 대한 기준이 이처럼 명확하게 제시되어 있기 때문에, 조직 입장에서는 효과적인 전략을 수립하고 좋은 성과에 대한 평가를 받기 쉽다는 것이 제품과 서비스 시장에서의 특징이다. 반면, 사상의 시장은 여론, 정치적 규제 활동, 사회적 영역 등으로 이루어져 있으나, 내외부 평가자들이 동의할 만큼 뚜렷한 성과 평가 기준이 존재하지 않는다.

〈그림 2.8〉에서 볼 수 있듯이, 두 시장의 경계는 뚜렷하게 구분되어 있지 않으며, 상호침투적이다. 따라서 한 시장에서의 평가 결과가 다른 시장에서의 평가 결과로 전이되기도 한다. 두 영역을 넘나들며 영향을 주고받는 것은 평가 결과만이 아니다. 〈그림 2.8〉에서 나타나고 있는 중요한 두 가지 이해관계자 집단인 경쟁자와 소비자는 두 시장을 넘나들며 서로 커뮤니케이션을 하게 되는데, 이 과정에서 조직의 전략, 전술, 성과 평가, 그리고 나아가 명성 평가까지도 커뮤니케이션에 포함되어 전이된다고 마혼은 주장한다. 대표적인 사례로 담배 산업을 들 수 있다. 정부의 금연 정책이 담배 산업에 제재를 가하고 있다고 해도 소비자 집단이 여전히 담배에 대해 선호하는 여론을 갖고 있다면 제품 판매는 꾸준히 이어질 것이고, 이는 곧 수익 성과에 긍정적인 평가를 가져다주어 투자자들로 하여금 담배 산업에 지속적으로 투자해도 좋다는 인식을 심어주게 된다. 이는 곧 담배 산업에 대한 명성이 사상의 시장과 제품 및 서비스 시장의 경계를 넘나들며 전달되었기 때문이며,

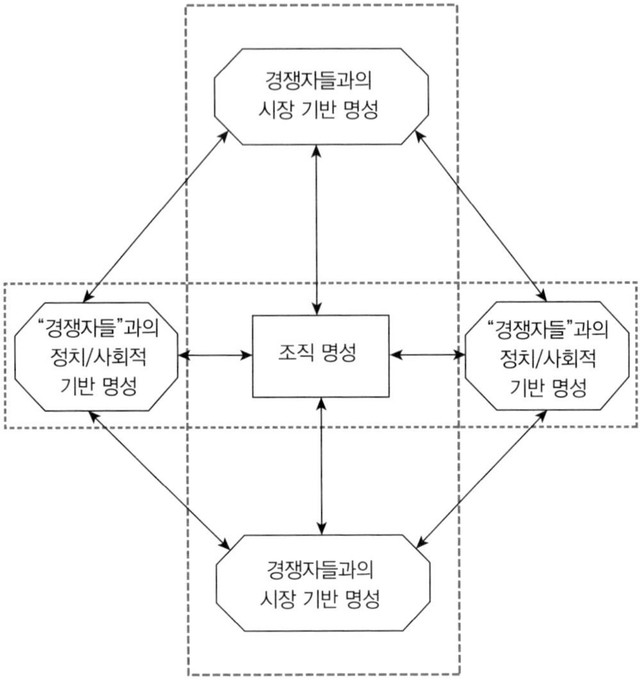

그림 2.8 시장 유형의 경계를 넘나드는 명성 상호 작용

출처: Mahon, J. F.(2002). Corporate reputation research agenda using strategy and stakeholder literature. *Business & Society*, 41(4), p. 421.

마혼은 이를 명성의 누출 효과spillover effect라고 주장했다.

또한 마혼은 '명성 기대reputational expectations' 개념을 제시하면서 명성에 대한 새로운 관점을 제공하고 있다. 명성 기대는 한 조직이 오랜 시간 쌓아온 명성을 이해관계자들이 평가할 때, 지나온 활동에 의한 명성뿐 아니라 향후 주어진 상황에서 조직이 어떻게 반응하고 대처할 것인지에 대한 평가자들의 기대 역시 평가의 일환으로 간주하는 것을 말한다. 즉, 조직이 이해관계자들의 기대에 부응하지 않는 방식으로 이슈에 대응할 경우 해당 조직의 명성은 해를 입게 된다. 따라서, 조직은 과거 활동뿐만 아니라 새로운 상황에서의 대응을 통한 명성 관리에도

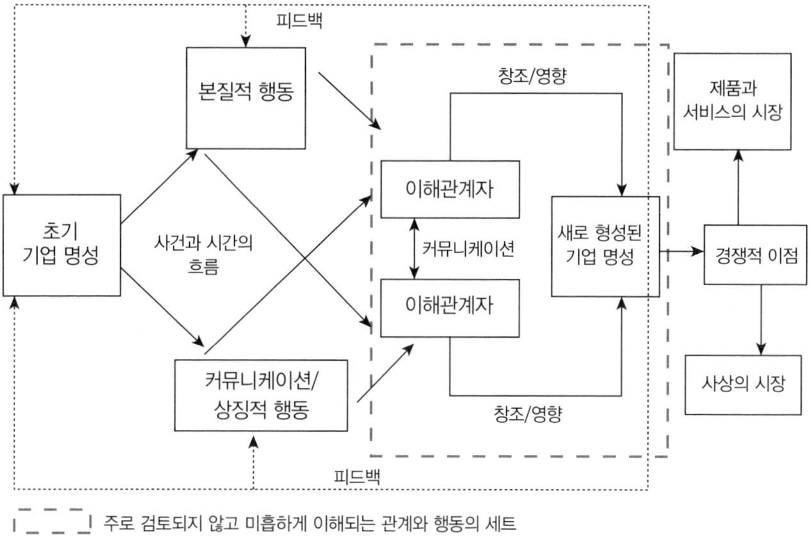

그림 2.9 기업 명성의 역동적 모델

출처: Mahon, J. F.(2002). Corporate reputation research agenda using strategy and stakeholder literature. *Business & Society*, 41(4), p. 419.

주의를 기울여야 한다. 새로운 상황에서의 대응이 효과적으로 수용되기 위해서는 조직이 쌓아온 신뢰도와 지난 시간 축적된 행동에 의해 형성된 명성의 적절한 기능이 중요하다. 신뢰도 거래(Credibility Transaction; CT)는 조직이 약속한 바와 실제 행동이 일치했는지를 경쟁사와 비교하는 척도로서, 행동과 약속이 일치하면 신뢰도가 높아지고 불일치하면 낮아지게 됨을 의미한다. 이로써, 조직의 명성은 조직 활동의 일관성과 직결됨을 알 수 있으며, 일관성이 반복될수록 관찰과 예측이 수월해지므로 더욱 확실하게 명성을 얻을 수 있다.

〈그림 2.9〉는 사회학적 관점에서 조직이 갖고 있는 초기 명성이 이해관계자 사이에서 시간이 지남에 따라 어떻게 발전되는지에 대한 해석 과정을 보여준다. 먼저 조직이 가지고 있던 초기 명성은 중요한 요소들에 의해 인정되었거나 조직 안에서 생겨난 결과들일 수 있다. 시간

이 지나면서 조직은 명성을 바꾸거나 발전시키기 위해 노력한다. 이 같은 조직의 행동들은 본질적인 행동일 수도 있고 상징적인 행동일 수도 있다. 이러한 조직행위를 통하여 이해관계자들은 조직을 평가하게 되고 이는 기업 명성에 영향을 미친다. 특히 두 가지 시장(제품과 서비스 시장과 사상의 시장)의 이해관계자는 서로 커뮤니케이션을 통해 영향을 주고 받으며 다른 시장 영역의 조직 명성에 영향을 미치게 된다.

사회학적 관점에서 제시된 마혼의 기업 명성의 역동적 모델은 명성에 대한 새로운 시각을 제시하고 있는데, 그 첫 번째 특징은 조직을 둘러싼 다양한 이해관계자가 조직에 대해 갖는 '명성 기대'를 강조했다는 점이다. 이는 조직이 아무리 좋은 성과를 보여주었다 할지라도 그것이 이해관계자의 기대에 부응하지 못하면 명성을 높이거나 회복하기 어렵다는 것을 잘 보여준다. 따라서 기존의 경영학적 관점에서 명성을 높이기 위해 기업 브랜드 혹은 브랜드 자산을 강조하는 모델은 마혼이 지목하는 '기대'라는 개념을 도입해볼 때 의미 없는 주장일 가능성도 없지 않다. 예를 들면, 한국의 큰 대기업이 본인들이 생각하는 사회 공헌 활동의 기준과 규모를 기업 명성을 높일 수 있는 전략이라고 제시한다고 해도, 외부 공중이 기대하는 사회 책임의 수준과 규모에 훨씬 미치지 못한다고 하면 기업 명성은 낮을 수밖에 없다는 것이다. 이러한 점에서 '명성 기대'라는 개념은 외부 이해관계자의 관점에 초점을 맞춘 매우 중요한 개념이라고 볼 수 있다.

두 번째 특징은 마혼의 모델이 시장 영역과 비시장 영역 이슈를 함께 다루면서 두 시장간의 명성 누출 효과를 다루고 있다는 점이다. 기존 연구가 시장 영역에서 상품이나 서비스와 관련된 이슈가 명성에 미치는 영향력을 중요하게 다루고 있다면, 마혼은 비시장 영역에서 다양한 사회, 정치, 경제적 이슈가 명성에 어떻게 작용하며 이러한 이슈가 시장영역의 이슈에도 어떻게 영향을 미칠 것인지 고려해야 한다고 주장한다. 사실 마혼이 주장한 명성 누출 효과는 사회 곳곳에서 이미 오래 전부터 발생해온 문제들이다. 경제적 차원에서 확실한 성과와 매출 증진, 수익성 등을 가시화해온 기업들이 사회, 정치 영역에서 문제되는 비윤리적이거나 부도덕한 이슈를 갖고 있다면 그것이 제품의 불매 운동까지 연결되는 등 이미 사회적으로 명성 누출 효과는 빈번하게 발생하고 있다. 이러한 관점에서 마흔이 주장하는 명성 기대와 명성 누출 효과 개념은 사회 현상을 바라보는 폭넓은 시각과 다양한 관점을 제공해주며, 명성 연구에 시사해주는 바가 크다고 할 수 있다.

7. 린도바와 폼브런의 명성 형성 지도

린도바와 폼브런(Rindova & Fombrun, 1999)은 기능적 관점에서 명성 형성 지도 모델을 제시했다(그림 2.10). 이 모델에서는 조직을 둘러싼 환경에서 조직과 연관된 다양한 이해관계자가 누구이며, 그들은 어떤 과정을 거쳐서 명성에 영향을 미치는지에 대한 논의를 전개한다. 명성 형성에는 기업과 관찰자와 같은 두 가지 형태의 행위자가 있다. 한 행위자는 기업의 자원을 통제하고 교환하는 자이며, 다른 행위자는 이해관계가 있는 관찰자에게 기업에 대한 정보와 평가를 제공하는 자로서, 전자를 '구성원constituents'으로, 후자는 '제도적 중재자'로 제시했다. 기업은 특정한 이미지를 투사하고 관계를 발전시킴으로써 중재자와 구성원에게 영향을 미치려고 시도하는데, 이 과정에서 세 가지 이미지가 나타나며 이들은 명성에 영향을 미친다.

첫째, 정체성과 투사된 이미지에서는 회사가 구성원들과 어떻게 상호 작용하는가라는 것은 그들의 전략적인 목표와 정체성에 달려 있다는 점을 강조한다. 정체성은 사업 실천을 형성하고 회사의 이미지를 형성한다. 회사는 즉각적으로 관찰 가능한 것이 아니기 때문에 외부 행위자들은 회사가 광고, 언론 보도 등을 통해 제공하는 정보를 가지고 여

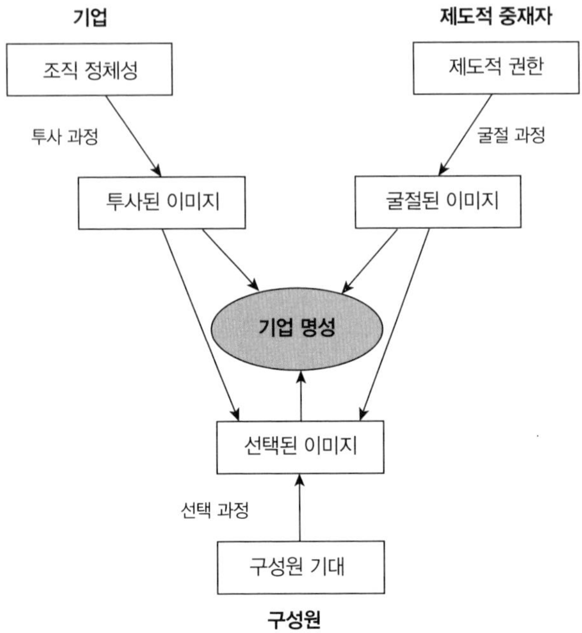

그림 2.10 기능적 관점의 기업 명성의 형성 지도
출처: Gioia, D. A. et al.(1998). The Identity of Organizations, in Whetten, D. A., & Godfrey, P. C.(Eds.), *Identity in organizations: Building theory through conversations*. Thousand Oaks, CA: Sage Publications, pp. 33-82.

기에 직접적인 경험을 추가한다. 이러한 정보에는 회사 경영자들이 원하는 투사된 이미지를 제공한다. 투사된 이미지는 회사의 전략적 목표뿐 아니라 중요한 정체성을 반영한다. 이미지는 공식적인 커뮤니케이션을 통해서만 투사되는 것이 아니며, 조직 구성원들도 비공식적으로 조직 이미지를 전달하고 있다.

둘째, 제도적 중재자와 굴절된(왜곡된) 이미지에서는 굴절된 이미지가 투사된 이미지로부터 파생된다는 점을 강조한다. 굴절된 이미지는 제3자에 의해 만들어지지만 투사된 이미지보다 신뢰도가 더 높다. 셋째, 선택된 이미지와 기업 명성에서는 구성원들이 조직과 상호 작용하면서 선별하여 선택한 이미지를 통해 누적된 기업의 인식 및 평가가 기업 명성이라는 점을 강조한다. 구성원과 조직과의 상호 작용은 구성원들의 직접 경험뿐 아니라 투사된 이미지와 굴절된 이미지로부터 나오는 정보를 포함한다.

명성 형성 지도는 기능적 관점에서 조직에 영향을 미치는 행위자 유형을 구분하고, 기업이 외부의 행위자들과 어떻게 소통하며 명성을 형성하게 되는지를 한눈에 볼 수 있도록 돕는다. 특히 제도적 중재자와 굴절된 이미지라는 개념은 다양한 구성원 또는 이해관계자들 이외에도 기업에 대한 평가를 굴절시키거나 왜곡시킬 수 있는 미디어나 시민단체, 그리고 네티즌 등과 같은 중재자들이 존재함을 드러낸다. 이러한 시각은 사회에 존재하는 다양한 행위자들이 기업 명성에 얼마나 다르게 영향을 미치고 다른 결과를 만들어낼 수 있는지에 대한 의미 있는 시사점을 제공해준다.

최근에는 명성 모델이 다양한 이해관계자의 영향력을 고려하는 폭넓고 통합적인 관점에서 다루어지고 있으며, 명성 형성 과정과 경로를 통합적으로 제시하는 내용을 소개하고 있다. 스바지스와 셰르나토니, 발머 등의 학자는 기업 정체성이라는 개념 아래 이미지와 명성을 포괄적으로 다루는 모델을 제시했다.

8. 스바지스와 셰르나토니의 기업 정체성의 6개 영역 모델

스바지스와 셰르나토니(Suvatjis & Chernatony, 2005)의 기업 정체성의 6개 영역 모델은 기업 정체성 형성 과정을 단계적으로 분석하는 프레임워크를 제공한다. 전체 모델은 여섯 가지 '신경 영역'으로 구성된 '기업 신경계 연결망corporate neural network'을 나타낸다. 각 영역은 순환적으로 연결되어 있지만 제한된 영역 안에서 상호 작용하며, 체계의 개방성에 따라 환경의 내/외부 어느 방향으로나 상호 작용이 발생할 수

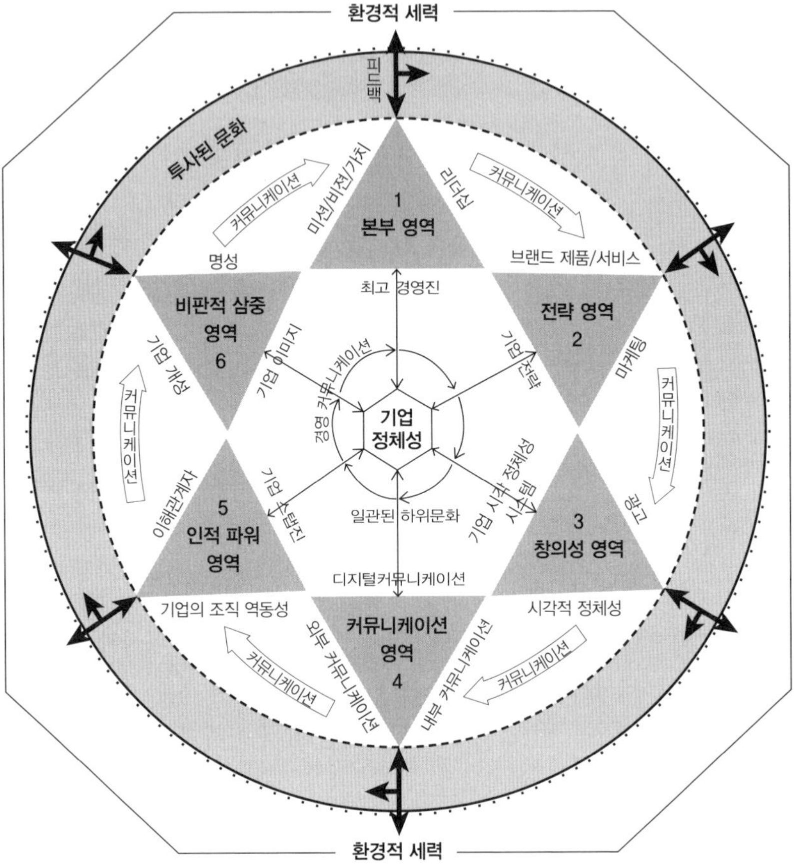

그림 2.11 기업 정체성의 6개 영역 모델

출처: Suvatjis, J. Y., & de Chernatony, L.(2005). Corporate identity modelling: a review and presentation of a new multi-dimensional model. *Journal of Marketing Management*, 21(7-8), p. 816.

있다. 각 영역들은 영역들 간의 정보 순환에 기여한다. 이 모델을 구성하는 여섯 영역들은 각각 세 가지 관련 요인들로 구성된다(그림 2.11).

첫째, 본부 영역Head Station: 최고 경영진, 미션/비전/가치, 리더십
둘째, 전략 영역Strategy Station: 브랜드, 제품/서비스, 기업 전략, 마케팅

셋째, 창의성 영역Creativity Station: 시각적 정체성, 기업의 시각적 정체성 시스템, 광고

넷째, 커뮤니케이션 영역Communication Station: 외부 커뮤니케이션, 내부 커뮤니케이션, 디지털 커뮤니케이션

다섯째, 인적파워 영역Human Power Station: 이해관계자, 조직원, 기업 조직의 역동성dynamism

여섯째, 비판적 삼중 영역Critical Triplet Station: 명성, 기업 이미지, 기업 개성personality

이 모델에서는 시계 방향에 따라 각 영역의 이동이 이루어진다고 설명한다. 영역 1에서 영역 6으로의 단계적 이동은 더 높은 수준의 이미지 인터페이스image interface를 의미하며, 이미지 인터페이스는 이해관계자와 기업의 접촉점이다. 가장 높은 수준의 인터페이스는 영역6에서 발생하는데, 이는 서로 다른 공중들이 이전 영역들로부터 축적된 효과에 근거하여 기업에 대한 지각을 형성하기 때문이다.

첫째 영역인 기업의 비전과 미션, 가치, 최고 경영자들의 리더십 등을 포함하는 본부 영역Head Station에서는 적합한 기업 정체성 목표를 세우도록 한다. 최고 경영자들의 기여와 태도, 가치, 정책과 리더십은 이후 기업의 성공에 큰 영향을 미치기 때문에 그들의 역할이 중시된다. 첫 번째 영역에서 잘 정립된 사업 활동들은 두 번째 영역인 전략적 영역Strategy Station에서의 기업 전략 정립을 촉구한다. 이 영역의 주요 구성 요소인 기업 전략의 정립은 마케팅 부서와 함께 브랜드 전략을 결정하는 것을 포함한다. 최고 경영진들 사이의 합의에 의한 일관적인 전략은 기업의 다른 전략들과 상호 작용하며 높은 성과를 이룰 수 있다. 전략 영역은 구성원들 사이의 협력을 촉구하며, 그 결과는 세 번째 영역인 창의성 영역Creativity Station으로 확장된다. 이 과정에서는 기업과 기업의 상품을 상징화할 뿐만 아니라 이해관계자들에게 기업의 목표

와 비전, 미션을 시각화하는 '시각적 실재/본질'을 만들어낸다. 이 영역에서는 합의된 기업 전략, 조직원들의 태도와 행동, 기업의 산물 등에 주목하여 총체적이면서도 차별화되는 시각적 표상을 결정한다.

앞서 언급한 세 영역에서, 모든 중요한 전략적 의사 결정과 활동들은 기업의 통제 아래 있다. 세 영역의 각 요인들은 최고 경영자들의 감독 아래 시작되고, 계획되며, 수행되고, 변경된다. 이는 고위 간부들의 기술관료적 성향과 개인적 특성의 영향을 받는다. 이 때 이해관계자들과의 관계를 구축하기 위해 기술관료적 성향을 유지하고 전 회사의 활동들을 통합하는 기능을 수행한다는 점에서 마케팅 부서의 역할이 중요하다.

네 번째 영역인 커뮤니케이션 영역Communication Station은 내·외부 환경에 대한 쌍방향 커뮤니케이션 채널, 정보의 전송과 수신으로 작용한다. 커뮤니케이션은 다각적이기 때문에 그 특성과 기능, 역할, 과정과 정책들은 다음 영역에서 충분히 활용될 필요가 있다. 커뮤니케이션은 다섯 번째 영역인 인적 파워 영역Human Power Station에 중요한 기여를 할 수 있다. 인적 파워 영역은 기업 생태계의 가장 중요한 요소 중 하나이며 인적 요소에 초점을 맞춘다. 이 영역은 내·외부 이해관계자의 역할과 태도, 가치, 윤리, 행동과 관심사 등으로 구성되어 있어서 기업 정체성에 관한 메시지를 전송하는 데에 핵심적 역할을 한다. 직원들은 소비자와 직접 접촉을 하기 때문에 기업 정체성에 큰 영향을 미치게 되며, 그들은 조직 내 환경에 대해 논의하고 비판하며 그들 자신의 혜택과 관련된 메시지들을 전달한다. 또한 이 영역은 경영진들에게 갈등을 최소화하게 하고 기업 정체성의 정립이 보다 안정적으로 이루어지게 하기 때문에, 이 영역에서의 갈등이 적을수록 다른 영역에 미치는 피해도 적다.

마지막 영역인 비판적 삼중 영역Critical Triplet Station에서는 이전 영역을 통합하여 외부 이해관계자에게 호의적으로 비춰지는 기업 이미지나 명성을 구축한다. 이 영역에서는 관계 마케팅의 목적에 부응하고 관계 마케팅이 기업 정체성의 형성과 관리에 미치는 영향을 관리한다. 기업개성이나 이미지, 명성 등은 기업 문화나 기업 의도, 그리고 전반적인 '기업 소구'를 만들어낸다. 기업 개성이나 명성은 조직 문화나 윤리, 가치, 기업 행위 등 지금까지 해왔던 그 모든 것이 혼합되어 만들어지는 것이다. 따라서 이 모든 것들이 일관성을 이룬다면 정체성 관리가 잘 이루어지는 것이며, 일관성이 없거나 갈등을 빚는다면 정체성 관리는 문제가 발생할 것이다. 따라서 이 마지막 영역은 앞서의 모든 영역이 잘 관리되고 일관성을 이룰 때 시너지를 낼 수 있다.

이 모델은 기업 정체성의 모든 영역을 연계성과 일관성이라는 지침하에 구성하고 있기 때문에 기업 정체성과 기업 이미지, 명성간 관련성을 통합적으로 바라보고 관리하기 쉽다. 그러한 점에서 매우 압축적이고 실용적인 모델이라는 장점을 갖고 있다. 그러나 이 모델에서 제시되는 요인이 매우 많고 다양하며 모든 요소를 망라하고 있기 때문에 그만큼 실제 적용하기가 쉽지 않다는 한계점도 내포한다.

9. 발머와 그레이저의 AC²ID 모델

발머와 그레이저(Balmer & Grayser, 2003)는 AC²ID 모델을 통해 정체성, 이미지, 명성 등과 같은 유사한 용어들을 정리하여 다섯 가지 정체성으로 재구성했다(그림 2.12). 그들은 이 모델을 통해서 다섯 가지 정체성 간에 일관성이 필요하다고 주장했다. 정체성들은 회사 내외의 다른 요소에 의해서 생겨나는데 구체적인 내용은 다음과 같다.

실재 정체성 Actual Identity — 회사의 현재 속성, 리더십 스타일, 조직구조, 비즈니스 행위, 시장, 상품의 범위와 질, 전반적인 기업 성과 등의 요소로 구성되며, 경영진과 사원의 가치 구조도 포함한다.

전달된 정체성Communicated Identity — 통제가능한 기업 커뮤니케이션과 광고, 스폰서십, PR 등. 그밖에도 구전, 미디어 논평 등 통제불가능한 커뮤니케이션을 통해서도 생겨난다.

인식된 정체성Conceived Identity — 기업 이미지나 명성, 기업 브랜딩 등과 같은 인식적 개념을 의미한다. 회사에 대한 인식(전반적인 기업 이미지와 명성) 등은 관련 이해관계자들에 의해 수립되며, 경영진은 어떤 그룹의 인식이 가장 중요한지 판단해야 한다.

이상적 정체성Ideal Identity — 시장에서의 조직의 최적 포지셔닝(전략)을 의미한다. 전략적 기획가나 전문가들이 경쟁적 비즈니스 환경 속에서 조직의 역량과 잠재력에 대해 제시한 것에 기반한 것이며, 이상적인 정체성은 외적 요인에 따라서 동요가 있기도 하다.

바라는 정체성Desired Identity — 기업 리더의 마음속에 있는 것이며, 조직에 대한 그들의 비전을 의미한다. 이상적 정체성은 전문가들의 조사와 분석 후에 나타나지만, 바라는 정체성은 CEO의 비전과 더 관련이 있다.

다음에서는 앞에서 설명한 정체성들간 갭이 어떻게 이루어지고 있는지 사례를 통해 보여준다.

실재 정체성과 인식된 정체성의 불일치
Identities misaligned: actual and conceived

영국의 재정 서비스 그룹인 푸르덴셜은 1980년대 중반 실재 업무 영역과 인식(좁은 의미의 생명보험사로만 알려짐) 간의 불일치에 직면했다. 푸르덴셜은 영국의 가장 큰 부동산 회사였지만 주요 이해관계자 사이에서의 이미지는 보험회사 이미지였기 때문에 디자인과 심볼을 바꾸는 VI 프로그램과 마케팅 커뮤니케이션을 통해 이미지 변신에 성공

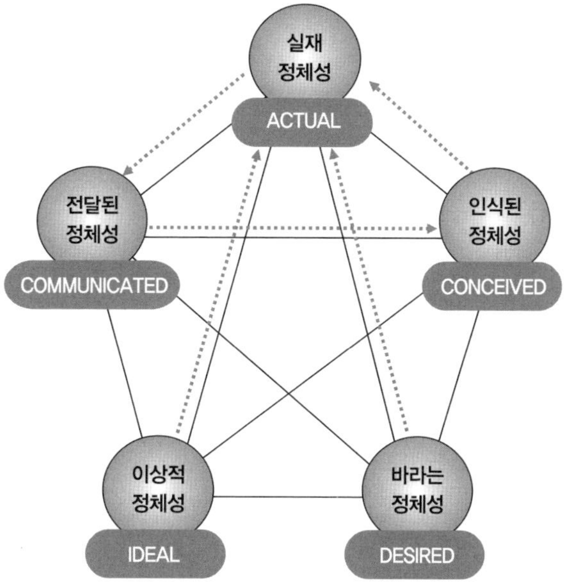

그림 2.12 AC²ID 모델

출처: Balmer, J. M. T., & Greyser, S. A.(2003). Managing the multiple identities of the Corporation, in Balmer, J. M. T., & Greyser, S. A.(Eds.), *Revealing the corporation: perspectives on identity, image, reputation, corporate branding, and corporate-level marketing*. Routledge, p. 17에서 수정함.

했으며 실재 정체성과 인식된 정체성 간 일치를 이루었다.

실재 정체성과 바라는 정체성의 불일치
Identities misaligned: actual and desired

영국 정유회사인 BP(British Petroleum)의 합병 후 기업 포지셔닝 전략은 환경 활동을 강조하는 것이었고 이는 바라는 정체성이었다. 그러나 바라는 정체성은 조직의 실체와 갭이 있었다. 왜냐하면 BP는 원래 오일 탐사, 정제, 유통을 하는 회사였으며 그린피스 같은 환경 단체들이 BP의 활동 중 1%만이 지속 발전 가능한 소스에서 생겨난 것이라고 보았고 환경을 오염시키는 일이 많을 것이라고 보았기 때문이다.

전달된 정체성과 인식된 정체성의 불일치

Identities misaligned: communicated and conceived

인텔은 1994년 펜티엄칩을 개발 런치하면서 마케팅 커뮤니케이션 프로그램을 가동했다. "인텔 인사이드Intel Inside" 광고 캠페인을 지속적으로 투자하면서 인텔 브랜드의 우수성을 자랑하는 메시지를 강조했고, 이는 회사의 성공적 혁신 성과에 의해서도 뒷받침되었다. 그러나 1994년 전문가 커뮤니티 안에서 펜티엄칩의 계산 수식의 문제가 터져나오기 시작했고, 이용자들은 이 문제를 의심하고 이 루머는 이메일에 의해서 순식간에 퍼져나갔다. 이로 인해서 인텔 브랜드의 우수성을 전달하는 정체성과 인지된 정체성 간 불일치가 발생했다.

인식된 정체성과 전달된 정체성의 불일치

Identities misaligned: conceived and communicated

세계적으로 유명한 브랜드 호텔 체인인 힐튼 호텔은 1960년대 중반 재정적 어려움을 겪고 미국 국적을 갖지 않은 경영자에게 팔려나갔다. 하지만 결국 경영자는 재정 문제로 영국 엔터테인먼트 그룹인 래드부룩스에게 힐튼 호텔을 팔게 되었다. 미국 기반한 힐튼과 영국 그룹인 래드부룩스 둘다 힐튼 브랜드 명칭을 사용했으며, 시간이 지나면서 두 회사는 다른 커뮤니케이션 프로그램을 운영하기 시작했다. 이는 소비자들이나 고객들에게 힐튼 정체성에 대한 혼돈을 가져오게 되었다. 이는 단일한 실체로서의 힐튼에 대한 인식(인식된 정체성)과 두 개의 전달된 정체성간의 갭이 있었기 때문이다. 1990년대 중반 두개의 경영그룹은 이러한 불일치가 브랜드의 공통 의미와 가치를 약화시키고 있음을 깨닫고 1998년 통합적인 마케팅과 브랜딩, 예약 시스템, 기술, VI 등을 통합하기 시작했다.

바라는 정체성과 인식된 정체성의 불일치
Identities misaligned: desired and conceived

오랫동안 친사회적 가치로 잘 알려져온 바디샵의 창설자이자 CEO인 아니타 로딕은 철학과 전략 둘 다 회사가 바라는 정체성으로 순조롭게 이끌어갔다. 회사의 포지셔닝은 특별히 환경 친화적인 상품 제조법을 반영했고, 로딕의 스타일과 수사학, 회사의 성공과 성장 등은 미디어의 주목을 끌었다. 이 당시는 바라는 정체성과 전달된 정체성이 일관되었다. 하지만, 몇몇 사람들은 바디샵이 그 자신이 만든 기준에 따라 살고 있지 않다고 했으며, 이는 회사의 환경적 윤리적 신뢰에 대한 광범위한 비난과 토론으로 이어졌다. 회사는 윤리적 감사를 겪었고, 바디샵의 정책에 대한 진술문(전달된 정체성)과 실체(실재적 정체성) 간에 부조화가 있음이 보고되었고, 이는 회사에 대한 인식 변화(인식된 정체성)를 야기시켰다. 이러한 부조화는 회사 창립자의 비전(바라는 정체성)과 공중 인식(인식된 정체성) 간의 거리가 크다는 데에 기인한 것이다.

이상적 정체성과 인식된 정체성의 불일치
Identities misaligned: ideal and conceived

홍콩의 국제 항공기인 케세이 패시픽은 1997년 영국에서 중국으로 홍콩 통제권이 넘어간 시점에서 심각한 전략적 정체성 이슈를 경험했다. 이 회사는 매우 우수한 항공사였지만 홍콩의 과거 식민지를 연상케 했고, 미래의 도전은 케세이 패시픽이 아시아 시장에서의 경쟁력 강화를 위하여 아시아 항공사로 더 많이 인식되는 것이었다. 즉, 이 회사는 인식된 정체성과 새로운 이상적 정체성 간의 일관성을 갖는 것이 필요했다. 따라서 아시아 시장의 중간 규모 비행기를 추가하고 아시아 매니저 등 아시아인 직원을 채용했으며 아시아 고객의 입맛에 맞는 음식과 서비스를 제공했다. 특히 시각적 정체성은 중국 전통 이미지로 획기적

표 2.1 다섯 개 정체성 유형에 대한 이해관계자 그룹의 영향력

출처: Balmer, J. M. T., & Greyser, S. A.(Eds.). (2003). *Revealing the corporation: perspectives on identity, image, reputation, corporate branding, and corporate-level marketing*. Routledge, p. 22.

유형	관련된 주요 이해관계자 그룹
실재 정체성	내부(회사를 '만든' 사람들)
전달된 정체성	내부(마케팅 & 커뮤니케이션 부서) 마케팅 파트너(예: 광고 대행사, 커뮤니케이션 회사 등) 미디어(회사의 해석자)
인식된 정체성	모든 외부 공중들(예: 투자자 커뮤니티; 정부/규제부문; 본부/지역 커뮤니티, 고객/소비자들)
이상적 정체성	내부(예: 전략적 기획부문) 외부(예: 재무 분석가, 규제/입법자)
바라는 정체성	내부(CEO/임원단)

으로 변화하여 이상적인 정체성과 인식된 정체성간 일치를 만들어내었다.

발머와 그레이저는 기업의 멀티 정체성들이 매우 다양하게 존재한다고 지적한다. 인수와 합병 상황에서 매니저들은 다양한 정체성에 민감하지만 궁극적으로 조화를 꾀해야 한다는 것이다. 이 모델에서는 다양한 정체성들이 서로 불일치할지라도 결국 회사 내에서 공존하는 것이기 때문에 기업 커뮤니케이션 담당자들은 기업 커뮤니케이션을 통해 불일치하는 정체성간 갭을 줄이면서 일관된 정체성을 알려야한다고 지적한다.

발머와 그레이저의 다섯 가지 정체성 모델은 매우 통합적이면서도 기존의 이미지, 명성, 정체성 용어간 혼란성을 줄여줄 수 있는 이론적, 전략적 모델이라는 평가를 할 수 있다. 특히 기존의 유사 개념들을 정체성 개념을 중심으로 통합했기 때문에 이론적으로도 개념의 혼란을 줄일 수 있으며, 실무적으로도 다섯 가지 정체성 갭을 분석함으로써 실제 회사가 갖는 문제점을 정체성 차원에서 도출하고 개선할 수 있다.

그러나 이 모델에서는 외부 공중이나 이해관계자가 기대하고 평가하는 정체성 개념이 제외되고 있기 때문에 그러한 부분까지 고민해볼 필요가 있다. 또한 마흔이 지적한 비시장 영역에서 이해관계자가 관심을 갖고 기대하는 정체성에 대한 논의가 결여되어 있기 때문에 이들 요소를 포함한다면 보다 통합적인 모델이 될 수 있을 것이다.

10. 르웰린의 정체성-이미지-명성 통합 모델

르웰린(Lewellyn, 2002)은 정체성, 이미지, 명성 개념 간의 연관성을 규명하고, 이를 통해 명성과 관련 개념들의 측정을 위한 통합적 이론을 제시하고자 했다. 이에 워틱(Wartick, 2002), 휘튼과 맥키(Whetten & Mackey, 2002), 마흔(Mahon, 2002)의 명성 정의 및 관련 이슈들을 살펴보고 이를 통합적으로 재구성했다.

워틱(Wartick, 2002)은 명성이 여러 공중들의 총합적 평가를 의미하는 개념이기 때문에 다양한 공중별로 가중치를 두어야 한다고 주장했다. 특히 마흔(Mahon, 2002)은 '명성 기대'라는 개념을 제시하면서, 각 공중에 속하는 평가자로서의 개인은 평가 대상에 대한 편견이나 기대하는 바가 각자 다르며, 이미 각자가 가지고 있는 기준을 바탕으로 서로 다른 평가를 내리게 된다고 설명한다. 즉, 평가자의 기대 수준이 조직의 과거 행동을 평가하여 향후 미래의 경영전략에 영향을 미치게 되는 것이다. 이처럼 '누가', '무엇을' 평가하는지에 따른 다양성은 르웰린의 모델 중에서 명성 평가의 세부 기준과 관련하여 그 기반을 제공한다. 휘튼과 맥키(Whetten & Mackey, 2002)는 명성 측정 모델 제시에 앞서 정체성, 이미지, 명성의 개념을 구분하고자 했다. 정체성은 기업 내부적인 개념으로써, 사내 직원들 간에 서로 공유된 조직에 대한 인식을 말한다. 반면 이미지는 조직이 외부 이해관계자들에게 보내는

	집단적(Collective)	**관계적**(Relational)
사회적 (Social)	**CS** • 유형 • 본성 • 부문	**RS** • 무역협회 • 조합 • 생산 기준
개인적 (Personal)	**CP** • 문화 • 가치	**RP** • 이해관계자 담론 • 정책, 절차

* 주(note): CS=집단적/사회적(collective/social), CP=집단적/개인적(colletive/personal), RS=관계적/사회적(Relational/social), RP=관계적/개인적(relational/personal)

그림 2.13 기업 정체성의 차원들

출처: Lewellyn, P. G.(2002). Corporate reputation focusing the Zeitgeist. *Business & Society*, 41(4), p. 449.

메시지이며, 명성은 반대로 이해관계자들이 각자의 기대 수준을 바탕으로 조직의 행동을 총체적으로 평가하여 조직에 전달해주는 메시지들의 총합을 지칭한다. 이때 평가자들의 기대 수준은 앞서 언급한 바 있듯이, 개인적으로 추구하는 가치나 개인이 속한 집단의 규범에 따라 사람마다 다르게 형성된다.

이러한 개념 구분을 토대로 휘튼과 맥키는 자기-타인self-other 패러다임을 제시했다. 〈그림 2.13〉에서 보여지듯이 조직 정체성을 구성하고 있는 네 가지 영역은 사회적/개인적social/personal 기준 축과 집단적/관계적collective/relational 기준 축에 의해 CS, CP, RS, RP로 나누어진다. 집단적collective 정체성은 조직 자체가 가지는 특성에 초점을 맞추고 있다. 따라서, CS는 인구통계학적 요소와 같이 조직이 가지는 변하지 않는 사실fact을, CP는 타 조직과는 차별적으로 해당 조직만이 가지는 조직의 특성을 의미한다. 관계적Relational 정체성은 조직과 이해관계자 간의 관계상에서 보여지는 조직의 특성으로, RS는 특정 상황에

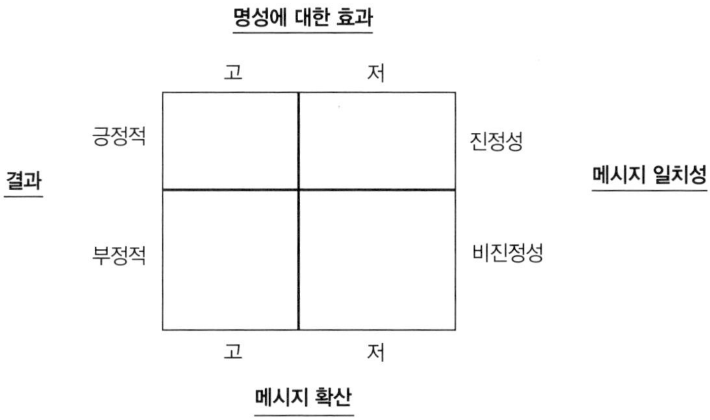

그림 2.14 이미지 메시지들의 선택된 측면

출처: Lewellyn, P. G. (2002). Corporate reputation focusing the Zeitgeist. *Business & Society*, 41(4), p. 450.

서 조직이 이해관계자에게 취하는 행동 방식을, RP는 이해관계자와의 상호 작용을 달성하는 과정에서 보여지는 조직만의 특성을 지칭한다.

조직은 위 정체성의 네 가지 사분면을 커뮤니케이션하게 되는데, 이에 따라 이미지의 사분면은 정체성의 사분면에 각각 대응되며, 정체성 사분면을 커뮤니케이션했을 때 이미지가 가져오는 결과의 유용한 정도를 짐작할 수 있게 된다(그림 2.14). 조직이 이미지를 어떻게 투사하거나 전달하는지에 대한 측면에는 다음의 것들이 포함된다.

정보원source — 누가 메시지를 시작하는가(내부 대 외부)

동기motivation — 메시지를 전달하려는 의사 결정(의도적 대 비의도적)

확산diffusion — 메시지의 강도(넓은 대 좁은, 깊은 대 얕은)

일치성alignment — 메시지와 기업 정체성 간의 관련성(진정성 대 비진정성)

명성에 대한 효과impact on reputation — 메시지가 갖는 영향력(높은 대 낮은)

결과outcomes — 명성이 어떤 영향을 받는지에 대한 결과(긍정적 대 부정적)

예를 들어, 조직이 추구하는 가치에 관한 메시지가 커뮤니케이션된다고 가정해보자. 메시지의 확산 정도가 높고 그 메시지의 진정성이 높게 책정되었다면, 명성에 큰 영향을 주었을 것이고 그 결과는 긍정적일 것으로 예측 가능하다. 만일 메시지가 널리 확산되어 어떤 수용자가 메시지에 노출되었을 때, 그 메시지의 진정성이 높다면 수용자는 자신이 조직에 대해 기대했던 바와 해당 메시지가 일치한다고 인식할 것이며, 이는 조직에 대한 호의도를 높여 궁극적으로 명성에 긍정적인 결과를 가져다주게 되는 것이다. 이를 통해 메시지 확산 정도가 크면 클수록 명성에 주는 영향력도 커진다는 것을 그림 상으로도 알 수 있다.

명성을 측정함에 있어 가장 중요하게 고려해야 할 것은 다음 세 가지이다: (1) “무엇을 위한” 명성인가, (2) “누구에 의해” 평가된 명성인가, (3) 측정의 활용. 이들 세 가지 고려 사항은 적절한 준거 집단, 평가자, 그리고 적절한 측정과 데이타 세트를 결정할 것이다.

경영자가 회사의 명성을 전략적인 모니터링 목적(측정의 활용)을 위해서 혁신자로 포지셔닝(‘무엇을 위한’ 명성)하는 데에 관심이 있다면, 적절한 준거 집단은 과학적인 커뮤니티와 소비자(‘누구에 의해’ 평가된 명성)를 포함하게 될 것이다. 명성 측정 데이타는 고객 만족과 같은 일반적인 평가를 포함할 수도 있고, 또는 과학적 커뮤니티에게 산업내 다른 회사와 관련하여 상품과 서비스의 혁신정도를 평가해달라고 요청하는 등의 특별한 목적을 위한 측정도 가능할 수 있다. 반면, 회사 명성을 ‘좋은 이웃’(‘무엇을 위한’ 명성)으로 하는 데에 관심이 있다면 준거 집단은 지역 사회 구성원이나 지방 정부 기관을 포함할 수도 있다.

회사의 명성을 부유한 창조자로 만드는 데에 관심 있는 의사 결정자라면 명성 측정을 위해서 투자자를 포함할 것이며, 『포춘』 지의 가장

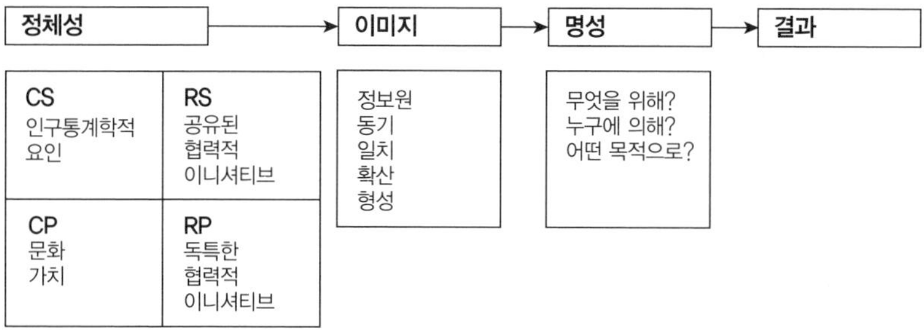

그림 2.15 명성 평가 예시 모델

출처: Lewellyn, P. G.(2002). Corporate reputation focusing the Zeitgeist. *Business & Society*, 41(4), p. 452.

존경받는 기업 순위와 월스트리트 분석가를 포함할 수도 있다. 이러한 측정은 이들 순위를 제공하는 준거 집단이 부유한 창조에 관심있는 투자자를 공유하고 있기 때문이다. 또한 조직의 전/현직 사원은 명성을 위한 평가자로 선정되기에 적합하다는 사실을 인지해야 할 것이다. 그들은 회사의 정체성 속성을 모두 직접 경험해보았으며, 그만큼 조직의 이미지가 정체성과 일치하는지 평가하기에 가장 적합한 지위에 있기 때문이다. 마흔은 의사 결정자가 하나의 명성을 다른 명성과 교환하기도 한다고 주장한다. 즉, 소비자가 좋은 환경 보호자로 명성 높은 기업의 제품을 구매하기 위해서 혁신자로 명성높은 기업의 제품을 구매하지 않고 대신 환경기업의 제품을 구입할 수도 있다.

이러한 논의를 거쳐, 르웰린은 〈그림 2.15〉와 같은 명성 평가 예시 모델을 제시한다. 즉, 정체성은 조직이 어떤 집단이고 무엇을 하는지를 스스로 명확하게 볼 수 있게 해주고, 이미지는 그러한 조직이 외부에 자신들의 정체성을 커뮤니케이션하는 메시지이며, 명성은 외부 이해관계자들이 메시지를 받았을 때 조직에 대해 어떻게 생각하는지 평가를 내린 것으로 정리해볼 수 있다. 결국, 명성 측정은 외부에 보낸 메시지에 담긴 정체성과 실제 정체성 간에 일치하는 정도를 평가하는 데 초점이 맞춰져 있다.

정체성을 측정하는 것은 조직이 누구이며(개인적) 무엇을 하는지(관계적) 두 차원을 보여주어야 한다. 정체성에 대한 많은 정보는 이해관계자 참여 과정의 묘사나 공장의 안전한 절차와 같은 질적인 것이다. 하지만, 정체성에 관해 유용한 양적인 정보도 많이 있다. 특히 관계적 차원에서 고객 로열티(고객 지속 기간이나 만족도)는 상품과 서비스 품질과 고객 관계를 측정한 것이다. 관계적 측면에서의 품질은 미래의 재무 성과와 전략적 목적의 성취를 예측하는 것으로서 경영자에게 무한한 가치가 있다.

〈그림 2.15〉에 묘사된 이미지의 몇 가지 측면이 측정될 수도 있다. 외부의 이해관계자와는 달리, 관리자는 실제 투사된 메시지와 회사의 실재 정체성(가치) 사이의 일치 정도를 알 수 있는 위치에 있다. 마케팅과 커뮤니케이션 분야는 메시지의 확산을 측정하는 방법을 알고 있다. 회사가 외부 정보원, 예를 들면, 미디어와 같은 정보원의 메시지를 통제할 수는 없지만 그들의 산업내 이슈에 관한 집단 규범과 회사 가치 간 일치 정도를 모니터링하거나 부정적인 이미지 메시지와 관련된 위험을 관리할 수 있다. 경영자가 『포춘』 지 같은 널리 읽히는 출판물에서 높게 순위를 기록하고 있다고 하여 회사의 권위를 기뻐할지라도, 이런 순위의 가치는 명성과 관련된 세 가지 질문, 즉 이익, 경영진, 그리고 월스트리트에 나타난 명성과 관련된 질문에 대한 답변이 없는 한 한계가 있다.

명성 개념과 관련하여 궁극적으로 관리자에게 무엇보다 중요한 것은 명성과 관련된 성과이다. 회사의 명성을 형성하는 이해관계자는 어떤 방식으로든 조직에 반응하며, 그들의 기대와 경험과 평가를 표현한다. 사원과 관련된 문화와 관습을 존중하는 회사의 평가자는 그들의 평가에 기반하여 의사결정을 하게 된다. 회사에 영향을 미치는 의사결정은 여러가지 방법으로 영향을 미친다. 사원과 관련된 결과는 고용 제안을 받아들이지 않거나 이직, 부정적 추천, 낮은 고객 서비스, 그리고 뇌

물과 횡령 등을 포함한다. 만일 경영진이 올바른 사람들에게 올바른 질문을 던진다면, 명성은 이들 결과를 예측할 수 있는 피드백 변수가 될 수 있다.

그렇다면 무엇이 조직 명성에 관하여 경영진이 물어야 할 필요가 있는 중요한 질문인가? 르웰린은 기업의 예측 능력을 제공하는 중요한 다섯 가지 질문이 있다고 주장한다.

1. 우리 이미지는 우리의 정체성들을 반영하는가? (일관성, 진정성)
2. 우리 정체성(CP)는 집단 가치(지속적 규범)와 일치하는가?
3. 우리는 정체성을 성공적으로 전달해왔는가? (확산)
4. 명성의 토대(무엇을 위한, 누구에 의한)에 의해 보면, 어떤 결과가 예측될 수 있는가?
5. 우리 명성은 어느 정도나 의도적으로 형성되고 있는가?

명성에 대한 미래의 질문은 이러한 질문에 답할 수 있는 명성 요소를 측정하는 타당하고 신뢰도 있는 지표를 고안하고 규명하는 방법론을 포함해야 할 것이다.

르웰린의 모델은 정체성 이론을 기반으로 하여 정체성의 차원을 분류함으로써 구체적인 메시지 전달과 구체적인 명성(무엇을 위한, 누구에 의한)의 결과를 연결하여 통합적으로 다루었다는 점에서 장점을 갖고 있다. 또한 이러한 정체성을 커뮤니케이션 관점에서 메시지 특성과 연계하여 이미지 효과와 명성 형성의 결과를 예측하려는 시도를 했다는 점 등이 모델의 장점이라고 할 수 있다. 이러한 모델은 이론에 기반하여 구체적인 실무적 효과까지 측정해볼 수 있다는 점에서 기여점이 크다.

11. 포만과 휘튼, 맥키의 조직 정체성 관점의 명성 모델

르웰린이 제시한 정체성-이미지-명성 통합 모델과 유사하게, 포만 등(Foreman, Whetten, & Mackey, 2012)도 조직 정체성 개념을 중심으로 하여 정체성 관점의 명성 모델을 제안했다(그림 2.16). 연구자들은 명성이 조직의 과거 행위에 대한 이해관계자의 종합적 평가이기 때문에, 조직 행위를 가장 잘 예측할 수 있는 것이 바로 정체성이라고 주장한다. 즉, 정체성은 명성의 뿌리이며, 일반적으로 조직은 '자기 관점'과 일관되는 방식으로 행동하게 된다는 것이다. 또한 명성의 또 다른 주요 기능은 그것이 인식과 표상의 수단으로 기능한다는 점이다. 이해관계자가 조직의 특성과 행위에 대해 갖는 '집합적 지식'이 명성이기 때문에, 명성은 상징적이며 외부 실체에게 조직을 규명하고 분류하는데 있어서 효율적인 메커니즘을 제공한다. 이런 의미에서 명성은 정체성의 외적 발현이며 조직이 '누구'인지에 대한 반영이다.

연구자들은 조직 정체성의 사회적 행위자 관점을 가정하는 것은 중요하다고 주장한다. '사회적 행위자로서의 조직' 관점은 다른 행위자들이 조직을 행위를 취할 수 있는 존재로 바라본다는 점이며, 이 때문에 조직의 행위는 완전히 의도적인 것으로 비춰진다는 것이다. 이러한 관점에서 바라보는 당연한 결과는 다른 사회적 행위자들이 조직이 자신의 행위를 책임져야한다고 보는 것이다. 이러한 조직에 대한 관점은 특히 조직 행위에 대한 사회적 평가라는 명성 개념에 매우 중요하다.

조직 정체성은 조직의 특성이나 본질에 관해 구성원들이 갖는 자기 정의적 신념으로 구성된다. 그것은 "우리가 누구이며 무엇인가"를 의미한다. 조직 정체성은 사회적 실재로써 핵심적이며 지속적이고 독특하다는 특성을 갖는다. 핵심적이란, 정체성이 부차적이기보다 핵심적 요소에 초점을 맞춘다는 것이며, 지속적이란, 이들 핵심적 요소에 초점을 맞춘 정체성이 오랜 시간을 두고 지속되어온 것임을 의미한다. 독특성이란, 조직의 정체성이 다른 조직과 어떻게 비슷하며 또 다른지를 명확히 보여주는 핵심적인 특징으로 구성된다는 점이다.

이러한 CED적 요소(중심적이며 지속적이고 차별적인 요소)는 정체성 모델의 핵심적인 속성이다. 조직의 캐릭터를 이해하는 데 가장 근본적으로 작용하는 것이 바로 정체성의 CED 본질이다. 정체성은 조직이 무엇을 하는지, 어떻게 구조화되는지, 그리고 환경과 어떻게 상호 작용하는지에 대한 공유된 인지적 프레임워크로 작용한다. 따라서 조직 명성은 정체성의 반영이다.

명성 개념은 여러가지 방식으로 정의되고 개념화되고 조작화되는데, 웹스터 사전에서는 명성의 두 가지 정의를 제공한다.

1. 사람들에 의해 일반적으로 보여지거나 판단되는 전반적인 자질이나 특성
2. 어떤 특징이나 능력에 대한 다른 사람들의 인식

첫 번째 정의는 조직에 대한 전반적인 특징의 평가로서 명성을 폭넓게 제시한다. 두 번째 정의는 이 개념을 보다 특정적인 것 — 조직의 어떤 측면에 대한 어떤 사람들의 인식 — 으로 프레임한다. 최근 명성 연구자들은 일반적 대 특정적 개념화 사이의 구분을 하기 시작했다. 린도바 등은 명성을 '집합적인 지식과 인식' 대 '관련 속성의 평가'로 보았으며, 레인지 등(Lange et al., 2011)은 두 가지 유형의 명성을 규정했다: 넓은 의미의 '알려진 것' 또는 가시성과 '어떤 것으로 알려진 것'에 대한 특정적 평가. 명성에 대한 일반적인 개념화는 조직의 특성과 행위에 대한 외부 이해관계자의 집합적 인식과 평가인 — 포괄적이고 누적적인 평가라는 기존의 개념과 일치한다. 반면, 명성을 특정적 평가로 보는 견해는 특정 영역이나 사건에 있어서 조직에 대한 과거 지식과 경험으로부터 얻어진 이해관계자의 기대되는 성과에 대한 신념으로 정의된다.

연구자들은 기업 정체성의 사회적 행위자 관점을 적용하여 이해관

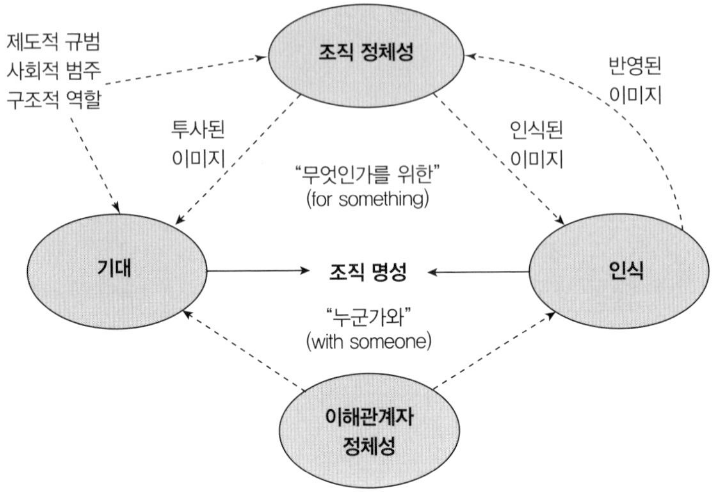

그림 2.16 조직 정체성, 이미지, 그리고 명성

출처: Foreman, P., Whetten, D., & Mackey, A.(2012). An Identity-Based View of Reputation, Image, and Legitimacy: Clarifications and Distinctions among Related Constructs, in Barnett, M. L., & Pollock, T. G.(Eds.), *The Oxford handbook of corporate reputation*. Oxford University Press, p. 186.

계자 평가의 내용과 초점, 그리고 기준을 토론했다. 또한 그들은 명성을 무엇인가를 위한 누군가와의 명성as a reputation for something with someone으로 프레임하면서 〈그림 2.16〉과 같은 개념적 프레임워크를 제시했다. 연구자들은 명성의 '무엇인가를 위한' 측면에 정체성을 적용했다. 즉, 명성은 어떤 이해관계자(들)이 조직의 어떤 측면(들)에 대해 갖는 평가이며, 이는 인식과 기대의 비교로 구성된다(그림 2.16). 연구자들은 이러한 명성 정의에 근거하여 무엇에 대한 판단인가를 질문한다. 평가받는 것이 무엇인가, 평가의 초점은 무엇인가, 그리고 평가 기준은 무엇인가? 이러한 질문은 기대 이슈—주어진 사회적 행위자의 기대는 무엇이며, 왜 그러한가—와 연결된다.

정당성과 명성은 중요한 유사점을 공유하지만 독특한 차이점도 있다. 정당성이 어떤 정체성과 관련된 기대에 근거하여 외부 이해관계자가 조직을 평가하는 것으로 구성된다는 점에서 정당성은 명성과 유사하다. 그러나 정당성은 이미 구축된 사회적 규범과 기준에 대한 순응을 평가하는 정도라면, 명성은 다른 조직과 비교한 상대적인 위치에 대한 평가이다. 정당성은 조직의 적절성appropriateness에 관한 판단을 대표하며, 조직을 평가하는 외부 관찰자들은 유사성과 동형화의 렌즈를 통해서 관찰한다. 반면, 명성은 조직의 효율성efficencies에 대한 평가를 의미하며, 다른 경쟁자들과 비교하여 구별해낼 수 있는 조직의 정체성 속성에 촛점을 맞춘다. 외부인들은 이상적인 조직과 비교해서 해당 조직을 평가한다. 또는 구성원들이 보기에 이상적인 조직이 어떻게 행동해야 하는지 바라보는 방식으로 조직을 평가한다.

따라서 조직이 다양한 정체성과 관련된 기대에 직면하는 반면에 이러한 기대들은 그 본질이나 결과와 반드시 동일한 것은 아니다. 어떤 정체성 요구 조건은 불변이고 타협 불가능한데, 이런 제도적 정체성을 위반하는 것은 정당성을 잃는 결과를 낳거나 심지어 조직이 없어질 수도 있다. 반면, 똑같은 회사이지만 정체성 기준을 위반하지 않거나 모순되지 않거나 또는 타협하는 방법으로 비즈니스 모델이나 행위를 적용하거나 변경할 수도 있다. 이는 그 자신을 다른 회사와 차별화해서 명성을 높이려는 수단이다.

두 번째로 연구자들은 정체성에 명성의 '누군가와with someone'라는 측면을 적용하고 있다. 명성 개념의 본질이 이해관계자 상황적이기 때문에 이러한 이슈를 고려하는 것은 필요하다는 것이다. 명성이 존재하는 곳은 어디인가? 어떤 이해관계자 내에? 그리고 왜? 누가 평가하는 것이며 평가의 범위는 무엇인가? 연구자들은 바로 여기에 정체성의 개념이 존재한다고 지적한다. 정체성은 이들 이해관계자를 이해하게 만드는 도구이며 개인 수준의 정체성은 이것과 특별히 관련되어 있다.

정체성 연구에서는 조직에 대한 인식들은 개인 자신의 정체성에 의해 상당히 많이 영향을 받는다고 한다. 사회적 정체성 이론에서는 조직에 대한 개인의 동일시는 개인의 정체성과 조직의 정체성 사이의 일치성 정도를 평가하여 얻어진 것이라고 본다. 즉, 개인의 정체성은 조직의 이상적인 정체성을 선호함이 표현된 것이라는 점이며, 바로 이것은 '기대된 정체성'이다. 따라서 동일시는 조직 정체성에 대한 구성원의 인식과 기대 사이의 일치라고 볼 수 있다.

조직에 대한 인식에 영향을 미치는 개인적 정체성은 연구자들이 주장하는 두 번째 부분이다. 자아에 대한 이론에서는 근본적으로 자기 관점이 개개인의 환경에 대한 인식과 해석에 영향을 미친다고 주장한다. 따라서 개인적 정체성은 조직이 어떻게 인식되고 해석되는지에 심각한 영향을 미칠 수 있다고 본다. 이해관계자가 조직을 어떻게 바라보는지, 그들은 그것으로부터 무엇을 기대하는지 하는 것 등은 그들의 정체성에 의해 형성된다. 따라서 인식과 기대의 비교에 근거해서 만들어진 평가로서 명성은 개인적 정체성에 의해 영향을 받는다. 즉, 명성에는 일차적으로 개인 수준의 정체성들이 작동하기 때문에 어떤 이해관계자를 다른 이해관계자보다 더 상황적으로 관련되어 있고 더 중요하게 만든다는 것이다.

이해관계자 인식과 기대에 있어서 개인 수준의 정체성들과 그들의 역할 소개는 이미지와 명성 사이를 구분하게 만든다. 연구자들은 다양한 이미지 개념 중에서 투사된(또는 의도된) 이미지와 인식된 이미지를 언급했다. 투사된 이미지는 정체성의 지표로써 조직이 외부 이해관계자에게 보낸 상징과 메시지로 구성된다. 그리고 인식된 이미지는 이들 이해관계자가 조직에 대해 갖는 인상으로 구성된다. 이들 인식은 이해관계자에 의해 표현되면서 반영된 이미지—조직에 대해 거울에 비춰진 외부인들의 인상—형태를 갖는다.

명성은 인식된 이미지와 다소 유사하게 정의되며, 따라서 두 가지 개념은 서로 유사하거나 같은 용어로 혼동되기도 한다. 그러나 연구자들은 명성이 비교적 상대적이고 평가적인 개념이며, 명성은 조직에 대한 이해관계자의 평가로 구성되고 이는 조직에 대한 그들의 인식과 기대를 비교한 것에 근거한다고 지적한다. 명성과 대조적으로, 인식된 이미지는 조직에 대한 외부 구성원의 관찰과 인상을 의미한다. 따라서 명성의 '인식적' 부분에 더 근접해 있다고 보았다. 투사된 이미지는 조직이 희망하거나 의도된 정체성이 외부적으로 방향지워진 지표이다. 이러한 형태의 이미지는 외부 사람들에게 조직이 어떻게 정의되기 원하는지 알리도록 디자인되어서 조직과 일관되거나 단일하게 메시지를 표현한다. 이러한 바라는 이미지는 조직의 역할이나 분류에 대한 진술을 포함하며, 조직의 차별성과 독특성을 강조한다. 즉, 투사된 이미지는 '외부 구성원들이 우리를 어떻게 바라보기를 원하는지, 그들이 우리에게 무엇을 기대하기를 원하는지'라면, 반면 인식된 이미지는 '외부인들이 실재로 우리를 어떻게 바라보는지'에 대한 것이다.

조직 정체성의 사회적 행위자 관점은 '알려진 것'과 '무언가로 알려진 것' 사이를 구분하는 개념적 프레임워크를 제공한다. 명성의 '무언가'에 관해서, 포만 등은 공통 준거틀로서 정체성을 사용하는 데에 세 가지 장점이 있다고 보았다.

첫째, 명성을 평가할 때 말초적이거나 단명하는 속성이 아니라 이에 반대되는 CED(중심적이며 지속적이고 차별적인) 속성을 기반으로 조직에 대해 인식하고 평가하게 해준다. 이러한 특성들은 조직의 특성에 대한 인식과 평가의 준거틀이자 공통 토대를 형성한다. 정체성의 CED 특성들은 명성과 정당성 사이를 구분하도록 해주며, 더 상위의 연관개념들—투사된 이미지, 인식된 이미지, 반영된 이미지, 그리고 명성—사이의 상호관계를 이해하는 방법을 제공한다. 즉, 조직 정체성의 사회적 행위자 관점은 두 가지 개념을 혼동하지 않고 똑같은 언어로 정당성과 명성을 가져오는 방법을 알게 해준다. 두 번째 장점은 이 관점이 조직의 의도적 행위—그리고 그런 행위에 대한 책임성을 가정한다는 것이다. 조직 정체성의 사회적 행위자 관점은 명성을 '무엇인가를 위한' 존재로 보는 개념과 일치되어 있다. 이해관계자가 조직 행위를 모니터링하고 그에 따라서 판단을 한다면, 이는 조직이 사회적 행위자로 비춰져야만 하는 것이 당연하다. 세 번째 장점은 이 관점이 정체성의 핵심 개념인 조직에 대한 기대와 평가기준 둘 다에 초점을 맞춘다는 점이다. 즉, 사회 구성원의 요구(정당성)와 집단 내 개인화된 전략(명성) 둘 다에 초점을 맞추고 있다.

사회적 행위자 관점은 조직 명성에 대한 '넓은'(알려진 것) 접근보다 '특정적'(무엇인가로 알려진 것)인 것과 더 일치한다. 따라서 명성에 대한 측정을 할 때 어떤 준거 집단에 초점을 맞출 필요가 있다. 예를 들면, '동정심'은 병원에 있어서 필수적인 자질이지만 은행에서는 아니다. 명성을 측정할 때 조직에 대한 필수적인 요구 조건과 달리, 일반적으로 승인되는 이상향을 어떻게 구성해야 하는지도 중요하다. 예를 들면, '예의'와 '도움'은 은행의 이상적인 특징이지만, 이것이 '재정적 상환 능력'과 '신뢰'와 같은 근본적인 요구 사항은 아니다.

연구자들은 정체성에 근거한 이 프레임워크는 명성 관리 개념에 중요한 함의점이 있다고 주장한다. 대체로 학자들은 조직이 그들의 이미지와/또는 명성을 관리할 수 있고 해야 한다고 주장하지만, 연구자들은 이와 관련하여 세 가지 근본적인 관심을 갖는다.

첫째, '무엇인가를 위한, 누군가와'라는 명성 관점은 명성 관리를 매우 복잡하고 불확실하게 만든다. 명성은 한 집단에 매력적일 수 있지만 다른 집단에게는 끔찍할 수 있는 '특별한 어떤 것'을 조작하는 행위이다. 더구나, 명성 관리 주도권이 정체성의 고려로부터 분리되면, 그것은 단기적이거나 치명적이 되기 쉽다.

둘째, 조직 리더들은 정체성과 관련된 이상향을 이해할 필요가 있다. 이 이상향이란 외부 오디언스가 조직을 평가하는 데에 사용하는 것이며, 조직과 평가자의 사회규범과 역할, 그리고 서로간의 관점 사이의 갭을 줄이려는 어떤 것이다. 여기서는 조직 리더들이 이해관계자 기대의 본질과 원천을 충분히 이해할 필요가 있다고 본다.

셋째, 이 프레임워크는 명성을 높이고자 하는 회사는 그들의 인식의 부정확성에 대해 걱정하기보다, 구성원들의 기대를 변화시킴으로써 더 잘 관리될 수 있음을 제시한다. 기대는 회사가 만드는 자아 규정적 선택으로부터 따라오는 것이다. 즉, 어떤 형태를 취할지, 어떤 집단으로 가입할지, 그리고 어떤 역할을 취할지 등에 대한 자기 선택이다. 이러한 선택의 결과, 조직은 이해관계자 기대에 대해 상당한 정도의 통제를 하게 된다. 대조적으로, 이해관계자 인식은 조직 영향력의 범위를 넘어서서 다양한 변수에 의해 형성된다. 따라서 명성을 관리한다는 것은, 외부적인 이슈이기보다 내부적인 이슈 그 이상이 될 수 있다.

포만 등의 모델은 조직 정체성 이론에 뿌리를 두고 이에 대한 특정 이해관계자의 기대와 인식에 초점을 맞추고 있기 때문에 다양한 이해관계자의 총체적 인식과 평가에 관심이 있는 명성 연구자들의 반박을 불러일으킬 수 있다. 하지만, 최근 여러 학자들이 특정 이해관계자에 초점을 맞춰야 한다는 주장이 계속되고 있기 때문에 특정 이해관계자의 특정 명성에 초점을 맞추는 모델의 적합성 논쟁은 계속될 전망이다. 그런 점에서 이 모델은 특정 명성에 대한 기반 이론과 논의를 제공했다는 점에서 장점이 있다. 또한 특정 이해관계자의 기대와 인식을 주요 개념으로 하여 투사된/인식된/반영된 이미지 등 다양한 이미지 개념을 통합하여 논의했다는 점, 그리고 조직 정체성과 이해관계자 정체성 간의 상호 작용을 다루었다는 점 등이 모델의 독특성과 차별점으로 볼 수 있다. 이제까지 조직 정체성 관점에서 연구를 진행한 경우 조직 정체성에만 주목했는데, 이 모델에서 이해관계자 정체성의 의미와 조직 정체성과의 상호 작용에 주목했다는 점은 조직학적 관점의 명성 연구를 확장한 것이라고 볼 수 있다. 향후 연구에서는 이러한 두 가지 정체성의 상호 작용이 명성 기대와 인식, 그리고 평가에 어떻게 작용하는지 다룰 필요가 있다.

2010년 이후에 제시된 워커와 린도바, 그리고 폼브런 등의 명성 모델에서는 다양한 관점의 이론적 논의를 통합하려는 시도를 보이고 있다. 이 연구자들의 모델들은 경영 전략적 관점과 사회학적 관점, 그리고 조직학적 관점 등 다양한 관점에서 제시된 이론을 토대로 하여 통합적 모델을 제공하고 있는데, 다음에서는 이들 모델을 검토해보겠다.

12. 워커의 명성 행동 전후 단계 모델

워커(Walker, 2010)는 기업 명성의 이론 중에서 가장 많이 사용되는 세 가지 주요 이론적 관점 — 제도 이론institutional theory, 신호이론signaling theory, 자원 기반 관점resource-based view, RBV — 에 기반하여 명성 행동 전후 단계 모델을 제시했다.

〈그림 2.17〉은 앞서 제시한 세 가지 이론들이 어떻게 사용되고, 행동 전-행동-행동 후의 단계로 어떻게 이동해 가는지를 설명해준다. 제도 이론은 행동 전/행동 단계에 적용된다. 이 이론은 제도적 맥락 안에서 그들의 명성을 구축하기 위하여 어떻게 회사가 정당성을 얻고 사회적

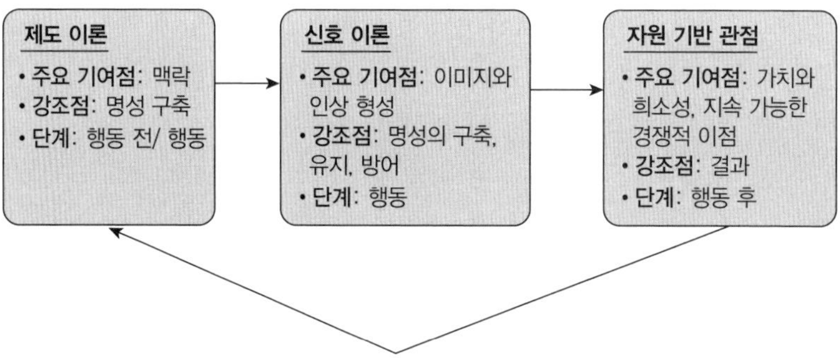

그림 2.17 명성 행동 전-후 단계 모델

출처: Walker, K.(2010). A systematic review of the corporate reputation literature: Definition, measurement, and theory. *Corporate Reputation Review*, 12(4), p. 376.

지지를 획득하는지를 설명해준다. 정당성을 얻기 위하여 회사는 제도적 맥락에 알맞게 행동해야만 하는데, 이는 구체적인 환경적 맥락에 대한 고려 없이 명성을 구축하려는 노력은 어떠한 성과도 가져올 수 없음을 의미한다.

신호 이론은 행동 단계에 적용된다. 신호이론은 투사된 조직 이미지에 근거한 명성의 구축과 유지, 방어를 포함하는데, 이는 곧 '회사의 전략적 선택들이 어떻게 신호를 나타내고, 이해관계자들이 회사의 인상을 형성하는 데 그 신호들이 어떻게 사용되는지'를 설명한다. 강력한 명성의 결과에 주목할 때, 자원기반 이론RBV은 행동 후 단계에 적용된다. 특히 RBV는 '어떻게 명성이 지속적인 경쟁 우위를 유도하는 자원이 되는지'를 설명해준다. 이 관점에서, 명성은 모방하기 어렵고, 인과적으로 애매하며, 경쟁 우위를 유도한다는 점에서 가치 있고, 희소한 무형의 자원으로 묘사된다.

이와 같은 세 단계의 행동 전후 단계에 있어서 명성이 어떻게 구축되고 변화되며 지속적 자원이 될 수 있는지 워커는 세 가지 이론을 통해 통합적으로 설명해준다. 이는 특별히 다른 행동 단계별로 명성의 형성과 변화, 유지를 설명하고 있다는 점에서 의미있는 모델이다. 이 모델은 기업의 행위를 제도이론과 신호이론에만 초점을 맞추어 논의했는데 정체성 이론이나 커뮤니케이션 이론을 포함하여 통합적으로 논의했다면 보다 풍성한 논의가 가능했을 것으로 여겨진다. 다양한 관점과 이론을 기반으로 명성을 개념화하고 모델링하려는 시도는 린도바와 마틴즈, 그리고 폼브런의 모델에서 더욱 확장되어진다.

13. 린도바와 마틴즈의 명성 다차원적 개념화 모델

린도바와 마틴즈(Rindova & Martins, 2012)는 전략적인 무형 자산

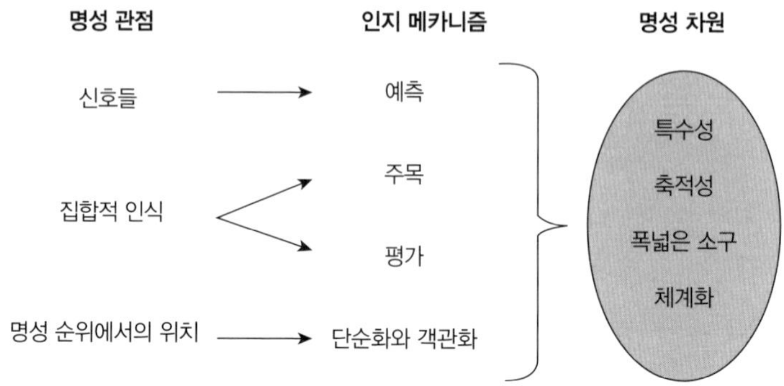

그림 2.18 전략적 무형 자산으로써 명성의 다차원적 개념화

출처: Rindova, V. P., & Martins, L. L.(2012). Show me the money: A multidimensional perspective on reputation as an intangible asset, in Barnett, M. L., & Pollock, T. G.(Eds.), *The Oxford handbook of corporate reputation*. Oxford University Press, p. 19.

으로서의 명성에 대한 다차원적 접근을 제시한다. 그들은 명성 개념화를 위한 세 가지 접근-게임 이론적game-theoretic 관점; 신호signal로서의 명성, 사회구성주의자social-constructionist 관점; 집합적 인식collective perceptions으로서의 명성, 그리고 제도적institutional 접근; 명성 순위에서 포지션position으로서의 명성 — 을 검토하고, 이들을 통합한 다차원적 관점으로써 다차원적인 명성 개념화를 시도한다(그림 2.18).

그들은 세 가지 관점들이 전략적 무형 자산으로서의 명성을 이루는 다양한 특성을 통찰하고 기여하고 있지만, 각각의 이론이 갖는 한계점이 있기 때문에 통합적이고 다차원적 시각이 필요하다고 주장한다. 첫째, 각각의 이론들은 자산으로서의 명성에서 각각 다른 차원에 초점을 맞추고 있다. 이러한 이론적 차이점 때문에 명성 현상에 대한 논쟁이 아직도 계속되고 있다. 둘째, 각각의 관점에서는 명성이 발전되어온 사회적 과정의 복합성을 포함하고 있지 못하다. 연구자들은 이러한 견해에 따라서 보다 통합적 관점에서 명성 자산의 특성을 이해하기 위해서는 다양한 차원을 제시하는 통합적 관점이 필요하다고 지적했다.

먼저, 회사의 명성은 시장에서 상호 작용하는 다양한 행위자들 사이를 오가는 다른 유형의 인식을 통합할 필요가 있다는 것이다. 둘째, 각각의 회사에게 있어서 이러한 인식들은 서로 다른 회사 고유의 형태를 가질 수 있으며, 이러한 고유의 형태는 전략적 무형자산으로써 명성의 가치를 규정한다고 본다. 셋째, 자산으로서의 명성은 네 가지 독특한 차원으로 특성화되어야 하며, 각각의 차원은 각각 다른 세 가지 관점에 의해 생겨난 명성 개념을 정의하도록 해야 한다고 주장하면서, 다음과 같은 네 가지 차원을 제시했다.

신호적 관점에서 강조되는 명성의 명료성과 특수성은 '명성 자산의 특수성the asset specificity' 차원을 정의한다. 집합적인 사회 구성적 관점에서의 명성 연구들은 회사의 현저성과 가시성에 초점을 맞추고 이는 '축적성 자산the asset accumulation' 차원을 규정한다. 또한 이들 관점에서 강조한 회사에 대한 일반화된 호의적인 태도와 신념은 '폭넓은 소구 자산the asset breadth of appeal' 차원을 규정한다. 마지막으로, 제도적 관점에서 강조한 제도적 중재자가 창조한 회사의 명성 순위에 따른 포지션은 명성의 '체계화 자산the asset codification' 차원을 규정한다. 이들 명성 차원 각각은 다른 측면의 가치를 창조하는 데 영향을 미치며, 각 차원의 조화는 회사 명성의 전반적인 가치를 결정짓는다.

특수성 자산 Asset specificity 특정 이해관계자 집단에 의해 가치를 부여받은 특별한 속성에 대한 회사 명성의 명료성과 강점은 명성 자산의 특수성을 결정짓는다. 학자들이나 실무자들이 "무엇에 대한 명성인가"라는 질문을 할 때, 그들은 명성 자산의 한 가지 특성에 관심이 있는 것이다—회사 제품의 질이나 경쟁적 전략이라든가 성과의 지속성 등. 회사는 이해관계자가 회사 속성을 인식하도록 노력하고 이러한 명료하고 구체적인 속성을 통해 이해관계자들은 이득을 얻는다. 이는 회사와 이해관계자 집단간 경제적 교환을 촉진시키는 데 매우 유용하다. 회사가 특정 이해관계자에게 집중할수록 그들은 이 집단에 투자하거나 정보를 주는 데에 더 노력하게 되며, 그들이 이루려는 명성자산의 특수성과 전문성이 더 두드러진다. 특수성이나 전문성은 명성 자산의 경제적 가치에 영향을 미치는 중요한 특성인데, 왜냐하면 이러한 회사 명성이 특정 이해관계자 집단과의 상호 작용이나 교환을 촉진시키는 정도를 결정짓기 때문이다. 예를 들면, 경쟁적인 상호 작용의 안정성은 오랜 기간 회사 수익의 주요 예측 지표로 강조되어왔다. 이와 유사하게, 제품 품질이나 신뢰성, 그리고 혁신성 등 구체적인 명성은 고객에게 다양한 제품이나 회사 중에서 특정 제품을 선택하게 만드는 요인이 된다. 따라서 높은 전문성을 가진 명성자산은 경제적 교환과 교환 파트너로서의 매력도를 증진시킨다.

축적성 자산 Asset accumulation 특정 이해관계자 집단의 개인적 인식을 강조하는 전문성/구체성 자산과 대조적으로, 이 자산은 회사에 의해 축적된 명성 수준을 특징으로 한다. 이는 회사와 상호 작용하는 다양한 이해관계자 집단 사이에서 인식과 주목의 정도를 보여준다. 이전의 명성 연구에서는 명성 자산의 축적성과 관련하여 두 가지 개념이 나타난다: 현저성prominence과 가시성visibility. 이들 개념은 회사에 초점이 맞춰지는 주목의 정도를 언급한다. 특히 가시성 개념은 미디어에 의해서 만들어지는 명성에 초점이 맞춰지고 있다. 축적성 자산은 회사에 초점이 맞춰지는 수용자 규모나 수용자의 주목도에 의해 결정된다. 특히 높은 수준의 현저성을 가진 회사가 미디어와 다른 이해관계자에 의해서 더 많은 주목을 받는다는 것을 보여준다. 이해관계자가 더 자주 정보를 접하는 조직은 더 주목을 받기 쉽다. 그들에 대한 정보가 더욱 쉽게 회상되면 회사는 더 많이 인식되고 더 잘 작동된다. 교환 파트너로서 더 많이 더 쉽게 고려되고 선택되는 회사는 이해관계자 인식으로 인해 이득을 얻게 되기 쉽다. 따라서 축적성 자산은 독특하고 중요한 가치 창조적 효과를 갖는다. 일반적으로, 축적성 자산 정도는 대중성 자산 덕분에 규모의 효과를 통해서 경제적 성과를 증진시킨다. 예를 들면, 코카콜라의 축적된 브랜드 자산은 광고 비용 대비 효율성을 증진시킨다.

폭넓은 소구 자산Asset breadth of appeal 명성 자산은 회사를 둘러싼 서로 다른 인식이 긍정적인 여론이나 신념, 평가로 강화될 때 매우 높은 수준의 매력도를 갖는다. 일반화된 긍정적인 태도로서 폭넓은 소구 자산의 특성은 전문성 자산 차원에 근거한 평가적 판단과 구별되는 것이다. 호의적 인식의 일반화된 본질은 회사 명성의 가치를 자산으로 특징짓는 데 있어서 매우 중요하다. 회사 명성이 일반화되면서 그것들은 점차적으로 처음 그것을 발생시켰던 특별한 투자와 행위로부터 분리된다. 회사 관점에서 보면, 일반화된 명성은 유지를 위한 투자가 덜 요구되고 보다 넓은 범위를 넘어서서 영향력을 가질 수 있다. 예를 들면, 소비자들은 명성 높은 회사가 소개하는 신제품을 더 기꺼이 구입하려 하며, 회사에 대한 긍정적 관심과 존경은 새롭고 입증되지 않은 제품이나 기술 상황에서도 일반화된다. 이해관계자 관점에서 보자면, 일반화된 신념이 특정상황에 주어지는 주목을 줄이면서 관찰자들이 현재의 정보를 기존의 신념과 부합시키도록 만들어서 비용을 줄이도록 돕는다.

체계화 자산Asset codification 명성 순위에서 회사의 포지션은 체계화 자산이라고 부르는 명성 자산의 독특한 자질을 규정한다. 순위는 본질적으로 사회적으로 구성된 인지적인 단축키이며, 이는 회사의 명성을 평가하는 데 있어서 회사와 이해관계자에게 유용한 단축키이다. 예를 들면, 회계 회사의 '빅 포Big Four'라든가 비즈니스 스쿨의 'Top 20' 등과 같이 불리우는 것은 이해관계자에게 특정 조직에 대한 상대적 지위를 부여하는 것이다. 회사 순위는 개인적 이해관계자와의 상호 교환에도 영향을 미칠 뿐 아니라 이해관계자 사이에서의 상호 작용에서 전해지는 정보에도 영향을 미친다. 따라서 회사는 이해관계자들이 믿을 만한 지표라고 인지하는 정도로 명성 순위를 갖출 필요가 있다. 순위에 대한 지속적인 논쟁에도 불구하고 명성 측정으로써 명성순위 정보에 대해서 학자와 실무자 모두 영향을 행사하고 있다.

연구자들이 제시한 통합적이고 다차원적 관점의 명성 개념화는 명성에 대한 서로 다른 특징과 효과를 구분하고 있으며 경제적 효과에 작동하는 메커니즘을 제시했다. 또한 이 모델은 서로 다른 연구 분야에서 강조한 서로 다른 명성 특성을 경제적 효과 자산과 연계함으로써 무형 자산으로서의 명성에 대한 통합적인 이해에 기여했다. 이 모델의 3가지 함의는 다음과 같다. 첫째, 다차원적 접근은 연구자들이 현상의 복합성을 더 잘 설명할 수 있도록 함으로써 명성에 대한 실증적 연구의 타당성을 증진시켰다. 둘째, 이 모델은 명성의 특정 차원의 효과를 이해하기 위해서 보다 정교한 구성적 측정을 제시했고 여러 가지 차원의 결합효과를 평가할 수 있는 접근을 취했다. 셋째, 이 모델은 회사가 이들 차원에 따라서 명성 자산을 개발할 수 있는 장기적인 전략적 분석을 요구하고 있다.

연구자들은 이 접근이 시장에서의 기업 명성 현상을 이해하는 보다 실용적 접근이 될 수 있다고 주장한다. 이런 접근은 순수한 이론적 접근보다 장점을 갖고 있으며, 연구자들이 보다 구조화된 방법으로 현상의 복합성을 다룰 수 있을 것이라고 본다. 또한 이론 기반의 접근 대부분이 한 가지나 두 가지 차원에만 초점을 맞추고 있지만, 이 연구에서는 현실의 복잡한 다차원적 명성을 다루기가 용이하다는 것이다. 따라서 이 접근에서는 현실상황에서의 회사 명성을 보다 체계적으로 비교하기가 더 용이한 구조를 갖추고 있다. 연구자들은 이 모델을 활용해서 (1) 회사 성과에 대한 다른 차원의 효과를 이해하고 (2) 이러한 차원에 따라서 다른 구성요인을 가진 명성 자산을 소유한 성과 결과를 이해할 수 있다고 주장한다.

린도바와 마틴즈의 다차원적 개념화 모델은 조직학적 관점의 정체성 이론은 포함하지 않았지만, 다양한 관점의 논의를 기반으로 명성의 다차원을 개념화하려고 시도했다. 하지만 이 접근에서는 커뮤니케이션을 정보나 신호로 접근하는 등 협의의 일방적인 커뮤니케이션에 치중하고 있으며, 소통과 대화를 통한 의미 공유라는 쌍방적 커뮤니케이션에서 벗어나 있다는 한계점을 갖는다. 이는 대부분의 명성 모델이 갖는 한계이기도 하며, 이러한 점에서 커뮤니케이션을 연구하는 학자들의 명성 연구가 보다 적극적으로 진행될 필요가 있다. 또한 마흔이 지적한 사회학적 관점에서 보면, 시장 영역뿐 아니라 비시장적 영역의 이슈나 위기 상황의 커뮤니케이션 등도 명성에 매우 영향을 미치기 때문에 이러한 관점의 논의가 함께 다루어질 필요가 있다. 예를 들면, 미디어를 매개로 하는 축적성 자산의 경우, 비시장적 영역의 이슈나 위기 상황에서 미디어가 부정적 정보를 제공한다면 그것이 기업에 어떤 의미를 가질 수 있는지, 축적성 자산에 부정적 영향을 미칠 가능성이 없는지 등 다각적인 논의가 가능해질 것이다. 따라서 사회학적 관점의 명성 기대나 부정적 미디어 이슈가 통합적으로 다루어진다면 명성의 다차원적 개념화의 의미와 깊이가 더 커질 수 있다.

14. 폼브런의 통합적 기업 명성 모델

폼브런(Fombrun, 2012)은 일곱 개 이론을 기반으로 하여 명성 개념을 통합하고 선행/결과 변수를 고찰하여 통합적인 명성 모델을 제시했다. 기업 커뮤니케이션에 대한 여러 문헌들은 브랜드, 정체성, 이미지, 명성, 그리고 성과간의 관련성을 제시하고 있지만, 이들 개념이 어떻게 연관되었는지 설명하는 통합적 프레임워크는 제시된 바가 없었다고 지적하면서, 폼브런은 기업 명성과 선행변수, 그리고 결과를 검토하는 단일 프레임워크를 제시했다.

〈그림 2.19〉에서는 먼저, 회사에 대한 이해관계자 인식을 이끌어내는 제도적인 또는 맥락적 요인을 제시한다. 다음으로는 이해관계자 인식이 기업 명성을 만들어내고, 경제적, 사회적, 조직적 임대료를 얻어낼 수 있는 이해관계자의 로열티와 지지를 이끌어낸다. 이러한 일련의 인과관계는 사회 구성 과정의 보다 복합적이고 체계적인 틀이 된다.

제도이론에서는 명성이 형성되는 컨텍스트에 주목한다. 환경은 이해관계자와 중재자로 구성되어 있고 이들은 영향력 네트워크를 통해서 서로 연결되어 있다. 이들의 목적 지향적 행동은 회사가 운용되고 그들이 생산하는 제품의 컨텍스트와 관련되어 있다. 환경은 회사에 그들이 제시해야 하는 전략적 이슈를 보여준다. 또한 회사가 이익을 얻기 위해서 선택할 수 있는 다양화와 차별화의 기회를 창출한다. 회사는 환경의 제도적, 상징적, 그리고 전략적 컨텍스트에 의해서, 그리고 자신들의 정체성과 역사에 의존하여 전략적 입장을 채택한다. 그들은 다양한 수준의 품질과 혁신을 요하는 가격 가치 틈새에서 생존을 위해 노력한다. 또한 상징적 심볼, 하우스 스타일, 브랜드 전략, 그리고 커뮤니케이션 관습을 채택하게 된다. 이러한 전략적 선택의 결과로서, 그들은 미디어 중재자에게 흥미롭게 비추어지며 기자의 선택(회사가 다루어지는 정도나 관심의 정도, 투사되는 방법 등)에 영향을 미치게 된다.

정체성 이론에서는 회사들이 오랜 시간을 거치면서 중심적이고 지속적이며 독특한 특징을 개발하도록 노력한다는 것을 말해준다. 그리고 그것은 회사의 신념과 가치, 근본적인 가정과 같은 체계 내의 맥락과 관련되어 있다. 동시에 정체성은 외부인이 조직에 대해 갖는 거울 이미지로써 조직 구성원의 문화적 이해를 표현해준다. 또한 조직 관리자들이 조직 문화와 정체성의 일관적인 특징을 이해관계자에게 전달하고 커뮤니케이션하면서 명성이 수립된다. 그들은 일반적인 관행을

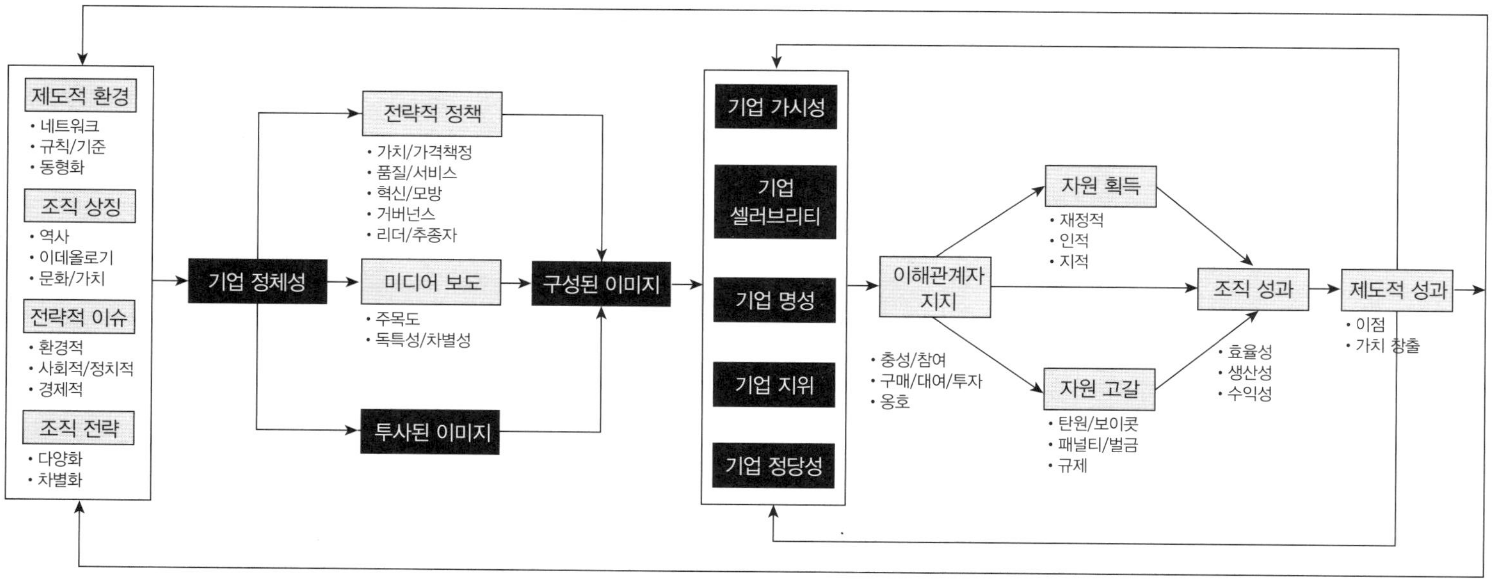

그림 2.19 기업 명성 연구의 프레임워크

출처: Fombrun, C. J.(2012). The Building Blocks of Corporate reputation: definitions, antecedects, consequences, in Barnett, M. L., & Pollock, T. G.(Eds.), *The Oxford handbook of corporate reputation*. Oxford University Press, p. 106.

채택하면서 정당성을 얻어내고 규범과 규칙, 코드를 확립하는 데에 순응한다.

이해관계자 이론, 신호 이론/인상 이론, 그리고 의제 설정 이론으로부터 폼브런은 전략적 포지셔닝, 정체성 개발, 전략적 신호, 그리고 미디어 보도와 같은 종합적 영향력이 회사의 상대적인 강약점에 대한 이해관계자 인식을 형성하게 하고 회사에 대한 묘사를 확산한다고 지적한다. 모든 이해관계자에 대한 집합적인 인식은 기업 명성으로 결정체화되며, 이는 회사에게 지위, 정당성, 가시성, 유명세, 그리고 명성을 제공한다.

자원 의존 이론에서는 기업 명성이 이해관계자를 지지자, 충성자, 기업 옹호자로 만듦으로써 경제적 가치를 만들어낸다고 말해준다. 잠재적인 직원은 보다 존경받는 회사에서 일하는 데 매력을 느끼며, 소비자들은 제품을 더 구매하고, 은행은 저비용으로 신용을 부여하고 투자자들은 주식을 더 구매하게 된다. 이렇게 강력한 이해관계자 지지를 누림으로써 명성높은 회사들은 좋은 자원을 더 많이 끌어들이고 더 효율적으로 운용하며, 더 높은 생산성을 갖게 되며, 프리미엄 가격으로 제품을 제공하게 된다—이 모든 것은 더 좋은 수익을 가져오게 만든다. 또한 회사는 자원 고갈 상태에서 '호의의 저장고'를 창출함으로써 완충효과를 얻을 수 있도록 한다. '호의의 저장고'란 사회적으로 책임있는 것으로 여겨지는 것으로써, 이들 회사들은 불매 운동이나 소송에 덜 직면하게 되고 위기에 처했을 때에도 더 낮은 비용을 들이면서 더 빠른 회복 시간을 갖게 한다.

컨텍스트-전략-정체성-명성-지지-성과라는 인과적 연속성의 순수효과는 이동장벽을 세우는 것이다—이 장벽은 경쟁자들이 모방하거나 극복하기 어려운 것으로서 더 나은 존경받는 회사라는 지속 가능한 결과를 발생시킨다. 그들은 스스로를 무형자산의 형태로 표현하는데, 그 가치는 대중 앞에서 회사가 즐길 수 있는 우수한 시장 자산화로 결정체가 되는 것이며, 사회에서 지속 가능한 운용 면허를 확보해주는 것이다.

폼브런은 명성 연구의 핵심 질문은 다음과 같다고 제안한다. (1) 이해관계자가 회사의 매력도에 대해 갖는 집합적 평가의 선행 조건을 이해하는 것 (2) 회사, 개인, 산업, 그리고 사회에 대한 내부적 외부적 결과를 이해하는 것. 이같은 명성적 결과에 대한 인과적 동인을 연결하는 특정 가설을 개발하는 데에 많은 이론적 틀을 적용할 수 있으며, 회사의 이해관계자 인식을 형성하는 조직 행위를 설명하기 위해서 제도적 전략적 이론들을 끌어와서 가설을 설정할 수 있다.

폼브런은 다양한 관점의 이론들을 통합하여 컨텍스트-전략-정체성-명성-지지-성과라는 인과적 연속성을 모델링하여 어떤 영역에서 어떤 이론들이 작동하고 유용한지 파악할 수 있도록 통합적으로 제시했다. 특히 명성의 선행 변수와 결과 변수들을 분리하여 기존 모델에서는 다소 혼재되어온 구성 요인들을 일목요연하게 정리했으며, 선행 변수로서 제도 이론과 경영 이론, 그리고 정체성 이론 모두를 종합 제시하면서 이것이 다양한 이미지(조직이 투사한 이미지와 미디어 및 이해관계자의 구성된 이미지)와 어떻게 연결되어 명성으로 귀결되는지 한눈에 볼 수 있도록 모델화했다는 점에서 강점이 있다. 하지만, 다른 모델과 마찬가지로 명성에 있어서 매개역할을 하는 미디어에만 초점을 맞추었고 다른 직접적 커뮤니케이션의 역할은 간과했다. 또한 조직 정체성이 이미지, 명성, 그리고 조직에 대한 지지와 성과로 이어지는 과정에서 이해관계자와 조직과의 관계가 어떻게 작용하는지, 그리고 여기에 커뮤니케이션은 어떤 역할을 하는지 등이 제시되어 있지 않다. 이러한 부분에 대해서는 조직-공중 관계성이나 기업 커뮤니케이션의 역할을 강조한 PR 및 커뮤니케이션 학자들의 논의가 포함될 필요가 있다. 향후 모델에서는 조직-공중 관계성과 커뮤니케이션을 깊이 있게 다루는 PR과 커뮤니케이션 관점의 논의가 통합적으로 제시된다면 명성에 대한 보다 다양한 논의가 가능해질 것이다.

CORPORATE REPUTATION AND COMMUNICATION

3장

기업 명성과 커뮤니케이션

명성과 커뮤니케이션의 관계에 주목하고 이들간 관련성을 논의한 학자로는 경영학 분야에서 기업 커뮤니케이션을 연구한 경영학자, 커뮤니케이션 영역에서 매개 커뮤니케이션인 미디어나 소셜 미디어에 관심을 가진 커뮤니케이션 학자, 사회학적 관점에서 위기 상황의 커뮤니케이션과 기업의 사회 책임에 관심을 가진 PR학자, 조직과 공중 간의 관계에 초점을 맞추어 그들간의 커뮤니케이션을 논의한 PR학자, 그리고 조직학적 관점에서 조직 내부 커뮤니케이션과 명성의 관련성을 연구한 PR학자들을 들 수 있다.

첫 번째 기업 커뮤니케이션을 연구한 학자들은 커뮤니케이션을 기업 브랜딩 관점에서 전략적으로 수행하는 기능적 관점에 초점을 맞춘다. 주로 경영학자나 마케팅 전략가, 기업 커뮤니케이션 학자들이 많은 관심을 갖는 부분이며, 통합적 일관적 커뮤니케이션의 수행과 기업의 스토리텔링을 통해 기업 경영 목표를 달성하는 데에 기여할 수 있다는 주장을 하고 있다. 경영학자들로서 다울링과 폼브런, 반릴 등은 기업 경영 목표 달성을 위한 커뮤니케이션의 통합적 시스템과 스토리텔링에 초점을 맞춰서 논의하고 있으며, 특히 반릴과 폼브런은 기업 커뮤니케이션 관점에서 조직의 경영 목표 달성을 위한 커뮤니케이션의 특성과 전략을 구체적으로 제시하고 있다.

두 번째 영역은 기업 커뮤니케이션이 기업의 정당성을 확보해주는 데에 공헌할 수 있다는 주장으로서 커뮤니케이션의 기능적 관점보다 사회학적 관점에 더 관심을 갖는다. 특히 위기 상황에서 기업이 외부 이해관계자와 어떻게 커뮤니케이션을 해야 하는지, 그리고 어떻게 정당성을 확보할 수 있는지에 대해 논의하고 있다. 이 분야를 연구하는 학자들은 정당성 이론과 위기 커뮤니케이션 이론을 기반으로 하여 기업이 위기 상황에서 기업을 둘러싼 외부 이해관계자들과 어떻게 상호작용하면서 이슈를 관리하고 기업의 정당성을 확보하는지에 대해 논의하고 있다. 후게임스트라R. Hooghiemstra는 수사학적 관점에서 인상관리이론을 적용하여 기업이 사회보고social reporting에 어떻게 참여해야 하며 이를 통해 어떻게 인상을 관리할 수 있는지, 그리고 어떻게 외부 이해관계자들의 정당성을 확보할 수 있는지 등을 논의하고 있다(Hooghiemstra, 2000). 또한 평소 기업이 사회적 문제나 공공 이슈에 어떻게 관심을 기울이고 사회 책임 활동을 해왔는지, 그리고 이러한 기업의 사회 책임이 명성과 어떤 관련성이 있는지 사회학적 관점에서 많은 연구가 진행되었다.

세 번째 영역은 PR학자들이 최근 많은 관심을 갖고 연구가 진행되기 시작한 분야로서, PR의 관계성 이론을 기반으로 관계성과 명성 간 관련성에 초점을 맞춘 연구 조류이다. PR 학자들은 관계성이 조직의 핵심 역량이자 PR의 궁극적 목표라고 주장하면서 관계성의 개념과 구성 요소, 선행 변인과 결과 등에 대해 다수 연구를 수행해온 바 있다. 관계성 연구가 정착되면서 이것과 다른 변수간의 관련성 연구 역시 활발히 진행되어왔는데, 그중에서 관계성과 명성간의 연관성에 대한 연구도 진전되어왔다. 특히 이해관계자 인식을 리더십이나 재정적 성과와 같은 전략적 이슈가 아니라 이해관계자와의 관계성 안에서 "경험의 인식"이라는 측면에 초점을 맞추고 있다.

네 번째 영역은 명성에 있어서 매개적 커뮤니케이션mediated communication인 미디어의 역할에 관심을 갖는 저널리즘 영역이다. 의제 설정 이론과 의제 구축 이론에 기반하여 미디어의 보도가 기업 태도나 명성에 어떤 영향을 미치는지 실증적 연구가 진행되어왔다. 이 분야는 캐롤과 맥콤이 문제를 제기하면서 이와 관련된 논의와 연구가 상당히 진전되어왔으며, 의제 설정 이론을 기반으로 하는 미디어 이론을 주요 이론으로 구성하고 있다. 최근에는 의제 설정 이론이 프라이밍 이론과 이슈 소유권 이론으로 발전되면서 이슈 소유권과 기업 명성 간의 관련성 연구도 진행되고 있다. 또한 소셜 미디어 영역에서도 명성 연구가 다수 진행되어 소셜 미디어라는 새로운 미디어의 특성이 기업 명성에 미치는 영향이 논의되고 있다.

마지막 다섯 번째 영역은 조직학적 관점에서 조직의 정체성이나 내부 커뮤니케이션이 기업 명성에 어떤 영향을 미치는지 연구했다. 다른 영역의 연구들처럼 많은 연구가 진행되지는 않았지만, 이 분야 연구자들은 조직 문화나 조직 구성원과 같은 정체성과 내부 커뮤니케이션에 관심을 갖고 명성에 영향을 미치는 근본적인 특성이 바로 조직 내부의 정체성 요소라고 주장했다. 이 영역에 관심있는 PR 학자들은 특히 조직의 내부 커뮤니케이션이 조직 정체성과 외부의 인식인 명성 사이에서 어떤 연결고리를 갖고 있는지 주목했다.

최근 들어 기업 명성은 마케팅이나 경영학 분야의 학자들은 물론 PR 분야에서도 많이 다루어지고 있다. 그러나 명성을 조직의 자산으로 간주하는 마케팅이나 경영학 분야의 학자들과는 달리, PR 학자들은 기업의 자산으로서의 명성보다 사회적 이슈나 위기 상황에서의 명성 회복, 미디어를 통한 명성, 그리고 관계성과 명성 등 조직 사회학적 관점에서 기업 명성을 접근하고 있다. 특히 PR의 주요 개념인 '관계성'이나 '커뮤니케이션' 변수에 초점을 맞춰서 기업 명성과의 관련성을 연구하고 있다. 이와 같이 다양한 연구 영역을 통해서 명성과 커뮤니케이션의 관련성 연구가 진전되어왔는데 특히 PR학과 커뮤니케이션 관점에서는 위기 커뮤니케이션과 사회 책임 커뮤니케이션, 매개 커뮤니케이션, 그리고 조직 공중 관계성과 명성의 관련성에 대한 연구가 다양하게 진행되어왔다. 다음에서는 그간 PR 분야에서 연구되어온 결과를 중심으로 명성과 커뮤니케이션의 관련성을 구체적으로 살펴보기로 한다.

1. 기업 자산과 명성: 기업의 전략적 커뮤니케이션과 경영 성과

첫 번째 영역은 기업 명성을 기업의 자산으로 간주하고 커뮤니케이션이 기업 명성에 효과적으로 작용할 것인지를 연구하는 기능주의적 관점이다. 주로 경영학자나 마케팅 전략가, PR 학자와 실무자들이 많은 관심을 갖는 부분이며, 통합적 일관적 커뮤니케이션의 수행과 기업의 스토리텔링을 통해 커뮤니케이션이 기업 경영 목표와 재무 성과(순이익)를 달성하는 데에 기여할 수 있다는 주장을 하고 있다. 여기에는 회사의 정보적 신호로서 명성의 재무적 성과를 측정한 연구들, 광고나 PR과 같은 전략적 커뮤니케이션의 기업 성과 측정, 그리고 명성과 브랜드 효과 측정 등의 연구들이 포함된다.

정보적 신호로서 기업 명성의 재무적 성과

폼브런과 샤인리(Fombrun & Shanly, 1990)는 기업 명성에 영향을 미치는 요인을 경험적으로 조사한 연구는 부족하다고 지적한다. 특히 회사는 다양한 이해관계자를 섬기며, 각각의 이해관계자들은 기업 성과를 다른 기준으로 평가하기 때문에 명성의 성과 평가는 다양한 경제적 기준과 비경제적 기준을 포함해야 한다고 지적한다. 따라서 그들은 회사와 그들의 공중으로부터 나오는 정보적 신호에 대한 명성의 평가와 관련하여 구체적인 가설을 제안했다. 이러한 정보적 신호로는 기업 성과를 제시하는 '시장 신호market signal'와 '회계 신호accounting signal', '제도적 신호institutional signal', 그리고 기업의 지위posture를 정의하는 '전략 신호strategy signal'가 있다. 그들은 『포춘』 지 500대 기업에 대한 데이터로 명성 형성 모델을 검증한 결과, 회계 수익성과 위험 신호가 명성에 미치는 영향력이 가장 크게 나타났으며, 다음으로 시장 가치, 매체 가시성, 배당금 수익률, 기업 규모, 자선 활동, 광고를 통한 활동 순으로 영향력이 나타났다.

경영학자인 다울링은 기업 명성의 경제적 효과를 여러 가지 측면에서 논의했다. 첫째, 더 많은 판매 수입More Sales Revenue — 좋은 명성을 통해 고객 수와 충성도 높은 고객의 수가 증가하는 경우, 각 고객이 구매하는 양이 증가하는 경우, 경쟁 제품 및 서비스에 비해 가격 프리미엄이 증가하는 경우, 가격 증가에 대한 민감성을 낮추는 경우, 경쟁자에 의한 가격 할인 효과를 낮추는 경우 등이다. 이러한 관점에서 기업 명성은 심리적으로 고객이 그 기업의 브랜드를 쉽게 선택할 수 있도록 만들어주며, 제품이나 서비스의 전반적인 가치를 높이는 계약 이행 보증 증서로 작용한다. 둘째, 기업 브랜드 효과Corporate Brand Effects — 기업 이름을 우산 브랜드umbrella brand로서 사용할 때, 기업의 이름은 바로 기업 명성을 의미한다. 따라서 좋은 명성을 가진 기업은 새로운 제품 및 서비스를 시장에 런칭하거나 새로운 시장에 진입할 때 기업 명성을 이용할 수 있다. 셋째, 더 낮은 매출 변동Lower Sales Variance — 좋은 기업 명성은 좀 더 안정적인 매출 기반을 가질 수 있게 하며, 이러한 이유로 경제적 상황이나 경쟁 상황이 회사에 불리하게 작용하는 상황에서도 매출의 변동성을 낮추도록 한다. 넷째, (a) 성과 보증 효과performance Bond Effects — 좋은 기업 명성은 기업의 성과 보증 채권처럼 작용한다.

또한 경쟁자들에 비해 더 나은 거래 조건으로 협상이 가능하도록 한다. (b) 기업 브랜드 효과Corporate Brand Effects —강력한 기업 브랜드를 가진 기업은 다른 경쟁자에 비해 같은 목표 매출을 달성하는 데에 마케팅 비용이 적게 든다. 다섯 째, 이익 효과Profit Effects —좋은 기업 명성은 수익성을 연장하는 데 도움을 주고, 투자자들과 다른 이해관계자들에게 있어서 위험성이 낮은, 즉 안정적인 기업이다. 여섯 째, 투자자 기반The Investor Base —좋은 명성을 가진 기업은 더 많은 투자자를 모을 수 있고 주식을 더 높은 가격에 발행할 수 있기 때문에 더 많은 투자 자금을 모을 수 있다. 일곱 째, 신용등급 평가Credit Rating —존경 받는 기업은 투자 대상으로 위험하지 않다고 여겨진다. 다울링은 이와 같은 요소들을 통하여 좋은 기업 명성은 다양한 측면에서 기업 가치 지표를 유도할 수 있음을 보여준다.

이외에도 여러 학자들은 기업의 무형 자산인 명성이 재무 성과에 긍정적 영향을 미친다는 사실을 확인했다. 슈로카 등(Surroca, Tribó, & Waddock, 2010)은 기업의 무형 자산이 기업 책임성(사회 공헌활동)과 재무성과 사이를 매개하는 변수임을 확인했고, 곡과 오즈카야(Osman Gök & Özkaya, 2011)는 개발도상국에서 기업 명성이 회사의 성과 지표에 미치는 영향력을 검증했다. 호크와 알리와 알위(Hoq, Ali & Alwi, 2010)는 '윤리적 브랜드'에 대한 상품과 서비스 품질의 효과를 연구했으며, 윤리적 브랜드가 회사 명성에 미치는 효과가 긍정적임을 확인했다.

구체적으로, 몇몇 연구들은 조직 자산에 영향을 미치는 명성의 구성요소가 무엇인지를 연구했다. 맥코킨데일(McCorkindale, 2008)은 명성을 조직 자산을 구성하는 요소 중 하나로 간주한 경영학적 접근으로써, 친숙성과 기업 시민성, 명성, 개성 간의 관계를 검증했다. 연구 결과, 친숙성은 기업 시민성, 명성, 개성에 대해 긍정적인 관계를 갖고 있음을 확인했고, 이들 세 변인은 기업의 자산에 중대한 긍정적인 영향을 미쳤다. 특히 세 가지의 변수들 중, 명성은 조직의 자산equity에 가장 강력한 영향을 미쳤다. 또한 최경규와 이건희(2012)는 자원기반론적 관점에서 기업 내부 특성인 무형 자원이 기업 성과에 미치는 영향을 연구했다. 그들은 170개 다국적 기업을 중심으로 무형 자원인 관계 자원(고객 관계 및 협력업체 관계), 지식 자원(마케팅 지식과 기술 지식), 그리고 기업 명성*이 기업 성과에 미치는 영향을 검증했는데, 협력업체 관계자원과 기술 지식만이 기업 성과에 유의미한 영향을 미쳤고 기업 명성은 유의미한 영향을 미치지 않음을 확인했다.

전략 이론가나 경영학자들은 기업 명성이 기업 순익과 같은 재무 성과에 영향을 미치는지 관심을 갖고 이에 대한 실증적 연구를 시도했다. 이들의 연구 결과에서는 대체로 기업 명성은 기업 성과에 유의한 영향을 미친다는 것을 확인했지만, 유의하지 않은 경우도 나타났다. 이러한 연구 결과에 의해 보면, 기업 명성이 재무 성과나 경영 성과에 영향을 미치는 것은 사실이지만, 재무 성과에 직접 영향을 미치기보다는 다른 변수를 매개하여 간접 영향을 미치거나 특정 상황에 따라 다른 영향을 미친다고 볼 수 있다.

광고/PR 커뮤니케이션의 명성 효과

경영학자들이 무형자산인 기업 명성이 기업 성과에 어떤 효과를 갖는지에 주목한 반면, 커뮤니케이션과 PR 학자들은 광고나 PR, 퍼블리시티, 미디어 등의 커뮤니케이션 활동이 기업 명성이나 재무적 성과에 어떻게 기여하는지에 관심을 갖고 실증적 연구를 진행했다.

산드라(Sandra, 2009)는 기업 명성과 순익bottom line 사이의 관계에 대한 연구를 진행했다. 21년간의 706개 회사의 명성 속성 — 관리의

* 원 저자는 '평판'이라는 용어를 사용했으나 이를 이 책에서는 '명성'으로 통칭하고자 한다.

질, 재무 건전성, 사회적 책임—에 대해 분석한 결과, 세 가지 명성의 속성들은 기업의 재정적 성과에 긍정적으로 기여했다. 흥미로운 점은 사회적 책임의 명성과 재정 성과 간의 관련성이 상당히 높게 나타났다는 점이다. 이러한 결과는 회사들이 오로지 주주들의 이익에 초점을 맞춰야 한다는 전통적인 미국의 경제관에 모순되며, 동시에 사회적 책임을 위해 명성을 양산하는 것이 기업의 재무 성과에 대한 다양한 측정에 긍정적이고 의미 있는 기여를 한다는 것을 보여주었다. 휴턴 등(Hutton, Goodman, Alexander, & Genest, 2001)은 PR의 여러 영역 중 하나로서 명성 관리를 다룰 것인지 논의하면서 기업 커뮤니케이션과 명성과의 관계를 밝혀냈다. 그들은 기업 커뮤니케이션에 많은 비용을 지출하는 것은 규모가 큰 기업에게 일종의 '명성 보험reputation insurance'을 제공하는 것이라고 말했다. 또한 직접적으로 관리될 수 없는 명성이 PR의 가장 적합한 목적이 될 수는 없지만, 최근 연구들에서는 명성 관리가 대기업들에게 가장 일반적인 PR의 역할로 간주된다고 주장했다. 김영욱(Kim, 2001)은 '이미지'보다 장기적이고 누적적으로 형성되며, 안정성을 가진 '명성'의 개념에 대해 논의 했다. 그는 명성이 PR의 주요 목표 중 하나가 될 수 있다고 주장하며, PR에 대한 비용 지출은 명성을 매개로 하여 기업의 수익에 영향을 줄 수 있음을 확인했다. 김장렬과 차희원(Kim & Cha, 2013)은 기업 명성과 기업순익에 영향을 미치는 PR효과에 대해서 검증했다. 그들의 연구에서 PR활동과 예산은 기업 명성에 긍정적 영향을 미치고 이것은 기업 순익ROI에 영향을 미치는 것으로 검증되었다. 김경란(2009)은 기업의 많은 광고비 투자와 긍정적인 매체 보도가 기업 명성과 매출액에 긍정적인 기여를 할 것이라는 점을 가정하고 기업 명성과 매출액에 대한 광고와 퍼블리시티의 상호 작용 효과를 분석했다. 1985년부터 2005년까지 21년에 걸친 18개 기업의 광고 비용, 퍼블리시티, 기업 명성, 매출액 그리고 기타 기업 관련 변인들에 대한 패널 데이터가 『포춘』 지 서베이로부터 선정되었다. 연구 결과, 전년 대비 광고비가 증가할수록 광고 비용은 기업 명성과 매출액에 긍정적인 효과를 갖는 것으로 나타났으며, 긍정적인 퍼블리시티는 우호적인 기업 명성을 형성하는 데는 기여했으나 기업의 매출에는 직접적으로 영향을 미치지는 않았다. 또한 상호 작용 효과와 관련하여 광고와 퍼블리시티는 기업 명성과 매출액에 서로 다른 효과를 보였다. 구체적으로 광고와 기업 명성의 관계는 퍼블리시티에 의해 강화되거나 약화되지는 않는 것으로 나타난 반면, 기업의 매출액에 대해서는 광고와 퍼블리시티의 상호 작용 효과가 발견되었다.

둘째, 대부분의 PR 학자들이 기업의 커뮤니케이션 활동이 기업 명성이나 기업 성과(특히 매출액이나 순익 등 재무적 성과)에 어떤 영향을 미치는지 검토한 데 비하여, 최근 몇몇 PR 학자들은 사회 공헌활동에 초점을 맞춰서 기업 명성에 어떤 관련성이 있는지 그 효과와 가치를 논의했다.

새이디 등(S. P. Saeidi, S. Sofian, P. Saeidi, S. P. Saeidi, & S. A. Saaeidi, 2015)은 CSR 활동과 기업 성과와의 관계를 연구했다. 그들은 기존의 연구 결과가 모호했던 것은 이 상황에 많은 다른 요인들이 간접적으로 영향을 미치기 때문이라고 주장했고, 이 연구에서는 매개 변수로서 지속 가능한 경쟁적 이점과 명성, 그리고 고객 만족을 설정했다. 205개 이란 회사를 조사한 결과, CSR과 기업 성과 간의 관계는 완전매개 관계임이 확인되었다. 기업 성과에 대한 CSR의 긍정적 영향력은 CSR이 경쟁적 이점과 명성, 그리고 고객 만족에 미치는 긍정적 영향력에서 기인한다는 것이다. 브랜드 성과에 대한 CSR의 효과를 연구한 라이 등(Lai, Chiu, Yang, & Pai, 2010)도 브랜드 자산과 기업 명성을 매개효과로 모델링했다. 이 연구는 대만 중소기업의 산업재 구매자를 대상으로 하여 고객 관점에서 CSR을 논의했다. 연구 결과에서는 CSR과 기업 명성이 산업 브랜드 자산과 브랜드 성과에 긍정적 영향을 미치는 것으로 확인되었고, 기업 명성과 산업 브랜드 자산이 CSR과 브랜드 성과간의 관계를 매개하는 것으로 나타났다. 국내의 여러 연구들(윤각, 조재수, 2007; 배현미, 2008; 전찬수, 강준상, 2012)에서도 사회공헌 활동은 기업 명성에 긍정적인 영향을 미치는 것으로 보고하고 있어 이 연구 결과를 지지하고 있다.

셋째, PR 학자들 중에서는 기업의 언론 관계 활동에 초점을 맞추어 미디어 명성이 실제 재무 성과나 경영 성과에 미치는 영향 등을 검증하는 연구도 다수 진행되었다.

키오시스 등(Kiousis, Popescu, & Mitrook, 2007)은 1, 2차 의제 형성 및 의제 설정 이론에 기반하여 기업 명성과 재무 성과에 영향을 미치는 PR활동과 미디어 보도에 대해 살펴보았다. 분석 결과 미디어 보도 속성의 현저성과 기업 명성간의 상관관계는 유의미함을 확인했다. 통S. C. Tong 역시 미디어 명성이 IPO 기업들에 미치는 영향을 회계 및 위험 관리 연구의 측정 항목들을 활용하여 살펴보았다. 연구 결과 인쇄 미디어를 통해 전달되는 미디어 명성은 IPO 기업들의 주가에 통계적으로 유의미한 긍정적 효과를 미치는 것을 확인할 수 있었으며, 연구자들은 미디어 명성이 향후 주가 증가에도 영향을 미칠 수 있다고 보았다(Tong, 2013). 한편, 티셔S. Tischer와 힐데브란트L. Hildebrandt는 기업 명성 그 자체를 커뮤니케이션 하는 것이 실제 재무 성과에 어떤 영향을 미치는지를 독일 기업을 대상으로 살펴보았다(Tischer & Hildebrandt, 2014). 연구자들은 독일 Manager Magazin에서 제공하는 명성 랭킹의 발표 효과가 주식 가치에 미치는 영향을 분석했다. 분석 결과, 긍정적이거나 부정적인 공표들은 기업 가치를 상대적으로 높이거나 낮추는 데에 영향을 미치게 되고, 그 결과 투자자들은 발표된 기업 명성 순위(기업 명성의 증가 또는 감소를 알 수 있는)로부터 얻은 새로운 정보를 토대로 주식 가치를 평가하게 된다는 것을 확인할 수 있었다.

언론 관계에 초점을 맞추어 미디어 명성과 기업 명성과의 관련성을 검토한 기존 연구들은 미디어 명성이 기업의 재무 성과와 경제적 이익에 미치는 영향이 크다는 점을 동일하게 주장하고 있다. 따라서 경영 전략적 관점에서 미디어 명성이 중요하게 다루어져야 한다는 점을 강조하고 있다.

브랜드 자산과 명성 효과

명성이 브랜드에 미치는 영향에 대한 연구는 광고학자나 마케팅 학자들을 중심으로 명성에 대한 전략 커뮤니케이션 영역의 중요한 연구로 자리잡았다. 기업 명성이 제품 태도나 구매의도에 어떤 영향을 미치는지, 또는 브랜드 자산에 영향을 미치는 다양한 변수 중 명성의 역할은 무엇인지 등 브랜드 자산과 구매의도에 대한 명성 효과에 초점을 맞춘 연구가 많았다. 이들 연구에서는 브랜드가 핵심 주제이기 때문에 명성은 브랜드 자산 형성이나 제품 구매에 도움이 되는 선행변수 중 하나이거나 매개변수 또는 조절변수로 작용한다고 분석했지만, 최근의 연구에서는 브랜드 자산 형성, 혹은 제품 구매를 결정짓는 가장 중요한 요소 중 하나가 바로 기업 명성이라는 점을 많은 학자들이 동의하고 있다.

스미스 등(K. T. Smith, M. Smith, & K. Wang, 2010)은 긍정적인 브랜드 이미지를 가진 회사는 긍정적인 명성을 가졌는지, 그리고 경제적 이익을 경험했는지 그 관련성을 실증적으로 연구했다. 연구 결과, 이들 회사들은 중요한 시장가치 프리미엄, 우수한 재무 성과, 그리고 낮은 자본 비용과 연관성이 높은 것으로 확인되었다. 이러한 결과에 비춰볼 때, 마케팅 관리자들은 긍정적인 명성을 확보하고 유지해야 할 것이라고 연구자들은 권고했다. 크엔젤S. Kuenzel과 할리데이S. V. Halliday는 기업 명성과 브랜드 개성 일치가 브랜드 동일시와 충성도에 어떤 영향을 미치는지 검토했다. 그들의 연구에서는 브랜드 개성 일치와 명성은 브랜드 동일시에 영향을 미치고 동일시는 브랜드 충성도에 영향을 미치는 것으로 확인되었다. 더구나, 브랜드 동일시는 브랜드 충성도에 직접 영향을 미치면서 브랜드 개성 일치와 명성의 영향력을 부분적으로 매개하고 있는 것으로 나타났다(Kuenzel & Halliday, 2010).

파라후 등(Parahoo, Harvey, & Radi, 2014)은 대도시 지하철 서비스 같은 고속 대량수송 MRT 서비스에 대한 소비자 행동 모델을 검증했다. 두바이 MRT 서비스에 대한 조사 결과, 서비스 품질과 기업 명성, 그리고 소비자 참여는 30세 이상에게 인지된 가치를 결정짓는 요인이었으며, 30대 이하의 젊은이들에게는 명성만이 소비자 가치에 영향을 미치는 요인으로 발견되었다. 이러한 결과는 품질이 가치의 주요 결정 요인이었던 전통적 연구 결과와 상반되는 것이었다. 연구자들은 마케팅적 요소에만 초점을 맞추어온 기존의 소비자 행동 모델이 전통적인 모델에서 벗어나야 하며, 향후 소비자 행동 모델에서는 명성에 더욱 초점을 맞출 필요가 있음을 보여준다고 지적했다. 그들은 이러한 결과가 나온 이유가 집단주의적인 아시아권 문화권이기 때문이라고 주장하면서, 두바이 문화권은 불확실성 회피 문화이고 명성이 높다는 것이 불확실성에 대한 위험을 줄일 수 있으며, 다른 사람의 눈을 의식하는 체면을 중시하는 문화이기 때문에 높은 명성을 고려하게 된다고 주장했다. 특히 젊은 층은 기계에 능숙하고 테크놀로지에 대한 지식이 많기 때문에 MRT 서비스의 높은 명성을 강화하는 효과를 갖게 되었다고 판단했다.

이와 같이 최근의 브랜드 연구 결과(우승균·설상철·정성광, 2013; 김금희·김지호, 2013; 전종우·이서용·고헌, 2013; 서용구·김보영, 2013)에서는 기업 명성이 소비자 행위에 큰 영향을 미치는 주요 변수로 초점이 맞춰지고 있다. 이효복과 김유경(2011)도 기업 명성과 브랜드 자산간 형성되는 유기적인 관계를 확인하면서 기업들이 보다 중장기적 관점에서 자사의 브랜드 자산을 증대시키기 위한 노력의 일환으로 명성 관리에 노력을 기울여야 함을 주장했다. 그밖에 국가브랜드 이미지에 대한 연구(Kotler & Gertner, 2002; 이진용·이유나·이현경·박건희, 2013; 박성화·조정열·박정선, 2013)나 브랜드 위기와 명성간 관련성 논의(Greyser, 2009; 이지은·전연희·전주언, 2013), 그리고 온라인 웹사이트 명성의 효과와 가치 연구(Hunter & Soberman, 2010; Freberg et al., 2013; 천덕희, 2014) 등 다양한 브랜드 관련 분야에서 명성효과를 검증하는 연구가 많아지고 있다.

명성에 대한 전략적 커뮤니케이션의 효과에 대한 연구에서는 주로 경영 전략적 관점에서 기업 명성의 재무적 성과나 매출액, 기업 순익 등에 미치는 명성의 효과에 관심갖고 연구한 학자들과, 마케팅 관점에서 기업 명성과 브랜드와의 관련성이나 소비자의 제품 태도 및 구매의사에 미치는 영향 등에 대한 논의가 활성화되고 있다. 이에 비하여 커뮤니케이션이나 PR을 연구하는 학자들은 커뮤니케이션 관점에서 기업의 PR활동이나 예산, 미디어 명성, 퍼블리시티나 광고 효과, 기타 커뮤니케이션 활동이 기업 명성과 어떤 관련성이 있는지 고찰했으며, 최근에는 기업의 커뮤니케이션 활동의 일환으로서 CSR 활동에 초점을 맞추고 CSR의 가치와 재무 성과를 검토하는 데에도 많은 관심을 갖고 있다.

2. 위기와 명성: 기업 정당성 회복과 위기 커뮤니케이션

두 번째 영역은 위기 상황에서 기업이 수행하는 이미지 회복 커뮤니케이션, 혹은 위기대응 커뮤니케이션 전략이 명성과 어떤 관련성이 있는지 주로 수사학적 관점에서 커뮤니케이션 수사학에 초점이 맞춰지고 있다. 이 영역에서의 연구는 상황적 위기 커뮤니케이션 이론SCCT을 기반으로 하여 사과와 방어 전략과 같은 위기 대응 전략이 명성과 상호 작용하여 공중의 메시지 수용에 미치는 영향, 혹은 위기 책임성과 위기 대응 전략이 메시지 수용과 기업 명성에 미치는 영향 등이 논의되었다. 또한 이미지 회복 이론을 기반으로 위기 상황에서 정치인이나 기업인의 이미지 회복을 위한 담론이 어떻게 이루어졌는지 등도 다수 연구되었다. 그리고 최근 많은 학자들이 관심을 보이고 있는 소셜 미디어 영역의 위기 커뮤니케이션 연구가 명성에 어떤 영향을 미치는지도 소셜 미디어 특성에 초점을 맞춰 연구되었다.

명성과 위기 커뮤니케이션 전략의 효과

위기와 명성간의 관련성에 대한 연구는 쿰즈W. T. Coombs의 상황적 위기 커뮤니케이션 이론Situational Crisis Communication Theory, SCCT을 기반으로 많은 연구가 진행되어왔다(Coombs, 2007, 2013). 기업의 명성이 위기 상황에 어떤 영향을 미치는지 그 후광 효과를 분석하거나 기업 명성이 위기 상황에서 위기 커뮤니케이션과 어떻게 상호 작용하여 효과를 갖는지, 그리고 위기 커뮤니케이션 전략이나 책임성이 기업 명성에 어떤 효과를 갖는지 등등 위기 상황에서 명성을 위기 커뮤니케이션 전략 수용의 선행 변인이나 결과 변인, 혹은 상호 작용 효과 변수 등 다양한 변수로 연구해오고 있다.

쿰즈는 위기 상황에서 조직 명성을 보호하기 위해 조직이 어떤 위기 커뮤니케이션을 사용해야 하는지에 대해 논하면서 상황적 위기 커뮤니케이션 이론을 개발하고 적용했다. 쿰즈의 상황적 위기 커뮤니케이션 이론SCCT은 상황과 위기 대응을 연결하려는 벤슨(Benson, 1988)의 연구에 대한 반응의 한 부분이었으며, 위기 대응 전략과 위기 유형간의 이론적 링크(연결)를 찾는 것이 문제였다고 했다. SCCT는 귀인 이론에 근거하여 그 연결고리를 발전시켰는데, 귀인 이론은 사람들이 사건, 특히 부정적 사건의 원인을 어디에 두는가에 대한 것으로, 일반적으로 사람들은 사건의 귀인을 환경과 같은 외부 요인 또는 사건과 관련된 개인과 같은 내부 요인에 둔다. 귀인 이론은 사람들이 사건에 대해 어떻게 느끼고 어떻게 반응해야 하는지에도 영향을 미치게 되는데, 쿰즈는 위기란 부정적인 사건이고, 사람들은 위기가 왜 발생했는지 알고 싶어 하기 때문에 귀인을 적용하여 이해하려는 경향이 매우 높다고 보았다. 그는 발생한 위기 사건에 대한 '책임성responsibility'이 귀인 이론의 핵심 요소이며, 사람들은 특정 조직이나 인물이 부정적 사건에 대해 책임이 클수록(높을수록) 해당 조직이나 인물을 부정적으로 보게 되고, 이것이 바로 일종의 내부 귀인이라고 설명했다. 그리고 이해관계자들은 위기가 테러리스트의 공격과 같은 외부적 요인에 의해 발생했을 때보다 조직에 의해 발생했을 때 더욱 불쾌하게 느낀다고 보았다.

SCCT에서는 위기 상황과 위기 대응 전략을 연결하기 위해 책임성을 사용한다. 그리고 이의 기본 전제는 조직의 위기 책임성이 증가할수록 위기관리 담당자는 위기에 대한 책임을 더 많이 수용하는 대응 전략을 사용해야 한다는 것이다. 쿰즈는 공중들이 인식한 위기의 책임성 수준과 위기 대응 전략을 잘 매칭matching시킬 때 명성에 가장 도움이 된다고 보았다. 그에 따르면, SCCT는 위기 대응 전략을 위한 우선적 결과물로 기업 명성을 다루고 있는데, 왜냐하면 위기 대응 전략의 효과성은 해당 전략이 기업 명성을 얼마나 잘 보호하거나 회복시켰는지에 의해 가늠되기 때문이다.

위기 상황은 위기 책임성의 귀인을 형성하는 한 무리의 요인들이라고 볼 수 있다. 이해관계자들이 위기에 대한 책임성을 어떻게 인식하느냐에 따라 위기관리 담당자는 명성을 최대한으로 보호할 수 있는 전략을 선택해야한다. 근래에 연구자들은 위기 책임성 귀인에 주요하게 영향을 주는 3가지 변인을 규명했는데, 바로 위기 유형crisis type, 위기 이력crisis history, 성과 이력performance history이다. 위기 유형은 위기를 정의하는데 사용되는 일종의 틀(프레임)frame로 공중들이 위기 책임성을 평가하는데 가장 우선적으로 고려되는 요인이다. 쿰즈는 아래 〈표 3.1〉과 같이 SCCT에 근거하여 위기 유형을 정리했는데, 각 위기 유형은 위기 책임성 귀인의 정도에 따라 크게 세 가지 카테고리로 나뉜다.

표 3.1 위기 유형

출처: Coombs, W. T.(2013). Situational Theory of Crisis: Situational Crisis Communication Theory and Corporate Reputation, in Carroll, C. E.(Eds.), *The Handbook of Communication and Corporate Reputation*, Hoboken, NJ: John Wiley & Sons, Inc., p. 264.

희생자 위기 유형Victim crisis cluster: 매우 낮은 위기 책임성 귀인	
중립적 자연재해	허리케인과 같이 조직에 피해를 주거나 정상적 운영에 지장을 줄 수 있는 자연 재해와 같은 행위
루머	조직에 대해 유포되는 허위의 또는 유해한 정보
작업장 폭력	현재 또는 이전 고용인이 현재의 고용인을 작업현장에서 위해를 가함
제품 조작/악의	외부 행위자가 제품 조작이나 컴퓨터 해킹과 같은 행위를 통해 고의적으로 조직에 피해를 끼침
우연적(돌발적) 위기 유형Accidental crisis cluster: 최소의 위기 책임성 귀인	
도전	일부 이해관계자들은 조직이 부적합하고 무책임한 방식으로 행동하는 것을 비판. 공중의 도전은 법적인 것이 아니라 도덕적, 윤리적 영역에 기반을 둠
기술적 결함으로 인한 사고	기술 또는 장비 결함에 의한 산업 사고
기술적 결함으로 인한 제품 훼손	기술 또는 장비 결함을 통해 부적절하게 생산된 제품으로, 결함 있는 제품은 소비자들에게 위해 요인이 됨
의도적 위기 유형Intentional crisis cluster: 강한 위기 책임성 귀인	
인재(人災)로 인한 사고	사람의 실수로 발생한 산업 사고. 고용인의 부적합한 업무 수행으로 인해 사고 발생
인재(人災)로 인한 제품 훼손	사람의 실수로 결함 있는 제품 생산. 고용인의 부적합한 업무 수행이 결함 있는 제품의 생산 원인이 되고, 결함 있는 제품은 소비자들에게 위해 요인이 됨
조직의 악행	경영진이 고의로 법이나 규제를 위반하거나 고의적으로 이해관계자를 위험에 처하게 함. 어떠한 방식으로든 이해관계자에게 해를 끼칠 수 있는 위험 행동에 관여하거나 위험한 제품을 고의로 판매하는 것 등이 포함됨

다음으로 위기 관리 담당자는 위기 이력과 성과 이력 요인을 심화시키는 요인들을 고려해야 한다. 위기 이력은 조직이 과거에 유사한 위기를 경험했는가를 의미하고, 성과 이력은 과거에 조직이 이해관계자들을 얼마나 잘 관리했는가 또는 잘못 관리했는가에 대한 것이다. 성과 이력은 위기 발생 전 이해관계자들이 가지고 있는 조직의 사전 명성 인식의 한 변인이 된다. 유사한 위기나 부정적 사전 명성은 발생한 위기가 조직의 빈약한(형편없는) 행동에 의한 일련의 패턴이라는 인상을 형성한다. 귀인 이론에 따르면 열악한 행동 패턴은 안정성의 지표가 되고 개인 통제귀인을 심화시킬 수 있기에, 조직의 위기 책임성 귀인을 증가시키게 될 것이다. 이러한 심화 요인들은 위기 책임성 귀인을 증가시키고, 이는 희생자 위기 유형을 우연적(돌발적) 위기 유형으로 인식될 수 있게 하고, 우연적(돌발적) 위기 유형을 의도적 위기 유형으로 인식될 수 있게 한다.

한편, 긍정적 사전 명성과 과거 성과는 후광 효과halo effect를 발생시켜 위기 상황에서 명성 훼손으로부터 조직을 보호하게 한다. 그러나 실증 연구를 토대로, 연구자들은 이러한 후광 효과가 발생하는 것은 매우 드물고, 그보다는 벨크로 효과Velcro effect가 발견된다고 보았다. 위기 이력이나 비우호적 성과 이력 또는 비우호적 사전 명성이 마치 벨크로(찍찍이)에 보푸라기가 더 들러붙는 것처럼, 추가적인 명성 훼손을 유도한다고 보았다(Coombs & Holladay, 2002, 2006; Coombs, 2013에서 재인용). 이처럼 여러 변인들을 종합 정리하여 SCCT 모델의 개념화에 적용한 것이 〈그림 3.1〉이다.

최근 들어, 쿰즈와 홀라데이 등의 학자를 중심으로 SCCT를 감정이나 부정적 구전 효과, 구매 의도 등의 폭 넓은 독립 변인들과 연계하여 살펴보려는 움직임이 점차적으로 증가하고 있다. 마케팅 분야에서 행해진 초기 위기 연구는 위기 책임성 귀인과 구매의도, 감정 간의 연결고리를 모색하고 이를 SCCT에 논리적으로 확장, 적용하려 했다

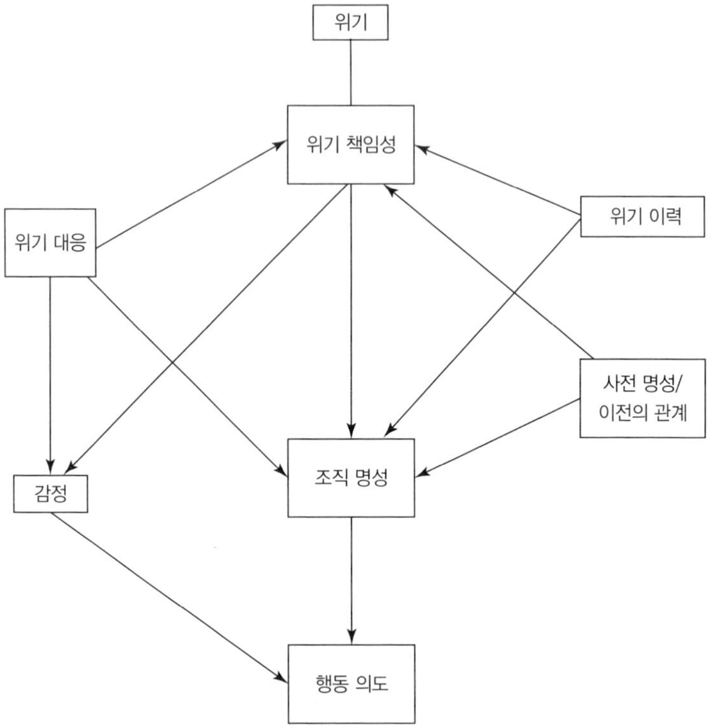

그림 3.1 상황적 위기 커뮤니케이션 이론 변수들

출처: Coombs, W. T.(2013). Situational Theory of Crisis: Situational Crisis Communication Theory and Corporate Reputation, in Carroll, C. E.(Eds.), *The Handbook of Communication and Corporate Reputation*, Hoboken, NJ: John Wiley & Sons, Inc. p. 266.

(Jorgensen, 1996; Mowen, 1980; Coombs, 2013에서 재인용). 감정에 대한 연구의 경우는 분노에 집중하여, 분노가 어떻게 행동의 동기가 되는지를 연구했다. 예를 들어 연구자들은 어떻게 분노가 위기 후 부정적 구전 효과에 공중들이 관여하는 경향성을 증가시키는지 등에 대해 연구했는데, 분노는 위기 책임성과 구매 의도 사이에서도 중재변인으로 작용하는 것을 확인할 수 있었다(Coombs & Holladay, 2007; Coombs, 2013에서 재인용)

쿰즈는 SCCT의 또 다른 주요 변인으로 위기 대응 전략을 꼽았는데,

그는 기존의 SCCT가 베노이트(Benoit, 1995)의 위기 대응 전략 연구에 과도하게 의존했던 것에서 벗어나 다양한 위기 대응 전략과의 통합을 통해 극복하려 했다. 그리고 최근의 SCCT 연구를 통해 통합된 위기 대응 전략을 제시하고 있다(표 3.2). 쿰즈(2013)에 따르면 위기 대응 전략은 부인denial 전략, 감소diminish 전략, 재건rebuild 전략, 그리고 이 세 가지 전략과 함께 사용될 수 있는 보충적 전략인 강화bolstering 전략의 네 가지로 나눌 수 있다.

부인 전략은 위기가 존재하지 않았거나, 조직이 위기에 책임이 없다는 인식을 형성하려는 시도이다. 부인 전략 아래에는 부인과 희생양 만

표 3.2 위기 대응 전략

출처: Coombs, W. T.(2013). Situational Theory of Crisis: Situational Crisis Communication Theory and Corporate Reputation, in Carroll, C. E.(Eds.), *The Handbook of Communication and Corporate Reputation*, Hoboken, NJ: John Wiley & Sons, Inc., p. 266.

부인 전략Denial crisis response strategies	
부인	위기가 발생하지 않았다고 주장
공격자 공격	조직이 위기라고 주장하는 사람이나 조직에 맞섬
희생양 만들기	위기에 대한 책임을 외부의 사람이나 집단에게 전가하여 비난
감소 전략 Diminish crisis response strategies	
변명	피해를 끼칠 어떠한 의도도 없었다고 하거나 위기가 발생하게 된 사건이나 상황을 조직이 통제할 수 없었다고 주장함으로써 조직의 책임성을 최소화
정당화	위기에 의해 발생된 인지된 피해를 최소화
재건 전략 Rebuild crisis response strategies	
보상	희생자들에게 금전적 보상이나 다른 형태의 물질적 보상을 제공
사과	위기에 대한 책임을 수용하고 이해관계자들에게 조직에 대한 용서를 구함
강화 전략(보충적 전략) Bolstering crisis response strategies(supplemental strategies)	
상기시키기	이해관계자들에게 조직의 과거 선행에 대해 이야기
환심사기	위기 동안 조직을 도와준 이해관계자들에게 고마움을 표현하거나 찬사를 보냄
희생양 되기	조직도 위기의 피해자라는 것을 이해관계자들에게 상기시킴

들기가 있는데, 부인 전략은 위기가 없다고 말하는 것이고, 희생양 만들기 전략은 위기의 책임이 누군가 다른 사람에게 있다고 주장하는 것이다. 이러한 부인 위기 대응 전략은 위기 책임성을 없애려고 한다. 만약 조직이 위기에 책임이 없거나 위기가 존재하지 않는다면, 위기로부터 명성이 훼손되지 않기 때문이다. 그러나 분명히 해두어야 할 것은, 부인은 위험한 위기 대응 전략이라는 것이다. 만약 조직이 약간이라도 위기에 책임이 있다는 것이 밝혀진다면, 부인은 위기로 인한 명성 훼손을 더욱 심화시킬 것이다(Ferrin et al., 2007; Kim et al., 2004; Coombs, 2013에서 재인용).

감소 전략은 위기에 대해 최소한의 책임만 수용하려 한다. 이 전략에서 조직은(위기관리 담당자는) 위기가 발생한 것과 해당 위기에 조직이 연관된 것은 사실이나, 이해관계자들이 조직에 최소한의 위기 책임만 귀인 해야 한다고 커뮤니케이션 한다. 감소 전략은 변명과 정당화 전략이 포함되는데, 변명 전략은 조직이 해로운 상황 발생에 어떠한 의도도 없었으며, 위기 사건을 거의 통제할 수 없었다고 설정하기 위해 노력한다. 위기 책임성과 기업 명성의 관계를 고려하면, 위기 책임성 귀인의 최소화는 기업 명성에 영향을 줄 수 있는 위기의 피해를 최소화 할 수 있다. 즉, 기업 명성은 위기 책임성귀인이 최소화될 때 보호된다는 것이다.

그러나 쿰즈(2013)는 많은 위기 상황에서, 부인 전략과 감소 전략은 명성을 효과적으로 보호하지 못할 것이라고 보았다. 조직은 빈번하게 위기에 관여되고 위기 책임성 귀인은 높을 것이다. 그리고 의도적 위기 유형 또는 우연적 위기 유형은 위기 책임성을 더욱 강화하게 될 것이고, 이는 기업 명성을 훼손하게 된다. 따라서 조직은 훼손된 조직의 명성을 회복할 재건 전략이 필요하다는 것이다. 재건 전략은 보상과 사과로 나뉘는데, 보상과 사과 모두 조직이 희생자들의 요구를 고심하고 위기에 대한 책임을 받아들이는 것으로 이해관계자들에게 인지된다. 그러한 긍정적 행동은 명성 회복에 도움이 된다. 그러나 쿰즈는 사과를 당연히(기본적으로) 사용하는 전략으로 보아서는 안 된다고 보았다. 조직이 위기에 대한 책임이 없거나 미약할 경우, 사과는 과잉대응이 될 수 있으며, 이해관계자들은 사과의 오용으로 인해 도리어 부정적으로 반응할 수 있다는 것이다.

마지막으로 강화 전략은 추가적(보충적) 대응을 의미하며, 상기시키기, 환심사기, 그리고 조직 자신이 희생양이 되는 전략을 포함한다. 그러나 강화 전략은 그 자체가 단독으로 사용되기 보다는 다른 위기 대응 전략과 연합하여 사용되는 편이다. 강화 전략만 사용하는 것은 조직이 다른 요인들을 강조하여 위기를 피하려고 한다는 인상을 형성할 수 있다. 그러나 강화 전략이 다른 위기 대응 전략과 결합하여 사용될 경우에는, 조직의 긍정적 요인들을 잘 부각시키거나 조직 또한 위기의 희생자라는 인식을 공중들에게 잘 상기시켜줄 수 있다.

쿰즈는 어떻게 이해관계자들이 전략을 인식하는지를 반영하여 위기 대응 전략의 순서와 분류를 제시한다. 위기 대응 전략은 연속적인 합의accommodation를 반영한다. 예를 들어, 부인 전략에서 감소 전략이나 재건 전략으로 대응 전략이 이동하는 것은 위기 대응 전략이 희생자의 요구를 더욱 받아들여 조절되어 가는 것을 의미한다. 결국, 이는 희생자들 입장에서는 조직이 위기에 대해 더욱 책임을 진다고 인식하게 된다고 볼 수 있다(Coombs, 2006; Coombs, 2013에서 재인용). 쿰즈는 위기 대응 전략만으로 이해관계자들에게 영향을 줄 수는 없다고 보았으며, 궁극적으로 위기 후 기업 명성을 관리하기 위한 하나의 수단(방법)으로 보아야 한다고 주장했다. 그는 위기 대응 전략이 부인이나 감소 전략을 통해서 위기 상황 그 자체에 대한 대안적 인식을, 그리고 재건과 강화 전략을 통해 위기 상황에서 조직에 대한 대안적 인식을 찾게 하려는 것이라 보았다.

쿰즈와 홀라데이(Coombs & Holladay, 2008)는 위기 대응 전략으로서 사과의 가치가 높게 평가되어온 것을 지적하면서 사과 전략과 이에 상응하는 위기 대응 전략들을 비교했다. 연구 결과에 따르면 사람들은 어떤 희생자 중심의/적응적인 전략에도 유사하게 반응한다는 것을 보여주는데 이는 사과전략이 반드시 최선의 전략은 아니라는 것을 의미한다.

대부분의 연구자들은 SCCT를 지지하고 있지만, 국내 연구에서는 사과 전략이 상황에 관계없이 가장 효과적이라는 연구 결과가 대체로 지지되어왔다. 하지만 최근의 몇몇 연구들은 반드시 그렇지 않다는 결과도 제시하고 있다. 김윤진과 이현우(2011)는 위기 관리 커뮤니케이션 영역에서 상황적 위기 커뮤니케이션 이론은 위기 발생시 조직의 명성을 보호하기 위해서 위기 유형에 따른 올바른 커뮤니케이션 전략을 사용해야 한다고 주장하지만, 국내의 연구들을 살펴보면 한국 기업들이 SCCT의 주장과 상반된 전략을 사용하고 있으며, 위기 상황에서의 명성의 역할에 대해서도 일관적이지 않은 연구 결과를 보이고 있다고 지적한다. 이들은 SCCT의 범문화적 일반화 가능성을 검증하기 위해, 범죄 위기 상황에서 기업의 사전 명성 수준(높음/낮음)과 위기 커뮤니케이션 전략(사과/부인/정당화)에 따라 기업의 사후 명성이 어떻게 변화하고, 공중의 위기 인식이 어떠한 차이를 보이는지를 알아보고자 했다. 연구 결과, 기업의 책임성이 높은 범죄 위기의 경우 높은 사전 명성이 무조건 안전판 역할을 하지는 않는다는 것을 알 수 있었으며, 사과 전략이 기업의 사후 명성 회복과 메시지 수용성에 가장 효과적임을 보여주었다.

이현우·김소윤·손승우(2010)는 기업 명성과 위기 관리의 연결고리를 위기 커뮤니케이션 전략에서 찾아보고자 했으며, 특별히 환심 사기 전략을 통해 위기 상황에서의 기업 명성의 가치를 발견하고자 했다. 쿰즈(Coombs, 2013)에 의하면, 환심 사기 전략은 조직과 관련된 여러 이해관계자들을 칭찬하고, 조직이 과거에 그들에게 잘해왔던 일들을 상기시킴으로써 위기 상황에서도 조직에 대한 긍정적인 인상을 창출해 내려는 전략이다. 그들의 연구 결과에서는 위기 유형과 위기 커뮤니케이션 전략이 위기 후의 기업 명성과 기업의 메시지 수용성, 기업에 대한 잠재적 지지 행동 의도에 커다란 영향을 미치고 있음을 발견했다. 특히 위기 커뮤니케이션 전략 중 하나인 '환심 사기 전략'는 위기 유형이 루머일 때 그 효과가 극대화되었으며, 기업의 위반으로 인한 위기 상황에서도 사과 전략 못지않은 효과를 보이고 있었음을 확인했다. 국내 연구 결과는 대체적으로 사과 전략이 다른 유형의 커뮤니케이션 전략보다 긍정적인 반응을 도출한다(이상경·이명천, 2007; 백진숙, 2006)고 보고하고 있으며, 일부 연구자들은 어떤 위기 상황이든 한국에서는 일단 사과를 먼저 하는 것이 바람직하다고 권고한다. 하지만, 이현우 등(2010)은 기업의 책임이 최소화되는 상황에서는 사과 전략이 전혀 기업의 명성 보호에 도움이 되지 않음을 발견했다고 주장하면서, 쿰즈가 제시한 SCCT 등의 서구적 이론이 범문화적 타당성을 띠고 있는지 아니면 문화적 특수성에 따라 적절히 수정될 필요가 있는지를 명확하게 밝혀내야 할 것이라고 권고했다.

방어 전략의 효과에 대해서 김재휘와 김정애(2010) 역시 긍정적이라는 결과를 제시하고 있다. 그들은 위기대처 커뮤니케이션 전략(방어적/순응적)과 '소비자-기업' 간의 긍정적 관계 유무가 기업 신뢰성에 미치는 영향을 연구했다. 연구 결과, 위기 대처 전략과 상관없이 해당 기업과 친밀한 관계에 있는 소비자는 그렇지 않은 소비자에 비해서 기업의 신뢰, 성과, 관계 유지 의도를 모두 높게 평가했다. 또한, 방어적 커뮤니케이션 전략을 사용했을 때에는 순응적 전략에 비해 전문성 훼손이 덜한 것으로 나타났다. 반면 순응적 전략이 방어적 전략보다 진실성에서 더 높은 평가를 받았다. 연구자들은 방어적 및 순응적 위기 대처 커뮤니케이션 전략의 효과가 소비자와 기업 간의 '관계'에 따라 다르게 나타났다는 사실을 보여주고 있으며, 특히 위기 대처 커뮤니케이션 방식이 기업의 신뢰성의 두 측면, 즉 전문성과 진실성에 있어서 서로 다른 영향을 미치므로 기업이 소비자와 어떤 관계를 맺고 있는지에 따라 적절한 대처 전략을 사용해야 한다고 지적했다.

클레이 등(Claeys et al., 2010)은 위기 시 조직의 명성을 회복하는 가이드라인을 제시한 쿰즈(2007)의 상황적 위기 커뮤니케이션 이론을 적용하여 실증적인 연구를 시행했다. 이들은 위기유형과 위기 대응 전략이 조직 명성에 어떤 영향을 미치는지 검증하기 위하여 3(위기 유형: 피해자 유형, 사고 유형, 예방 가능 유형)×3(위기 대응: 부인 전략, 약화 전략, 재건 전략) 요인 간 실험 설계를 했고, 피해자 군집은 제품 오염, 사고 군집은 기술적 오류로 인한 제품 훼손, 예방 가능 군집은 조직의 실수로 인한 상해로 세 가지 허구의 시나리오를 제작했다. 또한 귀인 이론에 근거하여 사건의 원인에 대한 추론을 하는 통제의 소재locus of control를 조절변수로 하여, 내부적 통제 소재를 가진 사람들과 외부적 통제 소재를 가진 사람들은 위기 대응 전략 효과와 조직 명성 수용도가 달라질 것으로 예측했다. SCCT에서는 위기 유형과 위기 대응 전략을 맞추어 적합하게 사용할 것을 제안하지만, 연구 결과 위기 유형과 위기 대응 전략의 적합성이 조직의 명성에 긍정적 영향을 주지 않는 것으로 드러났다. 또한 조직의 명성은 조직이 예방 가능한 위기에 직면했을 때 가장 부정적이었으며, 피해자 유형과 사고 유형에서는 유의한 차이가 드러나지 않았다. 그리고 위기 대응 전략이 조직의 명성에 끼치는 주효과를 확인했는데, 재건 전략을 사용했을 때 약화 전략을 사용했을 때 보다 긍정적인 조직 명성을 나타냈다. 인식된 위기가 심각할수록 조직 명성에 대한 인식은 부정적이었는데, 이는 쿰즈와 홀라데이(Coombs & Holladay, 2002)의 가정과 일치된 결과였으며, 통제의 소재는 전략에 따라 다른 영향을 미치는 것으로 나타났다.

버호벤J. W. Verhoeven은 대부분의 학자들은 위기의 책임이 조직에 있을 경우, 사과apology가 기업 명성 보호에 가장 최선의 방법이라고 말하지만, 조직이 다양한 여러 수준(조직 구성원, 부서, 경영, 기업 수준 등)에 걸쳐 있기 때문에 누가 사과를 하는가 라는 문제가 매우 중요하다고 보았다. 그들은 사과 전략의 효과와 기업 명성에 대한 위기 책임성과 신뢰, 그리고 대변인의 명성과 신뢰에 초점을 맞추고, 위기 책임성과 위기 대응 전략이 기업 명성과 기업 신뢰, 대변인의 명성 및 신뢰에 어떤 영향을 미치는지 실험연구를 진행했다. 실험 결과에서는 위기 책임성이 기업 신뢰와 기업 명성에 확연히 영향을 끼친다는 것을 알 수 있는데, 예방 가능한 위기일 경우 기업의 인식에 더 부정적 영향을 끼쳤다. 이는 대변인의 경우에서도 동일하게 나타났는데, 예방 가능한 위기를 발표하는 대변인의 신뢰와 명성은 우연한 위기를 발표할 때보다 더 부정적인 영향을 끼쳤다. 또한 위기의 책임성은 대변인에 대한 공중의 인식보다 기업에 대한 공중의 인식에 더 큰 영향을 미쳤다. 연구자들은 위기가 특정인의 결함이 아닌 조직 전체의 결함에 의한 것으로 공중이 받아들인다고 주장하면서, 공중이 위기 책임 소재가 조직에게 있다고 판단했을 때 조직의 어떤 수준이 책임을 져야 하는지, 결과적으로 어떤 명성이 위협받고 있는 것인지 숙고해봐야 한다고 지적했다(Verhoeven et al., 2012).

두 번째 논쟁인 위기 상황에서의 명성의 역할에 대해서도 기존 연구들은 매우 불확실한 결과들을 보여주고 있다. 명성과 관련된 연구들은 명성이 위기 상황에 직면한 조직과 고객 관계에서 안전판 역할을 해준다는 결과(Coombs, 1995, 2007; 차희원, 2002; 서지원·차희원, 2010; 이상경·이명천, 2006)와 명성이 조직의 책임을 더 크게 느끼게 하는 촉진제 역할(유창하, 1991; 하영원 외, 2004)을 한다는 상반된 결과로 대립되고 있다.

라이온L. Lyon과 카메론G. T. Cameron은 위기 커뮤니케이션 전략과 조직 명성이 수용자의 태도, 행동의도, 장·단기간 회사의 정보원 신뢰도 평가에 어떤 영향을 미치는지 연구했다. 참가자들은 나쁜 명성을 가진 조직보다 좋은 명성을 가진 조직에 대해 더 높은 구매 및 투자 의향을 나타냈고, 사과적 대응을 하는 조직에 대해 방어적 대응을 하는 조직보다 더 높은 구매 및 투자 의향을 보이면서 평소 명성 관리의 중요성에 대한 기존 연구 결과를 지지했다. 그들은 또한 수면자 효과를 검증했다. 수면자 효과란 일정한 시간이 경과한 후에 커뮤니케이션의 효과가 늦게 나타나거나 긍정적으로 나타나는 것을 의미하며, 정보원과 메시지 간의 관계가 시간이 지남에 따라 사라짐을 나타내는 데에도 사용된다. 연구자들은 정보원과 메시지 간의 연계가 망각됨으로써 사람들은 긍정적인 정보원의 메시지에 대해서는 전보다 덜 수용적으로 되고 부정적인 정보원의 메시지에 대해서는 좀 더 수용적으로 변화한다는 것을 발견했다(Lyon & Cameron, 2004).

이상경과 이명천(2006)은 2006년 초 발생한 삼성과 현대 자동차의 CEO 관련 위기 및 사회 헌납을 통한 사태 해결을 중심으로 기업의 이미지가 사과의 수용과 책임귀인, 반복성 판단에 미치는 영향을 연구했다. 실험 연구 결과, 기업 이미지는 사과의 수용에 직접적이고도 강력한 영향을 미치고 있었으며 기업 이미지 구성 요소 중에서는 특히 사회적 공헌 이미지의 영향이 크게 나타났다. 이러한 결과는 기업 이미지가 위기에서 방어적 역할을 수행하고 있으며 그중에서도 기업의 사회공헌 활동을 통해 비축된 이미지가 중요한 역할을 한다는 것을 의미한다. 특히 사회봉사를 포함한 직접적인 사회적 공헌 활동을 통해 얻어진 좋은 기업 이미지의 위기 대응 효과를 잘 보여주었다고 주장했다. 클레이A. S. Claeys와 코베르V. Cauberghe는 위기 전 조직 명성이 위기 상황에서 조직의 명성 훼손 정도에 어떤 영향을 주는지에 대하여 연구했다. 연구 결과, 호의적인 사전명성을 가진 조직은 위기가 닥쳤을 때 명성 훼손이 덜 일어났다. 이같은 결과는 위기가 발생했을 때에도 호의적인 사전 명성을 형성해 놓은 조직에게는 위기에 대한 책임을 덜 전가시킨다는 것을 설명해준다. 긍정적인 사전 명성의 효과는 위기 상황에서 조직을 지켜줄 뿐만 아니라, 부수적인 부정적인 언론보도 혹은 외부적 혐의 제기에서도 조직을 보호해준다는 결과를 제시했다(Claeys & Cauberghe, 2012).

한정호와 조삼섭(2009)은 평소 기업에 대한 서로 다른 유형의 인식이나 관계 특성들이 위기 인식과 결과 예측에 다르게 작용할 것이라는 가정 하에, 기업의 명성과 공중 관계성이 위기 인식에 다른 영향을 미칠 것이라는 가정을 했다. 전자는 인식적 태도를 기본으로 하는 대표 변수로, 후자는 관계성을 바탕으로 하는 대표 변수로 정했다. 또 전자는 기업에 대한 기대와 평가를 기반으로, 후자는 오랜 기간 기업과 공중들이 형성, 발전시켜온 관계를 기반으로 한 것이다. 그리고 이러한 영향력은 위기 사태에 대한 책임성과 심각성이라는 매개 변수를 거쳐 위기 사태 결과 예측에 대한 인식으로 작용하리라는 가정을 했다. 최종 위기의 결과에 대한 인식으로는 사태에 대한 단기적인 회복 전망, 장기적인 회복 전망, 그리고 그 회사 제품에 대한 지속적인 구매 의도를 포함했다. 연구 결과, 공중 관계성은 위기 책임성에 부적인 관계를 나타낸 반면, 기업 명성은 정적인 관계를 나타내었다. 대체적으로 두 변인이 위기 시에 사전변인으로서 중요하게 작용하며 그중에서도 공중 관계성의 역할과 영향력이 기업 명성보다 더욱 강하게 나타났다. 연구자들은 공중 관계성이야말로 위기 시에 기업이 사태에 대해 지는 책임을 덜어주는 완화제의 역할을 한다는 사실을 보여준다고 주장했다.

SCCT를 기반으로 명성과 위기 커뮤니케이션 전략에 대한 기존 연구에서는 두 가지 논쟁이 일어났다. 첫째, 상황에 따라 다른 위기 커뮤니케이션 전략을 사용하는 것이 명성 회복에 효과적인지에 대한 논쟁이 있었으며, 특히 한국의 연구에서는 어떤 상황에서든 사과 전략이 효과적이라는 논쟁과 그렇지 않다는 주장이 대두되었다. 둘째, 위기 전 사전 명성이 위기 상황에서 안전판 역할을 할 것인지 여부에 대한 논쟁이 있었는데, 이것 역시 첫 번째 논쟁과 마찬가지로 상반된 논의가 있었다. 결국 위기 상황에 작용하는 변수가 다양하기 때문에 일괄적으로 위기 상황에서 사과 전략이나 사전 명성이 항상 효과적이라는 가정을 하기보다는, 다양한 위기 상황이나 조직 특성에 따라서 다른 효과가 나타나기 때문에 더 정교한 연구 설계가 필요하다는 점에 의견이 모아지고 있다.

위기 커뮤니케이션에서 감정의 역할

명성과 위기 연구에서 대부분의 연구들은 여전히 SCCT를 토대로 연구되었지만, 최근 연구들은 SCCT 중에서 감정의 효과에 초점을 맞추어 연구를 진행하고 있다. 특히 위기 책임성과 위기 대응 전략이 공중의 기업 태도나 명성에 곧바로 작용하는 것이 아니라 감정을 매개하여 기업에 대한 인식이나 명성에 영향을 미친다는 것을 주장하고 있다.

이수만과 정수린은 기업의 사과에 어떤 요소들이 포함되느냐에 따라서 용서 정도, 피해자의 분노 정도, 조직의 명성이 결정된다고 보고, 사과에 합당한 구성 요소가 갖춰지지 않으면 공중들은 이를 표면적이고 진실되지 못하다고 받아들일 수 있다고 보았다(Lee & Chung, 2012). 분석 결과, 적극적 책임 사과문을 읽은 집단과 소극적 책임 사과문을 읽은 집단 사이의 분노 해소 정도의 차이는 확연히 드러났지만, 연민 표현 정도에 따른 분노 해소의 차이는 보이지 않는 것으로 나타났다. 흥미로운 점은, 실험 대상자들은 언어상 미세한 차이를 가지고 표현된 적극적 책임과 소극적 책임의 차이를 알아내고 차이를 느낀다는 것이다. 하지만 이전의 연구와는 다르게 연민 표현의 정도는 공중의 분노 해소에 유의미한 영향을 주지 않음이 밝혀졌다. 연구자들은 이에 대해서 사과문에서 연민 표현의 높고 낮음을 이용하여 반응을 측정한 것이기 때문에, 실험 참가자들이 높고 낮음의 정도를 인식했을지라도 그 정도의 차이가 적어, 공중의 분노 해소에까지 영향을 끼칠 만큼 충분하지 않았다고 볼 수 있다고 주장했다.

감정적인 위기 커뮤니케이션을 연구한 반더 미어와 버호벤(van der Meer & Verhoeven, 2014)은 대부분의 연구자들과 달리 조직과 이해관계자 두 당사자 간의 감정적 커뮤니케이션에 주목했다. 그들은 위기 상황에서 감정이란 조직과 공중 모두에게 일어난다고 지적하며, 위기 대응 전략에서 어떤 감정이 조직 명성에 어떻게 영향을 끼치는지 알아보고자 했다. 즉, 위기 상황에서 조직의 커뮤니케이션이 공중에 미치는 효과를 알아보고자 했고, 특히 조직의 감정 표현이 위기 후 조직 명성에 미치는 추가적인 효과를 연구했다. 연구 결과, 재건 전략이 피해줄이기 전략보다 조직의 명성은 확실히 높았다. 또한 감정을 커뮤니케이션하지 않은 것보다 유감과 수치의 감정을 커뮤니케이션했을 때 더 높은 기업 명성이 확인되었다. 연구자들은 기업의 명성은 수치와 유감 등 감정 커뮤니케이션을 통해서 긍정적 영향을 받는다는 것을 확인했으며, 위기 상황에서 기업의 대변인은 전달하는 메시지와 감정을 동시에 커뮤니케이션해야 한다고 주장했다.

맥도널드 등(McDonald, Sparks & Glendon, 2010)은 와이너의 귀인 이론Weiner's Attribution Theory, WAT과 쿰즈의 SCCT를 기반으로 위기의 책임 소재(내부/외부)와 통제 가능성이 이해관계자들의 감정에 미치는 부정적인 영향력에 대해 알아보고 이를 최소화할 수 있는 위기 전략을 제시했다. 비행기 추락 사고 시나리오를 통해 진행된 실험 결과를 통해 대부분의 위기 상황에서 가장 많이 사용되는 전략이 자백confession임은 확실하나, 상황에 따라 무엇도 언급하지 않는no comment 전략의 적절한 사용도 기업에 대한 공중의 부정적인 감정적 반응을 줄일 수 있다는 것을 알 수 있었다. 최윤형과 린(Choi & Lin, 2009)은 귀인 이론에 기반하여 두 종류의 감정(귀인 독립적 감정과 귀인 의존적 감정)이 SCCT에 기여하는 역할에 대하여 알아보았다. 온라인 게시판에 등록된 제품 리콜 관련 글들의 내용 분석 결과, 고객들은 위기 상황에 여러 가지 감정을 느끼는 것으로 나타났다. 특히 조직의 위기 상황에 대처하는 방법에 따라 두려움, 놀람, 분노, 걱정, 경멸, 안도 등과 같은 감정이 다르게 유발된다는 점이 유의미하게 밝혀졌으며, 이를 귀인의존적 감정attribution dependent emotions이라고 표시했다. SCCT 검증 결과, 경계와 분노, 그리고 기업 명성 간에 부정적인 상관관계가 유의미하게 나타났다.

최근 들어 감정이 위기 커뮤니케이션에 대한 수용이나 명성 태도에 미치는 영향에 초점이 맞춰지고 있으며, 분노나 동정과 같은 감정은 특히 기업 명성에 중요한 역할을 하는 것으로 확인되고 있다. 이후 연구에서는 보다 다양한 위기 상황 변수와 다양한 유형의 메시지 전략에 대한 여러 가지 유형의 감정 논의가 진행될 필요가 있으며, 귀인 메시지와 관련된 감정의 역할이나 특성에 대한 논의도 더욱 정교하게 이루어질 필요가 있다.

이미지 회복 담론과 명성 회복

위기와 명성에 대한 또다른 연구 조류는 이미지 회복 담론 분석에 초점을 맞춘 연구들로서, 다양한 영역과 주제로 기업인, 정치인, 기업, 국가 등의 이미지 회복 담론 전략이 어떻게 이루어졌는지, 각각의 전략에 따라 명성이 어떻게 회복되었는지, 그리고 그 함의는 무엇인지 등을 논의하고 있다.

사이프라J. Xifra는 도미니크 스트라우스 칸Dominique Strauss-Kahn, DSK의 사례를 통해서 정치인의 이미지 회복에 대한 새로운 접근을 탐색해보고, 이미지 회복 전략에서 미디어의 역할을 분석했다(Xifra, 2012). DSK는 호텔의 종업원에 성적 폭력을 가한 것에 대해서 혐의가 제기되어 기소되었다. 하지만 이 사건은 혐의를 제기한 피해자가 처음 진술을 할 때부터 거듭 거짓말을 해왔다는 것이 알려지며 피해자(종업원)의 신뢰도에 문제가 생기면서 국면이 전환되었다. 피해자의 거짓말이 검사 측에 의해서 밝혀지면서 DSK는 4개월 만에 사건에서 풀려나게 되었고, 검사 측에서 DSK에 대한 모든 혐의에 대한 고소를 취하한다는 발표를 한다. 사건 이후 DSK는 TV쇼에서 사건에 대하여 폭력이나 공격성, 사전 계획은 없었다고 정당화 전략을 사용했고, 자신의 행동은 부적절했고 가족, 지인, 그리고 자신에게 희망을 걸었던 국민들에 대한 존중이 결여되어 있었다고 언급했다. 또한 폭력의 사실에 대하여서는 혐의를 부인하면서, 혐의를 조작하는 신문 익스프레스지L'express를 향해서 책임을 전가했다. DSK가 가장 많이 쓴 이미지 회복 전략은 공격자 공격하기attack the accuser 전략이지만, 가장 효과적이었던 전략 중 하나는 도덕적 유감 표명 전략이었다. DSK는 베노이트의 전략 중 부분적으로 적용하거나 혼합하여 적용한 경우가 많고, 다른 커뮤니케이션 전략과도 혼합하여 사용했다. 고프만의 인상 관리론도 적용될 수 있는데, 인상 관리는 사람들이 고도로 세련되고 전략적인 커뮤니케이션을 사용하여 자신들이 바라는 인상을 형성한다는 의미를 가진다. 즉, 타인과의 상호 작용을 통해서 나 자신의 인상을 형성하고 관리하는 것이다. DSK의 전략도 이 개념에 기반을 둔 것으로 볼 수 있는데, 구두 커뮤니케이션에 대한 고도의 통제에서 알 수 있다. 예상할 수 있는 미디어 인터뷰에서는 잘 준비된 인터뷰를 진행하는 것을 볼 수 있고, 세밀하게 계획된 언론 관계 전략을 사용했다고 볼 수 있다. DSK의 컨설턴트들은 비슷한 전례가 있는 클린턴의 르윈스키 사건과 유사하게 인터뷰 문을 작성하고 비슷한 전략을 사용했다. 하지만 미국의 여론 담론과 프랑스의 여론 담론은 많은 차이를 보였고, 효과를 내지 못했다. DSK의 전략은 결과적으로 실패했지만, 우리에게 몇 가지 함의점을 준다. DSK는 베노이트가 제시한 전략들을 사용했지만 사건의 불쾌감을 줄이는 전략을 적용하지 않았고, 그 자신이 범죄 행위를 하지 않았다는 것을 명확히 하는데 초점을 맞추었다. DSK는 새로운 전략들을 도입했는데, 빌 클린턴의 케이스와 같은 성공적인 선례를 대입하거나, 고프만의 인상관리론를 적용하기도 했다. 결론적으로 DSK의 사건은 여러 전략들을 융합적으로 사용함으로써 새로운 공중 이미지를 가져올 수 있었다는 함의점을 준다.

추아A. A. Chua와 팽A. Pang은 수사학적 이미지 회복 이론에 근거하여 2008년 금융위기 상황에서 미국 정부가 이미지를 회복하기 위하여 사용한 전략을 연구했다(Chua & Pang, 2012). 미국은 2008년 세계적 금융 위기를 촉발시켰다는 비난을 받으며 세계 초강대국의 이미지에 큰 타격을 받았다. 이 비난은 크게 두 가지로 발전했는데, 미국 경제의 잘못된 관리와 규제에 대한 비난과 위기의 전 세계적 영향과 충격을 줄이는 데에 실패했다는 비난이 그것이다. 이 연구는 백악관과 미국 재무부의 뉴스 보도를 분석했고, 『뉴욕타임즈』, 『USA 투데이』, 『월스트리트 저널』의 자료도 분석에 사용했다. 연구자들은 미국 정부의 이미지 회복 전략을 세 주기로 구분했다. 주기 1은 미국 정부가 국제적 입지를 회복하고 세계적 공황을 줄이기 위하여, 수정 행위corrective action를 동반한 입지 강화와 초월 전략을 사용했고, 부인과 좋은 의도 전략을 사용하는 단계로 미국이 맹비난에 대처하는 주기이다. 주기 2는 미국이 세계정성회담과 G20 정상회담에 참가하는 주기이다. 이 단계에서 미국 정부는 초월 전략을 다시 한 번 사용하는데 개선 행위, 공격자 공격, 차별화를 함께 사용하면서 미국이 세계적 금융 위기의 유일한 원인이라는 비난을 돌리기 위한 전략을 사용한다. 주기 3은 오바마 정부에 들어서 미국의 이미지 부활의 조짐이 보이는 단계이다. 오바마 정부는 국제적 신뢰를 회복하기 위해서 입지 강화와 초월 전략과 더불어 개선 행위와 사과 전략을 사용했다. 연구자들은 미국이 사용한 전략이 얼마나 효과적이었는지 검토했는데, 이 전략들은 오바마 정부가 들어서면서 전 세계적인 이미지 회복에 성공했다. 연구자들은 미국은 이미지 회복을 위한 수사학적 전략을 사용하여 이미지를 회복하는 데 도움이 되었으며, 미 대통령의 연설과 같은 직접적인 정부의 표현에 공중들의 접근이 가능하게 함으로써 미디어와 해설자의 방해 없이 효과적으로 이슈에 대한 토론이 가능했다고 주장했다.

2011년 이집트 혁명기간 중 호스니 무바라크 대통령 연설의 수사학적 전략을 분석한 연구(Anagondahalli, 2013)에서도 이미지 회복 이론에서 제시한 전략을 활용하고 있다. 이 연구에서는 이미지 회복 담론 이론에 대한 부정적인 사전 명성의 의미를 탐구했고, 위기 커뮤니케이션 전략을 형성하는 문화적 요인의 역할을 검토했다. 연구 결과에서 무바라크 대통령은 부인, 책임 회피, 불쾌감 줄이기, 수정 행위 전략 등을 사용했으며, 책임을 다른 정치적 압력 탓으로 돌리는 부인 전략과, '그들'이라는 모호한 용어를 사용하면서 외국의 외압에 책임을 전가하는 책임회피 전략을 사용했다. 또한 입지 강화 전략이나 좋은 의도 전략도 사용했으며, 초월 전략을 도입하여 더 중요한 일을 강조하면서 사건의 불쾌감을 줄이려고 노력했다. 그리고 무바라크 대통령은 수정 행위를 포함하는 연설을 여러 번 등장시켰다. 연설 1에서는 사소한 수정 행위를 전달하고 앞으로의 문제를 예방하자는 태도를 취했고, 연설 2에서는 혁명의 끝이 보이자 보다 구체적인 변화를 제안했다. 또한 무바라크는 자기 자신의 역할을 연설을 통해 만들어나갔는데, 연설 1에서는 자신을 권위주의적 해결사로 포지셔닝했고, 연설 2에서는 시민의 목소리에 귀기울이는 사람으로 포지셔닝했다. 절대적 권력자가 아니라 시민의 요구에 귀기울이고 관심을 가지는 사람으로 변화한 것이다. 또한 이후에는 자신을 아버지로 재포지셔닝하려는 노력을 보였다. 문화적 맥락으로 보았을 때, 아버지 상은 존중과 복종을 바탕으로 권력을 가지는 사람이다. 그러므로 권위에 반하는 것은 문화적인 금기로 여겨지는 것이다. 하지만 결과적으로는 젊은 시민들이 자신을 동등한 위치로 대해주길 바라며 오히려 반감을 사기에 이른다. 연구자는 무바라크가 선택한 새로운 이미지, 즉 아버지 상은 문화적 측면에서 흥미로운 선택이라고 제시한다. 그는 자신을 아버지로 포지셔닝함으로써 젊은 시민들이 가족적 책무를 가지고 자신을 향한 충성과 존경의 감정을 불러일으키기를 바랐던 것이라고 해석하고 있다.

최진봉(Choi, 2012)은 2010년 발생한 멕시코만 기름 유출 위기에 대한 영국 정유회사인 BP사의 언론 보도에 사용된 프레임을 분석했다. BP사의 위기는 2010년 4월 20일 딥워터 호라이즌 유전 시추시설의 폭발로 11명의 사상자가 발생한 사건으로 비롯되었고, 1천 800만 갤런의 원유가 멕시코 만으로 유출된 사건이다. 언론보도에 사용된 프레임 분석 결과, 정보 프레임, 박애 프레임, 사회적 책임 프레임, 방어 프레임, BP사의 공식적 업데이트 프레임 등 다섯 가지 프레임으로 분류되었다. 특히, 공식적 업데이트와 사회적 책임 프레임이 가장 많이 사용되었고, 주요 주제는 기름 유출의 악영향을 억제하려는 BP의 노력이었으며, 하위 주제는 해양 생태계와 지역민들의 생계에 관한 것이 다뤄졌다. 공식적 업데이트는 꾸준하고 가장 빈번히 이루어졌지만 적은 정보를 반복적으로 제공하여, 뉴스에서 다뤄지는 더 큰 범위의 이슈를 피하는 것처럼 보여진다. BP는 책임감을 표명하고 피해자들에 대한 자사의 책임을 인정하는 모습을 보임으로써 더 큰 손실로 이어지진 않았으며, 방어적 프레임을 가장 적게 사용함으로써 기름 유출 사건으로부터 책임을 회피하고 도망치는 모습을 보이지 않았다. BP사는 적절한 위기 대응을 통해서 긍정적으로 이미지를 바꿀 수 있게 되었다. 이는 SCCT에서 제시하는 방향과 일맥상통하는 것으로, 이 연구는 위기 유형과 위기 대응 전략의 적합성이 위기 상황을 해결하는 데 성공적인 방향을 제시한다는 것을 증명한다. 이미지 회복 전략에 따르면, 긍정적인 이미지를 유지하거나 회복하기 위해서 위기가 발생했을 경우, 이미지 혹은 명성에 위협이 되는 대상을 확인하여 적합한 전략을 사용할 것을 제시한다. 연구자는 BP사의 경우 위기 발생 직후부터 사회적 책임과 박애, 공식적 업데이트 프레임을 사용하여 위협 요소에 대응한 전략을 사용했고, 성공적으로 긍정적 이미지를 회복했다고 결론짓고 있다.

올라니란 등(Olaniran, Scholl, Williams, & Boyer, 2012)은 조직들이 위기에 관하여 예방이 아닌 대응 측면에 초점을 맞춰왔고, 적절한 위기 예방을 하지 못해왔다고 지적하면서, 존슨앤존슨 리콜 사태와 위기 대응 및 위기 관리 사례를 비판적으로 분석했다. 존슨앤존슨은 2010년 4월에 오염 가능성이 있는 의약품 수백만 병을 리콜했는데, 존슨앤존슨은 이 대대적인 리콜이 공중에게 알려지는 것을 방지하기 위해서 계약자를 통해서 의약품을 암암리에 되사는 방식을 취했다. 이 상황이 미국 의원들을 분노케 하여 회사의 CEO들이 소환되어 청문회를 열게 된다. 하원 의원과 정부 개혁 위원회는 두 번의 청문회를 개최했는데, 청문회가 진행되는 동안 존슨앤존슨의 리콜 사태는 "팬텀 리콜 phantom recall"이라는 오명을 얻게 된다. 존슨앤존슨은 이미 제품 오염 위기를 겪어봤음에도 불구하고 적절한 위기 예방을 하지 못했다. 이번 사례는 존슨앤존슨이 공중 건강을 보호하기 위한 책임에 있어서 실패했음을 의미한다. 또한, 기업의 문화와 가치가 반영된 신조인 책임, 통합 및 윤리적 행동의 경영 철학이 최근 위반되기 시작했음을 알 수 있다.

이러한 이미지 회복 담론 분석 연구들은 특정 이미지 회복 전략을 사용하게 된 상황과 맥락을 중요시하는 질적 연구를 수행함으로써, 어떤 상황에서 어떤 전략을 사용하는 것이 효과적이었는지 혹은 실패했는지 파악할 수 있도록 돕는다. 특히 문화적 맥락이나 차이에도 초점을 맞추면서 이미지 회복 전략이나 위기 커뮤니케이션 전략의 문화적 특성과 차이를 좀더 눈여겨볼 필요성을 보여준다. 이는 국제 비교 연구뿐 아니라 한 사회 내에서도 존재하는 조직 문화적 특성이나 국민적 특성(사회 문화의 특성과 여론의 특성 등)을 포함하는 위기 커뮤니케이션이 보다 적절하고 수용적임을 보여주는 결과이며, 향후 연구에서는 이러한 사회 문화 및 조직의 문화적 특성과 맥락을 고려하는 연구가 실증적으로 진행될 필요가 있다.

접종이론, 위기 타이밍 이론과 위기 커뮤니케이션 전략

또 다른 명성과 위기 관련 연구 흐름은 SCCT나 이미지 회복 이론 이외의 다른 이론을 토대로 하여 위기 커뮤니케이션 전략의 효과성을 연구한 것이다. 이와 관련하여 많은 연구가 이루어지지는 않았지만, 접종 이론이나 유용성 이론 등을 적용한 몇몇 연구들에서는 기존 연구들과 차별화된 위기 전략 방안이 제안되었다.

아인윌러와 요하(Einwiller & Johar, 2013)는 근거 없는 혐의가 확산되기 전에 개인 접종을 통한 선행적 위기 관리에 대해 연구했다. 연구자들은 선행적 위기 관리 전략이 상대적으로 관심을 적게 받고 있는 분야이지만, 이 전략은 위기가 발전하기 이전에 적절한 개입을 통한 관리를 함으로써 위기를 없앨 수 있음을 주장한다. 이 연구는 위기 커뮤니케이션 전략으로서 접종 이론을 근거로 했는데, 접종 이론은 바이러스에 면역이 생기는 것과 같은 방법으로, 개개인도 그들의 태도에 설득력 있는 공격이 가해졌을 때 접종될 수 있다고 상정한다. 즉, 개인이 어떤 대상에 대하여 가지는 신념에 대하여 약한 공격에 노출되었을 때, 그리고 해당 공격에 대한 반대 논거가 함께 제시되었을 때, 개인은 자신의 신념을 지키기 위하여 지지하는 논거를 만들어내게 된다는 것이다. 따라서 기업들은 어떤 루머나 이슈가 제기되었을 때 공격에 앞서 적절한 개입을 통해 메시지를 전달하고 반대 논거를 제시할 필요가 있다는 주장을 펼치고 있다.

클레이와 코베르(Claeys & Cauberghe, 2012)는 조직이 위기에 직면했을 때 조직은 명성에 심각한 위협을 겪게 되고, 책임이 크면 클수록 명성의 손상은 더 커질 것이라고 보았다. 그런데 이같은 명성 손상은 올바른 PR전략을 적시에, 적절한 표현으로 사용했을 때 최소화 될 수 있다고 보고 위기 타이밍 전략을 근거로 제시했다. 위기 타이밍 전략crisis timing strategy은 위기 손상을 효율적으로 최소화할 수 있는 위기 대응 전략의 대안인데, 위기의 손상을 줄이기 위하여 전략적으로 사용되고 조직의 인식된 책임 정도에 따라 다르게 사용된다. 기업은 위기 커뮤니케이션 전략을 사용하여 그들의 명성을 보호하며, 보통 두 종류의 위기 커뮤니케이션 전략을 사용하는데, 위기 대응 전략과 위기 타이밍 전략이다. 첫째, 상황적 위기 커뮤니케이션 이론에 따르면, 조직은 그들의 책임 귀인 정도에 따라 다른 위기 대응 전략을 선택한다. 둘째, 사전 위기 타이밍 전략으로 가로채기Stealing Thunder 전략을 들 수 있다. 가로채기는 미디어나 다른 관련 집단이 위기에 대하여 알기 전에 미리 조직의 위기에 대한 뉴스를 스스로 공개하는 것이다. 이 같은 사전 위기 타이밍 전략의 목적은 위기로부터 발생하는 손상을 줄이는 것이다. 사전 위기 타이밍 전략은 접종 이론이나 프레이밍 가설, 그리고 유용성 이론commodity theory으로 설명할 수 있는데, 약한 버전의 위기에 대한 정보를 공개함으로써 앞으로 닥칠 위기에 대한 접종을 미리 취하는 것을 접종 이론이라고 한다. 또한 프레이밍 가설은, 위기에 대한 정보 제공을 할 때 조직의 언어로 표현하여 위기의 심각성을 둔화시킨다는 것이다. 유용성 이론은 조직이 위기 정보를 먼저 공개할 경우 외부 공격은 그 가치를 잃는다는 것을 의미한다. 연구 결과, 조직이 사전 위기 타이밍 전략을 사용했을 경우, 조직이 객관적 위기 정보 전달만을 했을 경우와 위기 대응 전략을 사용했을 때 유의미한 차이를 보이지 않았다. 하지만 사후 위기 타이밍 전략을 사용했을 때는, 정보제공만을 했을 경우 신뢰성이 하락하는 결과를 보였다. 또한 조직의 신뢰성은 조직의 명성에 강력한 긍정적 효과를 준다는 것이 확인되었다. 연구자들은 위기 커뮤니케이션의 내용과 함께 타이밍의 중요성을 강조했으며, 다양한 위기 대응 전략 사이에서 겪는 선택의 어려움이 올바른 위기 타이밍 전략으로 해결될 수 있다고 주장한다.

위기 및 명성 이론과 관련하여 대다수의 연구들이 수사학적 메시지 전략 중심의 SCCT를 기반으로 진행되어왔지만, 접종 이론이나 위기 타이밍 전략의 경우 개인의 메시지 수용 과정에 초점을 맞추고 인지심리학적 접근을 시도했다. 따라서 향후 위기와 명성 연구에서는 수용자의 정보 수용 과정과 기존의 스키마 등 인지심리학적 이론을 수용하여 이에 대한 논거와 수사학적 위기 대응 전략의 통합적 연구를 진행하는 것이 필요할 것이다.

소셜 미디어 위기 대응 전략

명성과 위기 관련 연구는 최근 들어 소셜 미디어 영역에 주목하고 있다. 소셜 미디어를 활용한 위기 대응 전략의 특성은 무엇이며, 기존 미디어와 어떤 차이가 있는지, 그리고 매체별 특성과 차이는 무엇이며 위기대응에 효과적인 매체는 무엇인지 등을 논의하면서 소셜 미디어의 특성에 초점을 맞춘 위기 커뮤니케이션 모델을 다양하게 제안하고 있다.

우쯔 등(Utz, Schultz, & Glocka, 2013)은 고전적 위기 커뮤니케이션 이론에서 매체의 역할을 무시하고 위기 유형과 위기 커뮤니케이션 전략 사이의 상호 작용에 초점을 맞춘다고 지적하면서, "네트워크 위기 커뮤니케이션 모델Networked Crisis Communication Model"을 바탕으로 온라인 매체의 효과를 연구했다. 이 연구에서는 후쿠시마 원전사고를 위기 시나리오로 사용하여 위기 커뮤니케이션에 있어서 소셜 미디어의 인지, 정서, 그리고 행동 효과를 검증하고자 했으며, 특히 2차 위기 커뮤니케이션, 2차 위기 반응, 그리고 매체와 위기 유형이 조직 명성에 미치는 영향을 검토했다. SCCT와 같은 이론들은 고전적인 일 대 다수 비대칭 커뮤니케이션 모델을 바탕으로 하고 있기 때문에 단순히 조직이 이해관계자들에게 메시지를 전달하는 커뮤니케이션이 이루어진다. 하지만 소셜 미디어의 출현으로 다수 대 다수 커뮤니케이션 모델 채택이 본격화되었고, 조직은 이해관계자들에게 일방적으로 메시지를 전달하는 것이 아니라 직접 이야기를 하고 메시지를 주고받을 수 있게 된 것이다. 하지만 이 과정에서 조직은 커뮤니케이션 과정에 대한 통제력을 잃을 수 있기 때문에, 공중이 메시지를 공유하고 전달하는 행위인 2차 위기 커뮤니케이션에 대한 연구가 중요하다고 지적했다. 이 연구에서는 매체(페이스북 대 트위터 대 온라인 신문)와 위기 유형(의도적 대 희생자)이 조직 명성과 2차적 위기 반응에 미치는 효과를 실험연구를 통해 분석한 결과, 위기 유형보다 매체 효과가 더욱 강력했다고 주장했다. 소셜 미디어를 통한 위기 커뮤니케이션(관련 정보 전달)은 신문을 통한 위기 커뮤니케이션보다 더 높은 명성과 더 낮은 2차적 위기 반응(메시지 전달과 불매 운동 등)을 보여주었다. 특히 페이스북에서 더 긍정적인 반응이 나타났으며, 위기 유형에 따른 차이도 유의미했다. 하지만 그들은 신문 매체를 통해서 2차 위기 커뮤니케이션을 하는 경향이 더 높다는 것을 발견했으며, 이는 사람들이 전통 미디어를 더욱 신뢰할 만하다고 보기 때문이라고 주장했다.

리우 등(Liu, Austin, & Jin, 2011)은 변화하는 미디어 환경에서 새롭게 발전된 위기 커뮤니케이션 모델인 "소셜 미디어-매개 위기 커뮤니케이션 모델SMCC: Social-mediated Crisis Communication Model"을 제안했다. 이 모델은 두 부분으로 나뉘는데, 첫째, 위기 정보원과 위기정보의 형태가 조직의 반응 선택에 어떻게 영향을 미치는가를 설명했고, 둘째, 제안된 소셜 미디어 매개 위기 반응 전략이 무엇인지를 다루었다(그림 3.2). 위기 정보원 모델에서는 위기를 경험하는 조직과 소셜 미디어를 통해서 위기 정보를 생산하고 소비하는 세 유형의 공중간의 상호 작용을 설명한다. 세 유형의 공중은 (1) 영향력 있는 소셜 미디어 생산자, (2) 소셜 미디어 팔로워, (3) 소셜 미디어 비활동 공중이다. 첫째, 영향력 있는 소셜 미디어 생산자 공중은 다른 개인이나 조직이 소비할 수 있도록 위기 정보를 생산하는 개인 혹은 조직을 의미한다. 둘째, 소셜 미디어 팔로워는 영향력 있는 소셜 미디어 생산자가 생산한 위기 정보를 소비하는 공중이다. 셋째, 소셜 미디어 비활동 공중은 영향력 있는 소셜 미디어 생산자 공중이 생산한 위기 정보를 오프라인 구전 커뮤니케이션을 통해서, 또는 영향력 있는 소셜 미디어 생산자나 팔로워를 따르는 전통 미디어를 통해서 간접적으로 소비할 가능성이 있는 개인 혹은 조직 공중을 의미한다. 이 모델의 중심에는 조직이 위치하는데 조직은 스스로 정보원이 될 수 있다. 따라서 위기정보 정보원은 두 종류로 나누어 볼 수 있는데, 조직 정보원과 조직 외의 정보원(제3의 기관)으로 구분된다. 다수의 조직이 위기 상황에 연관되었을 경우, 각 조직은 위기를 평가하고 대응하기 위해서 스스로를 이 모델의 중심 조직으로 포지셔닝할 수 있다.

이 모델의 조직에 해당되는 부분에는 조직이 위기 전, 위기 중, 위기 후에 정보를 커뮤니케이션할 때 영향을 미치는 다섯 가지 요소를 나타낸다. 위기 원인, 위기 유형, 하부 구조, 메시지 전략, 메시지 형태가 그것이다. 그 중에서 이 모델은 메시지 전략과 메시지 형태에 주목한다. 위기 정보 형태란 위기 정보가 어떤 미디어를 통해서 전파되느냐와 관련된다. 즉, 전통 미디어, 소셜 미디어, 그리고 오프라인 구전 커뮤니케이션 중 어떤 경로로 전파되느냐를 가리킨다. 연구자들은 조직이 위기 상황에서 선호되는 위기 정보원으로 스스로를 포지셔닝하고 싶다면, 위기 정보의 형성 방법과 조직의 위기 대응 전략에 따른 공중의 수용 수준을 파악해야 할 것이라고 지적한다.

따라서 이 연구에서는 위기 정보 형태와 정보원이 위기 전략에 대한 공중의 반응과 메시지 수용도에 어떤 영향을 미칠 것인지 검증하기 위해서 3(위기 정보 형태: 구전 커뮤니케이션 대 소셜 미디어 대 전통 미디어)×2(정보원: 제 3자 대 조직) 실험 설계를 연구 방법으로 선정했다. 연구 결과, 구전 커뮤니케이션보다 전통 미디어를 통해 정보를 들었을 때 조직 지지적인 위기 반응을 더 수용하는 것으로 나타났다. 특히 전통 미디어를 통해 제3자로부터 정보를 들었을 때 조직 지지적인

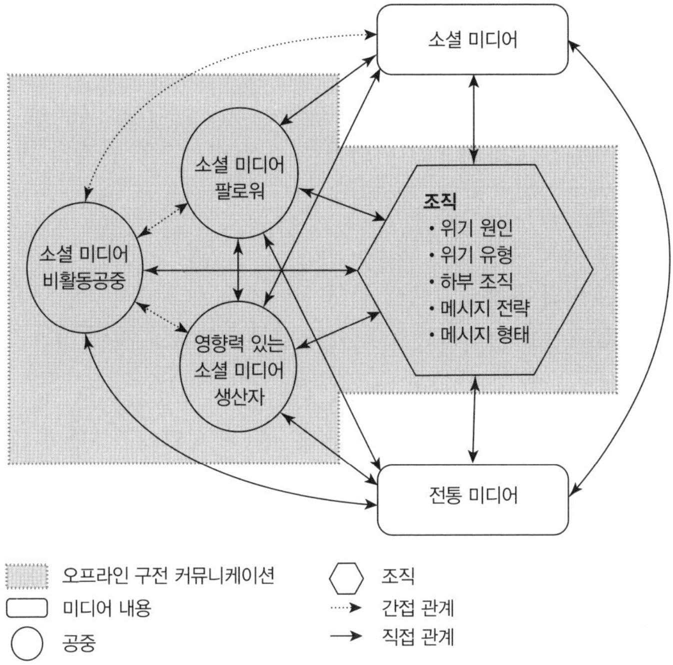

그림 3.2 소셜 미디어-매개 위기 커뮤니케이션 모델(SMCC: Social-mediated Crisis Communication Model)

출처: Liu, B. F., Austin, L., & Jin, Y.(2011). How publics respond to crisis communication strategies: The interplay of information form and source. *Public Relations Review*, 37(4), p. 347.

위기 반응 전략을 가장 많이 수용하는 것으로 확인되었다. 조직 회피 전략의 경우에도 구전 커뮤니케이션보다 전통 미디어를 통해 조직 정보를 들었을 때 더 수용적 반응을 보였으며, 특히 전통 미디어를 통해 제3자로부터 얻는 위기 정보를 더 수용하는 것으로 나타났다. 이러한 결과는 위기 정보 형태와 정보원은 서로 상호작용하며, 위기 정보원(조직 대 제3자)이 공중의 위기 메시지 수용을 조절한다는 것을 보여준다. 연구자들은 모든 상황이 똑같다면 위기 반응 메시지가 배포될 때 위기 정보 형태와 정보원을 고려해야 한다고 지적했다.

슐츠 등(Schultz, Utz, & Göritz, 2011)은 위기 상황에서 소셜 미디

어를 포함한 다양한 미디어가 수용자에게 미치는 효과에 대한 연구는 미미한 상태라고 보고, 다양한 미디어를 통해서 사용된 위기 커뮤니케이션 전략에 대하여 살펴보았다. 이들은 위기 커뮤니케이션 전략과 조직 명성과의 관계 및 사용된 미디어와 조직 명성간의 관계에 대한 문제를 검토했다. 연구 결과, 트위터와 블로그 미사용자, 블로그 사용자, 트위터 사용자 순으로 메시지 공유 의지가 높았으며, 신문에 노출된 참가자들은 트위터나 블로그에 노출된 참가자들보다 메시지를 공유하려는 경향성이 컸다. 하지만 2차 위기 커뮤니케이션에 대한 커뮤니케이션 전략의 효과는 크게 발견되지 않았다. 조직 명성에 대한 매체의 효과를 측정해보았을 때, 트위터, 블로그, 신문, 트위터+블로그 순으로 높게 측정되었다. 또한 트위터만 사용, 트위터+블로그 조건에서 블로그, 신문 조건보다 더 적은 2차 위기 반응이 나타났다. 종합적으로 연구 결과를 살펴보면, 커뮤니케이션 메시지보다 매체가 더 중요함을 알 수 있다. 모든 종속 변인에 매체가 영향을 끼친다는 사실이 확인되었지만 메시지는 2차 위기 반응에만 영향을 미친다는 것을 알 수 있다. 더욱이 트위터를 통한 위기 커뮤니케이션이 블로그나 신문을 통한 커뮤니케이션보다 부정적인 위기 반응을 덜 일으킨다는 것을 확인했다.

브라운N. A. Brown과 빌링스A. C. Billings는 대학 스포츠팀 팬들의 소셜 네트워크 웹사이트를 통한 대학 위기 대응 전략의 확장에 대하여 분석했다(Brown & Billings, 2013). 그들은 위기 커뮤니케이션 연구에서 관중audience의 역할이 다루어지지 않았다는 문제점을 지적하면서, 쿰즈의 아홉 가지 명성 회복 전략을 기준으로 마이애미 팬들의 트위터를 내용분석했다. 연구 결과, 마이애미 대학 팬들은 환심사기, 상기 시키기, 공격자 공격 전략을 많이 사용했다. 환심 사기가 가장 많이 사용되었으며, 위의 세 전략은 전체 분석 대상의 73%를 차지했다. 마이애미 팬의 트윗에서 고유하게 발견된 전략으로는 링크 제시, 조직화된 해쉬 태그 사용, 주의 돌리기가 나타났다. 전체 트윗의 18.4%가 협의에 대한 기사 원본 링크를 제시했다. 또한 마이애미 팬임을 알리는 조직화된 공식 해쉬 태그를 사용 함으로써 자신이 마이애미 팬임을 드러냈으며, 마이애미 팬들은 경쟁 학교의 위법 사례를 들며 마이애미대학교의 관심을 돌리는 전략을 사용했다. 이들은 대학이 조사를 받는 동안 공적 발언을 할 수 없는 위치에 놓이는 상황에서 대학이 할 수 없는 역할, 예를 들면 다른 학교를 끌어들여 주의를 분산시키는 전략을 사용하거나, 조사가 진행되는 동안에 정보를 제공하고 퍼뜨리는 역할을 할 수 있기 때문이라고 연구자들은 주장했다.

위기 상황에 소셜 미디어를 적용한 연구들은 수용자의 적극적인 정보행위에 초점을 맞추고 다양한 2차적 반응과 확산 행동을 연구하는 모델을 제시했다. 소셜 미디어가 점차 확대되면서 능동적인 수용자의 정보 확산 행동을 중심으로 다양한 모델이 제시되고 있는데, 향후 수용자의 2차 반응과 정보 확산 행동에 대한 이론을 적용하는 연구가 진행된다면 더욱 유용한 연구모델이 제시될 것으로 보인다.

수사학적 관점에 기반한 위기 커뮤니케이션 이론과 기업 명성 간의 연계성에 대한 논의는 최근 PR 학자들의 많은 관심을 모으고 있고 많은 연구가 수행되어온 분야이다. 그러나 대부분의 연구가 수사학적인 메시지 전략이나 조직의 이미지 회복에 초점을 맞추고 있기 때문에 실제적인 조직 행위와 쌍방적인 관계에 기반하는 조직-공중 관계성 이론을 중심으로 위기 상황에서 조직 명성 회복에 어떤 영향을 미치는지에 대한 연구가 필요하다. 또한 평소 기업 명성이 위기시 많은 효과를 거두고 있음이 대부분의 연구에서 입증되었는데, 이는 평소 공중과의 관계가 매우 중요함을 의미한다. 기업은 평소 공중과의 관계에 초점을 맞춰야 할 뿐 아니라 사회학적 관점에서 이해관계자의 기대와 이슈를 파악하고 사회적 문제에 좀 더 관심을 갖는 기업 시민으로서의 역할에 중점을 둘 필요가 있다. 이러한 측면에서 최근의 기업 명성 연구는 CSR의 역할과 그 효과에 대한 관심이 높아지고 있다.

3. CSR과 기업 명성: 기업 시민과 사회 책임 커뮤니케이션

사회학적 관점에서 명성을 연구하는 학자들은 기업 명성을 사회제도나 사회규범에 순응하고 사회 구성원들의 승인을 얻어내는 사회적 정당성social legitimacy으로 간주하고, 기업 커뮤니케이션이 기업의 정당성을 확보해주는 데에 공헌할 수 있다는 주장을 하고 있다. 특히 사회적 이슈나 위기 상황에서 기업이 외부 이해관계자와 어떻게 커뮤니케이션을 해야 하는지, 그리고 어떻게 사회적 구성원들의 정당성을 확보할 수 있는지에 대해 논의하고 있다.

그롤린J. Grolin은 위험 사회의 특성을 논의하면서 왜 기업이 정당성을 확보하는것이 중요해졌는지 쉘사의 원유채굴 시설물의 폐기이슈와 관련된 위기 사례를 제시하고 있다(Grolin, 1998). 이 논문에서 그는 기업 정당성을 확보하기 위해서 기업이 주위의 이해관계자와 어떻게 '대화'하고 '소통'해야 하는지도 제시하고 있다. 마흔과 워틱은 명성 관리에 있어서 이슈 관리의 중요성에 대한 문제를 제기한 바 있다. 그들은 상품이나 서비스 시장marketplace of products and services보다 사상의 시장marketplace of ideas이 명성 관리에 있어 매우 중요하다는 주장을 전개한 바 있으며, 사회적 문제나 쟁점을 잘 관리하여 신뢰를 얻는 것이 기업 명성에 어떻게 효과적일 수 있는지 보여주고 있다. 그는 명성 관리를 위해서 일관된 이슈 관리를 통해 이해관계자들과의 관계를 평소 잘 관리하고, 새로운 또는 현존하는 이슈에 문제가 발생할 때의 예측 가능성을 확인해야 하며, 조직이 명성 관리에서 강조하고 싶은 측면을 평가할 필요가 있다고 지적한다. 그들은 이슈 명성의 전문성, 이해관계자 명성의 전문성, 그리고 과정 명성의 전문성, 세 가지가 상호작용하면서 명성에 영향을 미치기 때문에 조직이 어떤 이슈와 어떤 이해관계자를 대상으로 명성을 관리할 것인지, 그리고 그 과정에서 신뢰를 어떻게 확보할 수 있을지에 대해서 고민해야 함을 주장한다. 이는 기업이 최근 특정 사회적 문제에 관심을 갖고 특정 이해관계자와 국민과의 신뢰를 평소 쌓아두는 CSR 활동에 관심을 갖는 것과 같은 맥락이라고 할 수 있다.

쿰즈와 홀라데이(Coombs & Holladay, 2012)도 기업 명성과 기업의 사회적 책임CSR에 대한 가치의 증대는 무시하기 힘들고, PR 정설에서도 인정되는 부분이라고 지적한다. 명성과 CSR의 관계는 CSR이 기업 명성의 중요한 요소로 떠오른다는 점에 있다. CSR은 조직의 경제적 효과뿐 아니라 세상에 대한 환경적, 사회적 영향력을 가지는 것의 긍정적 효과를 강조한다. 또한 이것은 기업의 이해관계자들의 기대에 부응할 수 있는 방법으로 작용한다. 따라서 CSR이 기업 명성에 중요한 요소가 됨으로 인해서 행동주의 공중 또한 조직에게 무시하지 못할 공중이 되었고, 기업 명성 관리를 위한 중요한 공중으로 부각되었다.

이러한 여러 학자들의 주장에 힘입어 CSR에 대한 최근의 연구 동향은 CSR 활동이 기업에 과연 필수적인 활동인가 라는 의문에서부터 벗어나 CSR 활동을 기업의 필수적이고 근본적인 활동으로 간주하고 있는 추세이다. 따라서 최근 학문분야에서도 CSR 활동의 정당성이나 당위성을 주장하기보다 CSR이 기업 명성과 어떤 관련성이 있는지, 또 기업에 실제 어떤 효과가 있는지를 검증하는 데에 주력하고 있다. 구체적으로, CSR의 효과와 가치에 대한 탐구, 위기 상황에서 CSR 활동의 후광 효과 연구, 소셜 미디어를 활용한 CSR 전략 연구 등의 논의가 활발히 진행되었다.

기업의 사회 책임: CSR 활동의 진정성 논의

기업의 사회 책임Corporate Social Responsibility, CSR과 명성 연구에 있어서 학자들의 관심이 가장 높은 연구 주제 중 하나는 기업의 CSR 활동의 동기와 진정성에 대한 의심이 기업 명성에 어떤 영향을 미치는지 연구한 것이다. 이 연구들에서는 CSR 활동 이전에 기업이 갖고 있던 기존 명성과 과거 기업의 선행이나 행위에 대한 평가 등이 CSR 활동의 동기와 진정성 의심에 영향을 미치는 주요 변인임을 주장하고 있다.

배지양과 카메론(Bae & Cameron, 2006)은 기존의 기업 명성이 기업의 친사회적-자선활동에 대한 인식에 미치는 영향을 연구했다. 특히 공중들이 기업의 친사회적 활동을 평가할 때에 이루어지는 '귀인 과정'에서 명성이 어떻게 작용하는지 확인했고, 공중에게 조직의 친사회적 활동(자선 기부)이 호의적으로 인식되기 위해서 조직은 그러한 활동들 이전에 좋은 명성을 갖추고 있어야 한다고 지적했다. 김연수(Kim, 2014)는 두 방향의 CSR 동기 커뮤니케이션 전략에 대한 이해관계자들의 반응에 대한 연구를 진행했는데, 제시된 CSR 동기에 따라 조직 명성이 어떻게 달라지는지도 함께 연구했다. 두 방향의 CSR 동기 커뮤니케이션 전략이란 사회적 동기society-serving와 조직의 이익을 위한 동기self-serving를 함께 제시한 전략과 사회적 동기만을 제시한 전략을 가리킨다. 연구 결과에서는 조직의 이익을 위한 동기와 사회적 동기를 함께 제시했을 때 회의적 반응이 적었으며, 조직에 대한 긍정적 태도와 조직의 활동을 지지하고자 하는 행동 의도가 높게 나타났다. 또한 부정적 명성을 가진 조직이 CSR의 조직의 이익에 대한 동기를 언급하지 않고 사회적 동기만을 제시했을 때에는 역효과가 발생할 수 있다는 결과도 제시했다. 이러한 연구 결과는 귀인이론의 결과를 지지하는 것이다.

소셜 미디어인 페이스북에서 이루어진 사회 공헌 활동의 홍보 효과를 연구한 조영신과 정세훈(2013)도 이 같은 귀인 이론의 논리를 지지하는 결과를 보여주었다. 그들은 설득 지식 모형을 적용하여 사회 공헌 활동 주체의 유형(기업 대 비영리 조직)과 소셜 미디어에서 활동의 내용을 전달하는 정보원 유형(조직 대 개인)의 효과를 살펴보았다. 설득 지식 모형에 따르면 설득에 대한 소비자의 지식 구조는 설득 지식

persuasion knowledge, 설득행위의 주체인 에이전트에 대한 에이전트 지식agent knowledge, 설득 메시지의 주제에 대한 주제 지식topic knowledge으로 구성된다. 이중 설득 지식은 설득 지식 모형에 핵심이 되는 개념으로 설득의 대상이 되는 타겟이 자신의 경험에 의해 축적된 기존 지식을 활용하여 설득행위의 주체인 에이전트의 설득 시도persuasion attempt에 대해 이해하고 평가하여 적절히 대응하는 것을 의미한다. 그 과정에서 에이전트의 행위가 설득을 위한 전술임을 인식하지 못하면 설득 지식이 활성화되지 않기 때문에 설득 시도에 대한 저항이 적은 데 반해 상대의 행위가 특정한 의도를 담고 있는 설득 전술이라는 사실을 알게 되면 설득 당하지 않고자 하는 방어기제defense mechanism가 형성되고 결과적으로 설득 효과가 낮아지는 결과를 가져온다. 기존의 설득 연구가 소비자를 설득의 대상으로 파악하고 메시지 효과라는 결과적 측면에 주목해왔던 것에 반해 설득지식모형은 마케터와 소비자를 대등한 위치에 놓고 마케터의 설득에 대응하는 '소비자의 능력'에 중점을 두고 있다(김윤애. 박현순, 2008). 즉 소비자의 능동성을 강조하고 이에 따른 설득 정보 처리 과정을 살펴보는 것이다.

이러한 설득 지식과 설득 효과 간의 관계는 귀인 이론과 관련하여 이해할 수 있다. 귀인 이론은 인간은 어떠한 현상에 마주했을 때 그 원인을 찾아서 설명하고자 하는 동기가 있다는 전제에서 출발한다(Kelley, 1972). 귀인 이론에 따르면 사람들은 논리적이고 분석적인 방법을 사용하여 어떠한 상황이나 행동의 원인을 추론하며, 이는 능력, 동기와 같은 개인적인 요소에 의한 내적 귀인과 상황적 특성과 같은 환경적 요소에 의한 외적 귀인으로 나누어진다. 즉, 원인 추론 과정에서 사람들은 현상의 원인을 사람의 내면적 기질에서 찾기도 하고 때로는 외부의 탓으로 돌리기도 한다는 것이다.

귀인 이론에서 설득 행위의 원인 또는 동기를 추론하는 것과 유사하게 설득 지식 모형에서도 소비자들은 설득 행위의 의도를 추론한 후 판단을 내린다. 설득의도가 강하다고 생각할수록 소비자들은 더 방어적이 되기 때문에 쉽게 설득 당하지 않게 된다. 마찬가지로 어떠한 사회 공헌 활동을 접한 소비자들은 이에 대한 의도를 파악하고자 할 것이다. 그 과정에서 사회 공헌 활동의 목적이 사회에 기여하고자 하는 순수한 목적이 아닌 다른 의도가 있음을 인식하게 되면 방어적인 태도를 형성하게 되고 이로 인해 사회 공헌 활동의 설득효과는 낮아질 것이라 예상할 수 있다. 조영신과 정세훈(2013)은 이러한 가정에 따라 연구한 결과 주체 유형에 따라 설득 효과가 다르게 나타났다. 즉, 사회 공헌 활동의 주체가 기업일 때보다 비영리 조직일 때 설득의도가 더 낮다고 판단했고, 이에 따라서 사회 공헌 활동을 더 이타적으로 귀인했고 사회 공헌 메시지를 더 호의적으로 인식했다. 이러한 결과에 의해보면, 소비자들은 기업의 사회 공헌활동을 '의도가 있는 것'으로 판단하여, 방어적인 태도를 형성한다는 것을 알 수 있다. 또한 같은 메시지임에도 불구하고 비영리 조직의 캠페인에 참여하겠다는 의도가 높게 나타났다. 즉, 소비자들은 비영리 조직의 메시지를 더 이타적인 귀인으로 판단하여, 우호적인 태도를 나타내는 것을 확인할 수 있었으며 설득 지식 모형과 귀인 이론의 논거를 지지했다.

CSR 메시지에서 내러티브와 영상 이미지의 설득 전략 효과를 연구한 이윤하, 최인호, 염정윤, 정세훈(2013)의 연구에서도 귀인 이론의 주장을 입증했다. 그들의 연구 결과, 내러티브 메시지가 비내러티브 메시지에 비해 메시지 몰입에 더욱 효과적이며, 호의적인 메시지 태도와 기업 태도를 유발하는 것으로 나타났다. 그들은 내러티브 형식의 메시지가 효과적인 이유는, 수용자들로 하여금 CSR 이야기나 상황에 보다 쉽게 몰입하게 하고 감정적인 반응을 일으키며 자신의 경험과 연결지어 공감대를 형성하게 함으로써 설득 의도에 대한 의심과 반박을 줄이는 효과가 있기 때문이라고 주장했다.

이와 유사하게 김연수와 최유진(Kim & Choi, 2012)은 필립모리스

담배회사의 2가지 CSR 프로그램(담배 관련된 담배예방 프로그램과 담배와 관련되지 않은 프로그램)이 미국과 한국 대학생의 CSR 동기 인식, 필립모리스 회사에 대한 태도, 회사를 지지하려는 행동의도 등에 대한 효과를 연구했다. 연구 결과 담배와 관련되지 않은 프로그램과 긍정적으로 인식된 CSR 동기는 CSR 가치, CSR 행위와 회사에 대한 태도, 그리고 회사 지지의도에 긍정적인 영향을 미쳤다. 이는 담배와 관련된 예방 캠페인보다 담배와 관련되지 않은 캠페인의 경우 CSR 동기와 가치를 더 긍정적으로 인식하게 되고 회사에 대한 태도와 지지 의도에도 긍정적으로 작용한 것으로 보인다. 특히 한국 대학생이 미국 대학생보다 필립모리스의 CSR 행위를 더 상호 호혜적인 것으로 인식하고 회사를 더 지지하는 것으로 나타났는데, 이에 대해서 연구자들은 한국 대학생이 필립모리스 회사의 금연 캠페인을 많이 경험하지 않았기 때문이라고 설명한다. 미국에서 필립모리스의 금연 캠페인을 많이 경험한 미국 대학생은 이에 대해서 면역이 생겨서 회사의 행위를 신뢰하지 않기 때문으로 풀이된다는 것이다. 따라서 앞서의 연구 결과와 마찬가지로, 소비자들은 회사의 CSR 행위의 원인을 추론하는 과정에서 기존 회사의 행위와 역사 등을 바탕으로 귀인 과정을 거치기 때문이라고 판단된다.

이와 같이 CSR 활동의 진정성과 동기에 대한 의심이 CSR 활동에 대한 평가를 거쳐 기업 명성에 영향을 미친다는 일관된 연구 결과가 나타났다. 주로 귀인 이론과 설득 지식 모델을 기반으로 연구가 이루어졌는데, 평소 조직의 지속적인 사회 공헌 활동은 이러한 CSR의 진정성과 동기를 긍정적으로 평가하여 기업 명성에 작용한다는 결과를 보여주었다. 대부분의 연구 결과에서는 평소 사회 문제에 관심을 갖고 사회적 책임을 CSR 활동으로 보여주었던 기업의 높은 명성은 CSR 활동에 대한 진정성을 받아들이게 하여 또다시 좋은 기업평가로 이어짐을 확인했다.

사회 공헌 활동의 효과와 가치

많은 CSR 연구자들은 CSR 활동의 효과와 가치를 연구했는데, 기업의 CSR 활동이 기업 이미지나 기업 명성 제고, 기업 정당성 확보, 기업 가치 증진, 소비자의 제품 태도와 구매 의사, 그리고 조직 구성원 만족과 로열티 등에 효과적임을 실증적으로 검증했다.

파스트라나N. A. Pastrana와 스리라메쉬K. Sriramesh는 콜롬비아 중소기업을 대상으로 CSR 실행과 이에 대한 인식을 연구했다(Pastrana & Sriramesh, 2014). 54개 중소기업에 대한 온라인 질문지와 인터뷰 등을 활용하여 CSR 행위, 동기, 이해관계자, 의사결정 과정, 커뮤니케이션 과정, 자원 할당과 평가, 그리고 이점 등에 대해 연구했다. 이러한 CSR 관행은 콜롬비아의 문화적 요소에 의해 영향을 받았으며, 고객과 종업원, 투자자들이 가장 중요한 이해관계자로 인식되었다. 특히 문화적 장소나 대인관계의 중요성이 제시되었고 CSR 활동의 이점으로는 조직 문화의 증진, 최고의 종업원을 끌어모으고 유지하는 것, 이미지와 명성의 증진, 고객 로열티의 증진, 그리고 관련 이해관계자를 만족시키는 것 등을 제시했다.

타카노K. Takano는 맥도날드 재팬이 일본에서 CSR 활동으로 음식 교육을 통해 어떻게 기업 이미지를 증진시켰는지 사례 연구를 수행했다(Takano, 2013). CSR 담당자들과 맥도널드의 교육 프로그램을 경험한 공립학교 교사들과의 인터뷰를 통해서 기업 이미지는 물론 판매 증진에도 기여했음을 밝혀내었다. 특히, 음식 교육 프로그램 관련 비디오를 시청한 사람들은 회사가 높은 위생시설 기준을 갖고 있음을 확신했으며, 교육 자료의 수준이 매우 높아서 감명받았다고 응답했다. 또한 맥도날드가 일본에 들어온 20세기 초반에 PR 실무는 잘 개발되지 않았으나, 이제는 일본 PR 담당자들이 기자와의 관계를 잘 유지하면서 제3자로서 언론을 매우 효과적으로 활용하고 소비자의 신뢰를 얻고 있다고 응답했다. 이처럼 미디어와 공립학교 교사들의 지지활동을 통해서 맥도날드 재판은 호의적인 명성을 얻었다.

기업의 사회적 책임 활동이 기업 신용 등급에 미치는 영향을 연구한 전홍민과 차승민(2013)은 사회적 책임 활동이 높을수록 신용 등급도 유의하게 높게 나타났음을 확인했다. 그들은 신용 평가 기관이 기업의 사회적 책임 활동이 높으면 이를 긍정적으로 인식하고 신용 등급을 결정할 때 프리미엄을 부여하여 반영하는 것이라고 해석했다. 기업의 사회적 책임 수준에 따른 기업 가치와 기업 명성 차이를 연구한 박현일·김민정·강호영·이원기(2013)는 경제정의연구소에서 매년 발표하는 200개 기업에 대한 KEJI Index가 있는 기업과 한국능률협회컨설팅에서 개발한 한국에서 가장 존경받는 기업KMAC에 대한 자료가 있는 2005년부터 2010년까지를 표본으로 하여 기업을 분석했다. 분석 결과, 기업 성과뿐만 아니라 사회적 책임까지도 잘 수행한 기업 집단에서 기업 가치와 기업 명성이 가장 높게 나타났다. 기업 가치의 경우, 사회적 책임 수준보다 기업 성과가 높은 집단에서 기업 가치가 높게 나타났으며, 기업 명성의 경우는 기업 성과보다는 사회적 책임 수준이 높은 집단에서 더 높게 나타났다. 기업의 사회적 책임CSR과 공유 가치 창출CSV의 효과에 관해 연구한 윤각과 이은주(2014)는 사회 책임성 인식, 브랜드 태도, 기업-소비자 동일시, 진정성 등 모든 변수에 대해서 CSR 활동보다 CSV 활동이 더 높은 평가를 받았다고 주장했다. 특히 외국 기업의 경우 CSR 활동이 현지 시장의 소비자에게 긍정적 인식을 창출하고 구매의도에도 긍정적 영향을 미친다는 연구도 있었다. 외국 기업의 CSR 활동에 대한 인식을 연구한 천만봉(2013)은 외국 기업의 CSR 활동이 현지 시장의 소비자에게 신뢰도와 몰입도, 그리고 기업 명성을 높였고 이를 매개하여 외국 기업 제품의 구매 의도에도 긍정적 영향을 미쳤음을 확인했다.

CSR 효과를 조직학적 관점에서 조직 구성원의 내부 명성이나 정체성 형성, 그리고 직무 만족 등에 어떤 영향을 미치는지 등의 연구도 진행되었다. 이들 연구에서는 기업의 CSR 활동이 조직원의 조직 정체성에 대한 동일시를 높이고 구성원의 동일시는 조직에 대한 책무, 직무 동기와 만족감, 조직 시민 행동을 고취시킨다는 점을 강조하고 있다.

볼튼 등(Bolton et al., 2011)은 CSR을 외부 압력이나 경영 관리적 차원에서만 접근할 것이 아니라 역동적인 내부 조직의 과정이며 직원과의 상호 작용적 접근으로 관점을 달리해야 한다고 주장했다. 그는 최근의 CSR 활동에 대한 연구는 사원을 중심에 놓고 조직의 내부 과정으로 접근하는 상호 작용적 접근이 이루어지는 추세에 있다고 주장하며, 사원은 CSR의 공동 창조자이며 실행력을 가진 주요 이해관계자라고 지적했다. 과정적 상호 작용적 접근에 따라서 다국적 에너지 회사의 CSR 단계를 연구한 그들의 분석결과에 의하면, CSR 시작 단계에서 직원관여는 미약한 수준이었지만, CSR 마지막 단계에서 직원 관여는 CSR 성공적 결과에 크게 기여한 요인이었음이 확인되었다. 따라서 그들은 CSR 행위에 대한 경영 관리와 직원 참여라는 효과 이외에 외부 이해관계자는 물론 내부 이해관계자에게도 정당성을 부여했다는 점에서 CSR의 이중적 효과dual impact를 확인했다고 주장했다. 질R. Gill은 기업의 스토리텔링이 사원의 참여를 높이는 PR 전략으로써 가치 있는지, 그리고 스토리텔링이 기업 브랜드에 대한 내부 로열티를 증진시켜서 내부와 외부 명성을 높이는 데에 기여하는지 연구했다. 연구 결과, 조직은 사원을 명성 챔피언으로 만들면서 직원의 CSR 활동 관여에 대한 기업 스토리를 사용하는 것과 직원의 로열티 증진, 그리고 더 강한 외부 명성과의 긍정적인 상관관계를 확인했다(Gill, 2014).

총M. Chong은 기업 정체성과 조직원의 CSR 프로그램 참여 간의 관계를 알아보기 위하여 질적 연구를 진행했다. 연구의 대상이 된 사례는 DHL 아시아 퍼시픽의 2004년 쓰나미 재난 대응 프로그램에 대한 조직원 참여이다. 이 연구에서는 기업 정체성과 조직원의 CSR 참여간에 존재하는 연결고리를 알아내기 위하여 DHL 아시아 퍼시픽 직원들을 대상으로 심층 인터뷰를 진행했다. 연구 결과, 조직원의 쓰나미 재난 대응 프로그램 참여가 자연스럽게 조직원들에게 조직의 기업 정체성을 배양하고 강화하는 역할을 했다. 시간의 흐름에 따라 기업 CSR 프로그램 참여와 기업 정체성 간의 상호 작용은 자기 강화self-reinforcing라는 선순환을 형성한다는 점도 발견되었다(Chong, 2009).

강태희와 차희원(2010)은 기업 문화와 기업 명성의 관계에서 기업의 사회적 책임 및 동일시의 매개 효과를 검증하여 어떠한 기업 문화가 기업의 사회적 책임에 대한 인식을 통해 기업 명성에 영향을 미치는지를 밝혀내었다. 연구 결과, 기업 문화와 기업 명성의 관계에서 기업의 사회적 책임의 매개 효과가 검증되었으며, 기업의 사회적 책임에 따라 기업동일시가 다르게 형성되고 기업 동일시는 기업 명성에 유의하게 영향을 미치는 것으로 나타났다. 특히 기업 구성원들의 능률과 안정을 중시하는 관리 문화에서 기업 구성원들은 기업의 사회적 책임에 대해 더욱 긍정적으로 인식하고, 윤리적인 가치를 공유하는 기업은 높은 기업 명성을 기대할 수 있다는 사실을 확인했다. 윤각과 류지영(2012) 역시 조직원들의 CSR 활동에 대한 인식이 내부 명성과 내부 마케팅 실행 요인에 대한 인식에 긍정적 영향을 미치고 이는 조직원들의 직무 만족을 높인다는 것을 검증했다.

사회 공헌 활동의 메시지 전략

세 번째 CSR 연구 경향은 CSR의 소통 방식이나 메시지 전략 등에 대한 연구로서, CSR 유형이나 주제, 메시지 전략, 그리고 매체 등이 기업 명성에 어떤 영향을 미치는지를 연구했다.

기업 이미지나 기업 명성에 긍정적인 영향을 미치는 CSR의 특성에 대해서 대부분의 연구자들은 CSR의 적합성과 일관성, 그리고 지속성 등을 공통적으로 주장하고 있다(조재수, 2013; 김병철·이철한, 2011; 조수영·김선정, 2011; 서구원·전용주, 2008). 조재수(2013)는 기업의 사회적 책임CSR의 적합성과 일관성에 대한 인식이 CSR 활동에 대한 소비자들의 평가에 미치는 영향을 연구했는데, 소비자들이 CSR 활동의 주제와 기업 및 제품 이미지 간의 적합성이 높다고 인식하면 CSR 활동에 대해서도 긍정적으로 평가하게 된다는 것을 확인했다. 또한 소비자들은 CSR 활동이 지속적으로 수행되었다고 인식하면 CSR 활동을 긍정적으로 인식한다는 것을 밝혔다. 조수영과 김선정(2011)은 설득 지식 모델에 기반하여 기업 이미지와 CSR 유형이 CSR 효과(기업 이미지, 브랜드 태도, 기업 신뢰도)에 미치는 영향을 연구했다. 연구 결과 사전 기업 이미지가 부정적인 경우 CSR 효과에 부정적 영향을 미치는 것을 확인했고, CSR 유형과 사업 내용이 일치한 경우 CSR 활동을 더 잘 이해하고 중요하다고 생각하는 것을 발견했다. 하지만 CSR 메시지의 인위성이나 조작성 등 설득 의도를 의심하는 수용자들에게는 CSR의 긍정적 효과가 감소하는 것을 확인하여 설득 지식 모델의 조절 효과를 검증했다. 서구원과 전용주(2008)는 CSR 유형에 따라 소비자들이 기업에 대해 갖게 되는 기업 명성과 사회적 연결감이 다르게 나타나는지를 분석했다. 그들은 CSR 유형을 기부 협찬 활동, 독립적 활동, 임직원을 활용한 자원봉사 등 세 가지로 분류했는데, 임직원을 활용한 자원봉사를 홍보하는 것이 다른 방법보다 기업 명성과 사회적 연결감social connectedness을 높여주는 데 가장 효과가 높은 것으로 나타났다. 특히, 사회적 연결감이 기업 명성보다도 구매 의도에 더 강한 영향을 미치는 것으로 나타났다. 이러한 결과는 기업의 살아 있는 실체인 직원을 통해 소비자의 감정을 자극하는 것이 주요하다는 점을 시사해주고 있다.

또한 CSR 활동과 기업 명성 간의 관계에 있어서 매개 변수와 경로에 대한 연구가 많았는데, 대체로 소비자 동일시나 사회적 연결감, 그리고 기업-공중 관계성 변수가 매개 효과를 갖는 것으로 확인되었다.

페레즈R. C. Perez는 소비자가 기업에 대해 갖는 동일시의 매개 역할을 살펴보았다(Perez, 2009). 연구 결과, CSR 기반한 기업-소비자 동일시는 소비자 구매 의도에 영향을 주게 되며, 이는 기업에 대한 태도와 헌신을 매개하며 영향을 미친다는 것이 밝혀졌다. 즉, 기업의 사회적 책임은 소비자 동일시를 발생시키게 하는 강력한 도구로 작용함을 알 수 있다. 진용주와 유재웅(2010)은 기업의 CSR 활동에서 환경 보호 주제와 사회 복지 주제가 기업 명성과 사회적 연결감에 미치는 영향이 어떻게 다른지를 실증 분석했다. 연구 결과, 환경 보호와 사회 복지가 기업 명성의 혁신성 요인과 재정성과 요인, 그리고 사회적 연결감에 미치는 영향은 통계적으로 유의미한 차이를 보이지 않았다. 그러나 기업 명성의 인재 관리 요인에 미치는 영향에서는 환경 보호 주제가 사회 복지 주제보다 영향력이 큰 것으로 나타났다. 이러한 결과는 기업의 환경 보호 활동이 기업의 중요한 자산인 인재 확보와 인재관리에 도움이 되는 것으로 해석된다.

최준혁(2011)은 CSR 활동이 조직 주도 관계성을 강화시키고 반기업정서를 완화시키는 데에 효과적이라고 밝히고 있다. 이 연구에서의 조직 주도 관계성은 조직이 조직과 공중 간의 관계에 영향을 미칠 수 있는 행위를 했을 때 공중이 어떻게 받아들이는지를 의미하는데, 기업의 사회 문제 해결을 위한 적극적이며 자선적인 행위(기업의 사회적 책임 활동)가 실험 참가자들에게 일련의 신념을 제공했으며, 이런 신념이 조직 주도 관계성 평가에 긍정적으로 활용된 것으로 보인다고 주장했다. 서용수와 이현우(2014) 역시 관계성을 매개변수로 하여 기업 명성에 대한 CSR 활동의 효과를 조사했는데, 중국에서 한국 기업의 사회적 책임(CSR) 활동이 기업 명성, 기업-정부 관계 및 정부 지원의도에 미치는 영향을 연구했다. 연구 결과, 기업의 사회적 책임 요인 중 경제적 책임, 법적 책임, 윤리적 책임은 기업-정부 관계성에 긍정적인 영향을 미쳤으나, 자선적 책임은 유의한 영향을 미치지 못했다. 또한 기업-정부 관계성은 정부 지원 의도와 기업 명성에 긍정적 영향을 미치는 것으로 나타났고, 기업 명성은 정부 지원의도에 유의미한 긍정적 영향을 미치는 것으로 확인되었다.

또 다른 일련의 연구들은 수용자 관점에서, CSR 메시지나 보도 방식이 수용자 특성 및 정보 처리 과정과 상호 작용하는 부분에 대해 관심을 갖고 전략적 함의를 제시했다.

왕A. Wang은 기업의 CSR 활동에 대해 수용자들이 어떤 판단을 하는지 프라이밍, 프레이밍, 그리고 입장position의 상호 작용 효과를 검증했다(Wang, 2007). 이 연구의 초점은 사람들이 특정기업에 대해 갖고 있는 입장이 프라이밍과 프레이밍 효과를 조절하는지 검토하는 것이었다. 연구 결과에서는 사람들이 특정 기업에 대해 갖고 있는 태도와 윤리적인 CSR 관행에 대한 의견에 따라서 프라이밍과 프레이밍이 효과를 가졌음을 보여주었다. 프라이밍과 프레이밍 효과는 메시지를 수용하고 설득할 때 작동하는 방식이 유사하다. 참여자가 이슈에 대해 인식하지 못한 경우 부정적 프레이밍 뉴스는 사람들의 판단에 영향을 미치지 않는다. 즉, 이슈가 프라이밍 효과에 의해 먼저 활성화되지 않는다면, 사람들의 판단은 프레이밍 효과에 수용적이지 않을 수도 있다. 따라서 이슈가 먼저 사람들에게 중요하게 여겨져야 하며, 사람들이 이슈를 인식하게 되면 그때서야 이 이슈를 심각하게 고려한다. 프라이밍은 이슈에 대한 인식과 접근성을 증가시키는 반면, 프레이밍은 이슈의 의미를 귀인하게 하고 판단 방향을 설정한다. 이러한 개념 차이를 차별화하는 요소 중 하나가 개인들이 이슈에 대해 갖고 있는 입장(포지션)이다.

이 연구에서는 사람들이 기존에 갖고 있는 기업에 대한 입장이 프레이밍의 부정적 효과를 조절한 반면, 프라이밍 효과를 조절하지는 않았다. 이러한 결과는 태도 변화에 대한 부정적 효과의 조절 변인으로서 사람들의 관여도와 헌신성이 중요했음을 보여준다. 저관여된 헌신적이지 않은 사람들은 정보를 처리할 때 다른 정보보다 부정적인 시각에 비중을 둔다. 반면, 고관여된 헌신적인 사람들은 부정적 정보에 대해 방어가 형성된다. 이러한 사실은 프레이밍 효과가 정보 과정화를 조절할 수 있는 개인적 관여도 요인에 의존적이라는 것을 보여준다. 즉, 사람들은 이전에 저장된 태도와 지식에 근거해서 새로 들어오는 정보를 다르게 해석할 수 있다. 프레이밍된 메시지는 사람들의 이전 경험에 근거하여 다르게 판단되고 해석될 수 있지만, 프라이밍은 이전에 저장된 태도와 지식을 방해하지 않고도 이슈에 대한 인식을 활성화시킨다. 따라서 이슈에 대해 갖고 있는 입장이 프라이밍 효과와 상호 작용하여 사람들의 판단에 영향을 미치지 않을 수 있다. 이러한 연관성을 고려할 때, 본 연구 결과는 PR 이론과 실행에 실무적인 함의를 보여준다. 이슈가 점화하여 강조하는 것과 이슈가 어떻게 보도되는가라는 점은 회사에 대한 사람들의 평가에 영향을 미칠 수 있다. 따라서 PR 연구자들은 이슈가 커뮤니케이션 정보원에 의해 프레이밍되는 방법을 고려해야 한다. 프로그램을 개발할 때 PR실무자들은 근본적으로 상황과 귀인, 행위, 그리고 CSR 관행과 관련된 이슈를 결정하기 위해서 프라이밍과 프레이밍 전략을 잘 운용하여 서로 다른 입장을 갖고 있는 공중에게 커뮤니케이션해야 할 것이다. 앞서 말했듯이, 메시지가 공중의 입장과 일치한다면 그 프레이밍은 성공적으로 좋은 결과를 창출할 것이다.

안아림과 민동원(2013)은 기부 프레이밍과 사회심리학의 수혜자 인식가능성 효과 이론에 기반하여 기부 프레이밍(절대액 vs. 일정 비율) 방식과 기부 대상 수혜자의 수(한 명 vs. 다수), 그리고 성별에 따른 효과를 연구했다. 실험 결과, 절대액 프레이밍은 일정 비율 프레이밍 보다 긍정적인 효과가 나타났고, 수혜자 수가 한 명일 경우가 다수일 경우보다 긍정적이었다. 구체적으로, 절대액 프레이밍의 경우 수혜자가 한 명일 때가 다수일 때보다 긍정적인 효과가 나타난 반면, 일정 비율 프레이밍의 경우 수혜자 수에 따른 차이가 유의하지 않았음을 확인했다.

기업의 사회 공헌 활동과 기업 명성 간 관련성을 소비자의 심리적 특성과 연관지어 연구를 수행한 양윤과 윤정화(2013)는 소비자 특성에 따라서 브랜드 태도가 달라짐을 확인했다. 친사회적 가치지향을 가진 소비자는 기업 명성에 관계없이 사회 공헌 활동을 수행한 기업의 브랜드에 더 긍정적인 태도를 보여주었다. 반면, 친자기적 가치지향의 소비자는 기업 명성이 높을 경우 사회 공헌 활동에 상관없이 호의적인 브랜드 태도를 보였지만, 기업 명성이 낮을 경우 그 기업이 사회 책임 활동을 할 때 호의적인 브랜드 태도를 보였다. 한종선·이병관·안은미(2013)도 기업과 공익 활동과의 관련성 및 수용자의 자기해석적 특성(독립적 대 상호의존적)이 공익 연계 광고에 대한 태도와 기업에 대한 태도에 미치는 영향을 살펴보았다. 독립적 자기해석자란 자신을 자율적이고 타인과 구분된다고 생각하며 자신의 요구나 권리를 드러내는 사람을 말하며, 상호의존적 자기해석자란 자신을 사회적 관계 속에서 바라보며 자신의 행동을 타인의 행동과 불가분의 관계에 있다고 생각하는 사람이다. 이런 사람들은 타인의 생각에 주의를 기울이고 좋은 사회적 관계를 유지하려 한다. 이들의 연구 결과, 기업과 공익 활동의 관련성이 높을 경우 광고 및 기업에 대한 태도가 긍정적이었으며, 특히 독립적 자기해석자의 경우 기업과 공익활동의 관련성이 높은 공익 연계 광고에 대한 태도와 기업에 대한 태도가 더욱 호의적이었다.

또 다른 몇몇 연구들은 CSR 보도 방식이 기업 명성이나 이미지에 미치는 효과를 연구했다. CSR 관련 퍼블리시티가 기업 이미지에 미치는 영향을 연구한 유장현·심경환·이호배(2011)는 CSR 퍼블리시티의 유형과 기업 이미지의 관계, 이에 대한 CSR 유형(자선적/필수적)의 조절 효과 등을 검증했다. 실험결과, 기업 CSR 활동에 대한 퍼블리시티는 소비자가 형성한 기업 이미지에 영향을 미치는 것으로 확인되었다. 기업이 사회적 책임을 성실히 수행하고 있다는 내용의 퍼블리시티는 기업 이미지를 호의적으로 개선시키는 반면, 기업이 사회적 책임을 불이행하고 있다는 내용의 퍼블리시티는 기업 이미지의 손상을 초래했다. 또한 부정적 언론 보도로 인한 위기 상황이 해당 기업과 브랜드의 명성에 미치는 영향을 CSR 활동의 매개 역할을 중심으로 연구한 윤각과 조재수(2005)는, 지속적인 사회 공헌 활동으로 인해 긍정적 이미지를 가진 기업의 경우 응답자들이 부정적인 정보에 노출되었더라도 해당 기업의 개별 브랜드와 기업 이미지를 부정적으로 인식하지 않음이 밝혀졌다고 주장했다. 즉 기업의 사회 공헌 활동으로 인해 형성되는 긍정적인 소비자들의 태도는 위기 발생 정보가 조직에 미치는 부정적 효과를 상쇄시키는 역할을 하는 것으로 나타났다는 것이다.

소셜 미디어의 CSR 커뮤니케이션 특성

최근의 CSR 연구에서는 CSR 커뮤니케이션의 특성을 뉴미디어, 특히 트위터나 페이스북과 같은 소셜 미디어와 연계하여 소셜 미디어의 CSR 커뮤니케이션 특성과 명성과의 관련성을 논의했다.

에터M. Etter는 회사들이 CSR 커뮤니케이션을 위해서 소셜 미디어인 트위터를 어떻게 사용하는지 연구했다(Etter, 2013). 그는 30개 회사 트위터를 내용분석하여 회사가 트위터에서 CSR 관련 이슈를 커뮤니케이션하는 행위를 조사했다. 트위터의 상호 작용 행위는 크게 두 가지로 구분되는데, 하나는 트위터 이용자들에게 적극적인 방법으로 접근하는 것이며 다른 하나는 반응적으로 질문에 대답만 하는 반응적 상호 작용 접근인데, 이는 상호 작용이 적극적이지 않기 때문에 상호 작용 수준이 낮다고 볼 수 있다. 이 연구의 주요 가정은 회사들이 소셜 미디어에서 CSR 이슈에 대해 이해관계자와 적극적인 상호 작용을 하지 않는다는 것이다. 기업 트위터에 대한 내용 분석 결과, 연구자들의 가정과 부합되는 결과를 확인했다. 즉, 몇몇 CSR 전문 사이트를 제외하고는 대부분의 기업 트위터들은 반응적 상호 작용 접근을 하고 있는 것으로 나타났는데, 이는 CSR의 본질 때문이라고 연구자는 주장한다. 즉, CSR은 예민한 이슈이며 명성과 정당성에 중요한 영향을 미치기 때문이다. CSR 이슈를 소셜 미디어에서 너무 공개적이고 적극적으로 관여한다면 비판적 이해관계자들이 명성을 훼손하거나 정당성에 의문을 갖게 하는 비판적인 질문을 할 위험성도 배제할 수 없기 때문이다. 연구자들은 공개적 접근이나 상호 작용, 투명성 등을 보여주는 소셜 미디어의 특성이 오히려 CSR 이슈에 관해 이해관계자와 상호 작용하려는 기업을 방해할 수도 있다고 해석한다. 그렇지만 전문화된 CSR 계정을 만들고 이를 활용하는 회사들은 일반적인 트위터 계정보다 비판에 더 효과적이고 적절히 반응하는 수단을 제공한다. 이러한 전문적인 CSR 계정은 더 많은 정보를 전달할 뿐 아니라 높은 수준의 상호 작용성을 갖고 있다. 상호 작용성이 높은 기업 계정은 타겟 구성원에게 적합한 정보를 제공하며 이해관계자에 대한 반응에 관심을 보이기 때문에 조직에게 더 이해관계자들의 물질적, 정서적 지지를 제공해줄 수 있다.

기업의 CSR 커뮤니케이션 효과를 분석한 김수연과 김인기, 그리고 김유별(2013)의 연구에 따르면, 프로그램 유형(기업의 일방적 기부, 소비자 참여형)이 커뮤니케이션 매체(신문기사, 페이스북)보다 주요한 변인으로 부각되었다. 구체적으로, 공중들은 기업이 주도하는 일방적 기부 프로그램보다 소비자 참여형의 CSR 유형을 접했을 때 해당 기업에 대한 사회적 연결감을 더 높게 인지했다. 또한 CSR 프로그램 유형과 매체의 조합에서는 유형과 매체가 둘 다 공중들의 CSR 커뮤니케이션에 대한 태도에 유의미한 영향을 미쳤다. 즉, 소셜 미디어를 통한 소비자 참여형 CSR프로그램 유형에 가장 호의적인 태도를 보인 반면, 신문 기사를 활용한 기업의 일방적 기부 프로그램에 가장 부정적인 태도를 보였다. 그러나 CSR커뮤니케이션에서 프로그램의 유형과 매체의 차이가 공중의 구매 의도에는 유의미한 영향을 미치지 못했다.

김지예와 황성욱(2014)은 홀Hall과 홉스테드Hofstede의 문화 이론을 적용하여 한국과 미국 간의 메시지 전략을 비교 분석했다. 분석 결과, 한국 기업의 페이스북 CSR 포스팅은 감성적 메시지 전략을, 미국 기업의 페이스북 CSR 포스팅은 정보적 메시지 전략을 더 많이 사용하고 있었다. 또한, 미디어 사용에서는 한국 기업은 세부적인 정보를 덜 제공하는 감성적 쿨 미디어를, 미국 기업은 명확하고 세부적인 정보를 제공하는 정보적 핫 미디어를 더 많이 사용하고 있었다. 연구자들은 이를 통해 홀의 고맥락-저맥락 커뮤니케이션 문화 이론은 페이스 북과 같은 SNS 매체에서 여전히 영향력이 높은 것을 확인할 수 있었다고 주장했다. 한편, 텍스트 및 비주얼 사용 요소를 비교했을 때 한국 기업은 집단주의적 텍스트를 더 많이 사용한 반면, 미국 기업은 개인주의적 텍스트를 더 많이 사용하고 있었다. 하지만 비주얼 요소에서는 한국과 미국 기업 모두 집단주의적 비주얼을 개인주의적 비주얼보다 더 많이 사용하고 있었다. 따라서 홉스테드의 개인주의-집단주의 문화 이론은 페이스북이라는 새로운 SNS 매체에서 부분적으로만 그 영향력이 나타나고 있었다. 연구자들은 이러한 결과를 바탕으로 PR 실무자들도 이에 적합한 글로벌 전략을 세워야 한다고 지적한다. 가장 효과적인 글로벌 PR 전략을 세우기 위해서 국가와 문화의 차이를 이해하고 현지 지역의 문화적 특성을 반영해야 하며, 기업의 효과적인 SNS 활용을 위해서도 해당 지역의 문화적 차이점을 고려한 전략을 세워야 할 것임을 제시하고 있다.

위기시 CSR 활동의 효과

명성과 CSR 연구의 다섯 번째 연구 경향은 위기 상황에서 기업의 CSR 활동이 어떤 효과를 갖는지에 대한 것이다. 바크쉬모하메드 등(Baksh-Mohammed et al., 2012)은 조직이 선행을 표현하는지 여부와 위기 상황 여부가 조직의 신뢰도나 구매의도에 어떤 영향을 미치는지 실험연구를 실시했다. 연구 결과 조직에 대한 신뢰도에는 위기 상황과 선행의 제시 여부가 상호 작용하여 영향을 미쳤다. 위기 상황이 아닌 경우 선행이 제시된 조직이 그렇지 않은 조직보다 더 높은 신뢰도를 보였지만, 위기 상황에서는 선행이 제시된 것과 그렇지 않은 조직의 신뢰도는 차이가 없었다. 그러나 구매의사에 있어서는 위기 상황에 상관없이 조직 선행이 긍정적 영향을 미치는 것으로 나타났다. 연구자들은 이 상황에 대해서 소비자들이 구매와 관련된 위기 상황이 아니라면 구매는 가능하다고 생각한 것일 수도 있다고 주장했다.

사이프라J. Xifra와 오데E. Ordeix는 스페인 은행 Banco Santander의 명성 경영 시스템을 살펴보고 경제 불황기와 같은 상황에서 명성 관리와 소통의 중요성에 대해 논했다(Xifra & Ordeix, 2009). 특히 이 연구에서는 조직 내에서 발생할 재무 관리 관련 위험 상황에 초점을 맞추고 있으며, 이러한 상황에서 조직의 CSR과 명성 관리 경영 시스템이 큰 도움이 될 수 있다고 주장한다. 대부분의 은행의 경우, 재무적이나 운영적으로 발생할 수 있는 위험 상황이나 규범에 따른 위험 상황에 집중하기 때문에 명성 관리에는 거의 소홀한 편인데 스페인 은행의 경우 특정 명성 관리 담당 부서도 존재하는 것은 물론 법적, 경제적, 재무적, 도덕적, 사회적, 환경적인 요소 등 내/외부적인 관리와 이해관계자와의 관계에 중요성을 부여하고 있기 때문에 경제적 불황 속에서도 발전하는 기업으로 성장할 수 있다는 것이다.

박수정과 차희원(2009)은 평상시 기업의 명성 관리와 사회적 책임 활동 수행이 위기 시 기업의 정당성 확보에 어떠한 영향을 미치는지에 대해 연구했다. 삼성중공업의 기름유출 사건을 중심으로 실험 연구를 진행한 결과, 해당 기업의 명성은 위기 시 기업의 제도적 정당성에는 영향을 미치지 않지만 행동적 정당성 인식에는 긍정적 영향을 미치고 있는 것으로 나타났다. 또한 기업의 정당성에 사회적 책임 활동의 적합성은 영향을 미치는 반면, 사회적 책임 활동의 동기는 영향을 미치지 않는 것으로 밝혀졌다. 이러한 결과는 기업 명성과 사회적 책임 활동이 위기 상황에서 기업에 대한 부정적인 태도를 최소화하고 기업이 실시하는 정책에 대한 설득력을 높일 수 있음을 입증하는 것이다. 한정호·최승범·곽형주(2013)는 평소 기업 문화 스폰서십 활동을 통해 구축한 좋은 기업 이미지가 위기 상황에서 완충 효과를 창출하는지 연구했다. 위기 상황(CEO 탈세, 제품 결함)과 문화 스폰서십 활동 유무, 그리고 문화 스폰서십 유형(일치성 여부)에 따른 효과를 연구한 결과, 위기 상황에서 문화 스폰서십 활동은 기업에 대한 기존태도의 변화나 제품 구매 권유의도 등에 긍정적 효과를 미쳤다.

사회 공헌 활동의 이미지 전이 효과를 연구한 배지양(2012)은 비영리기업의 부정적 이슈가 관련된 영리 기업의 이미지나 제품 구매 의사에 영향을 미치는지 연구했다. 최근 영리기업은 전략적 파트너로서 비영리기업과 함께 사회 공헌 활동을 많이 하고 있기 때문에 이 같은 상황에서 비영리 기업이 비리를 저지른다면 이러한 부정적 이슈가 비영리 기업과 연관된 영리 기업의 이미지와 제품 태도 및 구매 의사에 영향을 미치는가에 대해 문제를 제기한 것이다. 연구 결과, 이러한 관련성이 유의미함을 확인했다. 이는 기업의 이전 CSR 활동이 위기 상황에서 기업 이미지나 제품 구매 의사에 완충 작용을 한다는 기존의 연구와는 달리, 부정적 이슈와 연계된 파트너의 위기 상황과 명성 저하는 기업의 CSR 활동에도 부정적으로 작용한다는 이미지 전이 효과를 입증했다.

배소희와 이세진(2014)은 CSR 효과에 대한 서로 다른 연구 결과가 나타난 데 대해서 위기 상황과 CSR 유형의 상호 작용 연구가 필요하다고 보고, 위기책임성(고저)과 CSR 적합성, 그리고 CSR 유형의 상호 작용 효과를 연구했다. 연구 결과에서는 위기 책임성이 높고 적합성이 높은 경우 CSR 봉사 활동과 기부 활동, 그리고 공익 연계 마케팅 활동의 순으로 소비자 구매 의도에 긍정적 영향을 미쳤다. 반면, 위기 책임성이 낮고 적합성이 낮은 경우 CSR 봉사 활동과 공익 연계 마케팅, 그리고 기부 활동 순으로 구매 의도에 긍정적 영향을 미쳤음을 발견했다. 이러한 결과에 대해서 연구자들은 위기 책임성이 높은 경우 CSR 공익 연계 마케팅 활동의 평가가 가장 낮았던 것은 기업의 순수한 CSR 의도를 의심했기 때문이라고 주장했다.

CSR 담론 분석: 사회구성주의 시각

CSR과 기업 명성에 대한 여섯 번째 연구 경향은 사회구성주의나 비판적 시각에서 CSR 주제 프레이밍이 명성과 어떤 관련성이 있는지 논의한 것이다. 이들 연구들은 사회의 요구에 부응하여 기업의 CSR 담론들이 어떻게 이루어지고 있으며 그 의미는 무엇인지 다루고 있다.

미트라R. Mitra는 인도의 가장 큰 자동차 회사인 타타 모터스를 대상으로 CSR과 기업 명성 주제 프레이밍을 분석했다(Mitra, 2011). 사례 분석을 통해 나타난 CSR 주제는 제도화, 커뮤니티 개발, 현대화, 주류화, 그리고 국가 건설이었으며, 타타 모터스 기업의 명성 프레이밍은 기업의 문화유산, 국가건설, 기술 발전, 글로벌 청사진, 그리고 책임성이라는 명성이었다. 이러한 기업 명성 프레이밍은 타타 모터스의 CSR 주제와 일관되게 잘 연결되어 있었으며, 회사가 어떻게 그들의 CSR 노력을 정규 사업과 잘 일치시킬 수 있는지, 그리고 그들의 PR 캠페인을 기업 책임성에 대한 사회적 인식과 일치시키는 노력을 잘 보여주었다. 예를 들면, 사회 책임있는 기업이라는 명성을 가진 타타 모터스의 기업 역사는 CSR 제도화를 위한 무대를 설정했으며, 이해관계자 책임성에 대한 경영진의 인식은 CSR 규범과 실행에 대한 깊은 고려를 갖게 했고, CSR 제도화는 이해관계자 책임과 사회적 수용 기준에 대한 헌신을 높여준 것이었다. CSR 주류화 주제는 글로벌 청사진의 실행과 이해관계자에 대한 책임을 더 빨리 채택하는 것을 의미했다. 커뮤니티 개발로서의 CSR 주제는 이해관계자와 국가에 대한 책임성이라는 명성과 거의 일치되는 것이었다. 저자는 이러한 연구가 상호 구성적 접근이라고 주장하면서 PR 실무자들은 공중이 CSR 활동을 다소 의심스럽게 간주한다는 점을 인식하기 때문에 이 연구에서는 공중의 의심을 불식시키고 보다 큰 사회적 목적으로 기업의 동기를 재구성하는 방법을 제안한다고 주장했다. 타타 모터스의 이전 기록들이 커뮤니티 개발과 국가 건설, CSR 제도화 등이 주요 주제이기 때문에 실무자들은 이해관계자의 의심을 극복할 수 있다고 보았다. 또한 이러한 프레임들은 기업 담론으로 작용하면서 내외부 공중들이 기업을 바라보고 규정하는 방법을 제공해주기 때문에 시간이 지나면서 조직의 요구에 부합되는 기업 이미지를 창출할 수도 있다고 주장했다. 더구나 앞으로의 경쟁 상황에서 CSR과 기업 명성이 문화간 맥락에서 어떻게 타협하는지 검토해야함은 필수적이며, PR실무자는 CSR 규범과 기업 명성의 역학 관계와 이데올로기를 비판적으로 검토할 필요가 있다고 지적한다.

아타칸듀만S. Atakan-Duman과 오즈도라아크사크E. Ozdora-Aksak는 터키의 금융 분야에 대한 분석을 통해서 기업의 온라인 정체성 구축에 대한 CSR의 역할을 연구했다(Atakan-Duman & Ozdora-Aksak, 2014). 이 연구에서는 사회 정체성 이론에 근거하여 터키의 은행 웹사이트에 대한 내용 분석을 통하여 PR의 역할을 탐구하고 CSR 실천이 조직 정체성 형성과 어떤 연관성을 가지는지에 집중했다. 듀만과 아크사크는 CSR을 기업의 유지와 성공을 결정짓는 정당성 획득과 관련이 있다고 보았다. 즉, CSR은 기업의 비경제적 의제로서 도덕적, 윤리적, 사회적 함의에 바탕을 두고 기업과 잠재적 공중 간의 상호 호혜적인 관계를 형성하고 유지할 수 있도록 하는 역할을 가진다는 것이다. 여기에서 주목해야 할 것이 바로 CSR 커뮤니케이션 매체인데, 인터넷의 발달로 인하여 CSR 실천에서 매체의 다양성이 늘어나고, 더불어 CSR 실천 도구인 매체의 중요성도 증대되었기 때문이다. 연구 결과는 기업의 핵심기능과 관계없이, 조직은 비경제적 사회 문제를 커뮤니케이션 할 때에 정체성 구축이 용이하며, 조직의 정당성을 획득할 수 있다는 해석을 보여주었다. 조직의 정당성은 조직을 지속 가능하게 하며, 조직의 비즈니스를 성공적으로 이끄는 핵심 요소이기 때문에 이와 같은 연구 결과는 조직과 CSR간의 긴밀한 연관성을 제시하고 있다.

듀플레시스N. Du Plessis와 그로블러A. F. Grobler는 전략적으로 도출된 CSR이 어떻게 사회적, 환경적 복지well-being를 도모할 수 있는지 소매업 부문에 대한 비교 사례연구를 진행했다(Du Plessis & Grobler, 2014). 그들은 워렌(Warren, 2003)의 사업 정당성 진화이론, 얀센(Jensen, 2001)의 사회 주체로서 기업의 세 가지 기술descriptor, 홈스트롬(Holmstrom, 1997)의 사회 체계적 PR 패러다임을 통합하여 이론적 틀을 형성했다. 워렌의 사업 정당성 진화이론에서는 거시적인 환경의 변화로 인한 사회적, 환경적 요인의 중요성이 강조됨을 제시하고 있고, 얀센은 사회 주체로서 기업이 가지는 세 가지 측면으로 경제적 성공, 사회적 연관성, 법적 준수 및 사회적 책임을 제시했다. 이 같은 기업의 세 가지 측면과 기업 정당성 진화 이론은 PR을 통해서 사회 주체로서 기업의 명성에 영향을 줄 수 있다는 점에서 연관성을 가진다. 홈스트롬의 사회 체계란, 두 명 이상의 사람이 비형식적 상호 작용을 통하여 의미를 공유한다는 것을 전제로 하고 있다. 이와 같은 배경을 가지고 진행한 이 연구는 전략적 차원과 기술적 차원, 두 가지 차원에서 분석을 진행했다. 연구 결과, 연구의 대상이 된 세 개의 소매 기업은 전략적 차원에서 자신들의 비즈니스로 인하여 파생되는 환경적 영향을 줄이는 데에 초점을 맞추었고, 기술적 차원에서는 공익 연계 마케팅 형식을 가장 많이 보였다. 이와 같은 연구 결과는 거시적 환경 변화에 적응하고 경제적으로 존속하기 위해서 사회적 변화와 도전이 필요함을 제시하고 있다.

CSR은 기업과 그들의 이해관계자들 사이의 지속적인 대화와 협상으로 형성되는 하나의 담론이다. 탕L. Tang과 갈라거C. C. Gallagher, 그리고 비B. Bie는 미국과 중국의 주요 선두 기업들의 웹사이트의 내용 분석을 통하여 그들의 CSR 활동의 근거, 주제, 실행에 대한 검토를 진행했다(Tang, Gallagher, & Bie, 2014). 연구는 2008년에 수집된 데이터를 기반으로 진행되었는데, 연구 결과 미국의 선두 기업들은 CSR 활동이 포괄적이고 표준화된 정도가 높은 것으로 드러났고, 중국의 기업들은 산업군에 따라 다양한 CSR 접근이 존재하는 것으로 나타났다. 하지만 2008년부터 미국과 중국의 CSR의 담론 차이가 점차 사라지고 있다는 점이 주목할 만한 결과로 나타났다. 2012년 재수집한 데이터에 의하면, 중국 기업들은 모든 산업군에서 포괄적이고 동질성을 가지는 CSR 커뮤니케이션 접근을 적용했고, 이는 미국 기업들의 접근과 매우 유사한 것으로 나타났다. 이러한 수렴 현상은 제도화 과정으로 인한 것으로 설명될 수 있으며, 특히 모방적 동조화 압력에 의한 것으로 설명된다.

한국에서 왜 CSR 활동이 많아지고 있는지 한국 기업 내 사회적 책임 전담 부서의 설치 이유를 논의한 백경민(2013)은 전략적 접근 방식과 신제도주의 접근 방식을 바탕으로 연구했다. 전략적 접근 방식에서는 사회적 책임을 통한 시장 전략의 효율성을 증가시키기 위해 사회적 책임 전담 부서를 조직 내에 설치한다고 설명하는 반면, 신제도주의 접근 방식에서는 기업의 사회적 책임에 대한 사회적 요구가 점차 증가하고 이에 대한 반응으로 사업장 내 사회적 책임 전담 부서가 설치된다고 설명한다. 연구 결과, 사회적 책임 전담 부서는 전략적 필요에서뿐만 아니라 제도적 압력에 대한 대응으로 설치되고 있음을 발견했다. 그는 이 연구가 한국 내에서 기업의 사회적 책임에 대한 담론의 흐름이 조금씩 변해가고 있다는 것을 간접적으로 보여주고 있다고 지적한다. 외환위기 이후 본격적으로 한국 사회 내에서 강제적인 구조 조정이 시행되면서 기업들의 방만한 경영이 드러나게 되었다. 이 때문에 추락하는 기업 이미지를 제고하기 위해 사회적 책임이 중요한 방편으로 등장하게 되었다. 즉, 사회적 책임은 기업 이미지를 복구하기 위한 일종의 비용으로 인식되었다는 것이다. 하지만 최근 사회적 책임은 기업이 당연히 수행해야 할 기업 전략의 일환으로 간주되기 시작했다. 즉, 사회적 책임의 수행과 기업의 이윤 사이에 긍정적인 관계가 가능하다는 주장이 대두되면서 사회적 책임을 효율적으로 수행하는 것이 필요하게 되었고, 이는 사회적 책임을 담당하는 인적 자원의 효율적 관리가 중요하다는 주장으로 이어지게 되었다.

사회학적 관점에서 기업의 사회 문제에 대한 관심과 CSR 활동이 기업 명성에 어떻게 작용하는지 연구한 논문들은 대체로 CSR의 진정성과 동기, CSR 전략과 효과, 그리고 소셜 미디어를 활용한 CSR 전략 등을 논의했다. 하지만 주로 전략적 효과에 초점을 맞추었기 때문에 CSR의 의미나 가치를 사회학적 관점에서 조명했다기보다 경영 전략적 관점에서 조직의 전략중 하나로 다루었다는 점이 CSR의 진정한 의미를 희석시킨다. 그런 점에서 기업의 CSR 담론이나 제도적 압력을 다룬 연구는 사회구성주의적 관점과 제도주의 이론을 근거로 하여 CSR의 본질을 조명하고 있다는 점에서 의미가 크다고 볼 수 있다.

4. 관계성과 명성: 조직-공중 간 상징적 관계와 행동적 관계

네 번째 영역은 PR학자들이 최근 많은 관심을 갖고 연구가 진행되기 시작한 분야로써, PR의 관계성 이론을 기반으로 조직-공중 관계성과 명성 간 관련성에 초점을 맞춘 연구 조류이다. 관계성은 일찍이 퍼거슨에 의해 문제가 제기되면서 PR의 핵심적 속성으로 주목받은 바 있다. PR학자들은 관계성이 조직의 핵심 역량이자 PR의 궁극적 목표라고 주장하면서 관계성의 개념과 구성 요소, 선행변인과 결과 변인 등에 대해 다수 연구를 수행해온 바 있다.

상징적, 행동적 관계와 명성

관계성 연구가 정착되면서 이것과 다른 변수간의 관련성 연구 역시 활발히 진행되어왔는데, 명성 연구 분야에서도 조직-공중 관계성과의 연관성에 대한 연구가 상당히 진전되어왔다. 그루닉(Grunig, 1993)은 PR이 가치를 가지기 위해서는 보다 활동적이고 관여되어 있는 '전략적 공중'과 장기적인 행동적 관계를 증진시켜야 한다고 주장한다. 그것이 곧 조직 목적을 달성하는 길이며, 이를 통해 두 가지 수준에서의 효과성을 달성할 수 있다; 미시적 수준에서 다른 공중과의 커뮤니케이션하는 개인적 프로그램 효과를 달성해야 하며, 거시적 관점에서 전반적으로 조직 효율성을 달성하는 데에 기여해야 한다는 것이다. 그루닉(1993)에 따르면, 대부분의 PR 캠페인 프로그램들이 미디어를 통한 상징적 관계까지는 형성하는 경향이 있지만, 행동적 관계를 통한 명성을 수립하는 데에는 크게 영향을 미치지 못한다. 따라서 좋은 관계를 쌓아가는 등의 지속적 선행을 통해 공중들은 조직을 알게 되고 조직이 그런 행위를 하는 이유/동기에 대한 비공식적 이론을 만들어간다고 주장한다. 일단 조직에 대한 인식과 태도를 축적되면 그것은 장기 기억에 저장되고 그 조직에 대한 '명성 스키마'가 형성된다. 따라서 명성 스키마는 오랜 생명력을 갖는다.

이러한 그루닉의 주장을 기반으로 PR의 관계성과 명성 간 연구가 진전되어왔는데, 그중에서 그루닉과 헝(Grunig & Hung, 2002)은 관계가 조직 명성에 어떻게 영향을 미치는지 연구한 첫 번째 학자들이다. 그들은 브롬리(Bromley, 1993)의 명성 정의인 "한 사람이나 사물에 대해서 집합적으로 말해지거나 믿어지는 것"에 기반하여 실증적 연구를 진행했다. 그들의 연구 결과에서는 조직 행위와 조직-공중 관계가 명성과 강하게 연결되어 있음을 확인했다. 사람들이 기억하는 조직에 대한 좋은/나쁜 행위는 그들이 조직과의 관계라고 인식한 내용과 가장 중요한 관련성을 맺고 있었다. 동시에, 연구자들을 조직과 관여되지 않은 공중 사이에 명성적 관계(상징적 관계)를 형성하고 있음을 발견했다. 조직에 대한 경험이 없는 사람들은 그들의 관계를 다른 사람들로부터 들었거나 미디어에서 본 것에 근거해서 평가했다. 이러한 명성적 관계는 사람들이 그 조직에 대한 피상적 지식밖에 없었을 때조차도 그 조직에 대해 낙인화하거나 싫어하도록 만들었다.

양성운(Yang, 2007)은 이러한 그루닉과 헝의 개방형 측정 방식을 활용하여 조직 명성에 대한 조직-공중 관계의 영향에 관한 이론적 모델을 검증했다. 그는 이 모델에서 적극적인 커뮤니케이션 행위(정보추구 행동) 및 친숙성(높은 인지도)과 같은 선행변인을 포함했는데, 연구 결과 적극적인 커뮤니케이션 행위가 조직-공중의 관계적 결과들(신뢰, 만족, 헌신 등)에 긍정적 영향을 미쳤으며, 관계적 결과 또한 호의적인 조직 명성에 긍정적 영향을 미친다는 것을 발견했다. 또한 친숙성은 관계적 결과보다는 조직 명성에 긍정적 영향을 미친다는 것을 확인했다. 이 같은 연구 결과를 바탕으로, 그는 조직 명성을 증진시키기 위해서는 관계의 질을 높이는 행위적 관계behavioral relationships를 배양할 필요가 있지만, 그밖에도 높은 인지도와 같은 친숙성을 만들어내는 것도 주목해야 함을 지적하고 있다.

김정남 등(Kim et al., 2007)은 그루닉의 상징적 관계와 행동적 관계 패러다임을 근거로 하여 관계성과 명성, 그리고 성과(이익)간의 관계를 모델링하고 검증했다. 그들은 상징적 관계(미디어를 활용한 인상 관리)와 행동적 관계(조직의 실제 환경적 행동 변화)에 따라서 명성이 어떻게 달라지며, 두 가지 유형의 명성(상징적 명성symbolic reputation-미디어 보도량과 성과 명성performance reputation-주식 시장 가격)에 따라서 성과(기업 이익profit)에 어떤 영향을 미치는지를 검증했다. 검증을 위하여 화학 제조 기업의 1991년부터 1995년 사이의 산업 보고서 등 2차 자료를 수집하여 이에 대한 분석을 수행했다. 분석 결과, 상징적 관계는 상징적 명성에 영향을 미쳤으며 기업 이익에는 영향을 미치지 않았다. 반면, 행동적 관계는 성과 명성을 매개하여 성과(기업 이익)에 긍정적 영향을 미쳤으며, 전년도 이익은 성과 명성을 매개하여 성과(기업 이익)에 직접, 간접적으로 작용했다. 연구자들은 이러한 연구 결과가 결국 기업 성과에 대한 행동적 관계의 중요성을 실증적으로 보여준 것이며, 기업 이익에 대한 성과 명성의 긍정적 매개 역할을 잘 보여준 것이라고 주장했다. 또한 상징적 관계나 상징적 명성이 기업 이익에 유의미한 영향을 미치지 못했음을 확인했지만, 상징적 명성 수립을 위한 기업의 노력이 단기적으로 기업의 인지도나 가시성을 높여서 장기적으로 긍정적인 행동적 관계를 수립하는 역할을 할 수 있다고 지적했다. 또한 기업 커뮤니케이션 부서의 역할은 상징적 관계를 통해 상징적 명성을 수립하기보다는 기업의 행동을 변화시키는 등의 전략적 컨설팅 역할에 주력해야 하며, 기업 이익과 성과에 직접 영향을 미치는 '행동적 관계를 수립하는 커뮤니케이션 부서로서의 역할 재정의'를 해야 한다고 주장했다.

그루닉과 헝, 양성운 등, 그리고 김정남 등(Grunig & Hung, 2002; Yang, 2007; Yang et al., 2008; Kim et al., 2007)의 PR 학자들은 명성 관리와 관계 경영을 동일시한다. 그들은 명성은 관리할 수 없는 것이기 때문에 조직은 그들의 좋은 행동들을 기반으로 좋은 관계를 형성해야 한다고 주장한다. 더불어 그들은 명성은 조직 PR의 직접적 산물이라는 주장을 제시했고, 명성은 관계에 의해 간접적으로 관리될 수 있다고 지적했다. 이들은 관계의 질quality of relationship이 명성을 결정한다고 밝혔으며, 이 때 관계의 질과 명성은 산재된 메시지보다는 조직의 행동으로부터 비롯되며, 관계의 가치는 명성의 가치를 포함하고 있다고 보았다.

관계성과 명성 논의의 적용과 확장

홍수연과 양성운(Hong & Yang, 2009)은 마케팅 관점에서 조직 명성과 조직-공중 관계성이 기업 동일시를 통해 긍정적인 입소문 의도word-of-mouth intention에 영향을 미치는지 검증했다. 연구 결과, 조직의 명성과 관계성은 긍정적 입소문에 영향을 미쳤고, 특히 기업 동일시는 조직 명성과 긍정적 입소문 관계를 매개하는 것으로 나타났다. 연구자들은 고객의 긍정적 입소문을 증진시키기 위해서 기업은 평소 고객들로부터 호의적인 명성을 획득할 필요가 있으며 고객과의 만족스러운 관계를 증진시켜야 한다고 제안한다. 홍수연과 양성운(Hong & Yang, 2011)은 이 같은 기존 연구를 바탕으로 하여, 조직 명성과 조직-공중 관계성이 조직 동일시를 매개하여 긍정적 입소문과 조직 미디어(기업이 발행하는 미디어)의 이용, 그리고 조직과의 지속적인 상호작용에 어떤 영향을 미치는지 모델을 제시하고 검증했다. 연구 결과에서는 조직 명성은 직접적으로 긍정적 입소문과 조직 미디어 이용에 작용했으나 조직-공중 관계성(만족)은 동일시를 매개해서 간접적으로 조직 미디어 이용에 영향을 미쳤다. 또한 전체적으로 긍정적 입소문 의도와 조직 미디어 이용이 조직과의 지속적 상호 작용에 영향을 미치는 것으로 나타났다. 이러한 연구 모델에 의해 볼 때, 기존의 관계성이나 명성 연구가 각각 분리되어 독립적으로 연구되었지만 조직에 대한 지지적 행위의도(긍정적 입소문, 조직 미디어 사용, 그리고 지속적인 상호 작용)에는 조직-공중 관계성과 명성이 함께 작용하면서 긍정적 영향을 미치는 것을 볼 수 있으며, 연구자들은 PR 연구를 위해서 두 개 변인이 통합적으로 연구될 필요성이 있음을 주장했다.

브론P. S. Brønn은 '관계의 질이 곧 명성의 결정요인'이라는 것을 입증하기 위하여 관계적 접근을 통해 명성 형성의 과정을 조사했다(Brønn, 2007). 그는 2년간에 걸쳐 한 수금 대행업체collection agency의 세 주주 그룹들을 대상으로 연구를 수행했다. 연구 결과에서는 관계적 결과를 측정하는 다양한 진술들과 주주들 사이에서의 기업 인식간의 상관관계가 있음을 보여주었다. 이러한 연구 결과는 주주들과의 관계의 질은 고객 이미지에 영향을 줄 수 있다는 것을 나타낸다. 따라서 회사들은 그들의 주주 그룹들을 대상으로 기업의 마케팅 전략을 위해 자원을 할당할 필요가 있다고 연구자는 주장한다.

이와 같이 공중 관계성과 명성 간 연구는 소비자, 고객, 투자자 관계 등의 영역에 적용되어 연구되어왔으며, 최근에는 위기 상황에서 명성과 관계성 변수를 적용한 연구가 진행되었다. 한정호와 조삼섭(2009)의 연구에서는 기업 명성과 공중 관계성이 위기 심각성에 미치는 영향을 검증한 결과, 공중 관계성은 위기 책임성에 부적인 관계를 나타낸 반면에 기업 명성은 정적인 관계를 나타내었다. 대체적으로 두 변인이 위기 시에 사전 변인으로서 중요하게 작용하며 그중에서도 공중 관계성의 역할과 영향력이 기업 명성보다 더욱 강하게 나타났다. 이는 공중 관계성이야말로 위기 시에 기업이 사태에 대해 갖는 책임을 덜어주는 완화제의 역할을 한다는 사실을 보여준다. 쿰즈와 홀라데이(Coombs & Holladay, 2001)도 관계성은 위기 상황과 관련이 있음을 주장하면서 좋지 않은 관계성은 위기시 기업 명성과 책임성에 부정적 영향을 미쳤다고 지적했다.

이정화와 차희원(2008)은 기업-공중 관계성과 기업 이슈에 대한 공중 프레임이 기업 명성에 미치는 영향에 대해 연구했다. 연구 결과, 평소 공중들과의 관계가 호의적일수록 기업 명성에 대한 공중들의 평가가 긍정적인 것으로 나타났다. 특히, 공중 프레임 유형별로 기업 명성에 미치는 영향력은 서로 다르게 나타났는데, 경제 프레임과 휴머니즘 프레임은 기업 명성에 긍정적인 영향을 미치는 것으로 나타난 반면, 기업문제를 법과 윤리에 따라 처벌해야 한다는 법윤리 프레임은 기업 명성에 유의미한 영향을 미치지 않았다. 또한 기업-공중 관계성과 공중 프레임의 상호 작용 효과에 대해서도 검증했는데, 공중 프레임 유형 중 경제 프레임과 법윤리 프레임이 각각 기업-공중 관계성과 상호 작용하여 다른 효과를 갖는 것으로 나타났다. 기업-공중 관계성이 높고 기업 메시지와 일치하는 경제 프레임을 수용할수록 명성을 높게 평가했으며, 기업의 메시지와 대치되는 법윤리 프레임을 수용할수록 기업 명성에 영향을 미치지 않았다. 또한 기업-공중 관계성을 높게 평가하는 공중들은 낮게 평가하는 공중들에 비해 공중 프레임이라는 상황적 요인보다 기업과의 관계에 대한 평소 신념에 따라 기업 명성에 대한 평가를 내리는 것으로 나타났다. 이러한 연구 결과는 기업이 차별적인 명성을 구축하고 존경받는 기업으로 거듭나기 위해서는 공중과의 관계 관리를 강화하는 것은 물론, 평소 공중과의 관계성이 어떤 수준인지를 객관적으로 점검하여 위기가 닥쳤을 때 관계에 부합되는 메시지 전략을 수립해야 한다는 점을 시사하고 있다.

관계성 개념을 조직 내부에 적용하여 조직-사원 관계성과 명성과의 관련성을 연구한 장현지와 차희원(2013)은 명성의 조직학적 관점에 기반하여 기업 명성에 영향을 미치는 선행 변인을 조직 내부에서 찾아보고자 했다. 특히 조직원 사이의 대인 커뮤니케이션을 핵심 변인으로 보고 상사, 동료와의 대인 커뮤니케이션이 기업 명성에 미치는 영향을 분석했다. 또한 이같은 조직의 내부 커뮤니케이션이 조직-사원 관계성 및 조직 동일시를 매개하는지 검증함으로써 대인 커뮤니케이션이 명성에 미치는 과정을 구체화하고자 했다. 연구 결과, 상사-부하 커뮤니케이션 중 안정성(편안함)이 명성에 직접적 영향을 주는 것으로 나타났다. 또 조직원 간 대인 커뮤니케이션이 조직-사원 관계성에 미치는 영향이 유의한 것으로 나타났고, 관계성이 높을수록 동일시가 강해지고 강한 동일시는 높은 기업 명성 형성에 긍정적으로 작용하는 것으로 나타났다. 특히 조직원간 대인 커뮤니케이션이 명성에 영향을 주는 과정에서 조직-사원 관계성의 상호 통제성이 부분매개 변인 역할을 하는 것으로 확인되었다. 이 연구에서는 조직원간 대인 커뮤니케이션이 명성에 미치는 영향력과 조직-사원 관계성의 매개 효과를 검증함으로써, 상사와의 안정적 커뮤니케이션과 조직-사원 사이의 긍정적 관계 형성이 기업의 명성 제고를 위한 방안이 될 수 있음을 확인했다.

이처럼 많은 PR학자들은 PR의 관계성과 명성 간의 관련성에 대해 연구하면서 마케팅 영역과 위기 상황, 그리고 조직 내부 등 다양한 영역에서 관계성 이론을 적용했고, 모든 영역에서 명성에 긍정적 영향을 미치는 조직-공중의 행동적 관계성을 확인했다. 최근 김정남 등(Kim et al., 2013)은 그루닉의 PR전략관리 모델을 통해서 조직-공중 관계성과 명성과의 관계를 통합적으로 정리하고 제시했다. 이 모델의 핵심 개념은 최고 경영자의 경영 관리 의사 결정, 이해관계자와 공중들, 그리고 관계적 결과이다. 특히 이 모델에서는 커뮤니케이션 프로그램으로부터 관계적 결과로 향하는 방식에 초점을 맞추고 있는데, 일반적으로 조직-공중과의 좋은 관계가 조직에 대한 좋은 명성을 이끌게 된다는 것을 보여준다. 즉, 공중이 승인하는 방식으로 의사 결정을 내리고 행동하는 조직은 공중과 좋은 관계를 형성하고 공중은 조직을 호의적으로 생각하게 된다. 특히 주목해야 할 것은 모델의 중심에 위치하는 커뮤니케이션 프로그램인데, 이는 공중과의 관계를 배양하는 PR 프로그램이다. 이 PR 프로그램은 공중과 관계를 배양하기 위해서 개발되며, 이 같은 관계 배양 전략에는 다양한 전략이 포함될 수 있다. 결론적으로, 그들은 공중관계가 조직 거버넌스에 매우 중요한 전략적 역할이라는 것을 주장한다.

관계성과 명성에 대한 연구는 궁극적으로 미디어를 통한 상징적이고 수사학적인 커뮤니케이션 전략보다 평소 조직과 공중 간의 오랫동안 쌓아온 관계의 질이 더욱 중요함을 주장하고 있다. 관계성과 명성의 관련성을 실증적으로 검증해온 이들 연구는 PR 연구의 중심 이론인 우수 이론과 관계성 이론, 그리고 상황 이론을 적용하고 있다. 김정남 등

(Kim et al., 2013)은 상황 이론의 공중 특성을 통해서 전략적 행동적 공중을 분석하고 이들과의 관계 증진이 명성 증진에 핵심적이라는 것을 강조했다. 특히 우수 이론에서 제안하고 있는 우수 이론의 CEO, PR 책임자, PR 부서, 그리고 커뮤니케이션 프로그램의 특성을 권고하고 있다는 점에서 관계성과 명성 연구는 PR의 중심 이론의 개념과 특성을 포괄하고 있다고 볼 수 있다. 명성 연구에서 관계관리 패러다임의 도입과 상징적 관계와 행동적 관계의 구분, 그리고 1차 명성(평판적 명성)과 2차 명성(행동적 명성)의 구분을 통해 공중 세분화와 전략적 함의를 연결시키고 있다는 점은 다른 분야 연구에서 논의되지 않은 부분들이며, 그 의미가 크다고 볼 수 있다. 그러나 실제 상징적 관계와 행동적 관계를 명료하게 구분하고 측정하기 어렵다는 점, 사람들의 인식 속에서 1차 명성과 2차 명성을 구분하고 정확하게 측정해내기 어렵다는 점 등 역시 이 영역에서의 연구들이 극복해야 할 과제라고 할 수 있다.

그루닉과 헝 등의 연구자가 주도하고 확장해온 관계성과 명성 간의 관련성 논의는 조직이 미디어를 통해 공중에게 상징적인 커뮤니케이션을 하기보다 직접 경험을 맺고 행동적 관계를 형성하는 공중을 중심으로 관계의 질을 높이게 되면 그 결과로 명성을 쌓게 된다는 점을 강조하고 있다. 하지만 산업화가 진전되면서 실상 우리가 기업에 대해 경험할 수 있는 영역보다 직접 경험하기 어려운 영역이 더욱 많아지고 있으며, 특히 디지털화와 글로벌화가 진행되면서 직접 조직을 경험했거나 행동적 관계를 보유한 사람들보다 미디어를 통해 매개되는 상징적 커뮤니케이션을 통해 상징적 관계를 보유한 사람들의 숫자가 더욱 많아지고 있는 실정이다. 이와 같이 최근의 기업 환경에서는 간접적 경험을 통해 상징적 관계를 만들어내는 미디어의 역할이 더욱 중요해지고 있는데, 이러한 이유 때문에 기업은 미디어를 활용한 매개 커뮤니케이션에 큰 관심을 기울여왔다. 다음에서는 매개 커뮤니케이션의 영향에 대한 연구들을 토대로 그 효과에 대해 논의해보기로 한다.

5. 명성과 미디어: 매개된 커뮤니케이션과 미디어 명성

다섯 번째 영역은 명성에 있어서 매개 커뮤니케이션mediated communication인 미디어의 역할에 관심을 갖는 저널리즘 영역이다. 의제 설정 이론과 의제 구축 이론에 기반하여 미디어의 보도가 기업 태도나 명성에 어떤 영향을 미치는지 실증적 연구가 진행되어왔다. 이 분야는 캐롤과 맥콤이 문제를 제기하면서 이와 관련된 논의와 연구가 상당히 진전되어왔으며, 의제 설정 이론을 기반으로 의제 구축 이론과 프레이밍 이론, 이슈 소유권 이론 등을 주요 이론으로 구성하고 있다.

의제 설정 이론과 미디어 명성

기업에 대한 보도가 많아지고 있는 가운데, 기업 명성에 있어서 미디어 의제가 기업 명성에 영향을 미친다는 논의가 의제 설정 효과 이론을 기반으로 진행되어왔다. 특히 딥하우스(Deephouse, 2000)는 자원 의존 이론에 기반하여 미디어 명성이란 개념을 발전시키면서 미디어 명성에 대한 논의가 진일보되었다. 자원 기반 관점에서 볼 때, 명성은 조직의 경쟁적 장점을 이끄는 독특하며, 쉽게 모방할 수 없고 대체 불가능하다는 자원의 특성을 갖고 있다. 기존의 연구들은 명성 측정에 있어 포춘지 순위를 활용해왔으나, 이는 이론적 토대가 약하다는 한계를 갖고 있다. 딥하우스(Deephouse, 2000)는 이러한 점에 문제를 제기하고 "미디어 명성media reputation"이라는 개념을 발전시키기 위해 자원 의존 이론과 매스 커뮤니케이션 이론을 통합하여 살펴보았다. 그에 따르면, 미디어 명성은 미디어에서 존재하는 기업에 대한 종합적인 평가를 의미한다. 그는 미디어 명성을 미디어 보도의 호의성으로 측정 산식을 만들어 제안했는데, 이 공식은 다음과 같다. 여기서 f는 주어진 년도에서 기업에 호의적인 분석 단위 수이고, u는 주어진 년도에서 기업 비호의적인 분석 단위 수, total은 전체 분석 단위 수를 의미한다. 그리고 계수의 범위는 (-1, 1)이다. 1은 긍정적 보도, -1은 모든 부정적 보도, 0은 2년 사이 균형 상태를 나타낸다.

$$\text{Coefficient of media favorableness} = \begin{cases} (f^2 - fu)/(\text{total})^2 \text{ if } f > u; \\ 0 \text{ if } f = u; \\ (fu - u^2)/(\text{total})^2 \text{ if } u > f; \end{cases}$$

미디어에 보도된 조직에 대한 정보는 특정 조직에 대한 미디어 명성을 반영하는 것인데, 이러한 미디어 명성은 조직의 행위나 다른 집단의 이해관계자들이 조직 행위에 대해 평가한 것 등이 뉴스 보도에 나타난다고 보았다. 즉, 미디어 명성이란 "회사, 미디어 종사자, 이해관계자들, 회사에 대한 뉴스 정보원들, 그리고 뉴스 독자들을 연결하는 집합적인 개념"이다.

딥하우스는 기사 내용 분석을 통해 미디어 명성을 독립 변수로 하고 평균 자산 수익률ROA을 종속 변수로 하여 측정했는데, 독립 변수인 기사의 경우 지역 이슈에 대한 공중들의 의제 설정에 TV보다 신문이 더 강력한 효과를 보인다는 선행 연구에 기반을 두어 신문 기사를 활용했다. 딥하우스는 이론적 분석 및 실증 연구를 통해 미디어 명성이 상업은행의 경영 성과 또한 증가시킬 수 있는 자원이라는 것을 확인했다. 그는 미디어 의제속성에서의 평가적 차원을 '미디어 호의성'으로 정의하면서, 전반적인 회사의 평가가 미디어에서 호의적으로 제시된다면 기업의 명성을 올리는 행위와 연계될 수 있다고 지적한다. 특히 조직의 어떤 행위로 인해 '비호의적' 기사가 쓰였을 때 기업 명성은 급격히 감소했다고 밝히고 있다. 이는 공중이 긍정적으로 평가하는 기업은 미디어에서 호의적으로 다루어진 기업과 상관관계가 있음을 의미한다.

물론 딥하우스 이전에도 폼브런과 쉐인리(Fombrun & Shanley,

1990)나 워틱(Wartick, 1992) 등의 학자들이 미디어의 뉴스 보도와 포춘지 명성 순위 사이의 관련성에 초점을 맞추어 연구를 진행했으나, 결국 명성 측정에 사용된 것은 포춘지의 순위였다는 점에서 딥하우스의 연구와 차이를 보인다. 딥하우스(Deephouse, 2000)는 "미디어 명성"의 개념을 설명하기 위해 의제 설정 이론agenda setting theory을 활용했다. 그러나 그는 의제 설정 이론을 실증적으로 검증하기 보다는 지난 30여 년간의 의제 설정 연구들에 의해 수집된 자료들을 토대로 그 효과를 추정했다.

캐롤C. E. Carroll도 의제 설정 이론이 기업 명성을 이해하는 데에 관련이 높다고 보았다(Carroll, 2013). 그는 기업 명성에 대한 대부분의 저널리즘과 매스커뮤니케이션 연구들은 주로 의제 설정agenda-setting과 프레이밍framing 관점으로부터의 미디어 효과media effects에 집중한다고 주장한다. 캐롤은 맥콤M. McCombs과의 연구(2003)를 통해 미디어 효과로서 기업 명성에 의제 설정 이론이 어떻게 영향을 미치는지에 대해 프레임워크의 토대를 잡았고 이후 후속 연구들을 통해 의제 설정 이론이 미디어 효과로서 기업 명성을 설명할 수 있음을 보이고 있다(Carroll & McCombs, 2003).

특히 캐롤과 맥콤은 의제 설정 효과를 1차와 2차로 구분하여 비즈니스 분야에 접목하고 있다. 1차 의제 설정은 대상의 현저성과 관련되어 있는 데에 비해, 2차 의제 설정은 대상의 속성과 관련이 있다. 특히 2차 의제 설정 효과는 공중의 지각에 초점을 맞추고 있는데, 2가지 차원으로 설명할 수 있다: 본질적substantive, 그리고 평가적evaluative. 본질적인 속성은 이념, 성향, 경험, 혹은 개인적인 특성 등을 포함하고 있으므로 기업의 속성(리더십, 사회 공헌, 재무 성과, 직원 대우 등)으로 볼 수 있고, 평가적 속성은 긍정이나 부정과 같은 감정이나 어조를 의미한다. 캐롤과 맥콤은 이러한 논의에 기반하여 비즈니스 뉴스의 의제 설정 효과가 공중들이 기업에 대해 어떻게 인식하고 기업을 어떻게 평가하는지에 미치는 영향을 살펴보고, 매스미디어가 기업 명성에 미치는 영향을 의제 설정 이론과 연결하여 설명했다.

이들은 기업 명성에 대한 미디어 의제 설정 효과에 대해서 다섯 가지의 이론적 명제를 제시하고 있다. 첫째, 미디어가 특정 기업을 많이 보도할수록 공중이 그 기업을 더 긍정적으로 인식할 것이다(1차 의제 설정 효과). 둘째, 미디어가 기업의 특정 속성을 더 중요하게 보도할수록 공중은 이 같은 기업 속성에 따라 기업을 더 규정할 것이다(2차 의제 설정 효과: 본질적 차원). 셋째, 미디어가 특정 속성을 더 긍정적으로 보도할수록 공중은 이 속성을 더 긍정적으로 인식할 것이다(2차 의제 설정 효과: 평가적 차원). 넷째, 미디어가 기업과 관련된 본질적이고 평가적 속성을 더 많이 보도할수록 공중은 이 속성과 연관된 기업에 대한 태도와 의견에 더 영향을 받을 것이다(프라이밍 효과). 다섯째, 기업 의제를 전달하려는 기업의 PR 전략은 궁극적으로 기업 의제와 미디어 의제간 높은 일치도를 보일 것이다(의제 형성 혹은 의제 구축 효과). 캐롤은 기업 명성은 기업이나 기업의 특성에 대해 공중들에게 현저하게 인식된 것(Fomburn, 1996)이라고 보았다. 이러한 기업 명성의 정의를 고려하여 미디어 가시성media visibility과 호의성favorability이 매스 미디어의 의제 설정 효과의 증거가 될 수 있다고 보았으며, 미디어 가시성은 1차 의제 설정에 적용가능하고, 미디어 호의성은 2차 의제 설정에 적용 가능하다고 주장했다.

폼브런과 쉐인리(Fombrun & Shanely, 1990)도 긍정적이고 부정적이지 않은 뉴스 보도를 가진 기업일수록 포춘지의 "올해의 가장 존경받는 기업Most Admired of the Year"에서도 높은 순위를 나타낸다는 것을 확인했는데, 캐롤(Carroll, 2003)에 따르면 이러한 연구 결과는 비록 의제 설정 이론을 적용하여 해석된 것은 아니나, 미디어 보도에 관한 연구 결과는 1, 2차 의제 설정 이론 모두를 일정 부분 지지한다고 보았다. 차희원(2004, 2006)은 의제 설정 효과에 기반하여 비즈니스 분야의 1차 및 2차 의제 설정 효과를 연구했다. 연구 결과, 미디어에 나타난 기업 순위 및 의제 속성에 대한 보도량이 많을수록 공중의 기업 의제 및 평가도 호의적이었으며 기업 명성도 높게 나타나 1차 및 2차 의제 설정 효과를 확인했다. 또한 이슈의 속성에 따라서 의제 설정 효과가 나타나는지 연구한 결과, 기업의 경제적 이슈뿐 아니라 비경제적 이슈나 사회적 이슈에 있어서도 기업 명성에 대한 미디어의 의제 설정 효과가 확인되었다.

이와 유사하게 워틱(Wartick, 1992) 또한 미디어 보도가 기업의 성과에 영향을 미친다고 보았는데, 폼브런과 쉐인리, 그리고 워틱의 연구들의 한 가지 한계점은 포춘지의 평가는 광범위한 공중들이 아닌 기업의 임원들에 의해 측정된 의견이라는 점이다. 캐롤은 만약 기존 연구자들이 의제 설정 이론을 연구의 이론적 토대로 했다면, 이러한 연구 표본에 대해 좀 더 주의했을 것이고, 미디어를 통한 의제 설정 이론과 기업 명성 간의 관계를 좀 더 이론적으로 설명할 수 있었을 것이라고 보았다.

미디어 명성에 대한 이슈 소유권 이론의 적용

의제 설정 효과와 프라이밍, 그리고 프레이밍 이론을 기반으로 하는 미디어 효과 연구가 미디어와 명성 간의 관련성을 논의한 첫 번째 연구 흐름이라면, 두 번째 연구 흐름은 여기에 이슈 소유권의 개념을 추가하여 미디어와 명성 연구에 적용한 연구들이다.

메이어M. M. Meijer와 클레니젠휴이스J. Kleinnijenhuis도 기업 명성에 미치는 비즈니스 뉴스 이슈의 효과를 의제 설정 이론(2차 의제 설정)과 이슈 소유권의 개념을 적용하여 검증해보았다(Meijer & Kleinnijenhuis, 2006a). 연구자들은 공중들이 기업에 대해 인식하고 평가하는 데 2차 의제 설정과 이슈 소유권 모두 유의미한 영향력을 미치는 것을 확인했고, 미디어 보도를 통한 이슈 현저성이 기업 명성에도 유의미한 영향을 미치는 것을 확인했다. 이슈 소유권은 의제 설정 이론과 프라이밍 이론을 통해 주로 논의되었는데, 선행 연구들에서는 정치 커뮤니케이션과 매체 보도라는 두 가지 경로를 통해 이슈 소유권이 형성된다고 보고 있다. 이슈 소유권이란 사회 주요 정치 세력들의 문제 해결 능력에 대한 공중의 평가, 혹은 각 정당의 문제 해결 능력에 대한 대중적 평가 체계라고 볼 수 있다. 정치 커뮤니케이션 영역에서 발전해온 이슈 소유권 개념을 기업 영역에 접목시킨다면, 공중 마음에서 저명해진 어떤 이슈가 기업 평가의 기준이 된다는 것을 의미하는데, 다수의 선행 연구들에서 기업이 특정 이슈를 성공적으로 다룰 수 있다고 인식될수록 해당 기업 명성은 높아지는 것을 확인할 수 있다. 즉, 미디어가 특정 이슈를 많이 다룰수록 그 미디어를 이용하는 공중의 마음속에서는 특정 이슈와 그 기업 간 연관성이 높아지고, 뉴스의 현저성이 이슈 저명성에 영향을 끼치고 이슈 저명성이 기업 명성에 영향을 끼친다는 2단계 접근법으로 미디어 관점에서의 명성 연구와 이슈 소유권의 관계를 설명할 수 있다.

차희원 등(Cha et al., 2010)은 이슈 소유권 개념을 명성 연구에 접목했는데, 기업의 이슈 소유권이 기업 명성에 긍정적인 영향을 미친다는 사실을 확인했다. 그들은 기업의 이슈 소유권이 기업 명성에 미치는 영향을 실험 연구를 통해 검증했다. 연구 결과, 대북 사업 이슈가 중요하며 현대 기업이 이 이슈를 잘 다룰 수 있다고 생각하는 공중들에게 현대의 기업 명성을 평가하게 한 결과, 기업 명성에 대한 이슈 소유권의 유의미한 효과가 검증되었다. 서지원과 차희원(2010)은 이슈 소유권 개념을 기업의 위기 커뮤니케이션 영역으로까지 확장하여 이슈 소유권, 기업 명성과 방어적 위기 커뮤니케이션 전략의 상호 작용 효과가 위기 커뮤니케이션 전략 수용에 미치는 영향을 검증했다. 연구 결과, 이슈 소유권과 위기 커뮤니케이션 전략의 상호 작용 효과가 위기 커뮤니케이션 수용에 유의미하게 영향을 미침을 확인했다. 특히 상기시키기 전략과 정당화하기 전략의 경우 이슈 소유권과 상호 작용하여 기업 명성에 긍정적으로 영향을 미쳤다. 즉, 기업이 위기와 관련된 특정 이슈를 잘 해결할 수 있을 것이라 믿는 공중들은 기업이 과거 선행을 상기시키거나 자신을 정당화할 때 이를 보다 긍정적으로 수용하는 경향을 보였다. 그러나 기업이 타인에게 위기 책임을 전가하는 희생시키기 전략에서는 기업의 이슈 소유권을 높게 인식하는 공중들이라 해도 위기 커뮤니케이션 전략을 수용하지 않았다. SCCT에 의하면, 상기시키기 전략은 기업 자신이 과거에 행한 선한 행동을 공중에게 상기시키는 전략을 의미한다. 상기시키기 전략에서 기업 명성의 매개 효과가 검증되었는데, 이는 평소 공중에게 문제 해결 능력을 인정받는 이슈와 관련하여 기업 위기가 발생했을 때 자신의 과거 행동을 상기시키면 공중에게 긍정적으로 받아들여질 수 있다는 것이다. 이는 프라이밍 효과 priming effect 이론으로도 설명될 수 있다. 이 이론에 따르면, 사람들의 머릿속에는 늘 대상에 대한 고정관념이 잠재되어 있다. 잠재되어 있던 고정관념을 자극하는 상황이 발생되면, 사람들은 대상에 대한 기존 이미지를 강화시킨다. 그러므로 특정 기업이 평소 어떤 이슈에 대해 지속적으로 선한 행위를 해왔거나 탁월한 문제 해결 능력을 보여주었다면, 공중들은 그 기업에 대해 잠재적으로 호의적인 스키마를 갖게 된다. 따라서 기업이 그 이슈와 관련된 위기에 부딪히더라도 과거 선한 행위나 기업의 문제 해결 능력을 상기시킨다면, 이러한 메시지가 공중이 기존에 가졌던 긍정적 이미지를 점화시키고 공중은 기업의 대응을 긍정적으로 받아들이게 될 것이다. 반면, 희생시키기 전략에서는 기업 명성의 매개 효과가 나타나지 않았다. 이 연구가 위기 책임성을 통제했기 때문에 실험 참가자들은 위기에 대한 책임이 기업에게 있다고 생각하지 않았다. 하지만 자신을 정당화하기 위해 타인을 희생시키는 기업의 이기적 태도는 기존에 기업이 가지고 있던 좋은 평가(높은 이슈 소유권)와 호의적인 기업 명성이 위기 시 보호막 역할을 해주는 것조차 불가능하게 만들었다. 따라서 연구자들은 기업이 위기 시에도 공중과의 신뢰 관계를 유지하기 위해서 시장 영역의 제품 명성뿐 아니라 비시장 영역인 사회 문제에 대한 문제 해결 능력과 명성 또한 함께 인정받아야 함을 시사한다고 지적했으며, 이슈 소유권이 적절한 방어 전략과 함께 사용된다면 위기 시에도 좋은 보호막 역할을 할 수 있을 것이라고 제안했다.

최근의 이슈 소유권 연구에서는 이슈 소유권을 연상 이슈 소유권 associative issue ownership과 기능 이슈 소유권competence issue ownership의 두 가지 개념으로 나누어 보고 있다. 클레니젠휴이스와 월터(Kleinnijenhuis & Walter, 2014)에 따르면, 연상 이슈 소유권은 유권자의 다수 집단이 해당 이슈를 특정 정당에 귀인할 때를 의미하고, 기능 이슈 소유권은 특정 정당이 해당 이슈를 다룰 수 있는 최상의 상태라고 고려될 때를 의미하며, 연상 이슈 소유권과 기능 이슈 소유권을 가질 때 정당은 이슈를 소유했다고 볼 수 있다. 연상 이슈 소유권은 정당의 이슈 선점에 대한 공중 인식과 유사하다. 연상 이슈 소유권을 강조하기 시작한 월그레이브 등(Walgrave et al., 2012)에 따르면 연상 이슈 소유권은 투표자들의 마음 안에서 특정 이슈와 특정 정당 사이의 지속적인 연상이며, 특정 이슈에 대해 해당 정당이 얼마나 오랜 기간 지속적으로 관심을 갖고 활동해왔는지에 대한 결과로 볼 수 있다.

메이어와 클레니젠휴이스는 의제 설정 이론뿐 아니라, 밴드 웨건 효과, 언더 독 효과, 부메랑 효과 등에 기반을 두어 비즈니스 뉴스가 기업 명성에 미치는 영향을 실증 연구를 통해 설명하기도 했다(Meijer & Kleinnijenhuis, 2006b). 그들은 뉴스 유형을 '성공과 실패 관련 뉴스'와 '비난과 지지 관련 뉴스' 2가지로 나누어 각각의 뉴스 유형과 긍정, 부정의 어조가 조직의 명성에 어떻게 영향을 주는지 살펴보았다. 성공과 실패 관련 뉴스는 성공과 실패(또는 이익과 손실)의 귀인을 기업에 두는 차이를 의미한다. 연구자들은 고수익 같은 기업의 성공과 관련한 긍정 어조의 미디어 보도는 기업의 명성을 향상시키는데 긍정적으로 영향을 준다고 보고 밴드 웨건 효과bandwagon effect(다수가 지지하는 것에 마음이 움직이는 현상으로 편승효과라고도 함)를 이론적 근거로 제시하면서, 공중들은 승자winner를 지지하거나 선호하기 때문이라고 설명했다. 그러나 동시에, 유권자들이 패색이 짙은 정당에게 도리어 투표하는 정당 관련 선행 연구들을 토대로 고려할 때, 실패나 손실의 귀인이 기업에 놓일 경우, 즉 성공과 실패 관련 뉴스에서 부정적 어조의 미디어 보도가 될 경우에도 기업들의 명성은 향상될 수 있다고 보았다. 이에 대한 이론적 근거가 바로 언더 독 효과underdog effect(열세한 쪽을 지지하는 경향이 나타나는 현상)이다. 한편 비난과 지지 관련 뉴스에서는 수용자들이 정보원을 중요하게 여기기 때문에, 만약 조직이 경쟁자에 의해 비난받거나 동료에 의해 지지받을 경우 도리어 의심을 가지게 된다고 보았다. 또한 신뢰할 만한 행위자가 조직을 비난할 경우 조직의 명성은 더욱 크게 훼손된다고 보았다. 이러한 현상은 네거티브 효과negative effect 또는 부메랑 효과boomerang effect 등을 토대로 설명할 수 있다. 메이어와 클레니젠휴이스는 이러한 이론적 배경을 바탕으로, 비즈니스 뉴스가 조직의 명성에 미치는 영향을 네덜란드 국민을 대상으로 연구했다. 그들은 6개 기업(글로벌 기업 Shell과 BP, 네덜란드 슈퍼마켓 Albert Heijn과 Super de Boer, 운송 기업인 Dutch Railways와 Dutch airport Schiphol)과 2개 공기관(네덜란드 경찰과 농림부)을 대상으로 선정하여, 1998년 7월 26일부터 2000년 7월 22일까지 약 2년간의 신문 및 TV를 통해 보도된 뉴스를 분석하고, 동 기간 동안 미디어를 통해 노출된 광고 데이터도 분석했다. 그리고 1999년 여름과 2000년 여름 2차례에 걸쳐 패널 서베이를 진행했다. 연구 결과, 성공과 실패와 관련한 뉴스에서는 Shell과 Schiphol, 네덜란드 경찰 등의 일부 조직에 대해서는 밴드 웨건 효과가 설명하는 것처럼 조직의 성과(높은 수익 창출 등)와 관련한 긍정적 뉴스가 기업 명성을 향상시키는 것으로 나타났다. 그러나 농림부 등과 같은 일부 조직에서는 언더독 효과처럼 부정적 뉴스 보도에도 불구하고 조직에 대한 공중들의 평가와 인식은 더 우호적으로 나타나기도 했다. 한편, 비난과 지지 뉴스의 경우, Shell, Albert Heijn, 그리고 Schiphol과 같은 조직은 네거티브 효과 또는 부메랑 효과가 설명하는 것과 같이 뉴스에서 그들의 경쟁자들에 의해 비난받을 때 도리어 명성이 더욱 향상되는 결과를 보이는 것을 확인할 수 있었다. 이러한 연구결과에 의해보면 미디어 효과는 상황에 따라 매우 다양하게 나타남을 볼 수 있는데, 어떤 상황에서 서로 다른 효과가 나타나는지 상황적 변수에 대한 연구가 더 많이 필요하다.

미디어의 제한적 효과

대부분의 연구들이 기업 명성에 대한 미디어의 의제 설정 효과를 획일적으로 검증해왔다면, 최근의 연구들은 특정 상황이나 명성 차원에 따른 미디어의 제한적 효과 혹은 상황적 효과를 연구하는 데에 초점을 맞추고 있다. 이들 학자들은 미디어의 상황적 효과 혹은 제한적 효과를 논의하기 위해서 미디어 시스템 의존 이론이나 이슈 도드라짐 효과 등을 기반으로 연구를 진행했다.

아인윌러 등(Einwiller et al., 2010)은 이전의 연구들이 기업 명성에 미치는 뉴스미디어의 획일적 효과에만 치중했다고 주장하며, '미디어 시스템 의존 이론'과 '지향성 욕구' 이론에 근거하여 미디어 영향 정도에 영향을 미치는 상황적 조건을 검토했다. 미디어 시스템 의존이론 Media system dependency theory은 오디언스와 뉴스 미디어, 그리고 보다 큰 사회 경제적 시스템 사이의 통합적 관계를 전제한다. 여기서 의존이란 한 쪽의 목적 성취나 욕구 충족은 다른 쪽의 자원에 달려있는 관계를 의미한다. 결국 미디어 의존은 오디언스의 목적이 무엇인가에 따라서 달라질 수 있으며, 오디언스가 직접 경험하지 못하는 '도드라지지 않은' 명성 차원에 대해서 다른 소스나 미디어에 의존할 수밖에 없다는 점을 강조한다. 이처럼 도드라지지 않은 차원에 대한 미디어 의존은 이해관계자가 그것이 중요하다고 인식하고 회사가 무엇을 하고 있는지 알고자 할 때 가능해진다는 것이다. 또한 위버D. H. Weaver는 개인의 지향성 욕구need for orientation는 미디어 현저성의 영향력에 작용한다고 주장한다(Weaver, 1980). 위버에 따르면, 어떤 주제(사회 책임)에 대한 높은 관심이 그 주제에 관한 불확실성 정도(사회 책임에 대한 회사의 행동이나 입장)와 결합하여 강한 지향성 욕구를 만들어낸다. 이와 같은 개인의 관여도와 불확실성 정도는 특정 이슈에 대한 회사의 행동이나 입장에 대한 개인의 정보 추구를 예측할 수 있다. 이와 같은 이론에 근거하여 연구한 결과, 이해관계자가 중요하게 생각하지만 직접 경험하거나 관찰하기 어려운 명성 차원에 대해서는 뉴스 미디어가 가장 중요한 정보원이었음을 밝혔으며, 미디어 시스템 의존 이론과 지향성 욕구 이론을 지지했음을 확인했다.

이러한 연구 결과는 이슈 소유권 이론issue ownership theory과 이슈 도드라짐issue obtrusiveness 효과를 기반으로 기업 명성에 대한 위기 커뮤니케이션 전략의 효과를 연구한 차희원·서지원·김장열(Cha, Suh, & Kim, 2015)의 연구 결과와도 유사하다. 이들은 이슈 도드라짐 정도에 따라서 이슈 소유권을 가진 기업의 위기 커뮤니케이션 전략이 메시지 수용과 기업 명성에 다른 영향을 미칠 것이라고 보았다. 연구 결과에서는 평소 이슈 소유권을 가진 기업이 과거 기업의 선행을 상기시키는 전략을 활용했을 경우, 그리고 직접 경험하기 어려운 도드라지지 않은 이슈의 경우 메시지 수용과 기업 명성에 더 긍정적 영향을 미쳤음을 확인했다. 따라서 이슈 특성과 같은 다양한 상황적 변수에 따라서 미디어 효과가 제한적일 수 있다는 기존의 연구 결과를 지지했다.

미디어 명성 효과에 대한 이론의 통합

최근 미디어와 명성의 관련성에 대한 다양한 연구는 의제 설정 효과Agenda-Setting effect와 의제 형성 효과Agenda-Building effect, 프라이밍Priming, 그리고 프레이밍Framing 연구를 통합하는 방향으로 진전되었다.

키오시스 등(Kiousis et al., 2007)은 기업 명성에 미치는 영향 요인을 다양한 이론을 통합하여 설명했다. 특히, 의제 형성과 의제 설정의 이론적 기반을 통해 인지된 기업 명성에 대한 영향을 연구했다. 연구자들은 의제를 형성하려는 조직의 PR 노력이 미디어의 1차, 2차 의제 설정 효과를 거쳐 공중 인식과 조직의 재무 성과에 어떤 영향을 미쳤는지 검증하고자 했으며, 이는 조직 효율성을 보여주는 또 다른 지표라고 주장했다. 이러한 연구를 위해서 PR 자료와 미디어 분석 자료, 공중 여론 조사 자료 등 다양한 자료를 활용하여 삼각 측정법으로 연구의 타당도를 높이고자 했다. 연구 결과에서는 조직의 의제 형성 노력(PR 자료 배포 등)은 미디어 메시지에 영향을 미치며 미디어 명성은 공중의 기업 인식과 평가, 그리고 재정적 활동에 영향을 미치는 것으로 확인되었다. 다만, 월스트리트 저널에서만 효과가 나타났고 뉴욕타임즈에서는 그 효과가 발견되지 않았는데 이는 두 개 언론사의 특성이 다르기 때문이라고 연구자들은 판단했다. 월스트리트저널은 경영 비전이나 리더십, 그리고 비즈니스 이익에 초점을 맞춰 보도하는 경향이 있기 때문에 미디어 명성이 재정적 활동에 긍정적으로 작용했다는 것이다.

최근 파니코 등(Panico et al., 2014)은 미디어 보도가 고용주 명성Employer Reputation에 미치는 효과, 즉, 미디어 보도가 일하기 좋은 직장으로서의 기업 명성에 어떻게 영향을 미치는지를 연구했다. 미디어 보도에 대한 기존 연구들이 가상의 기업들을 주로 활용하여 진행된 것에 비해, 연구자들은 기업 명성에 미치는 효과를 확인하기 위해 실제 일곱 개 독일 기업들을 대상으로 46주간의 미디어 보도를 사용하여 내용 분석의 방법으로 연구를 진행했다. 파니코 등은 의제 설정agenda-setting, 프라이밍Priming, 미디어 프레이밍media framing의 세 가지 매스 커뮤니케이션 이론들을 통합적으로 활용했다. 의제 설정 연구는 특정 이슈에 대한 미디어 보도가 어떻게 공중들에게 해당 이슈의 중요성을 환기시키는가에 대한 것이고, 프라이밍은 공중들의 판단에 영향을 미치는 이슈의 특정 측면을 미디어 보도에서 부각시킬 때 발생하며, 미디어 프레이밍은 공중들이 이슈에 대해 이해하는 데에 준거점reference points이 되는 가치나 사실들을 미디어가 강조할 때 발생한다.

연구자들은 미디어 보도의 유형을 2가지로 분류하고 있는데, 첫째는 기업의 기능적 차원에 대한 것으로, 어떻게 기업들이 "상품 또는 서비스를 생산하고 제공하는지"에 대한 내용을 다룬다. 다른 하나는 기업의 사회적 차원에 관한 것으로, "기업 행동의 사회적 구성요인"에 대한 내용이다. 각 차원은 다시 긍정적 보도와 부정적 보도로 나뉘는데, 연구 결과, 기능적 차원에서 부정적 보도가 증가하면, 일하기 좋은 직장으로서의 기업 명성은 감소했다. 반면, 사회적 차원에 대한 미디어 보도는 명성에 직접적인 효과를 주지는 못했으나, 사회적 차원에 대한 부정 보도의 증가는 공중 프레임(수용자의 해석)과 같은 매개 변인을 통해 명성에 간접적으로 영향을 주었다. 한편, 기능적 차원에 대한 부정적 보도는 지연 효과lagged effects가 더 강하게 유발되는 것도 확인할 수 있었다. 연구자들은 이에 대해 부정적 뉴스의 경우 사람들이 자신들이 접한 뉴스가 어떤 의미인지 평가하는데 시간이 소요되기 때문일 수도 있다고 보았다. 이러한 연구 결과를 토대로, 저자들은 명성이 훼손되기는 쉬워도 재건하기는 매우 어렵기 때문에 기업의 사회적 성과social performance와 같은 '소프트 요인들soft factors'을 무시하고 높은 연봉이나 보너스, 우수한 재정적 성과에만 주로 의존하는 기업들은 향후 역량이 우수한 핵심 인재들을 유치하기 어려울 수 있다고 주장하며,

기업의 브랜드 매니지먼트가 마케팅 전문가들에 의해서만 진행되는 것에 부정적 입장을 보이고 있다.

이처럼 미디어 명성 효과 연구는 조직의 의제 형성과 미디어의 의제 설정, 그리고 공중의 수용과 관련된 프라이밍 효과 등의 이론을 기반으로 하여 조직-미디어-공중 간 연계성 논리를 통합적으로 구축함으로써 조직이 미디어를 거쳐서 공중에게 기업에 대한 태도와 인식을 형성케 한다는 것을 입증했다.

미디어 명성과 재무 성과

미디어와 명성에 대한 연구는 미디어를 통한 의제 설정 효과나 프레이밍이 기업 명성에 미치는 영향뿐 아니라, 미디어 명성이 실제 재무 성과나 경영 성과에 미치는 영향 등을 구체적으로 살펴보는 방향에서도 논의되었다.

우선 키오시스 등(Kiousis, Popescu & Mitrook, 2007)은 1, 2차 의제 형성 및 의제 설정에 이론적으로 기반을 두고 기업 명성과 재무 성과에 영향을 미치는 PR 활동과 미디어 보도에 대해 살펴보았다. 연구자들은 해리스 인터렉티브Harris Interactive의 2005년도 명성 지수Reputation Quotient 자료에 랭크된 28개 기업을 대상으로 연구를 진행했고, 분석 결과 미디어 보도의 어조와 기업 명성 간에 유의미한 관계는 나타나지 않았으나, 미디어 보도 속성의 현저성과 기업 명성 간의 관계는 확인할 수 있었다. 통(Tong, 2013)은 미디어 명성이 IPO 기업들에 미치는 영향을 회계 및 위험 관리 연구의 측정 항목들을 활용하여 살펴보았다. 통의 연구에서는 기존 연구와 달리 미디어 명성을 환경 속성Environment attributes, 통제 속성Control attributes, 비재정적 속성Nonfinancial attributes, 역사 속성History attributes, 전략적 속성Strategic attributes, 연간 리포트적 속성Annual report attributes, 분절적 속성

Segmental attributes, 사회적 속성Social attributes의 여덟 가지 세부 속성으로 나누어서 살펴보았다. 통은 홍콩 주식시장에 상장된 IPO 기업들의 인쇄 미디어에 게재된 미디어 보도 내용분석(2005년부터 2010년까지)과 함께 서베이를 병행하여 연구를 진행했다. 연구 결과, 인쇄 미디어를 통해 전달되는 미디어 명성은 IPO 기업들의 주가에 긍정적 효과를 미치는 것을 확인할 수 있었으며, 연구자들은 미디어 명성이 향후 주가 증가에도 영향을 미칠 수 있다고 보았다. 그 이유를 미디어 명성이 경쟁자들이 모방하기 어렵고 조직의 성과를 향상시킬 수 있다는 점에서 경쟁적 장점이 되는 자원이기 때문이라고 보았는데, 이는 미디어 명성에 대한 딥하우스(Deephouse, 2000)의 견해와도 일치한다.

반 덴 보가드M. van den Bogaerd와 아츠W. Aerts는 영국 기업들을 대상으로 미디어 명성과 매입 채무trade payables 사이의 연관성을 통해 기업 명성의 경제적 이익에 대해서 살펴보았다(van den Bogaerd & Aerts, 2014). 연구 결과, 기업의 전반적 미디어 명성과 외상 매입금trade accounts payable의 수준, 무역 신용장trade credit을 받은 기간의 수준 간 유의미한 긍정적 관련성을 발견할 수 있었다. 이러한 연구 결과를 통해 연구자들은 우호적인 미디어 명성은 기업에 대한 공급자들의 신용 위험 인식에 영향을 주며, 기업이 무역 신용장을 재정 자원으로 활용하는 것을 용이하게 한다고 주장했다. 한편, 티셔와 힐데브란트는 기업 명성 그 자체를 커뮤니케이션 하는 것이 실제 재무 성과에 어떤 영향을 미치는지를 독일 기업을 대상으로 살펴보았다(Tischer & Hildebrandt, 2014). 연구자들은 독일 Manager Magazin에서 제공하는 명성 랭킹의 발표publication 효과가 주식 가치에 미치는 영향을 분석했다. 분석 결과, 긍정적이거나 부정적인 공표들은 기업 가치를 상대적으로 높이거나 낮추는 데에 영향을 미치게 되고, 그 결과 투자자들은 발표된 기업 명성 랭킹(기업 명성의 증가 또는 감소를 알 수 있는)으로부터 얻은 새로운 정보를 토대로 주식 가치를 평가하게 된다는 것을 확인할 수 있었다.

디스타소M. W. DiStaso는 『포춘』 지가 선정한 미국의 가장 존경받는 기업Fortune's America's Most Admired companies 207개 기업의 연 수입 보도 자료와 이에 대한 지역 신문과 전국 신문 보도를 분석하여 미디어간 의제 설정과 명성 간의 관계를 살펴보았다(DiStaso, 2012). 그녀는 명성이 위태로울 때, 투명한 기업 재무 공시와 긍정적 미디어 보도는 필수 불가결하다고 보면서, 연 수입 보도자료 배포가 그러한 커뮤니케이션의 하나의 방법이 될 수 있다고 보았다. 분석 결과, 연 수입 보도자료의 경우 지역 미디어에서는 긍정적 콘텐츠와 매우 큰 관계를 가지고 있었으나 전국 미디어에서는 부정적 콘텐츠와 가장 큰 관계를 가지는 것으로 나타났다. 전문 투자자들에 의해 결정되는 명성의 경우, 지역 및 전국 신문에서 보도된 기사의 길이의 조합에서, 연 수입 보도자료의 중립성과 관계 있는 것을 확인할 수 있었다.

프레이밍 이론과 미디어 이미지

미디어 효과의 일환으로, 미디어 프레이밍 이론에 기반하여 미디어에 나타난 기업 이미지나 명성을 연구하거나 해외 언론에 나타난 국가 이미지 또는 명성 연구 등이 진행되었다.

허Z. He와 시안홍C. Xianhong, 그리고 싱W. Xing은 프레이밍 이론에 기반하여 중국의 신문에 나타난 미국의 이미지를 연구했다(He, Xianhong, & Xing, 2012). 중국의 5개 신문에 실린 874개 뉴스는 4가지 주요 결과를 보였는데, 첫째, 미국의 정치적 이미지는 상대적으로 균형적인 것처럼 묘사되지만 다소 모순적 속성을 내포한다. 긍정적이면서 부정적인, 강하지만 공격적인, 민주적이지만 위선적인 이미지를 동시에 보였다. 둘째, 미국의 경제적 이미지는 불황을 겪는 중이긴 하지만 회복에 대한 희망으로 가득찬 이미지였으며, 셋째, 사회적 이미지는 사소한 충돌이 있는 페어플레이 정신 이미지를 나타냈다. 마지막으로 문화적 이미지는 다양하고 자유롭고 민주적이며, 과학과 기술이 발전되었지만 지배적이고 편향된 것으로 나타나고 있다.

이병종(2010)은 한국의 이미지 변화 추이를 연구하기 위해서 지난 15년 중 4년의 기간을 선정하여 『뉴욕 타임스』의 한국 관련 기사를 분석했다. 연구 결과, 뉴욕 타임스의 한국 관련 기사들은 시간이 갈수록 국방, 정치, 경제 등 하드 파워 주제보다는 문화, 예술, 스포츠, 가치, 철학, 교육, 생활 등 소프트 파워 주제를 다루고 있는 것으로 나타났다. 기사의 논조 역시 점차 긍정적으로 변하고 있었으며, 기사의 주체도 정치 단체나 기업 집단 등에서 한국인 개인으로 변화하고 있었다. 한국에 관한 서술 묘사는 "성장과 위험"에서 "위기와 고통" 다음으로 "자부심과 편견" 그리고 "우아함과 세련됨"으로 변화하고 있었다. 분야별로 살펴보면, 정치 사회 분야는 전환에서 고통, 역동성, 그리고 개방으로 변하고 있었고, 경제 기업 분야는 성장에서 위기, 개혁, 그리고 탄력 혹은 회복으로 변하고 있었다. 북한과 관련한 안보 상황은 위험에서 화해, 평화, 그리고 무관심으로 변하고 있었다. 문화 부분은 가장 큰 변화를 보이는데 한국 문화에 대한 관심이 초기에는 거의 전무하다가 점차적으로 국내와 아시아에서 주목하고, 최근에는 세계에서 주목하고 있음을 보여주고 있다. 결국 이러한 연구 결과에 의해서 볼 때, 연구자는 세계 속에서 한국이 점차로 매력적인 소프트 파워의 모습을 갖춰가고 있다는 점을 주장한다. 물론 아직 북한 관련 안보의 위협과 세계 금융위기에 따른 경제의 취약성이 존재하고 있지만 최소한 미국 언론, 특히 뉴욕타임스는 이런 하드파워 요소보다는 개방적이고, 우아하며, 세련된 새로운 한국의 모습에 더욱 관심을 갖고 있다는 것이다.

위기 상황의 미디어 보도와 명성

미디어와 명성 연구의 또 다른 흐름은 위기 상황에서의 미디어 보도 방식이나 프레임이 기업 명성이나 이미지에 어떤 영향을 미쳤는지, 그리고 공중은 이를 어떻게 이해하고 기업을 평가했는지 등에 관한 연구이다. 이는 미디어 이론인 프레이밍 이론이나 의제 설정 이론을 위기 커뮤니케이션 이론과 통합하여 논의하고 있다.

최진봉(Choi, 2012)은 걸프만 오일 누출 위기 사건의 경우 영국 정유회사인 BP가 보도자료를 통해서 어떤 유형의 프레임을 활용했는지 분석했다. 그의 연구는 상황적 위기 커뮤니케이션 이론과 이미지 회복 이론 두 가지를 바탕으로 하고 있다. 상황적 위기 커뮤니케이션 이론에서는 위기 유형에 따라서 적절한 위기 반응 전략을 활용해야 함을 제안하고 있는데, 이 연구 결과에서 BP는 사회 책임과 자선 프레임을 사용하여 오일 누출 위기를 성공적으로 다루었다고 주장했다. 또한 BP는 공적으로 오일 누출에 의해 발생한 손실을 없애고 보상하려고 노력했다. 그 결과 BP는 위기로 인한 이미지를 긍정적으로 바꾸는 데 성공했다는 것이다. 또한 이미지 회복 이론에서는 긍정적 이미지 회복을 위해서 명성이나 이미지를 위협하는 것이 무엇인지 확인하고 어떤 공중을 설득해야 하는지 결정해야 한다(Fearn-Banks, 2011)고 주장한다. BP는 이러한 점을 인식하고 사회 책임과 자선, 그리고 공식적 업데이트 프레임을 사용하여 위기를 관리하고 책임을 보여주고자 노력했다. 즉, BP는 오일 누출 위기의 주요 위협을 규명하고 긍정적 이미지 회복을 위해 이러한 위협에 반응하는 프레임 전략을 활용했다고 주장했다.

기존의 많은 연구들이 기업이 평상시에 구축한 호의적인 명성이 위기 상황에서의 커뮤니케이션 행위를 도와준다고 주장하고 있는 가운데, 과연 이러한 명성의 효과에는 한계가 없는 것인지에 대한 의문이 제기된다. 김효숙(2010)은 부정적 언론 보도라는 위기 상황에서 특정 기업의 명성이 위기 상황에 대한 공중의 반응에 어떤 영향을 미치는지를 탐색하고자 했다. 특히 부정적 언론 보도라는 위기 상황의 강도를 조절하여, 다양한 보도 상황에서 공중들의 반응이 어떻게 달라지는지 연구했다. 연구 결과, 평상시 특정 기업에 대해 호의적인 명성을 가진 공중은 비호의적인 명성을 가진 공중보다 더 호의적인 태도와 행동 의도를 보였다. 또한 부정적 언론 보도라는 위기 상황 속에서도 부정 기사의 강도가 약할 경우에는 특정 기업에 대해 호의적인 명성을 지닌 공중은 비호의적인 명성을 지닌 공중보다 그 기업에 대해 보다 우호적인 태도와 행동 의도를 유지함이 밝혀졌다. 그러나 부정 기사의 강도가 극도로 강해지자, 두 그룹의 태도와 행동 의도에는 차이가 나타나지 않았다. 즉, 부정적 메시지의 강도가 극단적으로 부정적인 경우에는 호의적인 기업 명성의 공중 반응에 대한 조절 효과가 더 이상 발휘되지 않는다는 것이 밝혀졌다. 이 연구는 명성이라는 기업 자산의 한계 상황을 보여주면서, 명성이 기존에 인식되어왔던 것만큼의 강력한 힘을 가지지 못했을 수도 있다는 가능성을 조심스럽게 시사하고 있다.

미디어 명성 분야의 연구가 미디어 관점에서 진행되었다면, 공중 관점에서 공중의 미디어 프레임에 대한 해석이 기업 명성과 상호 작용하면서 위기 상황에서 기업의 정당성을 어떻게 인식하는지에 대한 연구도 있었다. 강문정과 차희원(2007)은 기업 명성과 이슈 프레이밍이 어떻게 상호 작용하여 기업의 정당성 인식에 영향을 미치는지 연구했다. 특히 이슈 프레이밍은 미디어 프레이밍을 공중이 어떻게 이해하고 해석했는지에 초점을 맞춰서 공중의 이슈 프레이밍으로 개념화했다. 연구 결과, 삼성의 편법경영계승과 X-파일 도청사건의 위기 상황에서 기업 명성은 기업의 정당성 회복에 긍정적인 영향을 미쳤으며, 기업 명성과 동일한 성격의 이슈 프레이밍에 공중이 동의할수록 기업 정당성 인식도 긍정적으로 나타났다. 특히 기업의 존재에 대한 제도적 정당성의 경우, 과학 경제 프레임이 더 긍정적으로 영향을 미쳤고, 사과나 기부 행위에 대한 행동적 정당성의 경우 사회윤리 프레임이 더 긍정적으로 작용했다. 특히 기업 명성을 높게 인식하고 기업 친화적인 내용의 프레이밍(경제성과 및 사회 질서 순응 프레임)에 더 동의하는 경우 기업의 정당성 인식에 가장 긍정적인 효과를 가졌다.

이와 같이 위기 상황에서의 미디어 연구는 기존의 위기 커뮤니케이션 이론과 미디어 이론을 통합하여 다양한 방식의 연구를 진행하고 있다. 하지만 미디어의 프레이밍이나 보도 방식, 그리고 조직의 위기 커뮤니케이션 전략이 수용자에게 어떤 영향을 미쳤는지를 주로 연구함으로써 조직의 전략이나 미디어 메시지에 초점을 맞추고 있다. 향후 연구에 수용자의 심리적 특성이나 사회환경적 요소, 이슈와 이해관계자 특성의 상호 작용이 포함된다면 더 다양한 위기 상황의 미디어와 명성 연구가 진전될 것으로 보인다.

미디어 명성의 네트워크 분석

지금까지 논의한 명성에 대한 미디어 효과 연구는 경영 전략적 관점에서 미디어가 기업 이미지나 명성 회복에 얼마나 효과적인지를 연구하는 데에 초점을 맞추었지만, 몇몇 학자들은 역동적이고 불안정한 명성의 본질을 강조하며, 명성은 기업과 이해관계자 간의 지속적인 관계 유지와 협상을 통해 규정되어야 한다는 점을 부각시키고 있다. 이러한 연구들은 복합적이고 불안정한 미디어 명성의 특성을 분석하기 위해서 네트워크 분석과 같은 질적 분석을 통해 접근하고 있다.

복잡계complex system 관점에서 미디어 명성—미디어에서 개인 또는 조직의 표현—을 검토한 머피P. Murphy의 연구는 1982년부터 2007년까지 마샤 스튜어트Martha Stewart에 대한 뉴스 보도와 인쇄매체 보도를 의미 네트워크 분석semantic network analysis을 통해 분석했다(Murphy, 2010). 이 연구에서는 미디어 보도를 통해 보여지는 명성을 모형화하기 위해 복잡계complex system 접근을 적용했다. 연구 결과 마샤에 대한 미디어 명성은 표현 패턴의 점진적인 등장, 내부 불협의 성장, 새로운 패턴의 등장으로 인한 위기, 외부 영향으로부터의 저항을 포함하여 복잡계의 성격을 보였으며, 특정 패턴에 맞춰진 미디어를 통해 구축된 그녀의 명성은 위기 상황에서도 흔들리지 않을 정도로 강하게 심어져 있다는 것을 알 수 있었다. 또한, 이러한 특성들은 명성을 형성하기 위한 노력들을 제한하지만 또한 변화된 명성이 미디어 보도에서 명백해지기 이전에 경고를 주는 역할을 하기도 했다.

사회구성적 관점에서 뉴스가치성과 프레이밍 사이의 위기 보도에 대해 연구한 마이어스O. Meyers와 로젠A. Rozen은 이스라엘 해군의 오염된 키숀 강의 잠수 관행에 대한 탐사적 보도를 연구했다(Meyers & Rozen, 2014). 키숀 강의 잠수 위기 보도는 두가지 상호보완적인 이론을 토대로 논의가 이루어졌다. 첫번째 이론적 논의는 키숀 강의 잠수 위기의 뉴스가치성 구성 방식을 비교 분석한 것이었고, 두번째는 프레이밍 이론에 기반하여 키숀 강의 잠수 위기에 대한 다양한 보도 프레임을 분석한 것이었다. 연구자들은 키숀 강 잠수 위기에 대한 뉴스 가치성과 프레이밍 분석은 복합적인 역동성을 드러내고 있으며, 프레이밍이 구성된 방식은 위기에 관여된 기자, 수영 선수, 군사 제도, 위원회 구성원 등 파당들간 끊임없는 협상을 통해 형성된 것이라고 주장한다. 이 연구 결과는 부정성, 문화적 근접성, 지속성, 그리고 모호하지 않음 등과 같은 내재적인 뉴스가치가 보도 과정을 통해서 해석적으로 구성되는 방식을 보여준다. 즉, 뉴스 가치가 사건 자체에 존재하는 것이 아니라 그 의미를 프레이밍하고 형성하는 보도 패턴에 담겨 있다는 것이다. 연구자들은 저널리즘적 맥락에서 프레이밍이 새로운 정보를 수용하기 쉽게 만들고 수용자의 오래 굳어진 신념 및 인식과 일치되도록 만들어준다고 보았다. 즉, 연구자들은 키숀강 잠수 위기는 사건의 본질인 내재적 뉴스 가치보다 이에 대한 언론적 관행과 맥락에 따른 해석과 프레이밍, 그리고 관련 이해관계자들간의 협상에 의해서 만들어진 것이라고 보고 위기보도의 역동성 문제를 논의했다.

명성과 미디어의 관련성에 대한 이제까지의 연구 경향은 주로 의제설정이론과 프라이밍 효과, 프레이밍 이론을 중심으로 미디어의 보도량과 보도 프레이밍이 기업명성에 어떤 영향을 미치는지 검증하는데 집중되어왔다. 다른 한편에서는 미디어에 영향을 미치는 기업의 의제구축효과를 연구하거나 미디어 효과가 갖는 한계, 그리고 위기 상황에서 부정적 언론보도의 영향력 등을 연구했다. 하지만, 이와 같은 대부분의 연구들은 조직 중심적인 기능적 관점에서 다루어지고 있는데, 미디어와 명성 연구의 다양화를 위해서는 사회구성주의 관점이나 네트워크 이론 등 다양한 관점과 이론을 기반으로 미디어와 명성 연구가 이루어질 필요가 있다. 또한 거시적 차원에서 국가의 미디어 시스템이나 문화적 특성이 미디어에 어떤 영향을 미치는지, 그리고 최근 미디어 환경의 변화가 명성에 어떻게 작용하는지 등도 연구될 필요가 있다.

6. 명성과 소셜 미디어: 상호 작용적 대화 커뮤니케이션

최근 들어 많은 연구들이 소셜 미디어를 통한 기업 명성의 효과에 집중하고 있다. 특히 소셜 미디어와 뉴미디어가 갖는 상호 작용적 대화와 소통에 주목하면서, 이러한 상호 작용적 대화와 소통의 특성은 기업 명성이나 이미지에도 긍정적 영향을 갖는다고 주장한다.

소셜 미디어의 상호 작용성과 명성

이현민과 박효정(Lee & Park, 2013)은 소셜 미디어의 상호 작용성 개념이 서로 다르게 연구되어왔다고 지적하면서, 특히 상호 작용성의 기능적 관점functional view of interactivity과 우연성 관점contingency view of interactivity을 비교 설명한다. 기능적 관점에서 보면, 상호 작용성이란 이용자와 인터페이스 간의 정보 교환이나 대화를 수행하는 웹사이트의 능력을 의미한다. 연구자들은 이 개념을 이메일 링크, 피드백 형식, 채팅룸, 그리고 오디오나 비디오 다운로드와 같은 기능적 특징으로 조작화했다. 웹사이트에 이러한 기능이 존재하는지 여부가 상호 작용성의 증거로 여겨지며, 웹사이트에 나타나는 기능의 숫자가 많을수록 상호 작용성 정도가 더 크다고 보는 것이다. 반면, 상호 작용성에 대한 우연성 관점은 메시지의 전달과 수용에 초점을 맞춘다. 여기에서는 상호 작용성을 커뮤니케이션 교환의 주어진 연속선상에서 어떤 전달(또는 메시지)이 이전의 전달로 언급되는 교환과 관련되어 있는 정도라고 간주한다. 즉, 상호 작용성은 이용자, 미디어, 그리고 메시지와 관련된 과정으로, 메시지가 서로 어떻게 연관되었는지를 특히 강조하는 것이다. 이러한 관점에서 보면, 상호 작용성은 메시지의 우연성 ― 이후의 메시지가 이전의 메시지에 의존적이며 상호 작용성은 서로 응답할 필요가 있는 것 ― 에 의해 이루어진다. 이러한 메시지 우연성 관점을 적용한 기존의 연구 결과에서는 상호 작용성이 증가할수록 더 높은 만족도, 더 큰 자기 효능감, 그리고 기억 증가와 연관되어 있다고 주장한다.

연구자들은 기존의 연구들이 관계적 결과와 조직 명성에 대한 온라인 상호 작용의 효과를 더욱 폭을 좁혀서 연구되었다고 주장했다. 즉, 상호 작용성은 다차원적 개념이며 단순히 기술적 특성에 의해 웹사이트의 상호 작용 정도를 결정하는 것은 기존 논의와의 갭을 보여준다고 했다. 그들은 웹에서의 상호 작용성은 메시지 상황-후속적 메시지가 이전 메시지에 의존적인지, 그리고 상호 작용이 서로에게 반응할 필요를 가진 상호 작용인지에 의해 성취되어야 한다고 주장한다. 따라서 우연적 메시지 상호 작용성contingent message interactivity이라는 조직의 웹사이트 특성은 웹사이트의 상호 작용적 특성이 PR의 관계 수립에 효과가 있는지 검토되어야 한다고 주장하고 있다. 따라서 그들은 상호 작용성을 상황적인 메시지 상호 작용성 관점에서 연구했고, 이러한 메시지 상호 작용성이 조직-공중 관계와 조직 명성에 갖는 효과가 긍정적이라는 것을 발견했다.

웹사이트의 상호 작용성이 조직 명성에 대한 인식에 어떤 영향을 미치는지를 연구한 길로리J. E. Guillory과 순다S. S. Sundar는 상호 작용성 개념을 정교화 가능성 모델에 접목했다(Guillory & Sundar, 2014). 그는 기능적 상호 작용성 관점에서는 웹사이트의 다양한 상호 작용적 도구가 존재하는 것만으로도 긍정적인 인상을 이끌어낼 것이라고 제시하지만, 우연적 상호 작용성 관점에서는 웹사이트의 상호 작용성을 알아채도록 만드는 실제 행위자 참여가 중요하다고 주장한다. 따라서 이러한 두 가지 상호 작용성 관점을 정교화 가능성 모델에 접목하여 웹사이트의 기능을 주변적인 상호 작용성 특징으로 보고, 행위자의 참여나 관여를 중심적인 상호 작용성 특징으로 보고 연구를 진행했다. 길로리과 순다(2014)는 이와 같은 PR과 커뮤니케이션, 그리고 인간-컴퓨터 상호 작용Human-Computer Interaction 이론에 근거하여 고객 맞춤화, 관여도, 선호도 인식을 매개 변수로 연구함으로써 기능적 관점에서 웹사이트의 상호 작용성이 조직 명성에 갖는 효과를 탐색했다. 연구 결과, 고객 맞춤화를 제외한 관여도와 호감도 변수는 상호 작용성과 조직 명성 간 관계를 매개했고, 특히 호감도 변수의 매개효과는 매우 크다는 것을 발견했다. 그들은 조직에 대한 인식에 상호 작용성이 매우 긍정적으로 작용했는데, 특히 매개 효과 분석에서는 즐거움을 주는 미학적 특성인 호감도의 매개 효과가 인지적 특성인 관여도의 매개 효과보다 더 크다는 것을 발견했다. 이는 정보 처리의 인지적 과정보다 휴리스틱 과정이 더 중요하게 작용한다는 것을 의미한다고 주장했다. 그렇지만 관여도의 매개 효과 또한 유의미했기 때문에 활동 공중이 정보를 추구하면서 조직에 대한 관여도가 더 높아지고 상호 작용성을 인식할수록 조직에 대한 인식도 긍정적으로 된다는 것을 확인했다. 그들은 이러한 결과가 상호 작용성의 이론적 복합성을 보여주었다고 주장하며, 일단 웹사이트의 호감을 주는 미학적 특성이 이용자들을 주변적으로 끌어들이게 되며, 이는 이용자들과 관여된 특징을 통해 중심적으로 참여하게 만든다고 주장했다.

온라인 커뮤니케이션의 특성과 명성

상호 작용적 특성 이외에도 여러 연구자들은 온라인 커뮤니케이션의 특성 중 어떤 요소가 명성에 긍정적 효과를 미쳤는지 연구했다. 웹 공간의 이용만족도와 기관명성간의 관계를 연구한 권예지·차유리·유현재(2014)는 웹 공간 이용 만족도에는 '쌍방향 커뮤니케이션', '대화 고리', '유용한 정보', '재방문 유도', '사용하기 쉬운 인터페이스' 다섯 가지 요소가 영향을 주는 것을 밝혀내었다. 그중 '쌍방향 커뮤니케이션'의 영향력이 가장 강력했으며, 웹 공간 이용만족도는 기관 명성에 긍정적인 영향을 미치는 것을 확인했다.

아우라P. Aula는 조직 명성 관리와 온라인 커뮤니케이션 간의 개념적이고 경험적인 관계에 대해 논했다(Aula, 2010). 이 연구에서 온라인 커뮤니케이션은 명성의 구조와 이점에 긍정적인 영향을 주는 것으로 인지되었으며, 이러한 두 요소는 서로 강하게 의존하고 있는 것으로 밝혀졌다. 특히 그는 명성의 이점을 긍정적 평가, 신뢰 관계 구축, 입지나 지위적 명성의 획득, 그리고 사회 자본의 형성 등 네 가지로 제시했다. 특히 사회적 자본은 네트워크 안에 위치한 다른 구성원들과의 신뢰를 통해 형성되며, 공유된 동일화, 공통된 규범, 상호적 동의 등에 의해서 이루어진다고 보았다. 연구 결과, 온라인 커뮤니케이션은 생산물과 서비스, 기업의 책임, 성공, 변화하고 발달하는 능력, 공중 이미지에 대한 이해관계자들의 평가에 영향을 주기 위해 사용될 수 있으며, 또한 이해관계자들과의 관계를 강화하고 조직의 사회적 자본을 구축함으로써 명성적 이득을 창출할 수 있음을 발견했다.

박남희와 이관민(Park & Lee, 2007)은 온라인 커뮤니케이션에서 조직 명성에 대한 공중의 지각을 실증적으로 연구했다. 그들은 한 회사의 기업 명성에 대한 사람들의 지각에 대하여 온라인 뉴스 포럼에서 온라인 토론의 영향을 검증했는데, 이 연구에서 그들은 기업 명성(사회적 책임과 종업원 대우)에 대한 사람들의 인식과 온라인 댓글의 논조와 개수간의 중요한 상관 관계를 발견했다. 긍정적 논조의 조건에서는 댓글의 개수와 기업 명성에 대한 긍정적 인식 사이에 선형적인 관계가 발견되었으나, 단지 하나의 부정적인 댓글이 기업 명성에 부정적인 영향을 주었다.

기업 이미지 구축에 있어 온라인과 사회적 미디어 채널의 역할에 관한 길핀D. Gilpin의 연구는 유기농 체인 슈퍼마켓 'Whole Foods'가 온라인에 만든 이미지의 주요 테마는 무엇인지와 각 미디어 채널(보도자료, 블로그, 트위터)이 이미지 구축에 미치는 영향에 대해서 알아보고자 했다(Gilpin, 2010). Whole Foods에 대한 6개월간의 온라인 보도자료방, 기업 블로그 내용, 그리고 마이크로블로깅(microblogging, 트위터) 메시지 등에 대해 네트워크 분석을 진행한 연구 결과, 기업의 핵심 정체성(core identity: 유기농, 그린, 농장, 좋은, 생산자 등)이 매우 강력하게 심어져 있는 것을 알 수 있었으며, 이는 대부분 뉴스 보도자료를 통하여 이루어졌다.

이와 같은 논의에 의해볼 때, 조직 명성이나 이미지에 영향을 미치는 소셜 미디어나 온라인 커뮤니케이션의 특성은 가장 중요한 것이 '상호 작용성'이라고 볼 수 있으며, 그외에도 대화 커뮤니케이션 이론에 근거하여 온라인 공간상의 대화 커뮤니케이션적 특성, 특히 쌍방향 커뮤니케이션의 특성이 조직 명성에 중요하게 작용했음이 논의되었다. 또한 사회 자본 이론에 근거하여 네트워크 안에 위치한 구성원들과의 의미 공유, 공통된 규범, 상호 동의를 통한 구성원과의 신뢰 관계 구축과 사회 자본 형성이 조직 명성을 창출할 수 있다는 주장이 제시되었다.

소셜 미디어의 위기 커뮤니케이션 전략

위기 상황에서 조직 명성에 영향을 미치는 소셜 미디어를 통한 커뮤니케이션 전략 연구도 많이 진행되었는데, 대부분의 연구는 기존의 위기 커뮤니케이션 이론을 소셜 미디어 상황에 적용하거나 서로 다른 소셜 미디어 상황에서 사용된 커뮤니케이션 전략을 비교하는 연구들이었다. 그러나 소셜 미디어만의 독특성을 반영하는 위기 커뮤니케이션 전략 연구도 진행되었다.

프레버그K. Freberg와 폴렌차M. J. Palenchar, 그리고 베일S. R. Veil은 위기 상황에서 소셜 미디어를 통해 정보가 어떻게 공유되는지 연구했다(Freberg, Palenchar, & Veil, 2013). 그들은 위기 상황에서 소셜 미디어는 신속하고 빠르게 조직의 행동이나 의견을 전달할 수 있는 매체이기도 하지만, 다른 한편으로는 조직이 통제할 수 없으며 다른 영향력자들의 설득력이 더 강한 매체라는 점에서 도전이 되기도 한다고 보았다. 이들이 다양한 소셜 미디어 플랫폼을 연구 대상으로 하여 신종플루H1N1 위기 상황에서 소셜 미디어에서 가장 자주 언급되는 정보원과 문서 유형, 태그된 단어 등을 조사한 결과, 사람들은 특정 정보원이 아닌 광범위한 범위의 정보원으로부터 정보를 수집한다는 것을 발견했다. 소셜 미디어는 사람들에게 서로 커뮤니케이션할 수 있도록 해주고 온라인 커뮤니티에서 네트워킹 관계를 구축함은 물론, 블로그나 사진에 댓글을 달아 서로 대화할 수 있도록 해주는 등 다양한 온라인 플랫폼의 조합combination이라는 점이 중요하다고 주장했다. 특히 소셜 미디어를 사용하는 목적은 가상 공동체를 구축하는 것인데, 거기서는 개인들이 서로 정보를 공유하고 조직과 개인들 사이에서 가상 대화를 창조할 수 있다. 이에 더해서, 소셜 미디어는 조직이 그들의 주요 이해관계자가 말하는 것을 모니터링하고 경청할 수 있는 도구이기도 하다. PR과 위기 커뮤니케이션에서 주요 공중이 느끼는 이슈를 감지하고 위기 발생 이전에 이를 적극 대응한다는 것은 매우 중요한 일이다.

뷰익 등(Vieweg et al., 2008)은 위기 상황에서 이해관계자에게 잘못된 정보를 제공할 경우 따를 수 있는 위험에 대해 논의했다. 소셜 미디어가 증가하면서 이전의 위기 상황과는 다르게 조직이 가장 영향력 있는 상황은 줄어들었고, 오히려 조직의 이해관계자가 소셜 미디어를 활용하면서 더 영향력이 커지게 되었다. 소셜 미디어 영향력자나 단체는 문제되는 조직과 연결되어 있지 않고 독립적으로 그들의 블로그나 소셜 네트워킹 사이트, 웹사이트 같은 소셜 미디어 플랫폼을 통해서 강하고 신뢰할 만한 목소리로 존재감을 과시한다. 그들의 연구에서도 소셜 북마크에 가장 자주 언급된 소스는 정부기관과 연결되어 있지 않았고 그들 자신이 강력한 온라인 존재감을 갖고 있었다. 또한 그들은 메시지 전달에서 매우 설득력이 있어서 이들의 팔로워들은 그들이 전달하는 메시지에 초점을 맞추는 경향이 있었다. 즉, 이들을 정보원이 아니라 영향력자로써, 사람들이 어떤 방식으로 행동하도록 영향을 미치고 있다는 점을 주목해야 한다고 주장했다.

머랄리다란 등(Muralidharan, Dillistone, & Shin, 2011)은 위기에 처한 영국 정유 회사인 BP가 소셜 미디어를 활용하여 분노한 공중과 어떻게 커뮤니케이션했는지를 연구했다. 모든 소셜 미디어 채널에서 발견된 지배적인 주제는 'BP의 반응하려는 노력'이었다. 그들은 이러한 연구를 통해 위기 상황에서 소셜 미디어에 나타난 사람들의 감정적 반응과 이에 대한 조직의 대응이 어떻게 진행되었는지를 보여주고 있다. 슐츠 등(Schultz, Utz, & Gortz, 2011)은 '매체가 메시지인가?Is the medium the message?'라는 맥루한의 주장을 근거로 하여 트위터와 블로그를 전통매체인 신문과 비교하여 조직 명성과 2차 위기 커뮤니케이션 전략에 대한 반응의 차이가 유의한지 실험 연구를 시도했다. 연구 결과 조직 명성과 2차 위기 커뮤니케이션 반응에 대한 매체별 차이가 유의했기 때문에 맥루한의 이론이 입증되었다고 주장했다. 그밖에 감정이나 동정, 정보 등의 메시지 차이 또한 유의했다. 이 연구는 위기 상황에서 2차 커뮤니케이션 반응을 댓글 남기기나 친구에게 메시지 보여주거나 전달하기, 보이코트 등 소셜 미디어 상에서 나타날 수 있는 2차적 반응과 행위에 초점을 맞추었다는 점에서 기존의 소셜 미디어와 관련된 위기 연구와 차별화를 보여주었다.

이와 유사한 연구를 진행한 우츠 등(Utz, Schultz, & Glocka, 2013)은 네트워크 위기 커뮤니케이션 모델에 근거하여 매체(페이스북 대 트위터 대 온라인 신문)와 위기 유형(의도적 위기 대 피해자적 위기)이 조직 명성과 2차적 위기 반응에 미치는 효과를 연구했다. 후쿠시마 원전 사고 이슈 시나리오를 활용하여 실험 연구를 수행한 결과, 위기유형보다 매체 효과가 더욱 강력했다고 주장했다. 소셜 미디어를 통한 위기 커뮤니케이션(관련 정보 전달)은 신문을 통한 위기 커뮤니케이션보다 더 높은 명성과 더 낮은 2차적 위기 반응(메시지 전달과 보이코트 등)을 보여주었다. 특히 페이스북에서 더 긍정적인 반응이 나타났으며, 위기 유형에 따른 차이도 유의미했다. 위글리S. Wigley와 루이스B. K. Lewis는 사람들의 관여도가 높은 회사와 낮은 회사간에서 트윗 맨션의 차이가 있는지 연구했다(Wigley & Lewis, 2012). 연구 결과 관여도가 높은 회사는 트윗에서 부정적 맨션을 덜 받았다. 그러나 그 회사가 대화 커뮤니케이션을 실행하는 경우에 한해서 그런 결과가 나타났다. 또한 관여도가 낮은 회사는 트윗에서 더 많은 부정적 맨션을 받았는데, 이들 회사를 맨션한 트윗은 다른 사람들과 링크를 더 많이 공유했음을 발견했다.

프레버그 등(Freberg, Saling, Vidoloff, & Eosco, 2013)은 소셜 미디어에서 나타난 위기 커뮤니케이션 전략과 최상의 실행전략에 대해 연구했다. 일반적인 위기 커뮤니케이션 전략은 '신속하게 커뮤니케이션하라' '명확하라' '단순하라' '완전하라' '폭넓게 커뮤니케이션하라' 이지만, 이들은 소셜 미디어 특성에 맞추어 전형적인 키워드의 존재, 실시간 모니터링 링크나 그래픽, 대화적 목소리, 안전에 관한 정보, 안심 정보원에 대한 정보, 다른 매체에서 2차적 메시지 제공, 해쉬 태그의 존재, URL의 존재 등을 측정했다. 또한 소셜 미디어의 위기 커뮤니케이션 베스트 실행전략에 대해서 다음과 같은 내용을 제시했다; 멀티미디어와 링크를 업데이트하여 통합하라; 사람들은 위기와 관련하여 소셜 미디어 업데이트에서 나타나는 문자적 정보뿐 아니라 시각적 정보나 다른 신뢰할 만한 소스에 대한 언급도 원한다. 해쉬 태그와 태그된 키워드를 적절히 사용하라; 조직과 대행사들은 특정 사건에 대한 해쉬 태그를 모니터링하고 부여함에 전략적일 필요가 있다. 그래서 다른 사람들이 그것을 모니터링하고 따르고 반응하도록 해야 한다. 소셜 미디어를 사용하는 위기 커뮤니케이션 전문가를 위한 실행에 있어서 적절한 훈련이 탐색될 필요가 있다. 콜로라도대학교의 EPIC 프로젝트는 재난 상황에서 사용하는 "Tweak the Tweet" 앱을 가지고 이러한 종류의 연구를 수행했다. 이러한 원칙을 트위터 외의 플랫폼에 적용하도록 더 많은 연구가 필요하다. 공식적이고 대화적인 업데이트 사이의 균형이 필요하다. 대부분의 업데이트는 소셜 맨션에서 수집된 것인데, 이들은 공식적이기보다 대화적인 형태로 프레임되었다. 대화적 형태로 업데이트되는 것은 공식적인 형태보다 성공적이었으며, 따라서 형태(어조)는 소셜 미디어에서 운용하는 위기 커뮤니케이션 전문가를 위해서 고려해야 할 영역이다.

이제까지의 연구 결과들은 조직의 전략적 커뮤니케이션이나 이해관계자와의 직접적 커뮤니케이션, 그리고 미디어를 통한 커뮤니케이션 등 조직 외부 커뮤니케이션에 많은 관심을 갖고 있다. 그러나 기업 명성에서 정작 중요한 것은 조직 내부의 정체성과 이를 내부에 공유하는 내부 커뮤니케이션일 수 있다. 조직학적 관점에서 볼 때 기업 명성을 구축하는 가장 근본적인 것은 기업 정체성(정체성)이며, 이를 내부 사원들이 공유하는 것이 외부에 일관된 목소리를 낼 수 있게 만드는 동인이 된다.

7. 조직과 명성: 기업 정체성과 내부 커뮤니케이션

조직학적 관점에서 조직 특성과 내부 커뮤니케이션, 그리고 조직 명성의 관련성을 논의한 연구는 슐츠와 하치와 같은 해석학자나 포스트모던 학자들의 연구들이다. 이들은 커뮤니케이션 해석을 통해 사회 구성원들이 새로운 의미를 공유하고 해석해내는 과정에 관심을 갖는다. 이들은 기업의 내부 구성원들과 임원들이 외부 환경의 신호들을 해석해내는 방식에 따라 조직의 정체성을 변화시키거나 유지시키며, 조직 전략을 재정비하게 된다고 주장한다. 이러한 사회적 의미의 공유와 해석, 그리고 재구성은 해석학적 관점에서 명성에 영향을 미치는 주요한 변수가 된다. 따라서 커뮤니케이션은 사회적 의미를 공유하고 해석하며 재구성하는 방식이다. 내부 구성원들이 외부환경과 상호 작용하는 과정에서 기업 커뮤니케이션을 통해 조직 정체성에 대한 재해석과 변화를 이루게 되므로 궁극적으로 기업 명성에 영향을 미치게 된다. 따라서 내부 구성원, 특히 임원진의 의미 해석 과정은 명성에 큰 영향을 미치는 요소로 작용하게 된다는 것이며, 여기서 조직의 정체성과 내부 구성원들의 의미 공유와 해석이 매우 중요한 변수이므로 주로 조직학자들이 이러한 연구 분야에 많은 관심을 기울이고 있다. 특히 조직 정체성과 관련하여 기업 문화와 명성 간 연구도 많이 진행되고 있으며, 기업 문화와 구성원의 관습 등이 조직 성과나 명성에 미치는 영향에 대해서도 논의가 진행되어왔다. 반릴과 폼브런의 ROIT 모델에서는 기업 문화와 조직 성과, 기업 명성 간 관련성에 있어서 사내 커뮤니케이션의 중요성에 대해서도 논의하고 있으며, 이는 사내 관계 PR과도 연계되어 그 의미가 더욱 커지고 있다. 이들 조직학적 관점에서 조직 특성과 기업 명성의 관련성을 논의한 연구 경향은 조직 문화나 조직 구성원, 그리고 조직 내부 커뮤니케이션의 특성이 기업 명성에 어떻게 작용하는지에 관심을 두고 있다. 또한 조직 구성원이 인식하는 기업 정체성과 외부에서 인식하는 기업 정체성의 차이(갭)가 명성에 미치는 영향에 대한 논의도 진전되면서 조직학적 관점의 명성 연구가 많지는 않지만 다양하게 진행되고 있다.

조직 특성과 기업 명성

기업 명성에 대한 조직학적 관점의 대부분의 연구들은 조직 구성원이나 조직 특성(특히 조직 문화)에 주목하고 있으며, 조직 구성원이나 조직 문화가 기업 명성에 영향을 미칠 때 어떤 경로를 경유하는지 매개변수에 주목하고 있다. 구체적으로 사원이나 조직 문화, 그리고 CEO 리더십은 내부 구성원의 조직 동일시나 조직 일체감을 높이고 직무 만족이나 생산성을 높이게 되므로 기업 명성과 조직 성과에 긍정적 효과를 갖는다는 점을 강조한다. 또한 사원이 인식하는 조직 명성도 자부심을 높이고 직무 만족을 높여서 생산성을 높이게 되므로 결국 기업 명성에 작용한다는 연구도 제시되었다.

카사도 등(Casado et al., 2014)은 스페인에서 최고의 명성을 가진 대기업과 다국적 기업이 기업 명성을 어떻게 관리하는지 조직과 부서 차원의 특성을 연구했다. 외국 다국적 기업의 경우, 그들은 명성 관리를 위해서 지역적 명성 관리 전략을 채택하고 각각에 적합한 다른 관리방법을 활용했다. 또한 다국적 기업이나 스페인 대기업들은 그들의 명성 관리 부서 구조를 통합했고 전담 부서와 직원을 두고 있었으며,

명성 관리 책임자는 기업의 최고 책임자에게 직접 보고하는 체제를 갖추었고 회사에서도 이들을 전략적 관리자로 간주했다. 외국의 다국적 기업 지사들은 그들의 업무를 지역의 최고 책임자나 본사 사장에게 직접 보고했고, 이들 부서들의 역할은 두 가지 유형의 업무와 관련되어 있었다. 즉, 커뮤니케이션 업무와 무형 자산 관리 업무이다. 또한 그들은 명성 관리의 수평적, 수직적 관리와 관련된 업무에 초점을 맞추었는데, 이는 기업 명성에 영향을 미치는 CSR, 브랜드, 정체성, 기업 문화 등의 기능을 포함한다.

이들 부서의 구체적인 기능은 글로벌 기업 전략의 지속 가능한 성과에 기여하는 것이었으며, (1) 기업 명성의 타겟과 전략을 규명하고, (2) 명성적 위험과 기회를 탐지하고 (3) 경영 모델로서 기업 명성을 기업 문화로 통합하는 것 (4) 기업 명성에 영향을 미치는 다른 부서의 활동을 수행하고 통제하고 감독하는 것 (5) 회사 비즈니스에 영향을 미치는 다른 이해관계자의 인식을 측정하고 평가하는 것 (6) 내부와 외부 사이에서 일관성이 있도록 하는 것 — 커뮤니케이션과 성과간 일관성 유지. (7) 전략적 일관성을 강화하는 것 — 비즈니스 이해관계와 이해관계자 기대의 일관성을 갖추는 것이다. 이들 부서에서는 기업 명성의 전체적, 수평적 수행과 의사 결정을 할 수 있게 하고 그들의 명성 이유를 설명해주는 비재무적 지표(CSR, 브랜드, 정체성, 기업 문화 등)를 통합하려는 요구가 발견되었다. 특히 기업 명성을 다른 부서와 수평적인 수준에서 관리하고자 했는데, 다른 부서는 주로 커뮤니케이션, 비서실, 인사관리, 그리고 위험 관련 부서들이었다. 또한 스페인 시장에서 최고의 명성을 가진 기업들은 기업 명성 부서를 지향했고, 기업 명성 부서에서는 전체적이고 수평적 관리를 책임지는 전문가들을 통합하려는 움직임을 보였다. 하지만 연구자들은 아직도 이들 부서가 갖고 있는 문제점이 있다고 지적하는데, 회사의 글로벌 전략에 영향을 미치는 비재무적 지표의 효과를 측정하는 스코어카드나 지능적 시스템의 설립,

그리고 스페인 시장에 위치한 외국 다국적 기업의 지사처럼 무형 자산인 커뮤니케이션에 초점을 맞춘 특정 부서의 기능 강화 등이다.

멘L. R. Men은 기업 리더십이 내부 PR의 효과성에 어떻게 영향을 미치는지 연구했다(Men, 2012). 특히 CEO 신뢰도, 조직 명성에 대한 사원의 평가, 그리고 사원 참여 간의 관련성을 연구했는데 연구 결과 CEO 신뢰도는 인지된 조직 명성과 사원 참여에 긍정적 연관성을 가졌고, 인지된 조직 명성은 사원 참여에 긍정적으로 작용했다. 조직 명성에 대한 사원 인식은 사원 참여와 CEO 신뢰도 사이에서 완전 매개 효과를 가졌다. 헬S. Helm은 기업 명성 관리에 있어서 사원의 역할이 가장 중요함을 강조하고 있다(Helm, 2013). 그의 연구에서는 조직 명성에 대한 사원의 인식이 자부심, 직업만족, 정서적 헌신, 그리고 인지된 기업 명성에 어떻게 영향을 미치는지 규명하고자 했다. 연구 결과, 인지된 기업 명성은 구성원의 자부심과 직무만족에 영향을 미쳤으며, 기업 명성을 증진시키기 위해서 내부 명성 수립을 활용해야 할 것임을 제안했다. 크레이븐즈와 올리버(Cravens & Oliver, 2006)는 사원과 기업 명성은 긍정적인 재무 성과를 창출하고 지속 가능한 경쟁적 이점을 창출하는 자원임을 강조했다. 기업 명성은 조직에 필수적이며, 사원은 이를 관리하는 중요한 연결고리가 된다는 것이다. 사원이 기업 명성의 전반적인 포지셔닝에 매우 중요한 역할을 한다는 것을 인식함으로써, 관리자는 기업의 전략적 목표를 성취시키는 결과를 달성할 수 있다. 이 연구에서는 기업 명성 증진에 대한 사원의 헌신에 필수적인 요소를 검토했고 기업 명성 지표를 인센티브 시스템과 통합하는 균형적 스코어카드를 활용하는 것 등 주요 요소를 제안했다.

존스톤K. A. Johnston과 에버렛J. L. Everett은 명성에 대한 조직 내부의 인식을 연구했다(Johnston & Everett, 2012). 그들은 조직의 공유 가치와 구성원에 대한 가정에서 파생되는 문화 지식적 구조가 조직 명성에 대한 그들의 개념화에 어떻게 영향을 미치는지 적십자사에 대한 민속지학 연구를 수행했다. 특히, 이 연구에서는 조직 문화의 중심 속성이 조직 구성원의 명성 인식에 어떻게 영향을 미치는지 연구했다. 연구 결과, 조직 문화의 내부 영향력이 조직 행위와 조직 명성에 강력한 영향을 미친다는 것을 발견했다. 양진호와 박상봉(2014)은 기업 명성을 내부 이해관계자인 종업원 관점에서 고찰함으로써 기업의 성과를 예측하는 중요한 변수로서 기업 명성의 내부 관리가 필요하다는 점을 주장하고자 했다. 그들의 연구 결과에 따르면, 기업 명성이 높을수록 회사 몰입은 높고 이직 의도는 낮게 나타났다. 또한 경영자 신뢰는 기업 명성이 종업원의 회사 몰입에 미치는 영향을 강화하는 작용을 했지만 이직 의도에 미치는 영향은 유의미하지 않았다.

조직학적 관점에서 또 다른 연구들은 기업 명성이나 지위가 조직원들에게 어떤 영향을 미치는지 검토했다. 김용재·김종완·이재연(2013)은 조직 명성과 조직 동일시가 직무 만족에 미치는 영향을 살펴보았다. 특히, 조직 구조에 따라 조직 명성을 기업 명성과 부서 명성으로, 조직 동일시를 기업 동일시와 부서 동일시로 구분하고 직무 만족에 미치는 영향을 검토했다. 연구 결과에 따르면, 기업 명성은 기업 동일시에 긍정적 영향을 주는 것으로 나타났으며, 기업 명성은 부서 명성에 긍정적 영향을 미치는 것으로 나타났다. 부서 명성은 부서 동일시에 긍정적 영향을 미치는 것으로 나타났고, 부서 동일시는 기업 동일시에 긍정적 영향을 미치는 것으로 나타났다. 또한 기업 동일시와 부서 동일시는 직무 만족에 긍정적 영향을 미치는 것으로 나타났다. 이러한 연구 결과들은 지각된 조직 명성이 기업 명성과 부서 명성으로, 조직 동일시가 기업 동일시와 부서 동일시로 구분될 수 있다는 것을 보여주고 있으며, 조직 명성(기업 명성과 부서 명성)은 조직 동일시(기업 동일시와 부서 동일시)를 매개로 직무 만족에 차별적인 영향을 미치기 때문에, 조직은 조직 외부 이해관계자에 대한 명성 관리를 통해 구성원들의 조직 동일시를 유도하여 직무 만족을 높일 수 있을 것이라고 주장했다.

조직 내부 커뮤니케이션과 기업 명성

조직 특성 중에서 기업 명성에 대한 내부 커뮤니케이션 효과에 초점을 맞춘 연구가 다수 진행되었는데, 이들 연구들은 조직 내부 커뮤니케이션과 커뮤니케이션 만족이 조직-사원 관계성, 조직 동일시, 그리고 직무 만족에 영향을 미치며, 이를 경유하여 기업 성과나 기업 명성에 긍정적으로 작용한다는 점을 강조했다.

차희원과 임유진(2014)은 조직학적 관점과 커뮤니케이션 관점에서 한국의 기업 명성에 영향을 미치는 사내 커뮤니케이션 요인을 연구했다. 특히 조직 문화에 따른 사내 커뮤니케이션 특성들과 경영 성과로서 기업 명성 및 재무적 성과 간의 관련성을 분석했다. 연구 결과, 조직 문화와 사내 커뮤니케이션 특성(업무 관련된 콘텐츠나 사내 공식 미디어)이 커뮤니케이션 분위기에 긍정적 영향을 미치고 이는 사원 만족도를 매개하여 기업 명성에 간접적인 영향을 미치는 것으로 나타났다. 또한 사원 만족도는 재무적 성과를 매개하여 기업 명성에 간접적인 영향을 미치는 것으로 확인되었다. 특히 한국적 상황에서 가족적/인간 관계적 조직 문화의 영향력이 기업 명성에 미치는 영향력이 유의미했으며, 기업 명성에 대한 조직 문화와 조직 내부 커뮤니케이션 변수들 간의 경로가 구체적으로 확인되었다.

토마즈J. C. Thomaz는 동일시와 조직 성과, 그리고 동일시와 기업 명성 관계에서 커뮤니케이션의 매개 효과에 대해 살펴보았다(Thomaz, 2010). 기존 연구들에 따르면 좋은 명성을 가진 기업은 더 나은 성과를 보이며, 조직원 동일시가 강할수록 기업 명성과 성과 또한 더욱 우수하고, 커뮤니케이션은 조직이 주주들에게 기업을 보여주는 상태를 강조하는 중요한 역할을 한다고 제시된다. 연구 결과, 커뮤니케이션은 기업 성과보다 기업 명성에 더 큰 영향을 미치는 것을 확인할 수 있었고, 그는 기업 명성이 기업 성과에도 영향을 주는 중요한 요인이기에 커뮤니케이션을 향상시키기 위한 기업들의 노력은 궁극적으로 더 나은 경영 성과를 이끌 수 있을 것이라고 보았다.

장현지와 차희원(2013)은 명성의 조직학적 관점에 기반하여 기업 명성에 영향을 미치는 선행 변인을 조직 내부에서 찾아보고자 했다. 특히 조직원 사이의 대인 커뮤니케이션을 핵심 변인으로 보고, 상사, 동료와의 대인 커뮤니케이션이 기업 명성에 미치는 영향을 분석했다. 연구 결과, 상사 커뮤니케이션 중 안정성(편안함)이 명성에 직접적 영향을 주는 것으로 나타났다. 또 조직원 간 대인 커뮤니케이션은 조직-사원 관계성에 영향을 미쳤으며, 관계성이 높을수록 동일시가 강해지고 이는 높은 기업 명성을 형성하는데 영향을 미치는 것으로 분석되었다. 따라서 상사와의 편안한 커뮤니케이션과 조직-사원 사이의 긍정적 관계 형성이 조직 동일시와 기업의 명성 제고를 위한 방안이 될 수 있음을 확인했다. 김현정과 손영곤(2012)은 콜센터 상담사의 커뮤니케이션 만족 및 조직 풍토 인식이 조직 명성에 미치는 영향을 연구했다. 이들은 콜센터 상담사가 인식하는 양사(파견 회사와 근무 회사)의 조직 풍토 인식과 조직 커뮤니케이션 만족에 따른 근무 회사의 조직 명성 지각 차이를 분석했다. 또한 서비스 품질 지수와 커뮤니케이션 만족 및 조직 명성 인식 간의 관련성도 분석했다. 연구 결과, 직무 만족과 조직 몰입은 조직 명성 인식과 높은 정적 상관관계를 보였고, 이직 의도에는 부적 상관관계를 갖는 것으로 나타났다. 또한 파견 회사와 근무 회사에서의 커뮤니케이션 만족이 일치하는 경우에는 조직 명성 인식과 긍정적 관련성을 보였으며, 파견 회사보다 근무 회사에서의 조직 풍토와 커뮤니케이션에 대한 만족이 높을수록 서비스 품질도 높아지는 것으로 나타났다. 연구자들은 콜센터 상담사의 서비스 품질을 높이고 조직 명성을 높이기 위해서는 상담사를 정식 종업원으로 받아들이는 새로운 운영 시스템의 도입과 종업원 관계 커뮤니케이션 활동의 필요성을 제안했다.

이외에도 사원의 CSR 활동 참여와 CSR 활동에 대한 사원 인식 등이 직무 만족과 조직 로열티를 높이고 기업 명성에 긍정적 영향을 미친다는 연구가 많아지면서 사원의 CSR 활동 참여가 중요한 변수로 떠오르고 있다. 볼튼 등(Bolton et al., 2011)은 CSR을 외부 압력이나 경영 관리적 차원에서만 접근할 것이 아니라 내부 조직의 역동적인 과정이며 직원과의 상호 작용적 접근으로 관점을 달리해야 한다고 주장했다. CSR 활동의 내부 마케팅 효과를 연구한 윤각과 류지영(2011, 2012)은 기업의 사회적 책임 활동이 직무 만족, 조직 일체감 및 조직 시민 행동 등 해당 기업의 임직원들에 미치는 영향, 즉 내부 마케팅 효과를 실증적으로 분석했다. 연구 결과, CSR 인식은 CSR태도에 긍정적 영향을 미치고 CSR태도는 기업 명성에 정적 영향을 미치는 것으로 밝혀졌다. 한편 기업 명성은 직무 만족과 조직 일체감에 정적 영향을 미치고, 직무 만족 또한 조직 일체감에 정적 영향을 미치며 이는 조직 시민 행동에 정적 영향을 미치는 것으로 나타났다. 연구자들은 기존의 CSR 연구들이 대부분 소비자 등 외부 효과에 초점을 맞추고 있음에 비해 이 연구는 CSR 활동의 내부 효과에 관한 실증적 연구로서, CSR 활동이 기업 명성을 경유해 내부 마케팅 효과를 발휘한다는 것을 이론적으로 규명했다고 주장했다.

기업 정체성에 대한 내·외부 인식

기업 정체성 관점에서 이에 대한 내·외부 인식과 기업 이미지, 그리고 기업 명성 간 관계를 고찰한 연구들이 등장했으며, 특히 정체성과 기업 명성간 관계에서 조직일체감이나 동일시가 매개 효과를 갖는다는 연구들이 있었다.

기업 정체성의 선행 요인과 구성 요소에 대한 이론적 토대를 논의한 키친 등(Kitchen et al., 2013)은 기업 정체성(CI)을 구성하는 요소를 여섯 가지 차원(커뮤니케이션, 시각적 정체성, 기업 행위와 사원 행위, 기업 문화와 가치, 기업 미션, 그리고 창업자 요소)으로 제시했다. 그들은 조직 동일시와 사회 정체성 이론에 기반하여 사원의 행동을 기업 정체성 구성 요소로 제시했고, 리더십 이론에 기반하여 조직 창업자와 경영 관리 요소를 제시했으며, 조직이론에 기반하여 조직 문화와 가치를 기업 정체성 구성 요소로 논의했다. 그리고 기업 커뮤니케이션 이론에 기반하여 커뮤니케이션 요소와 시각적 정체성Visual Identity: VI 요소를 기업 정체성 구성 요소로 도출하고 그 이론적 논의와 함의를 제시했다.

장우성과 한은경(2007)은 내부에서 표출하고자 하는 기업 정체성이 외부에서 긍정적으로 받아들여져서 좋은 기업 이미지를 형성할 때 기업 명성도 긍정적으로 형성된다는 기존 연구자들의 논의를 바탕으로 기업 정체성—기업 이미지—기업 명성 간의 관계를 상호 지향성 이론의 관점에서 살펴보았다. 상호 지향성 이론의 객관적 일치도와 주관적 일치도를 바탕으로 네 가지의 상호 지향 상태를 분류했으며, 외부 이해관계자의 기업 이미지에 영향을 미치는 기업 요인이 무엇인지를 살펴보았다. 연구 결과, 삼성은 로고 요인을 제외한 경영 철학 및 이념, 메시지, 기업 행동 요인에서 모두 긍정적 이해 상태를 보이고 있었던 반면, LG는 네 가지 상호 지향 상태가 각 요인별로 다양하게 나타났고, SK의 경우는 네 가지 상호 지향 상태 모두 부정적 이해 상태를 보이는 것으로 나타났다. 그리고 외부 이해관계자의 기업 명성에 유의한 영향을 미치는 기업 이미지 요인은 경영 철학 및 이념과 기업 행동 요인인 것으로 나타났다.

장우성(2008)은 공영방송의 내부 직원을 중심으로 기업 정체성과 기업 명성 간의 관계를 살펴보고, 자사에 대한 조직 일체감의 매개 효과를 연구했다. 연구 결과, KBS 직원들의 조직 일체감은 기업 정체성과 기업 명성 사이의 관계를 매개하지 않는 것으로 나타난 반면, MBC

직원들의 조직 일체감은 자사에 대한 기업 정체성과 기업 명성 사이를 매개하는 효과가 있는 것으로 나타났다. 특히 MBC 직원들의 기업 정체성은 기업 명성에 직접 영향을 미치기도 하고 조직 일체감을 경유하여 간접적으로 영향을 미치기도 하는 부분 매개 효과를 지니고 있음을 알 수 있었다. 연구자는 공무원에 가까운 KBS 직원들의 성격상 조직 일체감에 대한 동의 수준이 낮기 때문에 일체감이 기업 정체성과 더불어 기업 명성에 영향을 주지는 않는 반면, MBC 직원들은 민간 기업 조직에 가깝기 때문에 조직에 대한 일체감이 상대적으로 높아서 조직 정체성과 기업 명성의 관계에서 매개효과를 갖는 것으로 해석했다.

그러나 아직까지 PR 영역에서 기업 명성에 대한 내부 커뮤니케이션 연구는 그다지 활발하게 진행되고 있지 않은 편이다. 오히려 국내 PR 학자들이 기업 명성과 관련된 조직학적 관점의 연구에 좀 더 주목하고 있는 것으로 보인다.

이제까지 명성과 커뮤니케이션의 관련성에 대한 많은 연구들이 이루어져왔지만 PR 이론이나 커뮤니케이션 이론을 기반으로 명성과의 연관성을 다룬 연구들은 별로 많지 않았음을 볼 수 있다. 주로 경영/마케팅 관점에서 명성을 기업자산으로 간주하고 PR 비용과의 관련성을 논의한 연구, 사회학적 관점에서 명성과 사회 공헌 활동, 혹은 위기 커뮤니케이션과의 역학관계를 다룬 연구, 그리고 PR 관점에서 명성과 조직-공중 관계성 간 논의 및 명성에 대한 매개 커뮤니케이션(뉴스미디어, 소셜 미디어) 효과를 다룬 연구 등이 대다수였음을 볼 수 있다. 특히 PR 학자들은 명성을 PR의 한 부분으로 간주하고 PR 비용=커뮤니케이션 비용이라는 등식을 전제해왔기 때문에 커뮤니케이션 그 자체보다 PR 비용이 명성과 재무성과(순익)에 어떤 영향을 미쳤는지 검토하는 데에 주력했다. 또한 커뮤니케이션에 초점을 맞출지라도 직접적 커뮤니케이션 변수를 통해 명성과의 관련성을 연구하기보다 PR을 전략적 커뮤니케이션으로 전제하고 PR의 '관계성'이나 '위기 커뮤니케이션 전략' 혹은 매개 커뮤니케이션으로써 '미디어 명성'이나 '온라인 커뮤니케이션'을 통해 커뮤니케이션을 개념화하고 이들 커뮤니케이션과 명성 간 관련성을 연구한 것이 대다수이다. 따라서 커뮤니케이션 자체의 특성을 고려하여 내외부 커뮤니케이션의 어떤 속성이 명성에 어떤 영향을 미치는지를 고려한 통합적 커뮤니케이션 명성 관리모델이 제시될 필요가 있다.

CORPORATE REPUTATION AND COMMUNICATION

4장

통합적 명성 관리 커뮤니케이션 자본 모델

1. 통합적 명성 관리 커뮤니케이션 자본 모델의 개념과 특성

이 책에서는 명성과 커뮤니케이션 연구 논의를 바탕으로 통합적 명성관리 커뮤니케이션 자본 모델을 제시하고자 한다. 이 모델을 제시하기에 앞서, 모델의 중요한 개념인 '커뮤니케이션 자본'의 개념과 특성을 먼저 논의했다.

커뮤니케이션 및 커뮤니케이션 자본의 개념과 특성*

커뮤니케이션이란 둘 또는 그 이상의 당사자가 기호를 의도적으로 사용함으로써 의미를 교환하는 교류 과정이며, 커뮤니케이션의 효과적 활용은 예전부터 조직의 효율성을 높이는 데 중요한 요소로 여겨졌다 (Barnard, 1938; Katz & Kahn 1966; Howard, 1974). 지금까지 다양한 학문 분야에서 커뮤니케이션의 중요성을 인식하고 이에 대한 연구

* 이 부분은 차희원, 김찬아(2010), 차희원(2012)의 논문의 일부를 간추린 것이다.

를 진행했는데, 커뮤니케이션 개념에 대해서도 여러 가지 의견이 혼재한다.

경영학에서는 조직 활동의 효율적 기반으로서 커뮤니케이션에 주목했으며(Odell, 1996), 효과적인 커뮤니케이션 전략의 수립, 실행, 평가를 통해 기업 목표를 달성하고자 노력해왔다. 특히, 경영학적 관점에서는 조직 목표 달성을 위한 커뮤니케이션의 기능적 역할에 주목해왔으며(Ind, 1992), 투리시와 하지(Tourish & Hargie, 1996)는 커뮤니케이션을 기업의 일반적인 경영 계획 과정과 조직의 철학에 통합하는 것의 중요성에 대해 논했다. 반릴과 폼브런(van Riel & Fombrun, 2007)은 커뮤니케이션이란 조직의 생명혈lifeblood이라고 주장하며, 생존을 위해 필요로 하는 자원에 접근하기 위한 매개체임을 강조했다. 반릴은 커뮤니케이션을 효율적이고 능률적으로 조화된 내·외부 커뮤니케이션을 통해, 회사가 의지하는 다른 조직들과 호의적 관계를 생성하는 지속적 경영 수단이라고 정의했다(van Riel, 2003). 그는 내·외부 커뮤니케이션을 경영, 마케팅, 조직 커뮤니케이션으로 분류했는데, 이들의 통합을 위해 통합적 마케팅 커뮤니케이션과 조직 커뮤니케이션이라는 두 개념을 제시했다. 먼저, 통합적 마케팅 커뮤니케이션이란 총체적 커뮤니케이션 활동의 효율성을 높이기 위한 목적으로 기업의 모든 상업적 메시지와 콘텐츠들을 통합시키는 것을 말한다. 반면, 조직 커뮤니케이션이란 기업이 정책, 방침을 내·외부에 소개하는 과정에서, 조직이 행하는 다양한 형태의 상징적 커뮤니케이션 활동들이 서로 적합하게 통합되어야 함을 뜻한다.

다른 한편으로 PR학과 커뮤니케이션학에서는 기업과 이해관계자들 간의 관계 형성, 증진, 관리 수단으로서의 커뮤니케이션에 주목해왔으며, 커뮤니케이션의 관계적 역할에 더 관심을 보여왔다. 커뮤니케이션은 정보 전달과 공유를 통해 궁극적으로 대상에 대한 합의를 이루는 과정인 동시에, 상호 이해 가능한 결과를 도출하는 과정이라 할 수 있다. 커틀립과 센터, 브룸은 PR을 '조직과 상호호혜적인 관계를 맺고 있으며 조직에 의존적인 사람들, 즉 공중들과의 관계'라고 정의한다(Cutlip, Center, & Broom, 2006; 1-2). 500개 PR 정의에서 주요 요소를 추출하여 PR을 정의한 할로우R. F. Harlow는 PR을 조직과 공중 간에 발생하는 커뮤니케이션, 이해, 수용, 그리고 협력간 상호 연결고리를 형성하고 유지하도록 돕는 관리 기능이라고 보았다(Harlow, 1976). 미국 PR협회 PRSA는 2012년 3월 1일, 30년 만에 PR 정의를 재정의했고, PR은 조직과 주요 공중이 상호호혜적인 관계를 형성하고 유지하는 전략적 커뮤니케이션 과정이라고 정의했다. 이 정의에 담겨진 주요 용어들은 '공중, 조직, 커뮤니케이션, 관계, 구축, 상호의' 등이라고 차희원(이건호 외, 2013)은 제시했다. 휴튼J. G. Hutton은 PR에 대한 정의의 공통점을 간추리면 조직, 공중, 그리고 커뮤니케이션이라는 세 가지 요소를 갖춘 활동이라고 볼 수 있다(Hutton et al., 2001)고 주장했다.

이 책에서는 PR학과 커뮤니케이션학 관점에서 커뮤니케이션을 효율적이고 능률적으로 조화된 내·외부 커뮤니케이션을 통해, 회사와 관련된 내·외부 공중들과 호의적 관계를 생성하는 지속적 경영 수단으로 정의하고자 한다. 또한 여기서의 커뮤니케이션 역할은 설득을 위한 정보 전달 역할과 공중간의 이해를 위한 의미 공유 역할 둘 다를 포함하며, 궁극적으로 조직이 내·외부 공중과의 정보 전달 과정을 통해 서로 의미를 공유하고 상호 이해하는 과정을 만들어간다는 의미에서의 커뮤니케이션 개념에 초점을 맞춘다.

커뮤니케이션 자본의 개념과 특성

커뮤니케이션 자본을 논의하기에 앞서 먼저 사회 자본 개념을 설명할 필요가 있다. 사회 자본social capital은 인적 자본, 물적 자본, 문화 자본과 함께 자본 이론에서 출발한 신자본 이론Neo-capital theory으로, 오늘날 현대 사회학 연구의 핵심 이론 중 하나이다. 사회 자본이 하나의 독립적인 개념으로 주목받기 시작한 것은 1980년대 부르디외, 콜만, 린과 같은 사회학자들에 의해서이다(Lin, 2001). 사회 자본 개념을 제시한 부르디외P. Bourdieu는 자본을 경제 자본과 문화 자본, 사회 자본의 세 가지 하부 개념으로 구분했다. 그는 사회 자본을 사회적 네트워크나 그룹 구성원에 의해 소유되는 자본의 한 형태로 보고, 구성원간의 연결이나 교류에 의해 사회 자본이 집단적인 자본이 될 수 있다고 보았다. 부르디외가 세 가지 유형의 자본 가운데 사회 자본보다 문화 자본에 대한 논의에 치중했다면, 콜만J. S. Coleman은 사회 자본 개념이 널리 퍼지는 데에 기여했다(Hazleton & Kennan, 2000에서 재인용).

사회자본은 지속적인 네트워크, 혹은 상대방에 대한 인식이나 인정이 제도화된 관계, 즉 특정한 집단의 구성원이 됨으로써 획득되는 실제적인 혹은 잠재적인 자원의 총합이다. 다시 말해서 구성원에게 집합적으로 소유된 자본이라는 후원을 제공해주고, 여러 가지 의미에서 그 구성원이 '신뢰할 만하다'고 증명해주는 특정한 집단의 구성원이 되는 것을 의미한다(Bourdieu, 1986). 퍼트남R. D. Putnam은 사회 자본이 개인들 사이의 연계connection, 그리고 이로부터 발생하는 사회적 네트워크, 호혜성과 신뢰의 규범을 가리킨다고 주장했다(Putnam, 1995). 뉴튼(Newton, 1997)은 사회 자본의 세 측면을 규범과 가치, 네트워크, 결과로서 나타나는 자발적으로 생산된 집합적 자원이라는 세 측면으로 이해하고 정의했다. 사회 자본을 규범과 가치로 이해하는 접근 방식에 따르면, 사회 자본은 시민들이 가지고 있는 가치와 태도로 구성되는 주관적인 현상이고, 특히 신뢰나 호혜성과 관련되어 있는 태도와 가치가 중요하다는 것이다.

특히 콜만은 사회 자본에 있어서 커뮤니케이션의 중요성을 강조한 바 있다. 그는 사회 자본을 생산하는 행위자들간의 관계 내에서 변화가 이루어지는데 이들 변화는 커뮤니케이션을 통해서만 달성된다고 주장했다(Coleman, 1988). 즉, 구성원들 사이에 연결을 만들어내는 네트워크는 커뮤니케이션을 통해 퍼지면서 지식과 이해를 공유하게 된다는 것이다. 이러한 관점에서 로야스H. Rojas는 사회 자본에 대한 커뮤니케이션적 접근을 시도한다(Rojas, 2011). 사회 자본에 대한 커뮤니케이션적 접근은 단순히 사회적 유대가 아니라 시민 참여를 촉진하고 부추길 수 있는 커뮤니케이션적 실행으로 채워진 사회적 유대를 인정하는 것이다. 기존의 사회 자본에 대한 많은 이론에서는 이들 연결 내에 신뢰와 상호 호혜성이 존재한다는 것을 강조했지만, 사회 자본의 커뮤니케이션 접근에서는 그런 사회적 태도보다는 사회적 유대를 통해 흐르는 정보 교환과 의미 공유에 더 초점을 맞추었다. 특히 콜만(Coleman, 1988)은 사회적 관계에 내재한 정보information that inheres in social relations를 중시했으며, 커뮤니케이션 형태와 사회적 유대의 시너지적 관계는 사회적 유대를 통해 흐르는 정보와 의미 공유로부터 발생한 것이라고 지적한다.

사회 자본에 대한 커뮤니케이션 접근에 의해서 볼 때, 사회 네트워크란 개인과 개인을 연결하는 커뮤니케이션 통로로 작용하며, 이것이 개인의 사회적 상호 작용의 기초로서 커뮤니케이션을 통하여 사회문화적 상황과의 연결고리를 제공한다(Rogers & Kincaid, 1981). 여기에서 커뮤니케이션이란 상호 이해를 위해 서로가 정보를 만들고 공유하는 과정으로, 조직 내에서는 커뮤니케이션 행위자인 구성원들은 정보를 교환하는 등 특정한 패턴을 가질 수도 있고, 구성원들 사이의 커뮤니케이션 상호 작용에 의하여 자연발생적으로 생겨나서 커뮤니케이션의 구조를 형성할 수도 있다. 또한 커뮤니케이션 네트워크란 시간과 공간을 통하여 메시지 흐름을 통해 생성된 의사소통 당사자들간의 접촉 패턴으로 정의될 수 있다(Monge & Contractor, 2003).

헤즐레튼V. Hazleton과 켄넨W. Kennan, 퓨셀H. Fussell 등의 학자들은 사회 자본 개념에서 커뮤니케이션의 중요성을 강조했는데, 이에 착안하여 등장한 것이 커뮤니케이션 자본Communication Capital 개념이다(Hazleton & Kennan, 2000; Fussell et al., 2006). 커뮤니케이션 자본을 처음으로 개념화한 하트만J. Hartman과 렌크M. M. Lenk는 커뮤니케이션과 사회 자본과의 관계성을 다음과 같이 설명했다. 이들은 커뮤니케이션이 사회 자본의 하부 차원으로 존재하는 것이 아니라, 커뮤니케이션 자본이라는 독립적 개념으로 인식되어야 하는 필요성을 기업 환경의 변화에서 찾았다. 전략적 경영이 요구되는 환경으로 갈수록 기업 커뮤니케이션의 역할이 중요해진다는 것이다(Hartman & Lenk, 2001). 말멜린N. Malmelin 역시 미래에는 커뮤니케이션 능력이 기업 성공의 핵심 요소가 될 것으로 보고, 커뮤니케이션의 기능과 역할에 대한 인식이 새롭게 자리해야 함을 주장했다(Malmelin, 2007). 실제 기업 내에서 커뮤니케이션이 필요하지 않은 곳은 존재하지 않는다. 기업 구성원과의 사내 커뮤니케이션은 물론, 각 부서와 연관된 이해관계자 그룹과의 관계 관리, 외부 환경의 변화를 모니터링하고 이슈와 위기에 대처하기까지, 기업은 다양한 차원의 커뮤니케이션을 수행하고 있다. 때문에 기업 커뮤니케이션이란 내/외부 공중과의 커뮤니케이션을 모두 포함한 하나의 기능으로 이해되어야 한다.

하트만과 렌크(2001)는 아젠티(Argenti, 1996)의 '전략적 커뮤니케이션 모델'에 근거하여 기업이 전략적 커뮤니케이션을 수행하기 위해서는 어떠한 조건들을 충족시켜야 하는지 설명하는 '전략적 커뮤니케이션 자본 모델'을 제시했다. 이들의 커뮤니케이션 자본 개념을 보다 구체화하여 구성 요소에 대한 논의로 발전시킨 것이 말멜린(2007)의 '커뮤니케이션 자본 모델Communication Capital Model'이다. 그는 커뮤니케이션 자본 아래 정보 자본, 조직 자본, 인적 자본, 관계 자본 등을 포함하여, 기업 커뮤니케이션이 보다 다양한 차원에서 통합적으로 운용되어야 함을 강조했다. 커뮤니케이션은 조직 전체에 걸쳐 이루어지고 발생하므로, 커뮤니케이션 자본 역시 폭넓게 이해되어야 한다는 것이다. 때문에 커뮤니케이션 자본 모델은 조직의 내부 커뮤니케이션과 외부 커뮤니케이션을 모두 포함하는 동시에, 커뮤니케이션과 관련된 물리적 요소뿐 아니라 기업의 커뮤니케이션 시스템과 커뮤니케이션 능력, 관계성과 같은 무형의 요소까지도 포함하고 있다.

차희원과 김찬아(2010)는 하트만과 렌크, 그리고 말멜린 등의 논의를 바탕으로 커뮤니케이션 자본을 구성하고 수렴 타당도와 판별 타당도 등의 검증 과정을 거쳐 정보 자본 항목 6개, 조직 자본 항목 12개, 인적 자본 항목 8개, 그리고 관계 자본 항목 9개 등 4개 요인 35개 항목으로 구성된 커뮤니케이션 자본 지표를 개발했다. 300대 한국 기업을 중심으로 서베이를 실시한 결과, 한국 기업들의 커뮤니케이션 자본 평균 점수는 3.48점으로 그리 높지 않은 수준인 것으로 나타났다. 커뮤니케이션 자본을 구성하는 각 지수별 점수를 살펴보면, 정보 자본 지수 3.26, 조직 자본 지수 3.56, 인적 자본 지수 3.52, 관계 자본 지수가 3.56으로, 정보 자본 지수가 상대적으로 낮게 나타났다. 한국 기업에서 가장 높게 나타난 자본 요인은 조직 자본 중에서 CEO의 커뮤니케이션 의지였으며, 다음이 관계 자본 중 이슈 대응 커뮤니케이션인 것으로 나타났다. 반면, 커뮤니케이션 평가 시스템이나 이해관계자 관계 관리는 가장 낮은 것으로 나타났다. 이들은 커뮤니케이션 자본 지수와 매출액, 당기순이익, 기업 순위 간의 상관관계 검증을 통해 수렴 타당도를 검증했는데, 커뮤니케이션 자본 지수와 매출액, 당기순이익, 기업 순위 간 상관관계는 모두 유의미하게 나타나 수렴 타당도를 확인했으며, 한국 기업의 커뮤니케이션 자본 지수 개발과 그 특성을 밝혀내었다.

이러한 학자들의 논의에 의하면, 커뮤니케이션 자본이란 사회 자본과 마찬가지로, 사회적 네트워크로 연결된 구성원들간에 흐르는 커뮤니케이션이 상호간 정보 교환과 의미 공유를 일구어내면서 신뢰와 상호 유대감을 형성하게 되는 자본이라고 할 수 있다. 기업 관점에서 보면 커뮤니케이션 자본은 기업을 둘러싼 내부, 외부 이해관계자와 정보 교환과 의미 공유를 통해서 사회적 유대와 신뢰를 형성하고 기업에 대한 지지를 얻게 되는 자본이다.

통합적 명성 관리 커뮤니케이션 자본 모델과 세 가지 차원

이 책에서는 기업 명성과 커뮤니케이션에 대한 이제까지의 관점과 논의를 바탕으로 다양한 관점과 논의를 종합한 통합적 명성 관리 커뮤니케이션 자본을 개발하고자 한다.

이제까지 명성을 바라보는 다양한 관점과 이론은 서로 관점이 다를 뿐 아니라 연구 목적과 연구 대상의 수준level도 차이가 나기 때문에 명성과 커뮤니케이션 연구에서도 각각 다른 측면에 초점을 맞추게 된다. 예를 들면, 조직학적 관점이나 경영학적 관점의 학자들은 조직 수준에서 조직 구성원이나 최고 경영진, 조직 전략, 브랜드 등을 다루며 조직이 이러한 요소를 어떻게 전달할 것인지에 초점을 맞춰 연구를 진행한다. 반면, PR학에서는 조직-공중 관계성에 주목하면서 조직과 공중의 관계 수준에서 발생하는 다양한 직접 커뮤니케이션과 간접(미디어를 매개로 한) 커뮤니케이션 특성에 초점을 맞추고 이러한 관계의 결과로서 명성이 나타난다는 점을 강조한다. 또한 인지심리학에서는 조직의 커뮤니케이션을 받아들이는 수용자 관점에서 수용자 개개인에 초점을 맞추고 있으며, 사회학에서는 사회적 수준에서 명성에 영향을 미치는 사회적 이슈나 공공 문제, 사회적 규범이나 제도를 위반하여 발생하는 위기 요인, 그리고 이에 대응하는 조직의 커뮤니케이션 등에 대해서 논의하고 있다.

이처럼 각각 다른 수준에서 개인, 조직, 조직과 공중, 그리고 사회적 수준의 커뮤니케이션과 명성 연구가 진행되다 보니 커뮤니케이션에 대한 단편적이고 부분적인 논의에 머물러 있는 실정이다. 개인, 조직, 공중, 그리고 사회적 수준을 아우르는 통합적 관점에서 명성과 커뮤니케이션에 대한 논의가 이루어진다면 학문적 측면에서뿐만 아니라 실무적 측면에서도 다양한 방안을 제시하는 통합적인 명성 관리 커뮤니케이션 모델이 제시될 것이다. 따라서 이 책에서는 명성과 커뮤니케이션에 대한 통합적 논의를 위하여 조직 차원, 조직-공중 관계 차원, 그리고 사회 차원 등 세 가지 차원을 통합하고자 한다.

첫째, 조직 차원의 명성과 커뮤니케이션 논의를 위해서는 두 가지 중요한 요소가 모델에 포함되어야 한다. 하나는 명성의 근간을 이루는 조직 정체성 요소이며, 다른 하나는 조직 정체성의 구축을 가능케 하는 커뮤니케이션 요소이다. 따라서 조직 차원의 명성에 영향을 미치는 커뮤니케이션 요소는 내부 정체성을 구성원들이 공유하도록 돕는 내부 커뮤니케이션 요소와 구축된 정체성을 외부로 전달하는 기업 커뮤니케이션 요소, 두 가지로 구성할 수 있다. 이를 뒷받침하는 이론으로는 조직학적 관점의 '정체성 이론'과 경영학적 관점의 '자원 의존 이론', '신호이론', '게임이론', 그리고 PR과 커뮤니케이션 관점에서 논의된 '기업 커뮤니케이션' '내부 커뮤니케이션' 이론이 있으며, 이러한 다양한 관점에서 여러 가지 이론들이 통합적으로 논의되어야 한다.

먼저, 조직 명성이 내부적으로 구축되기 위해 중요한 '정체성' 변수들로서 조직의 CEO, 구성원, 조직 문화, 조직 시스템, 조직 구조 등의 변수가 포함되어야 하며, 이들 정체성 변수가 내부에서 공유되고 구축되기 위해서는 '내부 커뮤니케이션' 이론이 근간이 된다. 또한 조직 내부 구성원들이 조직 정체성을 어떻게 체화하고 동일시하는지, 그리고 조직 구성원의 동일시는 명성과 어떤 관련성이 있는지 논의되어야 한다. 조직 내부 커뮤니케이션과 커뮤니케이션 부서의 역할에 대해서는 'PR 우수 이론'을 기반으로 CEO의 세계관, PR 실무자 및 PR 부서의 특성, PR 프로그램의 특성, 내부 커뮤니케이션 등의 요소가 포함될 필요가 있다. 그리고 내부에서 구축된 조직의 정체성이 외부로 커뮤니케이션되는 과정을 논의하기 위해서 기업 커뮤니케이션 관점에서 '기업 커뮤니케이션 이론'과 '지속 가능한 기업 스토리' 요소가 포함되어야 한다. 또한 경영학적 관점에서 신호 이론을 기반으로 기업의 정보가 외부에 어떻게 전달되는지 논의하고, 조직의 정체성을 외부에 어떻게 커뮤니케이션하는 것이 조직의 명성 자산으로 연결되는지 논의한다.

둘째, 조직-공중 관계 차원에서 명성과 커뮤니케이션을 논의하기 위해서는 조직과 공중과의 "관계"에 초점을 맞출 필요가 있다. 일방적으로 조직 입장에서 전달하는 커뮤니케이션보다 쌍방간의 관계가 커뮤니케이션을 통해 어떻게 형성되고 발전되는지가 명성을 구축하는 데에 큰 영향을 미친다. 조직과 공중과의 관계는 직접 관계와 미디어를 매개로 하는 간접 관계, 두 가지 관계로 구성된다. 이러한 두 가지 관계에서 커뮤니케이션이 어떻게 이루어지는지 논의하기 위해서 '조직-공중 관계성 이론'과 '의제 설정' '프레이밍' '의제 구축' 등의 미디어 이론을 다룬다. 특히 관계를 증진시키는 커뮤니케이션의 특성과 관련된 이론으로, '사회 자본과 커뮤니케이션 네트워크 이론' 및 '대화커뮤니케이션 이론' 등을 중심으로 관계의 구조와 특성을 논의한다.

또한 공중 관점에서 보면, 공중이 조직과 관계를 형성하고 발전시키는 데 있어서 조직이 전달하는 커뮤니케이션의 인식, 평가, 수용이 조직 명성에 어떤 영향을 미치는지 다룰 필요가 있다. 이를 뒷받침하는 이론은 심리학적 관점의 '스키마 이론'이나 '사회 인지 접근' '사회 교환 접근' 등이 있으며, 이를 중심으로 공중이 기업에 대해 갖는 인식과 평가가 어떻게 형성되며, 이것이 기업 명성에 어떻게 작용하는지 등을 논의한다.

셋째, 사회(환경) 차원에서 명성과 커뮤니케이션에 대한 논의는 평소 기업의 사회 책임 활동과 이에 따른 사회 책임 커뮤니케이션과 위기 상황에서 명성회복을 위한 조직의 위기 커뮤니케이션, 두 가지 요소를 다루어야 한다. 마흔이 지적했듯이, 기업은 평소 시장 영역의 이슈뿐 아니라 사회 문제나 공공 문제와 같은 비시장 영역의 이슈에도 관심을 가져야 한다. 이러한 관점에서 보면, 기업은 사회 환경의 변화나 사회적 문제, 그리고 이해관계자와 관련된 공공 문제에도 지속적으로 관심을 갖고 이러한 다양한 문제에 책임감 있는 모습으로 대응하고 커뮤니케이션해야 한다. 이는 사회학적 관점의 '제도 이론' '정당성 이론' 및 기업의 사회 책임 활동과 같은 'CSR 이론'에서 근거를 찾을 수 있다. 또한 위기 상황에서도 기업의 커뮤니케이션은 명성을 추락시키거나 회복시키는 데 큰 역할을 한다. 따라서 '위기 커뮤니케이션 이론', '이미지 회복 이론' 그리고 '귀인 이론' 등을 토대로 하여 위기 상황에 대응하는 기업의 커뮤니케이션과 명성과의 관련성을 논의한다.

이상의 논의에 따라서, 이 책에서는 통합적 명성 관리 커뮤니케이션 모델을 위해서 조직 차원, 조직-공중 관계 차원, 그리고 사회 차원, 이렇게 세 가지 차원을 통합하여 통합적 커뮤니케이션 자본을 제시하고자 한다. 즉, 각각의 차원에서 논의된 이론을 바탕으로, 조직 커뮤니케이션 자본, 관계 커뮤니케이션 자본, 그리고 사회 커뮤니케이션 자본, 이와 같이 세 가지 자본을 구성하고 이를 통합하여 통합적 명성 관리 커뮤니케이션 자본을 제시한다.

첫째, 조직 커뮤니케이션 자본이란 조직 차원에서 조직 정체성을 구축하고 형성하는 내부 커뮤니케이션 자본과 조직의 독특성과 차별성을 외부에 전달하는 기업 커뮤니케이션 자본 두 가지를 의미한다. 둘째, 관계 커뮤니케이션 자본이란 조직-공중 관계 차원에서 조직-공중과의 관계에 초점을 맞추고 조직이 공중과 직접 커뮤니케이션하는 것과 미디어를 매개하여 간접적으로 커뮤니케이션하는 직접/간접 관계 커뮤니케이션 자본을 포함한다. 또한 여기에는 공중이 조직과의 관계를 발전시키는 데에 기반이 되는 공중의 기업 커뮤니케이션 수용 과정과 관련된 논의도 포함된다. 셋째, 사회 커뮤니케이션 자본이란, 사회적 차원에서 평소 사회 문제와 공공 문제에 대응하는 사회 책임 커뮤니케이션 자본과 위기 상황에서 사회와 소통하는 위기 커뮤니케이션

표 4.1 통합적 명성관리 커뮤니케이션 자본

차원	자본	하위자본 요소
조직 차원	조직 커뮤니케이션 자본	• 조직 내부 커뮤니케이션 자본 • 기업 커뮤니케이션 자본
조직-공중 관계 차원	관계 커뮤니케이션 자본	• 직접 관계 커뮤니케이션 자본 • 간접 관계 커뮤니케이션 자본
사회 차원	사회 커뮤니케이션 자본	• 사회 책임 커뮤니케이션 자본 • 위기 커뮤니케이션 자본

자본 두 가지를 포함한다. 이러한 세 가지 커뮤니케이션 자본을 정리하면 〈표 4.1〉과 같다.

통합적 명성 관리 커뮤니케이션 자본 모델(그림 4.1)에서는 먼저, 조직 커뮤니케이션 자본이 어떻게 구성되어야 하는지 논의한다. 모델의 왼쪽 부분에서는 조직 정체성을 구성하는 요소와 조직 내부 커뮤니케이션 요소의 통합성과 일관성을 보여주며, 조직 정체성에 기반하여 조직 외부에 일관된 커뮤니케이션을 수행해야 함을 강조한다. 또한 모델의 오른쪽 부분에서는 조직 공중 관계 커뮤니케이션을 보여준다. 조직에 영향을 주고받는 다양한 공중과 조직간 관계 구축을 위해서는 관계 커뮤니케이션이 핵심적이라는 것을 보여준다. 특히 이 모델에서는 공중과의 직접 관계 커뮤니케이션뿐 아니라 미디어를 통한 간접 관계 커뮤니케이션이 포함되며, 다양한 공중의 특성을 고려해서 그들과의 직접, 간접 커뮤니케이션을 바탕으로 관계를 구축해야 한다는 점을 강조한다. 그림의 하단 부분에서는 조직을 둘러싼 사회적 환경과 사회적 이슈에 대응하여 조직이 사회 커뮤니케이션을 수행해야 함을 보여준다. 특히 조직에 영향을 미치는 위기 이슈에 대해 관련 공중 및 사회와 어떻게 커뮤니케이션해야 하는지를 논의한다.

이 모델을 관통하는 요소는 결국 조직과 공중 간 커뮤니케이션이다. 조직 정체성의 구축에 도움이 되는 것은 조직 커뮤니케이션 자본이며,

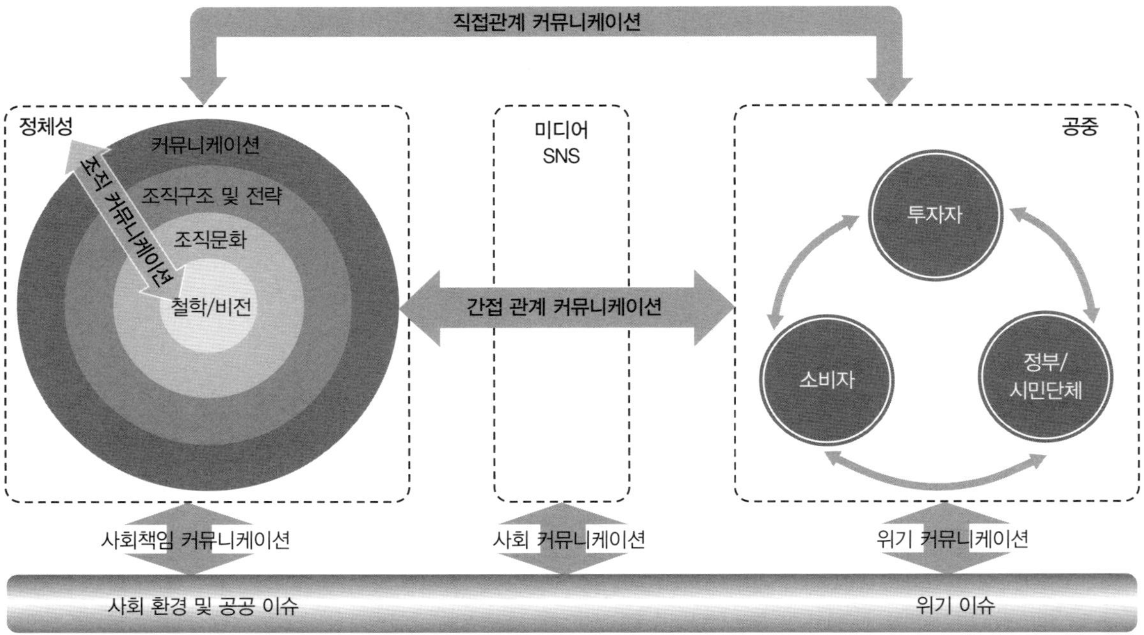

그림 4.1 통합적 명성 관리 커뮤니케이션 자본 모델Integrated Communication Capital Model for Reputation Management: ICCMRM

이를 관련 공중에게 알리고 좋은 관계를 수립하는 데에 중요한 역할을 하는 것은 관계 커뮤니케이션 자본이다. 또한 조직을 둘러싼 사회적 제도와 기관, 다양한 사회적 이슈에 부응하여 기업 시민의 역할을 보여주는 사회 책임 커뮤니케이션과 뜻하지 않은 위기에 대응하여 보다 투명하고 솔직한 대화와 소통 방식의 위기 커뮤니케이션은 사회 커뮤니케이션 자본에 해당된다. 특히 사회 커뮤니케이션 자본은 사회 문제와 이슈에 관심을 갖는 사회 공중과의 끊임없는 소통이 필요함을 보여준다. 이들 세 가지 커뮤니케이션 자본이 통합적으로 이루어질 때 기업은 좋은 명성을 구축하고 지속 가능한 경영을 통해 기업 시민으로서의 정당성을 부여받게 될 것이다.

다음에서는 세 가지 커뮤니케이션 자본을 뒷받침하는 주요 이론과 구성 요소, 그리고 전략 등을 좀 더 상세히 다루도록 하겠다.

2. 통합적 명성 관리 커뮤니케이션 자본의 주요 이론과 구성 요소

앞서 제시한 통합적 명성 관리 커뮤니케이션 자본이 무엇인지 논의하기 위해서 이를 뒷받침하는 이론과 세 가지 자본의 구성 요소를 논의하고자 한다.

조직 커뮤니케이션 자본

조직 커뮤니케이션 자본은 조직 내부 커뮤니케이션 자본과 기업 커뮤니케이션 자본 두 가지로 구성된다. 조직 내부 커뮤니케이션 자본이란 명성의 근간을 이루는 조직 정체성을 구축하기 위해 내부 구성원의 합의와 가치 공유를 이끌어내는 커뮤니케이션 자본을 의미한다. 이와 관련된 이론은 조직학적 관점에서 논의된 조직 정체성 이론과 조직 동일시 이론, 그리고 조직 커뮤니케이션(내부 커뮤니케이션) 이론 등이다. 기업 커뮤니케이션 자본이란 조직이 구축한 정체성을 외부에 어떻게 전달하는가를 의미한다. 이와 연관된 이론은 자원 의존 이론 및 신호 이론, 그리고 기업 커뮤니케이션 이론 등이 있다.

조직 내부 커뮤니케이션 자본

조직 내부 커뮤니케이션 자본의 논의를 위해서는 먼저 조직 정체성에 대해 언급할 필요가 있다. 왜냐하면, 조직 내부 커뮤니케이션 자본이란 조직 정체성에 대한 내부 구성원들의 합의와 가치 공유를 이끌어 내는 커뮤니케이션이기 때문이다.

조직 정체성 이론에서는 조직 정체성을 조직의 특성이나 본질에 관해 조직 구성원들이 갖는 자기 정의적 신념이라고 정의하며, "우리가 누구이며 무엇인가"에 대한 진술이라고 제시한다. 조직 정체성 이론의 대표적인 학자인 알버트와 휘튼은 조직 정체성이란 (a) 직원들이 회사에 대해 중심적이라고 생각하는 특성들 (b) 직원들의 시각에서 다른 회사와 구별짓는 특성들 (c) 현재와 과거를 미래와 연결하는 지속적, 계속적 특성들로 구성된다고 언급한다. 중심적central이란, 정체성을 부차적 요소가 아닌 핵심적 요소에 초점을 맞춘다는 것이며, 독특성distinctive이란, 정체성이 다른 조직과 어떻게 비슷하며 또 다른지를 명확히 보여주는 핵심적인 특징으로 구성된다는 점을 의미한다. 또한 지속성enduring이란, 이들 핵심적 요소에 초점을 맞춘 정체성이 시간을 두고 지속되어온 것이라는 점이다. 조직의 특성을 이해하는 데에 가장 근본적으로 작용하는 것이 바로 이 같은 정체성의 CED(중심성, 지속성, 독특성)적 본질이다. 정체성은 조직이 무엇을 하는지, 어떻게 구조화되는지, 그리고 환경과 어떻게 상호 작용하는지에 대한 공유된 인지적 프레임워크로 작용한다. 따라서 조직 정체성 이론에서는 명성이란 정체성의 반영일 뿐이며, 정체성이 명성의 뿌리이다.

포만과 휘튼은 이러한 정체성 이론에 기반하여 조직 동일시 모델을 실증적으로 검증했는데, 구성원들의 조직 동일시는 조직 구성원의 헌신에 영향을 미치고, 이는 정당성과 기업 명성에 긍정적인 영향을 미친다(Foreman & Whetten, 2002)고 주장했다. 특히 조직 구성원의 동일시는 그들이 되고자 하는 정체성 인식과 되어야 한다고 생각하는 정체성 간 일치가 중요하다고 주장했다. 조직 정체성에 대한 다수의 연구 결과는 이를 뒷받침하며, 따라서 조직 정체성은 조직 동일시에 영향을 미치며, 구성원의 조직 동일시는 기업 명성에 중요한 요소가 된다는 것을 확인해주고 있다. 이와 같이 기업 명성에 대한 조직학적 관점에서는 조직 정체성을 기업 명성의 중요한 뿌리가 된다고 보는데, 그렇기 때문에 조직 정체성이 무엇으로 구성되는지 검토하는 것이 중요하다.

스바지스J. Y. Suvatjis와 세르나토니L. de Chernatony는 기업 정체성의 여섯 개 영역 모델을 통해서 기업 정체성 형성 과정을 단계적으로 분석하는 프레임워크를 제공한다(Suvatjis & Chernatony, 2005). 전체 모델은 여섯 가지 '신경 영역'으로 구성된 '기업 신경계 연결망corporate neural network'을 나타낸다. 각 영역은 순환적으로 연결되어 있지만 제한된 영역 안에서 상호 작용하며, 본 체계의 개방성에 따라 환경의 내/외부 어느 방향으로나 상호 작용이 발생할 수 있다. 또한 각 영역들은 영역들간의 정보 순환에 기여한다고 보았다. 이 모델을 구성하는 여섯 영역들은 각각 다음과 같은 세 가지 관련 요인들로 구성된다. 첫째, 본부 영역: 최고 경영진, 미션/비전/가치, 리더십. 둘째, 전략적 영역: 브랜드, 제품/서비스, 기업 전략, 마케팅. 셋째, 창의성 영역: 시각적 정체성, 기업의 시각적 정체성 시스템, 광고. 넷째, 커뮤니케이션 영역: 내부/외부 커뮤니케이션, 디지털 커뮤니케이션. 다섯째, 인적 자원 영역: 이해관계자, 조직원, 기업 조직의 역동성dynamism. 여섯째, 비판적 삼중 영역: 명성, 기업 이미지, 기업의 성격personality.

또한 기업 정체성의 선행 요인과 구성 요소에 대한 이론적 토대를 논의한 키친 등(Kitchen et al., 2013)은 기업 정체성을 구성하는 요소를 여섯 가지 차원(커뮤니케이션, 시각적 정체성, 기업 행위와 사원 행위, 기업 문화와 가치, 기업 미션, 그리고 창업자 요소)으로 제시했다. 그들은 조직 동일시와 사회 정체성 이론에 기반하여 사원의 행동을 기업 정체성 구성 요소로 제시했고, 리더십 이론에 기반하여 조직창업자와 경영 관리 요소를 제시했으며, 조직 이론에 기반하여 조직 문화와 가치를 기업 정체성 구성 요소로 논의했다. 그리고 기업 커뮤니케이션 이론에 기반하여 커뮤니케이션 요소와 시각적 정체성Visual Identity: VI 요소를 기업 정체성 구성 요소로 도출했다. 발머와 그레이저는 AC^2ID 모델을 통해 정체성, 이미지, 명성 등과 같은 유사한 다양한 용어들을 정리하여 실재 정체성, 이상적 정체성, 바라는 정체성, 전달된 정체성, 인식된 정체성 등 다섯 가지 정체성으로 구성했다. 그들은 이러한 통합 정체성 모델을 통해서 다섯 가지 정체성 간에 일관성이 필요하다고 주장했다.

기업 명성에 대한 조직학적 관점의 대부분의 연구들은 앞에 제시한 다양한 정체성 요소 중에서도 특히 조직 구성원이나 조직 문화에 주목하고 있으며, 이러한 조직 특성이 기업 명성에 영향을 미칠 때 어떤 경로를 경유하는지 매개 변수에 주목하고 있다. 구체적으로 사원이나 조직 문화, 그리고 CEO 리더십은 내부 구성원의 조직 동일시나 조직 일체감을 높이고 직무 만족이나 생산성을 높이게 되므로 기업 명성과 조직 성과에 긍정적 효과를 갖는다는 점을 강조한다. 또한 사원이 인식하는 조직 명성은 자부심을 높이고 직무 만족을 높여서 생산성을 높이게 되므로 결국 기업 명성에 작용한다는 연구도 제시되었다.

특히 조직 특성 중에서 기업 명성에 대한 내부 커뮤니케이션 효과에 초점을 맞춘 연구가 다수 진행되었는데, 이들 연구들은 조직 내부 커뮤니케이션과 커뮤니케이션 만족이 조직-사원 관계성, 조직 동일시, 그리고 직무 만족에 영향을 미치며, 이를 경유하여 기업 성과나 기업 명성에 긍정적으로 작용한다는 점을 강조했다. 토마즈(Thomaz, 2010)는 동일시와 조직 성과, 그리고 동일시와 기업 명성 관계에서 커뮤니케이션의 매개 효과를 확인했다. 미슈라 등(Mishra et al., 2014)도 내부 커뮤니케이션에 주목하고 그 확장적 역할로서 사원의 참여engagement를 연구했다. 그들은 내부 커뮤니케이션이 경영자와 사원 사이의 투명성 문화를 수립하는 데에 매우 중요하며, 이러한 것은 조직의 업무에 사원이 적극 참여하게 만드는 역할을 한다고 주장했다.

내부 커뮤니케이션 특성 중에서 정보량과 정보 내용 및 사내 미디어 특성 등은 커뮤니케이션 분위기에 긍정적 영향을 미쳤다. 또한 이것이 사원 만족도를 매개하여 기업 명성에 간접적 영향을 미친다는 연구가 있었다. 엘리스K. Ellis와 쇼클리P. Shockley-Zalabak의 연구에서도 정보량과 정보원 신뢰 간의 긍정적인 관계를 밝혀냈다(Ellis, Shockley-Zalabak, 2001). 그들의 연구에 따르면, 사원들이 상급자들로부터 그들의 직무와 조직 이슈에 대하여 제공받는 정보의 양은 최고 경영진과 상사에 대한 신뢰를 구축하는 데에 중요한 요인인 것으로 밝혀졌다. 하지 등(Hargie et al., 2002)은 경영진들이 정보를 증가시키고 불확실성을 줄이는 데에 초점을 맞출 때, 사원들 사이의 커뮤니케이션 만족도는 증가한다는 것을 입증했다. 이러한 조직 커뮤니케이션의 역할은 사원의 역할 적응을 통해 조직 성과를 높여줄 수 있음을 의미한다.

토마스 등(Thomas, Zolin, & Hartman, 2009)은 정보의 제공은 신뢰를 형성하는 기회를 제공하는데, 여기서 중요한 정보의 두 측면은 '정보의 질'과 '정보의 양'이라고 지적한다. 특히 이들 연구자들은 정보의 질이 높은 수준의 신뢰와 관련되어 있다고 주장했다. 정보의 양이 커뮤니케이션 메시지에 속한다면 정보의 질은 커뮤니케이션 분위기communication climate에 가깝다고 볼 수 있다. 슈미트 등(Smidts et al., 2001)은 조직 커뮤니케이션의 내용과 분위기가 조직 동일시에 미치는 영향을 연구했다. 그들은 사원 커뮤니케이션의 메시지와 조직 동일시 간의 관계에서 커뮤니케이션 분위기가 중요한 매개 변수일 수 있음을 발견했다. 사원이 정확한 정보를 받는다면 커뮤니케이션 분위기에 긍정적 영향을 줄 수 있으며, 커뮤니케이션 분위기는 커뮤니케이션 메시지 내용보다 조직 동일시에 더 큰 직접적 영향을 미치는 것으로 나타났다. 또한 그들의 연구 결과, 구성원들의 조직과의 동일시가 강하고, 개방적이며 참여적 문화를 가진 조직은 이를 바탕으로 통합적이고 지속적이며 긍정적인 조직 커뮤니케이션을 수행할 수 있으며, 이것은 궁극적으로 기업 명성에 영향을 미칠 수 있다(Camerer & Vepsalainen, 1988; Gray & Balmer, 1998).

이와 같이 커뮤니케이션에서의 만족감 증대는 조직의 생산성을 증대시키며, 외부 고객들이 조직에 몰입하게 하는 효과를 보이는 것으로 알려져 있다(Clampitt & Downs, 1993; Hargie, Tourish, & Wilson, 2002). 국내 연구에서도 사내 구성원간 대인 커뮤니케이션, 특히 상사와의 안정적 커뮤니케이션은 조직-사원 관계성과 동일시에 긍정적 영향을 미쳤으며, 이는 명성 낮은 기업군보다 명성 높은 기업군에서 더 많이 발견되었다. 또한 사원들의 사내 커뮤니케이션 만족은 서비스 품질, 직무 만족, 조직 몰입 등과 긍정적 관계를 가졌으며 이는 조직 명성에 영향을 미친 것으로 밝혀졌다(차희원 · 임유진, 2014; 김현정 · 손영곤, 2012; 장현지 · 차희원, 2013).

따라서 조직 내부 커뮤니케이션 자본에서는 조직 정체성 요소와 내부 커뮤니케이션 요소가 명성을 형성하는 데에 가장 핵심적인 요소임이 여러 연구 결과를 토대로 확인되고 있으며, 특히 조직의 최고 경영진과 구성원, 조직 철학과 비전, 정보의 양과 질, 커뮤니케이션 분위기, 커뮤니케이션 만족도와 이를 통한 조직 동일시 및 조직 몰입이 생산성을 향상시켜 궁극적으로는 기업 명성에 긍정적으로 작용하는 것임을 알 수 있다.

기업 커뮤니케이션 자본

조직이 자신의 정체성을 외부로 전달하는 기업 커뮤니케이션 자본 역시 기업 명성을 형성하는 데에 영향을 미치는 중요한 자본이다. 이를 뒷받침하는 이론은 신호 이론Signaling Theory인데, 여기서는 회사가 이해관계자에게 영향을 미치고 그들이 선호하는 관심사에 지지를 얻어내려는 노력에 초점을 맞춘다(Fombrun, 2014). 기업 커뮤니케이션, 로비, 그리고 사회적 상호 작용 등은 회사가 중요한 자원 제공자나 경쟁자에게 그들 회사의 주요한 특징을 알리기 위해서 전달하는 전략적 신호로 여겨진다. 따라서 이러한 신호들은 이해관계자에게 회사의 바람직한 이미지 등을 전달하기 위해서 투사된 마케팅 메시지이다. 또한 자원 의존적 관점에서도 기업 명성의 가치를 드러내는 것에 초점을 맞추고 이해관계자 사이에서 긍정적 명성이 회사에 가져올 수 있는 경쟁적 이점을 제시한다. 특히 이들은 기업 명성이 가치 있는 무형 자산이 된다고 주장하고 있다. 따라서 기업 커뮤니케이션은 회사가 명성이라는 자원을 획득하기 위해서 회사에 영향을 미치는 주요 이해관계자에게 보내는 전략적 신호라고 볼 수 있다.

기업 커뮤니케이션 학자인 발머와 그레이(Balmer & Gray, 2003)는 기업의 이점을 획득하는 과정에서 기업 정체성, 기업 커뮤니케이션, 기업 이미지, 그리고 명성이 분리될 수 없으며, 특히 기업 커뮤니케이션은 기업 정체성과 그 결과인 이미지 및 명성 사이에서 삼각 교량 역할을 보여준다고 주장했다. 오랜 기간 기업 커뮤니케이션을 연구해온 반릴 역시 공통 출발점CSP: Common Starting Point 과정을 활용함으로써 조직 차원의 커뮤니케이션에 일관성을 달성해야 한다고 주장한다. CSP 과정이란 통합적이고 학제간 접근인데, 전략/정체성/이미지를 통합적으로 고려해야 하며, 이들로부터 공통 분모가 수립되어야 하고 이것이 공식적인 기업 커뮤니케이션에 활용되면서 일관성을 만들어낼 수 있다는 것이다. 특히 지속 가능한 기업 스토리SCS: Sustainable Corporate

Story를 통해서 기업 명성이 성취될 수 있다고 주장했다. SCS란 조직 전체에 대한 포괄적인 내러티브(조직의 탄생, 비전, 그리고 미션 등을 포함)를 제공하는 것이며, 이는 현실적이고 사람들과 관련된 묘사를 통해 믿을 만하도록 전달되어야 한다.

특히 반릴과 폼브런(van Riel & Fombrun, 2007)은 기업 스토리를 전달할 때 AAA 모델을 활용하여 통합적이고 인과적인 이야기 전개를 해야 한다고 주장한다. 첫 번째 A는 기업의 핵심 역량core Abilities으로 기업 성공을 뒷받침할 수 있는 역량을 의미하며, 두 번째 A는 기업의 핵심 활동core Activities으로 기업이 관여하고 있는 활동을 말한다. 마지막 A는 기업 성과Accomplishments를 보여주는 것이다. 대부분의 회사들이 매출액이나 순익 등 기업 성과를 강조하여 커뮤니케이션하지만, 그보다는 성과를 낸 이유(인재 발굴 및 양성 등과 같은 기업 활동이나 원천 기술 등의 핵심 역량)를 강조하면서 통합적이고 인과적인 스토리 전개를 할 필요가 있다.

또한 반릴과 폼브런(2007)은 기업 명성에 있어서 기업 커뮤니케이션을 가장 중요한 요소라고 주장하고 있으며, 기업의 전략적 목표와 기업 커뮤니케이션, 명성, 그리고 경영 성과간의 관련성을 제시했다. 그들은 '비즈니스 사이클'이 조직의 사업 활동에 대한 기업 전략에 근거하며, 이것이 성공적으로 시행된다면 재무적 성과를 거둘 수 있는데, 이를 효과적으로 수행하기 위해서는 '비즈니스 사이클'에 대응하는 기업 명성 구축을 위한 '커뮤니케이션 사이클'이 필요하다고 주장했다. 이것이 성공적으로 수행된다면, 기업 커뮤니케이션은 이해관계자들과의 동일시identification를 유발하며 그들의 지지적 행동을 얻어내게 된다는 것이다.

이러한 논의에 의하면 기업 명성에 영향을 미치는 조직 커뮤니케이션 자본의 구성 요소는 최고 경영진과 조직 구성원, 브랜드 및 전략과 같은 조직 정체성 요소와 조직 정체성 구축을 견고히 하는 데에 도움

표 4.2 조직 커뮤니케이션 자본의 구성 요소

조직 정체성 요소	최고 경영진, 미션/비전, 조직 문화 및 구조, 조직 구성원, 브랜드/제품과 서비스, 기업 및 마케팅 전략, 유/무형 자원 등
조직 내부 커뮤니케이션 요소	업무에 대한 정확하고 투명한 정보 공유, 커뮤니케이션 분위기(수평적 커뮤니케이션, 상사/동료와의 편안한 커뮤니케이션), 정보의 양과 질, 커뮤니케이션 만족도 등
기업 커뮤니케이션 요소	통합 커뮤니케이션, 지속 가능한 기업 스토리텔링 등

이 되는 내부 커뮤니케이션 요소, 그리고 이를 외부에 전달하여 이해관계자의 동일시와 지지적 행동을 끌어낼 수 있는 기업 커뮤니케이션 요소로 구성된다. 이를 정리하면 〈표 4.2〉와 같다.

관계 커뮤니케이션 자본

관계 커뮤니케이션 자본은 조직에 대한 공중의 경험을 바탕으로 조직과 직접 관계를 구성하는 직접 관계 커뮤니케이션 자본과 미디어를 매개로 하는 간접 관계 커뮤니케이션 자본 두 가지로 구성된다.

직접 관계 커뮤니케이션 자본의 이론적 근거는 PR과 커뮤니케이션 관점에서 논의된 조직-공중 관계성 이론과 커뮤니케이션 네트워크 이론, 상황 이론 등이다. 또한 공중의 심리학적 관점에서 제시된 스키마 이론이나 사회 인지 이론, 사회 교환 이론, 귀인 이론, 정교화 가능성 이론, 설득 지식 모델 등이 이에 해당된다. 간접 관계 커뮤니케이션 자본이란 미디어나 소셜 미디어를 매개로 하여 간접 경험을 형성한 공중이 조직과 맺는 관계 자본을 의미하며, 미디어 및 소셜 미디어 이론을 기반으로 한다. 명성과 관련된 미디어 이론에서는 의제 구축과 의제 설정 이론, 프라이밍, 프레이밍 이론, 이슈 소유권 이론 등이 이에 해당되며, 소셜 미디어 이론에서는 상호 작용성 이론이나 소통과 대화 커뮤니케이션 이론 등이 포함된다.

직접 관계 커뮤니케이션 자본

직접 관계 커뮤니케이션 자본이란, 조직과 공중과의 직접적인 관계 커뮤니케이션을 통해서 형성되는 커뮤니케이션 자본을 의미한다. 여기서는 조직-공중 관계성과 우수 이론, 상황 이론 등의 PR 이론과 관계 형성 과정을 설명하는 스키마 이론, 사회인지 이론 등 심리학적 이론 등이 포함된다.

우수 이론에서는 PR이 전략적 관리 과정의 일부분으로서 조직의 가장 전략적 공중을 규정할 때, 그리고 이들 공중과 효과적인 장기적 관계를 배양시키는 커뮤니케이션 프로그램을 수행할 때 조직을 가장 효과적으로 만든다고 주장한다. 따라서 가장 중요한 개념은 공중과의 관계인데, PR학자들은 전략적 공중과의 관계의 질을 측정함으로써 PR의 가치를 결정할 수 있으며, 관계 척도와 이들 프로그램의 관련성을 갖고 그 효과를 측정함에 의해서 커뮤니케이션 프로그램을 평가할 수 있어야 한다고 주장한다. 이러한 조직-공중 관계성의 특성을 규명하기 위해서 그루닉, 후앙과 헝은 조직 공중 관계에 적용 가능한 관계성의 특성을 규명하고 이들 관계를 측정할 수 있는 척도를 개발했다. 좋은 장기적 관계를 위한 네 가지 특성은 신뢰trust(조직과 공중이 서로에게 갖고 있는 확신의 정도이며 상대방에게 기꺼이 자신을 공개하려는 의도를 갖는 것), 상호 통제성control mutuality(조직과 공중이 서로의 관계에 대해 행사할 수 있는 통제성에 대해 서로 만족하는 정도), 관계에 대한 상호 헌신성commitment, 그리고 관계 만족도satisfaction이다.

PR학자들은 상징적이고 해석적 패러다임과 전략적 관리인 행동적 패러다임의 두 가지 패러다임이 존재한다고 주장한다(Kim et al., 2013). 상징적 패러다임에서는 PR의 목적이 조직의 행위를 공중이 긍정적으로 해석하도록 설득하는 것이며, 이와 같은 상징적 패러다임을 따르는 실무자들은 메시지, 퍼블리시티, 미디어 관계, 그리고 미디어 효과 등을 강조하며, 그것들이 공중 마음속에 조직을 환경으로부터 완충시키도록 허용하는 인상을 만들어낸다고 믿는다. 대조적으로, 행동적이고 전략적인 관리 패러다임에서는 PR 임원들의 전략적 의사결정 참여에 초점을 맞추고 실제적인 조직의 행동을 관리하도록 돕는 데에 주력한다. 이런 유형의 PR은 완충 기능이 아닌 연결/교량 기능을 의미하는데, 교량 행위로서의 PR은 이해관계자와의 관계를 수립하도록 하는 것이다. 이러한 PR의 전략적 관리 패러다임은 쌍방 커뮤니케이션을 강조하는데, 이는 경영 의사 결정을 하는 데 있어서 공중에게 목소리를 낼 수 있도록 해주고 최종 결정이 이루어지는 전후에 경영자와 공중 사이에 대화를 촉진시키도록 해준다.

상황 이론에서는 공중을 세분화하고 정보를 추구하고 문제를 확산하는 행동적 공중에 주목한다. 행동적 공중은 문제를 제기하고 해결하기 위해서 정보를 더 많이 선택information forfending하고 선택한 정보를 배포information forwarding할 것이다. 덜 관여된 수동적 공중은 행동적 공중이 배포한 정보에 근거해서 조직에 대한 평가적 결론을 얻게 되며, 따라서 조직에 대한 평가는 결국 행동적 공중이 배포한 정보와 유사해지게 된다. 따라서 기업은 행동적 공중이 누구인지, 그들이 관심을 갖고 있는 것이 무엇인지 등을 파악하고 그들과의 우호적이고 신뢰 있는 관계를 형성하는 데 초점을 맞춰야 한다(Kim et al., 2013). 정교화 가능성 이론에서도 수용자의 관여도에 따라서 정보를 처리하는 방식이 달라지기 때문에 고관여 공중에게는 좀더 깊이 있고 정교화된 정보를 제공해야 하며, 저관여 공중에게는 단순하고 주변적인 단서를 정보로 제공해야 한다고 지적한다. 따라서 기업은 정보를 제공할 때 공중 특성에 따라서 공중을 세분화하고 각각 다른 정보를 제공해야 한다.

공중 개인의 관점에서 보면, 그들과의 우호적 관계 형성에는 사회

인지 접근과 사회 교환 접근 등의 인지심리학 및 사회심리학 이론이 근거 이론으로 작용할 수 있다. 사회 인지 접근에서 보면, 명성은 인지와 태도로 구성된 일종의 스키마(Grunig, 1993)이며 일반적으로 명성 있는 조직에 관한 인지적 연상을 언급한다. 명성 스키마는 사람들에게 특정 조직에 대한 인식적 과정과 추론을 할 수 있도록 돕는다. 스키마가 우리의 머릿속에 존재하는 선험 지식이기 때문에 사람들이 새로운 정보를 이해하고 학습하는 데에 영향을 미치게 된다. 따라서 조직은 사람들이 조직에 대해 긍정적인 스키마를 형성할 수 있도록 평소 적극적으로 정보를 제공하고 커뮤니케이션해야 한다.

사회 인지 이론의 또 다른 중요한 연구는 인과적 귀인을 통해서 환경과 행위의 원인을 알아차리는 동기와 관련된 것이다(Holladay, 2013). 사람들은 조직 행위에 대한 인과적 설명을 구성할 때 이미 존재하는 스키마에 의존하게 된다. 따라서 조직은 어떤 사건이 발생했을 때 행위에 대한 설명을 제공함으로써 사람들의 귀인을 형성하도록 적극적으로 시도해야 한다. 귀인 이론의 기본 논리에서는 행위를 설명하는 정보가 없다는 것이 심리적으로 매우 불편하게 여겨지기 때문에 사람들은 불확실성을 줄이기 위해서 정보를 추구한다. 따라서 조직은 구성원의 불확실성을 줄이기 위해서 정보를 제공해야 한다. 불확실성은 때때로 재정적 위기나 CEO와 관리자 변화, 위기 등의 시기에 많이 작동한다. 이 경우 구성원과의 적극적인 커뮤니케이션이 불확실성을 줄이도록 도와주고 조직에 대한 긍정적 태도를 보존케 하는 데에 도움이 된다.

또한 사회 심리학에 기반을 둔 사회적 침투 이론social penetration theory과 사회 교환 이론social exchange theory에서는 사람들이 어떻게 다른 사람들과의 관계에 대한 비용과 보상을 평가하고, 그 관계를 유지, 강화 또는 단계적으로 축소시켜나갈지를 결정하는 것을 설명한다(Holladay, 2013). 사회적 침투 이론은 관계가 발전함에 따라 대인간 커뮤니케이션이 얕고 덜 친밀한 수준에서 깊고 더 친밀한 수준으로 발전되어 간다는 것으로 관계 발전의 과정을 설명하기 위한 자기 노출self-disclosure에 집중하고 있다. 즉, 조직들은 공중들이 조직으로부터 얼마나 고급 정보를 얻는다고 믿는지, 그리고 이것이 관계의 질과 조직 명성 평가에 대한 인식에 어떻게 영향을 미치는지에 대해 신경을 써야 한다는 것이다.

사회 교환 이론은 어떻게 개인들이 관계 관리에 대한 결정을 내리는지를 설명하기 위해 사회적 침투 이론과 통합되어 왔다. 사회 교환 이론은 왜 어떤 관계는 더욱 친밀하고 안정적으로 발전해나가고, 어떤 관계는 피상적으로 비개인적impersonal인 관계에 머물거나 소멸되는지를 경제적 은유를 통해 설명하고 있다. 사회 교환 이론에서는 공중을 관계 교환 과정에서 발생하는 비용(관계에 대한 헌신 등)과 보상(관계로부터 얻을 수 있는 이익 등)을 이성적으로 계산할 수 있는 존재로서 보고 있다. 또한 사회적 침투이론에 비해, 비용대비 이익에 대해 평가하는 의사 결정자로서의 개인에 집중한다(Holladay, 2013).

사회 인지 접근과 사회 교환 접근에 근거해볼 때, 조직은 공중과의 관계를 더 친밀하고 안정적으로 변화시키기 위해서 평소 깊이 있고 중요한 정보를 제공해야 한다. 또한 의사 결정자로서의 공중이 조직과의 관계에서 비용과 보상을 합리적으로 평가한다는 점을 이해해야 하며, 항상 조직과 관련된 불확실성을 줄일 수 있도록 일관되고 지속적인 정보를 제공하여 문제 상황에서도 불확실성을 줄일 수 있도록 평소 조직에 대한 긍정적인 명성 스키마를 형성하도록 도와야 한다.

커뮤니케이션 네트워크와 사회 자본에 대한 연구*에서도 조직과 공중 간 관계의 구조와 질에 대해 논의하면서 커뮤니케이션 네트워크를 통한 이해관계자와의 커뮤니케이션이 관계의 발전에 핵심적 역할을 한다고 주장한다. 몽지P. R. Monge와 컨트랙터N. S. Contractor는 커뮤니케

* 이 연구 내용은 차희원(2012)의 논문 일부를 발췌한 것임.

이션 네트워크란 '시간과 공간을 통하여 메시지를 전달하고 정보를 교환하면서 형성된 의사 소통 당사자들 간의 접촉패턴'이라고 정의하며, 여기서 메시지 개념은 보다 넓은 의미에서 네트워크 구성원들 사이에서 만들어지고 한 지점에서 다른 지점으로 이동할 수 있는 데이타, 정보, 지식, 이미지, 상징 등을 의미한다고 주장한다(Monge & Contractor, 2003).

커뮤니케이션 학자들은 근접성 이론, 감염 이론, 의미 네트워크 이론 등을 배경 이론으로 하여 커뮤니케이션 네트워크 특성과 효과에 대한 연구를 진행했다(Monge & Contractor, 2003). 물리적 근접성 이론physical proximity theory이란 물리적 공간적 근접성이 클수록 커뮤니케이션 기회가 많아지고 커뮤니케이션 연결이 커지게 된다는 이론이다. 이와 유사하게 감염 이론에서도 커뮤니케이션 네트워크에 의해 제공되는 기회는 사람, 집단, 그리고 조직에게 다른 사람들의 정보, 태도 메시지, 그리고 행위에 노출되는 메커니즘으로 작용한다는 가정을 갖는다. 이러한 노출로 인해 네트워크 구성원들은 그 네트워크 안에 있는 다른 사람들의 신념, 가정, 태도 등과 유사하게 발전될 가능성을 높이게 된다. 의미네트워크 이론은 지식구조, 인지적 사회 구조, 인지적 일관성 이론과 유사하게 의미네트워크를 공유한 구성원간에서는 "공유된 해석shared interpretation"을 갖게 된다는 이론이다. 의미 네트워크는 사람들이 메시지 내용, 특히 기업 목표나 슬로건, 신화, 그리고 스토리 같은 기업 문화의 중요한 요소를 갖는 메시지에 대해서 해석을 공유한다는 데에 초점을 맞추고 있다. 전통적인 의미 네트워크가 주로 텍스트에 초점을 맞춘 반면, 최근에는 이러한 텍스트에 대한 사람들의 해석에 초점이 맞춰진다.

커뮤니케이션 네트워크를 연구하는 학자들은 감염 이론이나 근접성 이론 등에 기반하여 커뮤니케이션 네트워크의 구조적 특성이 사회 자본을 형성케 되는 주요 요인임을 주장하고 있다. 즉, 사회학자들이나 경영학자들과는 달리 커뮤니케이션 학자들은 사회 연결망이나 사회적 유대보다는 사회적 유대나 연결을 통해 흐르는 커뮤니케이션(정보나 데이터)이 더욱 중요하다는 주장이다. 이들은 정보나 데이터, 이미지 등과 같은 커뮤니케이션을 통해 정보가 교환되고 의미가 공유되면서 유사한 해석을 하게 되고 상호 이해가 높아질 수 있다는 점을 강조한다.

헤즐레튼과 켄넨(Hazleton & Kennan, 2000)은 사회 자본의 세 가지 차원을 제시했는데 구조적(네트워크 유대), 내용-커뮤니케이션적, 그리고 관계적 차원 세 가지이다. 첫째, 사회 자본의 구조적 차원은 네트워크 밀도, 연결 정도 중심성, 그리고 연결 정도 등 커뮤니케이션 흐름과 영향력과 관련된 구조적 특성이며, 특히 기업 성과, 영향력, 신뢰 및 만족도와 관련되어 있는 지표이다. 몽지와 컨트랙터는 커뮤니케이션이란 정보이며 자원을 의미한다고 주장한다. 따라서 소비자들이 어떤 정보원을 통해 정보를 습득하거나 확산시키는지 연구하는 것은 커뮤니케이션 네트워크와 사회 자본, 그리고 명성의 연결에 있어서 핵심적 역할을 한다. 정보원에 대한 네트워크 연구에 있어서 소비자들은 구매시 다른 사람들과 함께 공유한 정보의 영향을 받는다(한상만 등, 2006). 또한 소비자들은 자신이 갖고 있는 사회적 연결망을 통해 정보를 습득하고 확산시키고 있으며, 정보를 얻기 위해 자신과 관계된 다른 소비자들과의 관계 네트워크에 크게 의존하고 있다. 따라서 커뮤니케이션 네트워크의 밀도가 높거나 연결정도가 강하면 정보원과의 관계가 더욱 긴밀해지고 구성원들간의 신뢰 등 사회자본이 더욱 견고해지게 된다. 둘째, 사회 자본의 내용-커뮤니케이션적 차원은 커뮤니케이션 기능으로 정보 교환, 문제/해결 규명, 행동 규제, 그리고 갈등 관리 등이 있다. 정보 교환이란 조직이 소유한 능력을 관련 구성원들에게 상징물로 모으고 해석하고 조직화하고 복구하여 전파하는 능력을 의미한다. 문제 규명과 해결이란 조직이 그들이 직면한 문제를 규명하고 이들 문제를 효과적으로 해결할 수 있는 적절한 해결책을 발견하기 위해 상징물을 효과적으로 교환할 수 있어야 한다는 것을 의미한다. 갈등 관리는 갈등이 정규적이고 지속적인 과정으로 관리되어야 하는 조직의 가치있고 정상적인 행위로 이해되는 상징적 과정을 의미한다. 행위규제란 조직의 목적과 목표와 관련하여 다양한 행위자들의 행위가 형성될 수 있는 상징적 과정이다. 이러한 커뮤니케이션 내용이 많이 전달될수록 구성원간 신뢰가 커지고 사회자본이 강해진다고 볼 수 있다. 셋째, 사회 자본의 관계적 차원은 커뮤니케이션의 적절한 활용을 통해 지적 자본이나 새로운 관계 형성과 네트워크와 같은 부가적인 사회 자본을 생성할 수 있음을 의미한다. 그리고 이러한 사회자본의 관계적 차원은 그 결과로서 조직에 대한 이점(충성도, 고객 만족, 신뢰 등)을 가져온다. 후쿠야마F. Fukuyama는 커뮤니케이션을 통한 사회자본이 조직의 생산성, 효율성, 품질, 고객 만족, 주식 가치 증진 등으로 나타날 수 있다고 보았다(Fukuyama, 2001).

한편, 대화와 소통 이론에서는 커뮤니케이션의 대화적 특성을 제시하고 있다. '대화의 개념'은 원래 철학, 수사학, 심리학과 관계 커뮤니케이션 이론 등 다양한 학문에 깊이 뿌리를 두고 있다. 특히 수사학적 관점에서는 사람과 사람 간의 의미 공유를 강조하며, 일방적이고 상대방을 설득시키기 위한 메시지 분석에 초점을 맞추기보다는 의미를 공유하고 공동체 행위를 합의해나가는 과정에 초점을 맞춘다(Heath, 1994). 균형 있는 커뮤니케이션인 대화 개념은 공중관계PR, Public Relations와 연관지어 생각할 수 있는데, 이상적인 PR은 구성원과 사회 양쪽 모두에 좋은 영향을 미칠 수 있는 방향으로 이루어지는 것이기 때문이다. PR의 관점에서 PR의 궁극적인 목적은 조직과 공중 사이의 관계를 관리하는 것이며(Cutlip, Center, & Broom, 1994), 커뮤니케이션은 조직이 공중과의 관계를 형성하고 유지하기 위한 수단으로 사용되어져왔다(Grunig & Huang, 2000). 따라서 PR 영역에서도 조직과 공중 사이의 대화를 강조한다. 대화는 커뮤니케이션의 가장 윤리적이고, 기만으로부터 진실을 분리해주는 가장 중심적인 기능이라고 논의되고 있다(Kent & Taylor, 2002). 공중 관계에 있어서 가장 중요한 열쇠가 되는 관계의 '생성, 유지, 강화'를 위해 대화가 필연적으로 성립되어야 하는 것이다.

주고받는 대화에는 두 가지 원칙이 있다. 첫째, 대화에 참여하는 구성원은 무조건 동의를 할 필요는 없지만 상호적인 만족에 도달하기 위해 노력해야 하는 것이고, 둘째, 대화는 객관적인 진실이나 주관적인 것이 아니라 상호 주관적인 법칙에 의한 것이어야 한다는 것이다(Kent & Taylor, 1998). 이와 같은 개념을 바탕으로 켄트M. L. Kent와 테일러M. Taylor는 대화를 구성하는 요소를 다섯 가지로 정리했다(Kent & Taylor, 2002). 이들은 PR의 관심이 조직-공중 간 대화에 모아져야 한다고 주장하면서 주요한 대화의 다섯 가지 특징으로 상호성mutuality, 상호 작용의 근접성propinquity, 공감대empathy, 리스크risk, 대화에 임하는 조직의 헌신 commitment 등을 열거했다.

이상의 직접 관계 커뮤니케이션과 관련된 이론적 논의에 따르면, 무엇보다 중요한 것은 조직과 공중과의 관계를 구축하는 요인과 이에 영향을 미치는 요소를 확인하는 것이다. 먼저, 조직과 공중의 관계를 구축하는 요인은 신뢰와 상호 호혜성, 관계 만족, 상호 통제와 상호 헌신이며, 이러한 관계를 형성하는 데에 영향을 미치는 요인은 조직이 공중과 커뮤니케이션하고 정보를 제공할 때 공중의 심리와 수용 과정을 바탕으로 어떤 정보나 커뮤니케이션에 초점을 맞추어야 하는지 고민해야 한다는 점이다. 특히 사회 자본을 구성하는 커뮤니케이션의 세 가지 차원(구조, 내용, 관계 등)에 의해서 볼 때, 커뮤니케이션 네트워크와 메시지 내용, 그리고 관계 형성의 결과를 통해 신뢰 등의 사회 자본을 구축할 수 있다는 점을 보여준다. 또한 대화 커뮤니케이션 이론에 기반하여 조직은 공중과 효과적인 대화와 소통을 발전시키고 조직에 대한 신뢰와 만족, 친밀감 등을 촉진시키는 것이 필요하다.

간접 관계 커뮤니케이션 자본

조직과 공중의 간접 관계 커뮤니케이션 자본이란 미디어를 매개로 이루어지는 상징적 관계 커뮤니케이션을 통해서 이루어지는 자본을 의미한다. 따라서 여기에는 미디어 명성에 대한 논의와 미디어 효과와 관련된 의제 설정, 의제 구축, 프라이밍, 프레이밍 이론 등이 주요 이론으로 다루어진다. 또한 소셜 미디어의 상호 작용성, 대화와 소통, 그리고 사회 자본 이론 등도 이에 포함된다.

딥하우스(Deephouse, 2000)는 자원 의존 이론과 미디어 이론에 기반하여 미디어에 존재하는 기업에 대한 종합적인 평가를 미디어 명성으로 개념화했다. 자원기반 관점에서 보면, 명성은 조직의 경쟁적 이점을 이끄는 쉽게 모방할 수 없고 대체 불가능하다는 자원의 특성을 갖고 있는데, 미디어에 존재하는 기업 평가 역시 그러한 자원의 특성을 갖고 있다는 것이다. 따라서 딥하우스는 미디어에서 호의적으로 보도된 기업의 경우 명성이 증진될 수 있다고 주장했다. 캐롤과 맥콤(Carroll & McCombs, 2003) 역시 의제 설정 효과를 비즈니스 분야에 접목하여 기업 명성에 대한 미디어 효과를 검증했다. 즉, 미디어에 나타난 기업 뉴스의 보도량과 보도 태도, 그리고 기업 속성에 대한 보도 등은 공중의 기업 평가와 태도에 영향을 미친다는 것이다. 따라서 미디어가 특정 기업을 호의적으로 더 많이 보도할수록 공중의 기업 태도는 긍정적으로 변화되며, 기업의 특정 속성(기술력이나 혁신성, 사회 공헌 활동 등)을 더 많이 보도할수록 공중의 기업 평가 기준도 그러한 속성에 맞추어 달라질 것이라는 것을 강조하고 있다. 예를 들면, 미디어에서 윤리 경영을 하는 기업의 장점이 반복적으로 부각되어 윤리 경영이라는 특성이 중요한 이슈로 부각될수록 그러한 특성을 가진 기업에 대해 사람들은 좋은 평가를 하게 된다는 것이다. 이러한 사실은 미디어가 특정 이슈나 속성을 강조한다고 보는 프레이밍 이론에서도 지지되고 있다.

또한 이슈 소유권 이론도 기업 명성에 대한 미디어 효과를 논의하는

데 많이 활용되고 있다. 이는 미디어가 특정 기업이 특정 이슈를 성공적으로 다룰 수 있다고 보도할수록 공중 인식에서 특정 이슈와 그 기업 간 연관성이 높아지고 이는 기업 명성에 영향을 미친다는 것이다. 예를 들면 환경 보호와 동물 실험 반대를 표방하고 자연 화장품을 개발하는 더 바디샵 같은 회사의 경우, 미디어에서 이러한 기업 이슈(환경을 오염시키는 화학 원료를 사용하지 않는 천연 화장품 회사인 더 바디샵)를 반복 보도할수록 공중은 더 바디샵이 환경 문제를 성공적으로 다룰 수 있다고 인식할 것이며, 이는 더 바디샵의 명성에 긍정적 영향을 미친다는 것이다. 이는 프라이밍 효과와도 연관되어 설명할 수 있는데, 이는 이슈의 특정 측면(환경 오염을 시키지 않는 천연 원료)을 미디어에서 부각하여 보도할 때 관련 기업(더 바디샵)에 대한 공중 태도가 영향을 받는다는 것이다.

이와 같은 의제 설정 효과와 프레이밍 이론, 이슈 소유권 이론, 그리고 프라이밍 효과 등 다양한 미디어 효과 이론에 기반해보면, 미디어의 보도량과 보도 태도가 공중의 의제 설정과 기업에 대한 태도에 영향을 미친다는 점은 다수 학자들에 의해 확인되었다. 딥하우스 등 미디어 명성의 중요성을 강조하는 학자들은 미디어에 제시되는 기업 평가가 긍정적이고 기업과 관련된 이슈가 호의적으로 자주 보도된다면 미디어 명성이 구축될 수 있고, 이 같은 미디어 명성은 기업의 실제 재무 성과에 긍정적 영향을 미친다는 것을 확인했다. 그런데 이러한 미디어 명성에 영향을 미치는 요소로서 기업의 PR활동을 통한 의제구축Agenda-building 노력에 대해 많은 PR학자들이 주장하고 있다. 이러한 기업의 의제 구축 활동은 미디어 의제와 공중 의제, 그리고 기업 성과 및 기업 평가에 긍정적으로 작용한다는 일련의 연구 결과들에 의해볼 때, 매개 커뮤니케이션인 미디어 명성은 기업의 관계 커뮤니케이션 자본을 형성한다고 할 수 있다.

기업 명성에 대한 미디어 효과와 더불어 최근에 자주 논의되는 간접 커뮤니케이션은 소셜 미디어라 할 수 있다. 특히 소셜 미디어나 뉴미디어에서 가장 많이 언급되는 특성은 상호 작용성 개념인데, 이는 이용자와 인터페이스 간의 정보 교환이나 대화를 수행하는 웹사이트의 능력을 의미한다. 연구자들은 이를 이메일 링크, 피드백 형식, 채팅룸, 그리고 오디오나 비디오 다운로드와 같은 기능적 특징으로 조작화했다. 반면, 몇몇 학자들은 이러한 상호 작용성의 기능적 특징보다는 우연성 관점에서는 메시지의 전달과 수용에 초점을 맞추었다. 우연성 관점의 상호 작용성이란 메시지가 서로 어떻게 연관되었는지를 강조한 것인데, 이후의 메시지가 이전의 메시지에 어느 정도 의존적인지에 초점을 맞춘 것이다. 여러 학자들은 이러한 상호 작용성이 증가할수록 더 높은 만족도와 더 큰 자기 효능감이 나타난다는 것을 주장했다. 길로리와 순다(Guillory & Sundar, 2014)는 인간-컴퓨터 상호 작용 이론에 근거하여 기능적 관점에서 웹사이트의 상호 작용성이 조직 명성에 갖는 효과를 연구했으며, 상호 작용성이 증가할수록 공중의 조직 관여도와 호감도를 높이며 조직에 대한 인식도 긍정적이 된다는 것을 확인했다.

특히 켄트와 테일러(Kent & Taylor, 2002)는 PR 관점에서 쌍방향적이고 균형 있는 커뮤니케이션을 확립하기 위한 웹사이트 안에서의 '대화 커뮤니케이션 분석틀'을 개발하게 되었고, 다섯 가지 요소를 제시했다. 첫 번째 요소는 대화시스템The Dialogic Loop이다. 이는 인터넷이라는 새로운 기술의 이점을 이용하여 조직의 공중으로부터 피드백을 도출하는 것이다. 조직은 공중에게 충분한 대답을 할 수 있도록 기술적인 요건을 갖추어야 하고 공중들의 염려, 질문, 요구 사항 등을 체계적이고 통합적으로 체크할 수 있는 시스템을 마련해야 한다. 그 예시로는 '고객의 메일함', '직통 전화' 등이 있다. 두 번째 요소는 유용한 정보The Usefulness of Information이다. 이는 공중들이 필요로 하는 가치 있는 정보를 제공하는지에 관한 것이다. 가치 있는 정보 제공이란 일반 고객, 잠재 고객, 충성 고객 모두에게 각각 필요한 정보들을 말하는데

이 원리는 공중 관계의 목적과 비슷하며 가치 추구와 공중들이 말하는 관심사를 충족시키는 것을 나타낸다. 그 예시로는 '조직의 로고나 역사 소개', '미션 제시', '현재 이슈가 되는 관련 뉴스' 등이 있으며 '실제 회원들만이 이용할 수 있는 페이지'에 대한 존재 여부도 이에 해당된다. 세 번째 요소는 재방문의 유도The Generation of Return visits이다. 웹사이트 안에서 매일 업데이트되는 소식, 주제 바꾸기, 특별 포럼, 온라인 Q&A, 전문가로부터의 답변 등 고객들에게 유용하고 매력적인 소스들을 제공하여 재방문을 하도록 유도하는 장치가 마련되어 있어야 한다. 예시로는 'Q&A에 대한 빠른 답변', '이벤트 이용'이나 '초대장' 등이 있다. 네 번째 요소는 사용하기 쉬운 인터페이스Ease of the Interface이다. 즉, 사용하기 쉬운 화면 구성을 제공하는 것인데 정보 찾기가 목적이거나 호기심으로 웹사이트를 찾는 방문객들이 이해하기 쉽고 찾기 쉬운 구조를 가지고 있는 것이 중요하다. 예시로는 '사이트맵', '검색창', '도움말 페이지' 등이 있다. 마지막 요소는 고객 보전의 원칙The Rule of Conservation of Visitors이다. 고객 보전의 원칙은 웹사이트 디자이너들이 방문자로 하여금 길을 잃지 않도록 곳곳에 링크를 주어 다시 돌아올 수 있도록 고려해야 하는 것이다. 대화 커뮤니케이션은 마케팅이나 광고에 초점을 맞추기보다는 상호 작용에 목표를 두어야 한다. 그 예시로 '페이지 로딩시간', '새 창에 3의 링크 오픈' 등이 있다.

최근 들어 대화 커뮤니케이션 이론에 기반한 많은 연구들은 대화 커뮤니케이션의 효과에 주목하고 있다. 특히 대화 커뮤니케이션 요소를 많이 갖추고 있다고 생각되는 상호 작용 매체인 인터넷 웹사이트나 블로그의 내러티브를 중심으로 소셜 미디어에 나타난 대화 커뮤니케이션 요소가 공중인식에 어떻게 영향을 미치는지에 주목하고 있다. 양성운과 임준수(Yang & Lim, 2009)는 블로그의 네러티브, 블로거 신뢰도, 그리고 대화적 자아dialogical self가 블로그 참여에 미치는 영향에 대해 연구했는데, 연구 결과 대화적 자아와 블로그에 대한 신뢰 관계간의 상관관계가 높은 것으로 나타났다. 박효정과 레버(Park & Reber, 2008)는 기업 웹사이트의 대화 요소를 분석하고 공중과의 관계 구축을 위해 필요한 방법을 연구했다. 그들은 『포춘』 지 선정 Fortune 500대 기업 중 100개 기업 웹사이트의 내용분석을 실시했으며, 주요 대화 요소는 (1) 사용 편리성, (2) 미디어를 위한 정보의 유용성, (3) 고객을 위한 정보의 유용성, (4) 투자자들을 위한 정보의 유용성, (5) 내부 공중을 위한 정보의 유용성, (6) 방문자 보전, (7) 재방문 유도성, 그리고 (8) 대화고리 등으로 기존의 대화 커뮤니케이션 요소 항목에서 세 가지가 더 추가된 것이다. 연구 결과, 대화적 요소를 갖춘 기업 웹사이트는 상호 통제, 신뢰, 만족, 개방성, 그리고 친밀성을 촉진시키는 것으로 밝혀졌다.

이러한 소셜 미디어의 상호 작용성 이외에도 온라인 커뮤니케이션은 이해관계자들과의 관계를 강화하고 대화 커뮤니케이션을 촉진시키며, 조직에 대한 신뢰나 공통된 규범, 상호 동의 등의 사회 자본을 구축함으로써 명성을 획득하는 데에 긍정적 영향을 미친다는 연구들이 있었다. 특히 위기 상황에서 신속하고 쌍방적인 소셜 미디어의 특성을 잘 활용한다면 다른 매체에 비해 보다 효율적인 대응이 가능하다. 하지만, 다른 미디어보다 조직이 통제하기 어려우며 다른 이해관계자들의 영향력이 더 커지게 되었다는 점에서 조직에게는 도전이 되기도 한다. 따라서 소셜 미디어 영향력자나 단체들은 조직과 다른 그들만의 목소리를 내면서 팔로워들에게 매우 영향력이 있기 때문에 이들과의 커뮤니케이션 노력이 더욱 필요하게 되었다. 이러한 소셜 미디어의 위기 커뮤니케이션 전략에 대해 프레버그 등(Freberg et al., 2013)은 '신속하게 커뮤니케이션하라' '명확하라' '단순하라' '폭넓게 커뮤니케이션하라' 등의 지침을 제시하고 있다. 특히 소셜 미디어의 신속한 업데이트뿐 아니라 다른 신뢰할 만한 소스에 대해 언급하기, 해쉬 태그 모니터링과 태그된 키워드의 적절한 사용 등 여러 가지 베스트 실행 전략을 제시하기도 했다. 그밖에 디지털 네이티브 세대와 같은 소셜 미디어 세대의 욕구와 정보 제공 등에 대한 논의를 연구한 학자들도 있다.

이상에서 살펴본 바에 의하면, 최근 소셜 미디어의 상호 작용적 특성을 구체화하고 그것이 명성에 미치는 영향력을 연구하는 데에 많은 학자들이 관심을 갖고 주목했음을 잘 보여준다. 따라서 명성에 영향을 미치는 소셜 미디어의 상호 작용성과 대화적 특성, 신뢰나 규범, 상호 동의 등 사회 자본적 특성 등에 초점을 맞출 필요가 있으며, 이 같은 소셜 미디어의 특성 역시 간접적인 관계를 구축하는 관계 커뮤니케이션 자본이라고 할 수 있다.

이러한 논의에 의하면 관계 커뮤니케이션 자본의 구성 요소는 〈표 4.3〉과 같이 정리해볼 수 있다.

표 4.3 관계 커뮤니케이션 자본의 구성 요소

조직-공중 관계성 요소	신뢰, 상호 호혜성, 상호 통제성, 상호 헌신성, 관계 만족, 상징적 관계와 행동적 관계 등
공중 스키마 요소	불확실성을 줄이는 커뮤니케이션, 일관되고 지속적인 커뮤니케이션, 깊이 있는 고급 정보, 대화와 소통 커뮤니케이션 등
커뮤니케이션 네트워크와 사회 자본적 요소	구조(네트워크), 내용적(정보 교환, 문제 해결, 갈등 관리 등) 요소, 관계적(충성도, 고객 만족, 신뢰 등) 요소 등
대화와 소통 커뮤니케이션 요소	대화 시스템, 유용한 정보, 재방문 유도, 사용하기 쉬운 인터페이스, 고개 보전의 원칙 등
미디어 명성 요소	기업에 대한 미디어 가시성(보도량), 보도 프레이밍(보도 태도), 이슈 현저성과 저명성, 조직의 의제 구축 등
소셜 미디어의 상호 작용 및 사회 자본 요소	기능적/ 우연적 상호 작용성, 대화 및 소통 커뮤니케이션, 신뢰나 규범, 상호 동의 등

사회 커뮤니케이션 자본

사회 커뮤니케이션 자본이란, 사회적 차원에서 평소 사회 문제와 공공 문제에 대응하는 사회 책임 커뮤니케이션과 위기 상황에서 사회와 소통하는 위기 커뮤니케이션 두 가지를 포함한다. 사회 책임 커뮤니케이션은 조직을 둘러싼 사회 환경의 변화나 사회와 관련된 문제나 이슈에 조직이 책임 있게 대응하기를 바라는 이해관계자의 기대와 요구에 기업이 책임감 있게 대응해야 하는 커뮤니케이션을 의미한다. 위기 커뮤니케이션은 조직이 겪는 위기 상황에서 관련 이해관계자와 투명하고 진실되게, 그리고 신속하고 정확하게 커뮤니케이션해야 하는 것을 포함한다. 조직의 사회 책임 커뮤니케이션 자본에 대한 이론적 근거는 제도이론과 사회구성주의 관점, 정당성 이론, 그리고 기업의 사회 책임 활동(CSR) 이론 등이며, 위기 커뮤니케이션 자본은 상황적 위기 커뮤니케이션 이론과 이미지 회복 이론, 귀인 이론과 설득 지식 모델, 이미지 전이 효과 등의 이론적 논의에 근거한다.

사회 책임 커뮤니케이션 자본

제도 이론은 기존의 사회적 질서 안에서 기업이 어떻게 특권화된 위치를 발전시키면서 사회적 정당성과 지지를 얻어내는지 설명하기 위해서 등장했다(Suchman, 1995). 회사 행위는 부분적으로 기존의 규범과 규제에 순응하도록 하는 사회적 압력에 의해 이루어졌고, 또 회사 행위가 정당화된 것으로 간주되고자 하는 욕망, 그리고 지속적으로 운용가능한 면허를 얻어내려는 욕구에 의해 형성되었다. 사회의 제도와 규범에 대한 순응은 시간이 지나면서 기업이 유사해지는 동형화 현상을 낳게 된다.

사회구성주의 관점에서는 조직의 명성 관리자와 이해관계자들을 상호 호혜적인 사회 구성의 과정에 밀접하게 관련된 것으로 보는 데에서 출발한다. 명성 관리자들과 이해관계자들은 함께 정보 교환에 참여하면서 그들의 역할에 대한 공유된 이해를 창조해낸다. 이해관계자, 중재자, 그리고 조직은 상호 작용하면서 정보에 대한 상호 공유된 해석망a web of interpretations을 구성하게 된다는 것이다. 조직 사회학자들은 사회구성 과정에 참여하는 다양한 제도적 중재자들에 의해 명성 순위가 형성된다고 주장하는데, 제도적 중재자들은 미디어, 재무분석가, 조직 모니터링 등을 포함한다. 이러한 명성 순위는 제도적 환경 내에서 회사가 이해관계자와 형성하는 관계를 통해서 만들어지는 사회적 구성물이며, 경쟁 회사에 대한 정보를 요약하고 객관화하여 이해관계자의 불확실성을 줄여준다. 따라서 사회학자들에게는 명성은 정당성의 지표이다. 정당성이란 사회의 규범과 기대에 순종함으로써 얻어지는 사회적 승인이며, 명성은 사회·제도 내에서 이해관계자들의 기대와 규범에 대한 조직 성과물의 총체적 평가이다. 회사는 그들의 명성과 정당성을 얻기 위해서 비슷한 전략을 채택하게 되며 이로 인해 동형화가 발생하는 것이다.

이는 기업이 최근 특정 사회적 문제에 관심을 갖고 평소 이해관계자와 국민과의 신뢰를 쌓아두는 사회 책임CSR 활동에 관심을 갖는 것과 같은 맥락이라고 할 수 있다. 쿰즈와 홀라데이도 기업 명성과 기업의 사회적 책임CSR에 대한 가치의 증대는 무시하기 힘들다고 지적한다. CSR은 조직이 경제적 영향만이 아니라 사회에 대한 환경적, 사회적 영향력을 가지는 것의 긍정적 효과를 강조한다. 마흔과 워틱 역시 명성 관리에 있어서 기업의 사회 문제에 대한 관심이 중요하다는 것을 역설한 바 있다. 그들은 상품이나 서비스 시장보다 사상의 시장이 명성 관리에 있어 매우 중요하다는 주장을 전개한 바 있으며, 사회적 문제나 쟁점을 잘 관리하여 신뢰를 얻는 것이 기업 명성에 매우 효과적일 수 있다는 점을 강조했다.

기업사회 책임CSR 활동에서 가장 많이 등장하는 개념은 바로 진정성이다. CSR 활동의 효과성을 논의하면서 가장 논란이 되는 변수는 CSR의 진정성인데, 그 이유는 사람들이 기업의 CSR 활동이 얼마나 진정성이 있는 활동인지, 기업 이미지만을 좋게 하려는 전략적인 활동인지 의심을 하는 경향이 많기 때문에 기업이 아무리 많은 비용을 CSR 활동에 투입하더라도 그 가치를 인정받기 어렵다는 현실 때문이다. 따라서 여러 학자들은 CSR의 진정성을 높이는 다양한 이유와 근거, 이론 등을 다루고 있다. 대표적 근거 이론으로 귀인 이론과 설득 지식 모형이 있다. 귀인 이론에서는 사람들이 어떠한 상황이나 행동의 원인을 추론한다고 보는데, 이와 유사하게 설득 지식 모형에서도 소비자들이 설득 행위의 의도를 추론한 후 판단을 내린다고 주장한다. 기업의 설득 의도가 강하다고 생각할수록 소비자들이 더 방어적이 되기 때문에 쉽게 설득당하지 않는데, 마찬가지로 기업의 CSR 활동을 접한 소비자들은 그 의도와 이유를 파악하려고 한다는 것이다. 그 과정에서 CSR의 목적이 사회에 기여하려는 순수한 목적이 아니라 다른 의도가 있다고 인식하면 방어적 태도를 취하게 되고, CSR의 설득 효과는 낮아진다는 것이다.

특히 CSR의 주체나 유형, 주제의 적합성, 지속성, 일관성 등에 따라서 설득 효과가 달라지는 것으로 나타나는데, 기업보다 비영리 단체가 주체인 경우, 소비자나 직원 참여적 CSR 유형인 경우, CSR 주제와 기업 및 제품 이미지 간의 적합성이 높다고 인식하는 경우, CSR 활동을 지속적으로 일관되게 해온 경우 등이 CSR 가치와 효과가 더 큰 것으로 확인되었다. 또한 CSR 활동과 명성 간의 관계 사이에 매개하는 변수와 경로에 대해서는 대체로 소비자 동일시나 사회적 연결감, 그리고 기업-공중 관계성 변수가 매개 효과를 갖는 것으로 확인되었다. 그밖에도 소셜 미디어의 CSR 커뮤니케이션 특성으로 상호 작용성이나 소비자 참여형, 그리고 감성적, 시각적 메시지 전략 등이 효과적이라고 연구되었다.

이상의 논의에서 보면, 기업의 사회 책임 커뮤니케이션은 사회 제도나 규범에 기업이 얼마나 순응했는지, 그리고 이해관계자들의 기대와 요구에 얼마나 부응했는지를 커뮤니케이션해야 한다는 점을 보여준다. 이는 약속과 말뿐이 아닌 직접적인 기업 철학과 행동을 통해 실천하는 것이 필요하며, 이는 기업의 사회 책임 활동으로 대변된다. 특히 기업이 속한 산업 영역의 문제에 대해 적극 해결하는 CSR이나 기업이 생산하는 제품으로 인해 발생하는 문제를 CSR 활동을 통해 해결하려는 책임 있는 행동을 보여주는 것이 중요하다. 또한 단발성, 분산적 CSR 활동이 아닌, 일관되고 지속적인 CSR 활동을 보여줄 필요가 있다.

위기 커뮤니케이션 자본

쿰즈(Coombs, 2007, 2013)의 상황적 위기 커뮤니케이션 이론SCCT에서는 기업이 위기 상황에서 조직 명성을 보호하고 회복하기 위해서 어떤 위기 커뮤니케이션 전략을 사용해야 하는지 논의했다. SCCT에서는 이해관계자에 초점을 맞추고 그들의 기대와 인식에 부응해야 함을 강조하고 있다. 따라서 위기가 발생하면 가장 먼저 이해관계자에게 정확하게 상황을 알리고 위험을 피하는 정보를 제공해야 하며, 피해자에게 관심을 표명하고 그들을 가장 먼저 보호하는 것이 조직의 책임감 있는 대응 방법이라고 제시하고 있다.

SCCT는 귀인이론에 뿌리를 두는데, 사람들이 항상 예상치 못한 사건을 대하면 그 원인을 찾으려 한다는 것이다. 이해관계자가 조직에게 책임이 있다고 인식하는지 여부에 따라서 그 사건에 대한 감정적 반응을 갖게 되며 조직의 메시지를 수용하거나 수용하지 않게 되는데 이는 결국 조직에 대한 태도나 명성에 큰 영향을 미친다. 따라서 SCCT에서는 이러한 귀인 이론을 기반으로 하여 명성의 위협을 예측하고 명성보호를 위한 위기 커뮤니케이션 전략을 제시한다. 즉, 위기 책임의 원인이 조직에게 있는지 여부, 조직이 비슷한 위기 이력을 갖고 있는지, 그리고 사전 명성 및 조직의 이해관계자와 관계 관리가 잘 이루어졌는지 등에 따라서 부인, 감소, 그리고 재건과 같은 위기 커뮤니케이션 전략을 다르게 사용해야 한다는 것을 강조한다.

SCCT를 적용한 대부분의 연구에서는 책임성과 사전 명성, 그리고 위기 이력에 따라서 다른 위기 커뮤니케이션을 구사해야 한다는 쿰즈의 주장을 지지했다. 특히, 책임성이 높으면 사과 전략을, 책임성이 낮으면 부인이나 정당화와 같은 방어 전략을 사용하는 것이 효과적임을 확인했다. 특히 약간의 논란은 있지만, 사전 명성과 공중과의 신뢰 관계가 있는 경우 기업의 위기 커뮤니케이션에 대한 신뢰와 진정성이 더 긍정적으로 평가받기 때문에 위기 책임 상황에 따라서 다른 대응 전략을 사용해야 한다는 것을 대부분의 연구에서 지지했다.

또한 소셜 미디어를 통한 위기 커뮤니케이션 전략에 대해서도 여러 연구가 진행되었다. 특히 네트워크 위기 커뮤니케이션 모델이나 소셜 미디어-매개 위기 커뮤니케이션 모델과 같은 제안을 통하여 다수 대 다수 커뮤니케이션 모델과 공중의 2차 위기 커뮤니케이션 반응(소셜 미디어에서 메시지 공유와 전달, 확산 행위 등)에 대한 논의가 확대되었고, 공중 유형별로 다른 반응을 보인다는 점에 착안하여 이에 대한 분석도 진행되었다. 연구 결과에서는 위기 유형보다 매체 효과가 위기 반응에 미치는 효과가 더욱 컸는데, 페이스북을 통한 위기 커뮤니케이션은 신문보다 더 효과적이었으며, 더 높은 명성과 더 낮은 2차적 위기 반응을 보여주었다고 주장했다(Utz et al., 2013). 또한 소셜 미디어에서 위기정보원과 공중유형간의 상호 작용을 연구한 리우 등(Liu et al., 2012)은 소셜 미디어 생산자와 팔로워, 그리고 비활동 공중으로 구분하고 공중별 정보원 선호도가 다름을 주장했다. 여기서 생산자는 위기 정보를 생산하는 개인 또는 조직이며, 팔로워는 생산자가 만든 정보를 소비하며, 비활동 공중은 생산자와 팔로워를 팔로잉하며 전통 미디어를 통해 구전 커뮤니케이션으로 간접 소비하는 공중이라고 구분했다.

이상의 논의에 의하면, 위기 커뮤니케이션 자본에서는 조직이 평소 이해관계자들과 좋은 관계를 수립하고 조직의 선행을 통해 명성을 구축해놓아야 하며, 이전의 위기 이력이 없는 상황에서 위기 커뮤니케이션을 한다면 메시지 수용도를 높이고 기업의 진실성을 더 긍정적으로 받아들인다는 것을 보여준다. 따라서 조직의 평소 관계와 명성 관리, 위기 이력 관리 등이 위기 커뮤니케이션 자본으로 구성될 수 있으며, 이러한 상황과 맥락에 부합하는 위기 커뮤니케이션 전략이 메시지 수용도나 명성 회복에 긍정적으로 작용한다는 것을 보여준다. 또한 소셜 미디어의 위기 커뮤니케이션 전략에서는 공중별로 2차 위기 반응이 다르다는 점을 고려하여 다양한 공중별 특성을 분석하고 이들이 소셜 미디어에서 커뮤니케이션하는 2차 반응에 주목하고 이에 대응하는 위기 커뮤니케이션 자본을 갖출 필요가 있다.

따라서 사회 커뮤니케이션 자본을 구성하는 사회 책임 커뮤니케이션 자본과 위기 커뮤니케이션의 구성 요소는 〈표 4.4〉와 같다.

표 4.4 사회 커뮤니케이션 자본의 구성 요소

정당성 요소	사회제도와 규범 요인, 이해관계자 기대 요인 등
기업의 사회 책임(CSR) 활동 요소	기업의 진정성, CSR 주제의 적합성, 일관성, 지속성, 소비자 및 직원 참여형 CSR 등
상황적 위기 커뮤니케이션 요소	평소 이해관계자와의 관계관리, 사전 명성, 위기 이력, 위기 책임성에 따른 위기 커뮤니케이션 전략 등
소셜 미디어의 위기 커뮤니케이션 요소	소셜 미디어 정보 생산자와 팔로워의 특성, 2차 위기반응과 매체별 특성 요소 등

CORPORATE REPUTATION AND COMMUNICATION

5장

통합적 명성 관리를 위한 커뮤니케이션 자본과 사례

1. 통합적 명성 관리를 위한 18가지 커뮤니케이션 자본

이 책에서는 통합적 명성 관리 커뮤니케이션 자본 모델과 커뮤니케이션 자본 구성 요소에 근거하여 명성 관리를 위한 18가지 커뮤니케이션 자본을 다음과 같이 제안했다.

〈조직 커뮤니케이션 자본을 구축하라〉

1. 독특한 조직 철학과 정체성을 구축하고 커뮤니케이션하라
2. 조직 비전과 정체성을 사원과 공유하고 강력한 조직 문화를 만들어라
3. CEO가 조직 비전과 가치를 직접 커뮤니케이션하라
4. 통합적인 커뮤니케이션팀(명성 관리 부서)을 보유하라
5. 사원에게 홍보대사 역할을 맡겨라

〈관계 커뮤니케이션 자본을 형성하라〉

6. 가장 중요한 공중이 기업 활동에 참여케 하라
7. 영향력 공중과의 우호적 관계 자산을 구축하라

8. 공중 참여를 통해 감정적 유대 관계를 형성하라
9. 조직에 대한 중요한 정보를 지속적으로 커뮤니케이션하라
10. 뉴스 가치를 높이고 미디어 명성을 확보하라
11. 조직 이슈를 소유하고 문제 해결 능력을 보여라
12. 소셜 미디어를 통해 공중과 대화하고 소통하라
13. 일관된 하나의 목소리를 내어라

〈사회 커뮤니케이션 자본을 활성화하라〉

14. 사회 문제에 관심을 갖고 이를 해결하는 문제 해결 능력을 보여주어라
15. 기업의 사회 책임 활동과 기업 철학과 가치를 연계시켜라
16. 위기 상황에서 평소 조직의 가치와 선행을 상기시켜라
17. 위기가 발생하면 조직의 책임을 인정하고 적극 커뮤니케이션하라
18. 위기 시 소셜 미디어를 통하여 상호 작용을 강화하라

첫째, "조직 커뮤니케이션 자본을 구축하라"는 부분에서는 기업 철학과 정체성의 구축이 가장 핵심이어야 함을 제안한다. 특히 다른 기업과는 다른, 자기 기업만의 독특하고 차별적이며 핵심이 되는 정체성이 무엇인지 찾아내어야 하며, 이를 기업 브랜드로 만들고 외부에 스토리텔링해야 한다. 조직 정체성을 구축하는 과정에서는 사원의 가치 공유와 합의를 도출해내는 것이 가장 중요한데, 이러한 과정에서 중요한 요소는 바로 조직 내부 커뮤니케이션이다. 조직 내부 커뮤니케이션을 통하여 사원과 조직 비전과 정체성을 공유하고 강력한 조직 문화를 만들어낼 수 있으며, 무엇보다도 최고 경영자가 사원에게 직접 조직의 비전과 가치를 커뮤니케이션하는 것이 중요하다.

조직 비전과 가치가 사원들에게 공유되고 합의를 이룬다면 사원은 회사를 자신과 동일시하게 되며 스스로 외부에 조직의 비전과 가치를 전파하는 홍보대사 역할을 수행하게 된다. 외부 이해관계자가 사원을

통해서 기업의 이야기를 직접 듣게 된다면 조직을 더욱 신뢰하게 되고 이는 회사의 명성에 긍정적 영향을 미친다. 이와 같은 조직 내부 커뮤니케이션과 외부 커뮤니케이션의 통합적 운용을 위해서는 조직의 명성 관리부서나 통합 커뮤니케이션팀이 존재해야 한다. 이들을 통해서 내부의 정체성을 구축하고 조직 구성원과 가치와 비전을 공유하며, 이를 외부 이해관계자에게 일관된 목소리로 알릴 수 있게 된다.

둘째, "관계 커뮤니케이션 자본을 형성하라"는 부분에서는 조직과 공중과의 '관계'에 주목한다. 조직의 가장 중요한 공중이 누구인지 우선 순위를 정하고 이에 영향을 미치는 영향력 공중이 누구인지 파악해야 한다. 이들과의 커뮤니케이션 네트워크를 구축하여 우호적인 관계를 수립하고 조직에 대한 공중의 참여를 활성화하여 감정적 유대관계를 형성하며 사회 자본을 구축하는 것이 중요하다. 우호적 관계를 수립하기 위해서는 조직에 대한 깊이 있는 고급 정보를 지속적으로 직접 커뮤니케이션하면서 상호 호혜성과 상호 만족, 상호 헌신 등 관계의 질을 높여야 한다. 또한 간접 커뮤니케이션인 미디어를 효과적으로 활용하여 뉴스 가치가 있는 기사를 적극 전달하여 호의적인 미디어 가시성을 높이고 미디어 명성을 확보할 필요가 있다. 특히 특정 이슈에 대한 조직의 문제 해결 능력을 보여주어 조직의 전문성을 확보함으로써 이슈 소유권을 갖추어야 한다. 또한 상호 작용적인 소셜 미디어를 적극 활용하여 대화 시스템이나 정보의 유용성 등과 같은 대화 커뮤니케이션 요소를 갖추고 공중과 항상 대화하고 소통하는 자세를 가져야 한다.

셋째, "사회 커뮤니케이션 자본을 활성화하라"는 부분에서는 조직이 사회 문제에 관심을 갖고 사회 문제나 공공 문제를 해결하려는 노력을 적극 보여주는 등 기업 시민으로서의 역할을 갖추어야 한다. 특히 기업 철학과 가치를 사회 책임 활동에 연계시키고 지속적으로 CSR 활동을 주력하는 등 기업 시민으로서 책임감 있는 자세를 보여야 한다. 또한 문제나 위기가 발생하면 조직의 책임을 인정하고 피해자에게 관심과 동정을 표명하는 등 책임 있는 조직의 활동을 통해서 평소 기업 명성과 일관된 모습을 보여야 한다. 특히 소셜 미디어를 통해 신속하고 정확한 위기 커뮤니케이션을 수행하여 공중의 불안감을 최소화하고 위기 상황에서의 행동 지침을 알려주는 등 책임감 있는 커뮤니케이션을 수행해야 한다.

2. 사례 연구: 명성 높은 기업의 18가지 커뮤니케이션 자본

조직 커뮤니케이션 자본을 구축하라

자본 1. 독특한 조직 철학과 정체성을 구축하고 커뮤니케이션하라

이는 독특하고 차별적이며 조직의 핵심이 되는 정체성을 찾아내고 이를 기업 브랜드로 구축해야 함을 의미한다.

| 사례 1 | 공유된 가치shared-value를 커뮤니케이션하라: 더 바디샵의 환경 친화적 가치 공유 커뮤니케이션

더 바디샵The Body Shop International plc은 1976년 아니타 로딕Anita Roddick에 의해 간결한 포장과 자연에서 영감을 받은 제품으로 시작했다. 더 바디샵은 합리적인 가격의 자연주의 화장품 브랜드로서, 이전에 사용되지 않았던 알로에 베라, 호호바오일, 코코아버터 등 천연 원료를 사용한 화장품을 소개했고, 베스트셀러 제품들을 통해 전 세계의 다양한 소비자들로부터 사랑받고 있다. 1999년 영국 소비자 연합으로부터 '가장 신뢰할 수 있는 브랜드' 2위로 선정되었고, 1997년 인터브랜

그림 5.1 더 바디샵 기업 로고

그림 5.2 더 바디샵은 동물 실험 반대 캠페인을 통해 조직이 추구하는 가치를 적극적으로 커뮤니케이션함

드 서베이의 평가에서는 세계 28위, 세계 소매 브랜드 부문에서는 2위에 선정되기도 했다. 더 바디샵은 기업 이념에 기반을 둔 일관성 있는 마케팅 활동을 통해서 긍정적인 기업의 이미지를 얻었고, 이는 기업의 명성까지 이어지게 된다.

견고한 마케팅 프로그램은 조직이 추구하는 가치로부터 비롯된다.

더 바디샵은 동물 실험 반대, 커뮤니티 페어 트레이드 지원, 자아 존중 고취, 인권 보호, 지구 환경 보호라는 다섯 가지 가치를 적극적으로 실천해왔다. 이러한 노력은 장기적인 관점에서 성과를 냈고, 한 세대에 걸쳐 소비자들의 지지와 공감을 이끌어냈다. 더 바디샵의 마케팅 활동은 기업이념인 5가지 가치에 근본을 두고 일관성 있는 가치를 추구하고 있으며, 이 가치들은 곧 기업의 경영이념과 연결된다.

• 동물 실험 반대 — 대규모의 글로벌 서명 캠페인을 실시하고, 동물실험 금지 법안을 위하여 2013년 10월부터 각국 정부에 서명을 전

달했다. 또한 모든 더 바디샵 제품은 크루얼티 프리 제품임을 명시하는 패키징을 사용한다.

- 공정무역 지원 — 더 바디샵 인터넷 홈페이지에는 공정무역으로 제공받은 원료들이 지도에 표시돼 있다. 더 바디샵은 2013 사회적 책임 어워드 '공정 무역'부문에서 수상하는 등 해당 분야에서 뚜렷한 입장을 고수하고 있다.
- 자아 존중 고취 — 더 바디샵의 직원들은 배움에 어려움을 겪고 있는 사람들을 위한 단체나, 전쟁이나 기아로 고통받는 어린 아이들을 보호하기 위한 단체들을 지원한다.
- 인권 보호 — 더 바디샵은 가정폭력 근절을 위한 캠페인, 아동 청소년 인권보호 캠페인 등 인권보호를 위한 다양한 캠페인을 실시하고 있다. 2013년 기준으로 9회째를 맞이한 AIDS예방 캠페인도 꾸준히 실시돼 오고 있다.
- 지구 환경 보호 — 더 바디샵의 매장은 전기, 물, 쓰레기에 관한 강력한 제한을 두고 운영된다. 제품 패키지도 포장을 최소화 하고 재활용이 가능한 용기를 사용하여 소비자에게 재활용을 권장하고 있다. 더 바디샵의 대표적인 환경보호 캠페인으로는 Wood Positive 캠페인이 있는데, '최소한 우리가 사용하는 나무보다 더 많은 양의 나무를 심고 가꾸자' 라는 모토로 2012년부터 시작되었다.

가치 지향 마케팅이 명성으로

더 바디샵은 기업의 이념을 다섯 가지 가치로 정하고, 이념을 실천하기 위하여 오랜 기간에 걸친 다양한 활동을 해왔다. 더 바디샵은 기업의 이념을 소비자를 비롯한 외부 공중과 공유하기 위해서 다양한 마케팅 활동을 통해서 커뮤니케이션해왔다. 더 바디샵의 기업 이념이 무엇이며, 그 이념에는 구체적으로 어떤 가치들이 있는지, 그 이념을 실천하기 위해서 구체적으로 어떤 활동을 하는지에 대한 가치 공유가 커뮤니케이션을 통해서 외부 공중과 이루어지는 것이다. 더 바디샵의 명성은 기업이 추구하는 이념인 다섯 가지 가치가 마케팅을 통해서 외부 공중과 커뮤니케이션이 이루어지고, 기업이 실제로 그 이념들을 실천하기 위해서 어떤 활동을 하는지 커뮤니케이션을 통한 공유가 되었기 때문에 가능했던 일이다.

〈자료 출처〉
- 더 바디샵 홈페이지: http://www.thebodyshop.co.kr
- 더 바디샵 페이스북: https://www.facebook.com/Thebodyshopkr
- 더 바디샵 트위터: https://twitter.com/thebodyshopkr
- 더 바디샵 공식 커뮤니티: http://cafe.naver.com/tbslovelove

자본 2. 조직 비전과 정체성을 사원과 공유하고 강력한 조직 문화를 만들어라

이는 자본 1에서 구축한 독특하고 차별적인 조직 비전과 정체성을 내부 사원과 공유하고 그들의 적극적 참여를 이끌어내는 강력한 조직 문화를 만들어야 함을 의미한다.

| 사례 2 | 모범 기업 시민으로서의 명성을 가지다: 팀버랜드의 사회적 책임과 사회 공헌 활동

팀버랜드Timberland는 1952년 미국 동부 뉴잉글랜드의 작은 신발 가게에서 시작된 브랜드로, 2013년에 런칭 40주년을 맞았다. 팀버랜드는 2010년 기준으로 매출액은 14억 달러(약 1조 5천억 원), 종업원은 5,600명 규모를 유지하고 있으며, 전 세계에 매장을 가진 브랜드로 성장했다. 2007년에는 『포춘』 지의 〈일하기 좋은 최고의 회사 100〉으로 선정되었고, 2004년에는 〈워킹맘이 일하기 좋은 회사〉로 선정되었다. 오랜 시간 동안 여러 방면에서 명성을 떨치고 있는 팀버랜드의 바탕에

그림 5.3 팀버랜드의 'Just Project 크루': 가방을 만드는 가족에게 고정적 일자리를 약속하며 판매수익금을 필리핀 수해 가정에게 기부함

는 조직의 비전인 '지속 가능성'이 있다. 팀버랜드는 조직의 비전을 외부 공중에게 효과적으로 전달할 수 있는 사회 공헌 활동을 통해서 성공적인 명성 관리를 하고 있다.

사회 공헌 활동의 전면에 나서다: 일관성 있는 비전과 미션

지난 40년간 팀버랜드의 지속 가능성을 위한 활동은 '환경 운동'과 '봉사'로 대표된다. 팀버랜드는 자연 환경을 지키는 것을 조직의 의무로 삼으며 기후 변화를 포함한 환경을 지키기 위한 노력과 미래 세대에까지 그 중요성을 알리는 일을 실천하고자 노력해왔다. 팀버랜드는 10년 넘게 아이티와 중국 지역을 중심으로 지속해온 나무 심기 프로젝트를 통해 수백만 그루의 나무를 심었다. 또한 지구의 날 이벤트와 사원들이 주도적으로 이끄는 다양한 프로젝트들로 팀버랜드가 있는 주변 환경을 바꾸고자 노력해왔다.

비전과 미션을 구체적으로, 프로그램은 일관적으로

팀버랜드는 '환경 운동'과 '봉사 활동'으로 기업의 비전과 미션인 지속 가능성을 실천해왔다. 조직의 비전을 미션으로 구체화하고, 한 단계 더 나아가 실현 가능한 활동으로 실천한 것이다. 다음은 팀버랜드가 비

그림 5.4 팀버랜드는 '지구 지키기 활동'을 통해 지속가능성을 실천하고 있음

전을 바탕으로 실천해온 활동들이다.

- **봉사의 길** — 팀버랜드는 전 사원들이 기업의 사회적 책임 대표하여 지역 사회에 긍정적인 영향을 주는 것을 목표로 한다. 이 프로그램은 팀버랜드의 전 사원에게 1년에 40시간의 유급 자원 봉사 시간을 사용하도록 제공하는 제도이다.
- **봉사의 광장** — 전 세계 20개 이상의 국가에서 5,000여 명의 팀버랜드 사원과 팀버랜드 협력 업체 사원, 그리고 자원봉사자들이 공동으로 참여해 하루 동안 사회 봉사를 하는 행사다. 봉사의 광장 행사는 1997년 팀버랜드 창립 25주년 행사의 일환으로 시작되었는데, 이후 미국 본사뿐만 아니라 전 세계 팀버랜드가 다 함께 참여하는 대표적 행사로 자리 잡았다.
- **지구지키기Earthkeeping 활동** — '지구'에 제품을 만드는 기업과 소비자의 공통된 관심을 집중시키고자 하는 활동이다. 활동의 일환으로 2015년까지 50만 그루의 나무를 심는 사막화 방지 프로젝트가 진행 중이다. 절전조명을 사용해 에너지의 35%를 절약하고 재활

용 고무를 사용하여 제품을 만들고, 신재생 에너지를 활용해 제품을 생산하는 활동들 역시 지구지키기 활동에 해당한다.

• 노동조건 개선 — 팀버랜드는 해외공장에서 일하는 노동자들의 노동조건에도 관심을 놓지 않는다. 그들의 노동조건을 관찰하고 해외공장의 에너지 효율성을 개선하기 위하여 노력한다. 또한 잔여 가죽 쓰레기와 화학물질의 용매를 줄이는 것을 포함하여, 제품을 생산하는 노동자의 건강관리에도 관심을 가지고 개선하려는 노력을 지속적으로 하고 있다. 해외공장 노동자들의 건강을 위해 지역 시민단체와 연계해 교육을 시행하고, 건강프로그램을 운영해오고 있다.

사회 공헌 활동이 곧 커뮤니케이션이 되다

팀버랜드는 사회 공헌 활동을 통해서 지역 사회, 고객과 같은 외부 공중과 조직의 비전을 공유하는 커뮤니케이션을 해왔다. 여기서 중요한 점은, 팀버랜드의 사회 활동은 단순한 사회 활동이 아니라 조직의 비전을 근본으로 한 비전의 실천이라는 점이다. 팀버랜드는 조직의 미션과 비전 자체를 기업의 사회적 책임, 사회 공헌 활동으로 설정했고 내부적인 합의와 가치 공유는 여러 프로그램을 통하여 성공적으로 이루어졌다. 이렇게 팀버랜드는 기업의 사회적 책임이라는 비전과 미션을 사회 공헌 활동을 통해서 커뮤니케이션하고 있다. 특히 기업의 사회공헌 활동에 대한 내용을 SNS 연계 참여형 웹커뮤니티를 이용하여 외부에도 알리고 의견을 수렴하기도 한다. 또한 팀버랜드의 대표적 사회적 책임 프로젝트의 사례를 알리는 별도의 웹커뮤니티를 제작, 활성화시키고 있다.

〈자료 출처〉

- 팀버랜드 코리아 홈페이지: www.timberland.co.kr

- 팀버랜드 코리아 블로그: http://blog.naver.com/timberlandkr
- 팀버랜드 코리아 페이스북: https://www.facebook.com/timberlandkorea

| 사례 3 | 조직 문화가 곧 명성이 되다: 스타벅스의 조직 문화와 사원 커뮤니케이션 프로그램

스타벅스Starbucks는 미국에서 시작된 커피 프랜차이즈 브랜드로, 1999년 국내 1호 매장을 시작으로 15년 만에 매장 수를 680개로 늘렸고, 매출로는 국내 커피 전문점 브랜드 가운데 독보적인 1위를 차지하는 브랜드로 성장했다. 브랜드 출시 이후 급격한 성장과 경영진의 변화 속에서 스타벅스는 명성 관리의 일환으로 조직 내부 커뮤니케이션에 주력하기 시작한다. 스타벅스는 인간 중심 경영 철학, 기업과 사원의 파트너십을 바탕으로 긴밀한 커뮤니케이션을 실시하며, 조직 내부 커뮤니케이션의 핵심은 직원을 종업원이 아닌 '동업자', 즉 조직의 파트너가 되도록 하는 데에 초점을 두고 있다. 스타벅스의 인간중심 경영 철학이 드러나는 점이 바로 사원인 파트너와의 커뮤니케이션을 통해

그림 5.5 스타벅스는 내부 커뮤니케이션을 통해 직원이 조직의 파트너가 되도록 노력함

그림 5.6 스타벅스 매장

서라고 볼 수 있다. 스타벅스는 조직 내부 커뮤니케이션을 통해서 사원의 전문성을 키우는 동시에, 사원의 일에 대한 소유의식, 믿음, 그리고 충성심을 키우기 위한 노력을 하게 된다.

스타벅스의 사명이 곧 기업 문화가 되다

스타벅스는 커피를 비롯해 차, 주스, 디저트, 머그, 텀블러 등을 판매하는 미국의 커피 프랜차이즈 브랜드로, 1971년에 커피 애호가였던 고든 보커가 시애틀의 시장에서 '스타벅스 커피, 티 앤 스파이스'라는 이름의 작은 매장을 열어 원두와 차, 향신료 등을 판매하기 시작한 것에서 출발했다. 약 10년 후, 하워드 슐츠가 스타벅스 커피, 티 앤 스파이스에 합류하게 되면서 스타벅스는 '감성적 체험'을 제공하는 커피 프랜차이즈 브랜드인 스타벅스 카페로 전환하게 된다. 이후 스타벅스는 세계시장에 진출해 프랜차이즈 브랜드로서 가맹점을 늘려나갔고, 1990년대 이후 적극적인 인수 합병을 통해 캔커피, 병커피, 인스턴트커피, 주스 등으로 사업영역을 확장해나가게 된다. 스타벅스 코리아는 2000년 12월 신세계와 스타벅스 커피 인터내셔널의 공동 투자로 설립된 합작 법인으로, 1999년 이대앞 1호점 오픈을 시작으로 2004년 100호점, 2007년 200호점, 2009년 300호점, 2011년 400호점을 오픈하는 기록을 세웠고, 하루 평균 20만여 명의 고객들이 매장을 찾는 국내 커피 전문점 선도 기업으로서 성장을 거듭하고 있다.

스타벅스는 "인간의 정신에 영감을 불어넣고 더욱 풍요롭게 한다. 이를 위해 한 분의 고객, 한 잔의 음료, 하나의 이웃에 정성을 다한다"라는 사명을 바탕으로 여섯 가지 원칙을 세우고, 이것을 매일 실천하는 것으로 목표를 삼는다. 여섯 가지 원칙은 커피의 윤리적 구매, 파트너 존중, 고객과의 유대, 인간미가 넘쳐흐르는 매장, 지역 사회에서 환영받는 이웃, 주주를 위한 보상 등이다. 이 모든 원칙들은 '인간 존중'이라는 경영 철학과 사명에 바탕을 두고 있다. 또한 커피, 고객, 매장, 지역 사회, 주주와의 관계를 유지하고 6가지 원칙들을 실천하는 주체가 사원인 '파트너'라는 점에서 스타벅스는 파트너와의 커뮤니케이션에 주력함을 알 수 있다.

사원 중심의 조직 문화

스타벅스의 특징은 전 세계 매장에 있는 직원들을 단순한 파트타이머로 뽑는 것이 아니라, 기업을 대표하는 커피 전문가로 양성한다는 것이다. 현재 스타벅스 직원 중 정규직의 비율은 99.8%이다. 스타벅스는 모든 직원을 파트너로 존중하고 있으며, 선발된 인원들은 커피 전문가 Coffee Master 과정을 통해 체계적인 이론 교육과 실무 교육을 받고, 고객에게 최고의 서비스를 제공하는 역량을 키우게 되며, 고객 및 지역 사회와 커피 지식 및 문화를 공유하는 것을 최고 목표로 한다. 스타벅스는 전 세계 50여 개국 1만7천여 매장에서 18만여 명의 파트너들이 근무하는 세계 최고의 커피 전문 기업으로, 철저한 품질 관리와 기업의 사회적 책임 완수를 통해 스타벅스만의 독특한 경험과 문화를 한 잔의 커피에 담아 제공하는 것을 추구한다.

스타벅스의 내부 커뮤니케이션: 사원을 위한 다양한 프로그램

스타벅스는 두 가지 방향으로 내부 커뮤니케이션을 진행한다. 첫째, 사원과의 커뮤니케이션을 통해서 전문성을 기른다. 둘째, 사원과의 커뮤니케이션을 통해서 소속감을 키운다. 즉, 사원과의 커뮤니케이션으로 조직원의 전문성을 기르는 동시에, 조직에 대한 소속감과 충성심을 높이는 전략을 사용한다. 스타벅스의 내부 커뮤니케이션 전략의 핵심은 스타벅스의 파트너를 기업 활동의 중심으로 여기는 특징과 인간 중심 사명이 반영된 '파트너십'이다. 다음의 세부 프로그램들은 스타벅스와 사원과의 커뮤니케이션을 대표하는 프로그램들이다. 이러한 커뮤니케이션 프로그램들을 통해서 조직원의 전문성과 소속감을 키우게 되고, 이는 곧 스타벅스의 사명과 원칙을 실천하는 길이 된다. 즉, 내부 커뮤니케이션이 스타벅스의 명성 관리에 긍정적인 영향을 주게 되는 것이다.

바리스타 양성소, 매니저 양성 프로그램, 커피 마스터 프로그램은 사원의 전문성을 기르는 세부 커뮤니케이션 프로그램이다.

- 바리스타 양성소 — 스타벅스가 전 세계 공통으로 실행하는 바리스타 교육 과정으로, 스타벅스의 사원으로서 기업의 사회적 책임과 윤리적 업무 태도를 배우는 과정이 포함된다.
- 매니저 양성 프로그램 — 스타벅스의 사원이 된 이후 한 달 동안 선임 점장과 멘토-멘티 관계를 맺음으로써 매장 운영에 대한 관리 능력을 양성하는 과정이다.
- 커피 마스터 프로그램 — 스타벅스 소속의 바리스타들이 세계적인 커피 전문가로 성장할 수 있는 발판을 제공하는 제도로, 경쟁을 통해서 지역 커피마스터를 선발하고 이들 중 다시 여러 테스트를 통하여 커피 홍보대사를 선출하게 된다. 커피 홍보대사는 1년 동안 기업을 대표하는 최고의 커피 전문가로서 스타벅스의 커피와

문화를 알리는 대내외적 홍보대사 역할을 맡게 된다.

조직원 의료보험 혜택, 빈스톡, 스타 스킬스, 충분한 휴식 제공 등은 조직원의 소속감과 충성심을 높이는 세부 커뮤니케이션 프로그램이다.

- **조직원 의료보험 혜택** — 스타벅스는 전 조직원을 대상으로 의료보험 혜택을 제공한다. 광범위한 예방 의료와 위기 카운슬링, 정신 상담, 의약품, 안과, 치과 진료 및 치료에 이르기까지 넓은 범위에서 종합적인 의료 혜택을 제공한다.
- **빈스톡** — 스타벅스는 이익을 직원 모두가 공유할 수 있도록 하는 방안으로 빈스톡이라고 불리는 원두 주식 제도를 도입했다. 6개월 이상 스타벅스에서 일하거나, 1주일 20시간 일하는 파트너에게는 그 즉시 스톡옵션 획득 자격을 주어, 전 직원을 사업 동반자가 되도록 이끌어 소속감을 높이는 제도이다.
- **스타 스킬스 제도** — 점장이나 매니저와 파트너의 관계를 수직 관계가 아닌 수평 관계로 유지하기 위하여 존재하며, 상사는 부하 파트너에게 지시를 할 때, 명령식이 아닌 쌍방향 커뮤니케이션 방식을 지향해야 함이 포함된 제도이다.
- **충분한 휴식 제공** — 스타벅스는 하루에 최장 9시간씩 3교대 근무를 원칙으로 하는 제도를 도입하여 사원의 효율을 높인다. 특히, 파트너들은 장시간 서서 근무를 하고 고객들과 직접 접촉을 하기 때문에 육체적, 정신적 피로감이 높다고 보고 3시간 일을 하면 반드시 30분을 휴식하게 한다.

〈자료 출처〉

- 스타벅스 홈페이지: http://www.istarbucks.co.kr
- 세계 브랜드 백과(네이버 & 인터브랜드 협력 콘텐츠): http://terms.naver.com/entry.nhn?docId=2053887

- 이투데이 뉴스: '상륙 15년' 스타벅스, 매일 32만 명 마셨다…… 매출 2.5조 · 매장 680개 http://www.etoday.co.kr/news/section/newsview.php?idxno=957901
- MBC 뉴스데스크: 스타벅스 99%가 정규직…… 경쟁력 더 높아졌다 http://imnews.imbc.com/replay/2014/nwdesk/article/3506115_13490.html

자본 3. CEO가 조직 비전과 가치를 직접 커뮤니케이션하라

이는 조직의 수장인 CEO가 조직의 비전과 가치를 직원과 외부 공중에게 직접 전달해야 함을 의미한다.

| 사례 4 | 기업의 중심을 지키는 리더, CEO가 명성을 만든다: 김범수 다음카카오 의장(前 카카오 의장)의 경영이념과 리더십

2010년 출시된 카카오톡((주)다음카카오)은 대한민국을 비롯해 전 세계적으로 모바일 버전 누적 가입자수가 약 1억 7,000만 명(2015년 5월 기준)에 이르는 국민 모바일 메신저 어플리케이션이다. 대표 사업 부분을 소프트웨어 및 모바일 콘텐츠 사업으로 규정하고 출범한 이래로 다양한 카카오 시리즈 후속 작품들을 내어놓았으며, 최근 영국의 유력지 『더 가디언』에서 'Possible Application to catch-up Facebook' 이라는 평가를 받기도 했다. 다음카카오는 현재 카카오게임, 카카오스토리, 카카오그룹, 카카오홈, 카카오페이지 등 20여개의 다양한 플랫폼을 제공하고 있다. 카카오톡이 이렇게까지 단기간에 성장할 수 있었던 가장 큰 이유 중 하나는 한국 벤처 신화의 입지전적 인물인 김범수 다음카카오 의장의 '무료로 소통할 수 있는 영속적 통합 모바일 플랫폼'을 만들겠다는 비전과 철학이었다.

그림 5.7 다음카카오 CI

그림 5.8 다음카카오는 평등한 사내 커뮤니케이션을 통해 수평적 조직 문화를 형성함

혁신적 비전

다음카카오는 '소통의 혁신으로 세상을 바꾸는 열매 카카오'라는 문장으로 회사에 대한 설명을 시작한다. 다음카카오는 모두가 자유롭게 소통하는 모바일 세상을 꿈꾸며 사용자와 함께 새로운 커뮤니케이션 문화를 만들어가는 것을 비전으로 삼는다. 스마트 모바일 시대를 대표하는 카카오톡을 비롯해, 다양한 플랫폼을 통해서 다음카카오는 온 국민의 삶 속에 깊숙이 스며들어 일상을 함께하는 소통 채널로 자리잡기 위하여 노력하고 있다. 또한 더 나아가서 다음카카오는 사람과 사람을 연결해주는 데에 그치지 않고, 사람과 세상, 세상과 더 큰 세상을 이어주는 모바일 소셜 플랫폼으로 자리 잡았다. 새로운 분야의 길을 개척하는 도전 정신과, 고객과 함께 진정한 '같이의 가치'를 실현하며 끊임없는 소통의 혁신으로 지금보다 더 나은 세상을 만드는 것이 다음카카오의 경영 철학이자 비전이다.

기업의 중심을 지키는 CEO의 확고한 경영 철학

김범수 다음카카오 의장은 카카오톡 설립 이전에도 한게임(주식회사 HANGAME)을 설립하여 명성을 날렸던 IT 거물이었다. 그는 "접속이 되는 모바일 기기는 늘어나는데, PC에서처럼 무료로 메신저를 쓸 수는 없을까?"라는 단순한 물음에서 카카오톡 개발을 시작하게 되었다. 김범수 의장은 카카오톡의 존재 자체를 만들었고, 디테일한 기능을 제시해서 많은 사랑을 받게 된다. 김범수 의장은 1. 사람 2. 아이템 3. 자본 4. 타이밍을 중요한 경영 요소로 꼽는다. 당장의 수익 모델을 걱정하는 대신 '고객이 확보되고 그들에게 사랑받으면 수익 모델은 나중에 얼마든지 만들 수 있다'는 신념 아래 카카오톡 개발을 지휘했다. 김범수 의장이 제시한 최초의 비전은 "무료로 소통할 수 있는 영속적 통합 모바일 플랫폼"이었다. 멀리는 카카오톡이 모바일 생태계를 만드는 '기본 바탕'이 되기를 바라며 제시한 비전이다. 김범수 의장은 새로운 아이디어가 인정받고 누구나 쉽게 도전할 수 있으며, 궁극적으로는 그래서 조금 더 나은 세상으로 한 발자국이라도 더 나아가는 것이 그와 다음카카오의 경영 철학이라 말한다.

CEO의 커뮤니케이션: 열린 소통과 평등함

김범수 의장의 커뮤니케이션은 크게 두 방향으로 나눌 수 있다. 첫째, 고객과의 끊임없는 열린 소통과 둘째, 평등한 사내 커뮤니케이션 문화는 다음카카오의 특징이다. 고객과의 쌍방향 커뮤니케이션을 통해서 그는 고객에게 최적화된 모바일 생태계를 만들겠다는 비전을 실현한다. 어플리케이션이 출시되기 전 체험단을 모집하여 의견을 수렴하고, 매 버전 업그레이드를 하기 전에 테스터를 모집 및 운영하여 고객의 피드백을 반영한다. 그리고 고객의 불만 사항을 블로그, 홈페이지, 페이스북, 트위터 등 다양한 경로로 받아들여서 48시간 내에 답변 하도록 의무화했다.

평등한 사내 커뮤니케이션 문화는 다음카카오의 특징이다. 자유로운 근무 환경으로 서로 의견 교환을 하는 데에 장벽을 없앴고, '카카오 아지트'라는 사내 인트라넷은 직위와 근속년수에 상관없이 모두에게 같은 접근 권한이 제공된다. 인사 평가를 상관이 일방적으로 하는 것이 아니라 사원 전체가 서로를 평가하기 때문에 시너지 효과를 내게 되었고, 만장일치 입사 제도를 통해 소수 의견까지 존중하는 회사로 거듭났다. 또한 조직원 누구에게나 자신의 생각을 프로젝트화할 수 있는 공평한 기회가 주어진다. 이는 거대한 회사가 된 지금까지도 여섯 명으로 시작한 벤처 시절의 상호 친밀감과 의사 결정 효율성을 잃지 않을 수 있는 비결이다. 다음카카오의 평등한 사내 커뮤니케이션 환경은 경영철학이 현실에 적용된 사례이다.

〈자료 출처〉

- 문보경, 권건호 저, 김민수 감수. (2011).「톡톡! 국민앱 카카오톡 이야기」. 머니플러스
- 카카오 홈페이지: http://www.kakao.com
- 한국경제 "카카오톡 '폭발 성장'… 매출 5배 · 영업익 10배 늘었다" http://www.hankyung.com/news/app/newsview.php?aid=2014033151991

자본 4. 통합적인 커뮤니케이션팀(명성 관리 부서)을 보유하라

이는 조직 내에 통합적 커뮤니케이션을 할 수 있는 명성 관리 부서를 만들고 조직 정체성과 조직 문화, 조직 구조 및 경영 전략, 마케팅, 그리고 내외부 커뮤니케이션을 한 방향이 되도록 정렬시켜야 함을 의미한다.

| 사례 5 | 통합적 커뮤니케이션팀 구축을 위한 4가지 요인

반릴과 폼브런(2007)은 통합적 커뮤니케이션팀을 구축하기 위해서 다음과 같은 네 가지 요인이 필요하다고 주장한다. 첫째, 조직 구조가 전략과 일관성을 이루어야 하며, 특히 커뮤니케이션 부서나 시스템은 조직의 전략적 선택을 지지해야 한다. 둘째, 기업 전략을 수립하는 과정에서 커뮤니케이션의 리더십 기능이 필요한데, 이를 위해서는 기업 커뮤니케이션 책임자가 기업 전략 수립 과정에서 중요한 역할을 해야 한다. 셋째, 가치를 창출하는 커뮤니케이션 기능을 갖춰야 하며, 넷째, 기업 내·외부 커뮤니케이션의 세분화와 분산화를 극복하는 전체적인 커뮤니케이션이 이루어져야 한다.

기업 전략과 일관된 커뮤니케이션 시스템

기업 수준에서 시너지를 창출할 수 있도록 전체 기업 컨셉과 일관된 방식으로 커뮤니케이션을 진행해야 하며, 본사나 본부의 커뮤니케이션에서 책임을 갖고 핵심적 역할을 담당하며 지사나 계열사의 커뮤니케이션을 관리할 수 있도록 해야 한다. WPP나 옴니콤과 같은 글로벌 커뮤니케이션 그룹은 광고나 PR, 그리고 로비 활동 등의 서비스를 통합적으로 제공하려는 노력을 기울이고 있으며 커뮤니케이션 기능을 본부에 집중화하려는 노력을 기울이고 있다. 이러한 커뮤니케이션 집중화 노력은 부서간 통일성과 연결성을 강화하고 고객들에게는 '공통된 모습common face'를 보여주게 된다. 삼성이나 SK 등 국내 기업들의 기업 커뮤니케이션이나 기업브랜드 팀도 정기적인 계열사 회의를 통하여 외부에 항상 통일된 기업 모습과 목소리를 보이려는 노력을 기울이고 있다.

특히 일관된 기업 목소리를 내기 위해서는 조직 구조나 시스템도 중요하지만, 조직 전체의 단일한 포지셔닝을 이끌어내는 '핵심 역량core competence'의 역할도 중요하다. 핵심 역량이란 지식이나 기술, 조직 문화나 회사 구성원의 태도 등과 같은 조직 특유의 독특하고 차별적이며 경쟁자들이 모방하기 어려운 특성을 의미한다. 이러한 핵심 역량의 근원은 바로 기업 특유의 기술력이나 생산 기술과 같은 것을 조직 부서로 통합하고 조직 부서의 구성원들이 쉽게 채택할 수 있도록 만드는 경영진의 능력에서 나타난다. 핵심 역량을 만들어내기 위해서는 고객이 이득이라고 생각하는 것에 기여해야 하며, 경쟁자들이 쉽게 모방하기 어렵도록 해야 한다는 조건을 갖추어야 한다. 이러한 것은 잘 집행된 기업 커뮤니케이션에 의해 지지되고 강화되어야 하며, 이러한 특성을 고객과 이해관계자에 보여줌으로써 그들과의 잘 구축된 관계를 통해 기업에 도움이 되는 자원을 확보해야 한다.

커뮤니케이션의 리더십 기능

커뮤니케이션이 기업 전략을 지지하기 위해서는 기업 커뮤니케이션 책임자가 전략 수행 과정에 직접 참여하여 중요한 역할을 수행해야 한다. 이는 커뮤니케이션 책임자가 CEO에게 직접 보고하고 전략적 기획 위원회에 함께 참여하며, 고객이나 투자자, 그리고 사원 등과 같은 중요한 공중에게 깊숙히 관여할 수 있는 시스템을 갖춰야 함을 의미한다. 특히 잘 집행된 커뮤니케이션 기능을 갖추기 위해서는 투자자 관계나 내부 사원 관계, 마케팅 커뮤니케이션, 공공문제 관리, 쟁점 관리 등과 같은 다양한 커뮤니케이션을 통합적으로 수행해야 한다. 알리바바의 마윈 회장이나 애플의 스티브 잡스 전 회장은 회사 고유의 핵심 역량을 비지니스 전략과 부서로 조직화하고 구성원들이 습득할 수 있는 행동 지침과 기업 문화로 이끌어낸 리더십을 갖추고 있다고 볼 수 있다. 이 과정에서 커뮤니케이션을 중요시하여 투자자나 정부 관계 커뮤니케이션, 마케팅과 쟁점 관리 등을 통해 끊임없이 세계적인 이슈를 만들어내고 내부적, 외부적으로 통합적 커뮤니케이션을 수행하면서 중요한 이해관계자의 지지를 얻어내어 이를 성과로 연결시켰다.

가치를 창출하는 커뮤니케이션

통합적 커뮤니케이션을 구축하는 세 번째 요소는 가치를 창출하는 커뮤니케이션 기능을 갖춰야 한다는 것인데, 이는 기업 커뮤니케이션이 회사의 성과나 이익 창출에 영향을 미쳐야 하며 회사의 미래 잠재성과 지속 가능한 '명성 자산'을 구축하여 시장 가치를 높이는 데 긍정적 영향을 미쳐야 한다는 것이다. 알리바바의 마윈 회장은 명성 자산을 만들어내는 선순환 과정을 만들어냈다고 볼 수 있는데, 그는 회사의 철학과 비전을 고객의 요구와 부합되면서 국가의 이익과 연계시키는 커뮤니케이션을 통해 지속 가능한 '명성 자산'을 구축해나갔다. 알리바바를 통한 중국인의 일자리 창출과 중국 벤처기업의 성공이라는 그들의 철학과 기업 성장 과정을 지속적으로 스토리텔링함으로써 국민적 애국심 고취와 이해관계자들의 지지를 얻어내었다. 특히 알리바바의 지속 가능한 성장과 미래 잠재력 확대는 주주들의 투자와 지원을 만들어내는 데 크게 기여했다. 이와 같은 마윈 회장의 철학과 스토리텔링, 그리고 이해관계자의 지지는 선순환 과정을 거치면서 명성 자산을 만들고 이를 기업 성과와 순익으로 연결시키는 데 기여했다.

전체적, 통합적 커뮤니케이션

이는 기업 커뮤니케이션은 전체적holistic이어야 하며 내부, 외부 커뮤니케이션의 세분화, 특수화, 파편화를 극복해야 한다는 것을 의미한다. 대부분의 회사는 커뮤니케이션을 비지니스와 연계시키면서 세분화하고 전문화하는 데에 초점을 맞추는데, 이는 통합적이고 전체적인 커뮤니케이션을 저해하며 회사의 전략적 일관성과 명성을 만들어내는 역할을 방해한다. 기업 커뮤니케이션의 가치 체인value chain을 만들어내기 위해서는 기업 커뮤니케이션 책임자와 전문가들이 함께 모여서 회사의 전략적 목표와 통합적이고 일관적 커뮤니케이션을 만들고 명성을 구축하는 데 힘을 모아야 한다. 조화로운 커뮤니케이션orchestration of communication은 커뮤니케이션 시스템의 절차와 규칙이 선행되어야 하며 서로 다른 전문가들의 협력 프로그램과 조정 과정이 필요하며 조직의 공통 출발점과 가이드라인, 그리고 매뉴얼이 마련되어야 한다.

기업 커뮤니케이션의 효율성을 증대시키고 명성을 구축하기 위해서는 먼저 커뮤니케이션의 전략적 일관성이 중요하다. 이는 커뮤니케이션 흐름과 분위기, 그리고 내용 등 세 가지 요소를 잘 구성해야 하며 이를 통해서 조직 구성원의 지지를 얻어내어야 한다. 또한 이를 외부적으로 커뮤니케이션해야 하는데 이는 회사 포지셔닝과 일관된 명성 플랫폼과 정직하고 진정성 있는 투명하고 통합적인 커뮤니케이션을 통해서 표현되어야 한다. 또한 회사에 중요한 이해관계자들의 인식과 평가를 지속적으로 측정하고 이를 기업 전략과 커뮤니케이션에 반영해야 한다.

자본 5. 사원에게 홍보대사 역할을 맡겨라

이는 사원이 조직의 비전과 조직 이야기를 외부 공중에게 전달할 수 있도록 내부 사원의 만족도와 로열티를 높이고 자신들이 만족한 이야기를 외부에 전달해야 함을 강조한 것이다.

| 사례 6 | 고객을 만족시키기 위해 직원을 만족시킨다: 여행박사의 직원 행복 추구

여행박사는 2000년 8월 '여행의 처음부터 끝까지 평생 믿을 수 있는 여행의 파트너'라는 의미의 일본 전문 여행사로 시작했다. 일본 여행 가격을 파격적인 가격으로 낮춘 '올빼미 투어'의 원조로 현재 유럽, 중국, 동남아, 홍콩 및 대만, 미주 등 세계 각국의 여행 상품을 판매하는 중견 업체로 자리잡았다. 2008년 상장 폐지와 파산 선고라는 위기를 '회사는 무

그림 5.9 여행박사 기업 로고

조건 즐거워야 한다'는 창업주의 독특한 경영 철학과 이에 공감하는 직원들의 열정을 기반으로 극복하고, 이후 매년 빠른 속도로 성장해오고 있다. 2000년 직원 3명과 250만 원의 자본금으로 시작한 여행박사는 2014년 11월 기준, 직원 240명, 연매출 약 200억 규모로 국내 여행사 순위 4~5위권을 넘나든다. 여행박사의 경영 방식은 권한이나 직능, 의사 결정 등의 요소보다 '인간' 중심으로, 직원들에게 책임과 권한을 최대한 부여하면서 각자 맡은 직무를 자율적으로 수행하게 하고, 팀별 목표치를 달성하면 초과 달성 부분은 전액 인센티브로 제공한다. 여행박사는 직원들을 위한 다양한 복지 정책과 파격적인 사내 이벤트를 통해 직원 만족도를 높이고, 이를 통해 고객 지향적인 서비스를 만들어내는 것은 물론이고 종업원(내부 고객)들이 함께 재미있고 활기차게, 자발적으로 일하는 것을 목표로 한다.

임원 승진을 결정하는 직선제 투표, 수평적 조직 문화의 아이콘

여행박사는 매년 팀장부터 본부장, 이사, 사장까지 직원이 선거로 임원을 선출하고, 매년 임원 직선제를 시행한다. 과장 승진의 경우 기존 팀장 3인의 추천을 받으면 승급할 수 있지만, 팀장부터는 전 직원 투표에 의한 선출로 결정되며 대표도 이에 해당된다. 직선제 출마를 원하는 직원은 자의나 타인 추천으로 출마 의사를 확정하게 되고, 다음으로 수락 여부를 거쳐 직선제 공약 게시판에 자신의 공약과 포부를 밝힌다. 사원과 대리 중에서 팀장 후보가 나오기도 하며, 선거 날에 모든 직원이 찬 · 반 투표에 참여해 찬성 의견이 많으면 진급된다.

직원을 위한 36가지 복지, '여행박사 다닙니다'라고 자랑스럽게 말할 수 있게 만들자

여행박사는 다양한 복지 정책으로도 업계뿐 아니라 직장인들에게 유명한데, 이는 직원들이 "저 여행박사 다닙니다"라고 자랑스럽게 말

그림 5.10 여행박사 사무실과 직원들

할 수 있게 만들자는 신창연 창업주의 조직 운영 방침에 기인한다. 창업주를 비롯한 임원진들은 고객 만족을 최우선에 두고, 고객 만족을 위한 기본으로 직원 만족에 매진하는 것이다. 그리고 이러한 직원 만족이 고객 만족으로, 고객 만족이 실적 상승과 성장으로 이어지는 선순환 고리의 중요한 포인트라고 여긴다. 실제 여행박사의 직원 복지는 이슈화와 반발을 동시에 불러일으킨 성형 수술 지원 제도를 비롯하여, 다양한 운동 관련 제도, 어학 교육비 전액 지급 등이 있다.

일반적으로 복지 제도는 상사가 정하고 부하가 이에 따르는 상의하달(일방적) 식이지만, '사쵸(일본어로 사장님)와의 약속'은 직접 복지비 혹은 성과급을 설정(혹은 제안)할 수 있는 권한이 부하 직원에게 있다. 직원이라면 누구나 본인이 이루고 싶은 목표를 정해 대표이사가 만들어놓은 게시판에 목표와 이를 달성했을 경우 받고자 하는 인센티브를 적을 수 있다. 여기서 직원의 개인적인 목표는 업무 성과와 관련이 없어도 된다. 등산 동호회, 마라톤 동호회 등의 목표가 주를 이룬다. 실

그림 5.11 여행박사는 10년차 직원 크루즈 포상 여행 등 독특하고 재미있는 복지 정책으로 직원 만족도를 높임

제로, '6개월 안에 체중 20kg를 감량하면 일주일 휴가와 휴가비 1백만 원을 달라'는 옵션을 걸어, 실제 목표 달성을 하고 인센티브를 받아간 직원이 있다.

또한, 실제 가수들이 심사 위원으로 참여한 사내 오디션을 통해 뽑힌 직원에게 음반을 발매할 수 있게 하고, 음원 등록 및 뮤직비디오의 유튜브 등록 등의 자아 실현도 복지의 일환으로 진행되었다. 이러한 재미있고 독특한 복지 정책들 역시 공중파 방송을 비롯한 다양한 온 · 오프라인 미디어를 통해 '직원들이 행복하고 재미있게 근무하는 회사'로 일반 공중들에게 전달되었다.

투명한 정보 공개, 직원들이 자발적으로 여론을 형성하고 문제를 해결

여행박사에서 정보는 투명하게 공개된다. 회사 인트라넷에 경영에 관련된 것들을 모두 공개해 관심 있는 직원들은 누구나 회계 장부를 살필 수 있다. 회사의 수익과 지출은 물론 대표이사의 법인 카드 사용

내역까지 모두 공개하고 회사의 대차대조표를 분석해 새로운 제안을 할 수도 있다. 이처럼 말단 직원부터 팀장에 이르기까지 자신이 일해서 번 돈을 누가 허투루 쓰고 있는 건 아닐까 관심을 갖는 것이 바로 주인의식이라고 할 수 있다. 직원들은 누가 시키지 않아도 언제든 회사 홈페이지에 접속하는 것이 생활화되어 있다. 댓글이 줄줄 올라와 여론을 형성하고 잘못의 원인과 해결 방안을 찾는다. 그 뒤에 회의 안건으로 올려 구체적이고 현실적인 해결 방안을 만든다.

일반적으로 공중들은 선택의 상황에서 또는 특정 정보를 인지하고 처리하는 데 있어, 지인의 한마디를 더 신뢰하는 경우가 있다. 따라서 기업의 구성원들은 기업을 위한 가장 강력한 홍보 요원이라고 볼 수 있다. 여행박사의 독특하고 재미있는 기업 문화는 직원들의 애사심을 높이며, 투명한 정보 공개와 자유로운 의견 교환을 통해 일종의 '공론의 장'을 통한 합의와 일치를 이끌어낸다. 또한, 내부 직원들은 회사 홈페이지와 안내 홍보 자료물 등에서 직접 모델이 되어 회사의 외부 커뮤니케이션 과정에 직접 참여하면서 스스로 여행박사의 홍보 대사가 되어 공중들과 커뮤니케이션한다.

〈자료 출처〉

- 여행박사 홈페이지: http://www.tourbaksa.com
- 여행박사 블로그: http://blog.naver.com/kosok98
- 노정연(2013.2), 여행박사 신창연 대표의 행복한 회사 만들기, 레이디경향, http://lady.khan.co.kr/khlady.html?mode=view&code=4&artid=201302071709041&pt=nv
- 손요한(2014.11.3), '고객을 만족시키기 위해 직원을 만족시킨다' 여행박사 주성진 대표, 플래텀, http://platum.kr/archives/29430

자본 6. 가장 중요한 공중이 기업 활동에 참여케 하라

이는 조직에 가장 중요한 공중이 누구인지 우선순위를 정하고 그들이 조직 행동을 직접 경험할 수 있도록 하여 조직과 신뢰 관계를 형성하라는 것을 의미한다.

| 사례 7 | 우선 공중을 기업 활동과 의사 결정에 참여케 하라: 미스터피자의 여성 우선주의

미스터피자는 1990년 서울 이화여자대학교 앞 1호점 개장을 시작으로 피자헛, 도미노피자 등 해외 브랜드 피자들의 우세한 시장 점유율 속에서 꾸준히 성장을 거듭해왔다. 이를 바탕으로 중국과 미국 등 해외 진출뿐만 아니라 커피와 머핀 전문점인 마노핀을 런칭해 사업을 확장하고, 전체 그룹 이름을 MPK로 변경하여 국내외에 미스터피자와 마노핀 매장을 늘려나가고 있다. 미스터피자는 '정직'을 비전으로, '300%의 원칙'을 슬로건으로 삼고 있으며, '정성을 담은 제품, 최고의 서비스, 내 집 같은 깨끗함'을 핵심 가치로 제시하고 있다. 또 미스터피자만의 미션으로 '100% 수타 도우, 100% 수제 토핑, 100% 스크린 구이'를 설정하고 이를 지키고자 하고 있다.

설립 당시, 피자업계는 외국 피자 브랜드가 압도적 시장 점유율을 차지하고 있었으나, 일관된 공중 관리 커뮤니케이션 활동을 통해 미스터피자는 현재 브랜드 가치 평가 지수에서 국내 1위, 한국능률협회컨설팅KMAC의 '한국산업의 고객만족도KCSI'에서 2007년부터 2014년까지 피자 전문점 부문 7년 연속 1위를 차지했으며, 2015년 1월에는 국내 시장 점유율

그림 5.12 미스터 피자 기업 로고

약 40% 이상을 보이며 피자 업계 1위로 자리매김했다.

공중 세분화를 통한 우선 공중의 설정과 이에 따른 차별화된 포지셔닝

미스터피자는 피자 소비 고객을 세분화해서 분석했고, 주요 공중은 '여성'이며 그중에서도 특히 20-30대 여성이라는 점을 확인했다. 이러한 분석을 토대로 2004년부터 'Made for Women', 'Ladies First' 등의 슬로건을 강조하며 '여성을 위한 피자'로 재포지셔닝하여 현재까지 여성을 최우선 타겟 공중으로 설정하고 있다. 이는 제품인 피자의 특색을 전면에 내세워 커뮤니케이션하는 업계의 일반적 관행과 비교하면 매우 과감하고 파격적인 시도라 볼 수 있다. 즉, 제품이 아닌, 타겟 공중을 전면에 내세워 자신들을 포지셔닝했기 때문이다.

우선 공중의 니즈를 파악하고, 그들에게 직접 참여의 기회를 제공

공중 세분화를 통해 우선 공중을 확인한 뒤, 미스터피자는 자신들의 포지셔닝에 맞춰 실제 제품 또한 20-30대 여성의 기호에 맞춘 특색 있는 피자 및 저칼로리의 피자 등을 개발했다. 2004년부터는 '우먼스 데이Women's Day'를 지정해 매주 월요일 여성이라면 누구나 프리미엄 피자를 20% 할인받을 수 있는 이벤트를 운영하면서 우선 공중에게 꾸준히 혜택을 제공해왔다. 또한 '그녀들의 피자 콘테스트'라는 소비자 참여형 이벤트도 2004년부터 꾸준히 개최하여 우선 공중들의 지속적인 관심을 유도해왔다. 2014년에 8회를 맞은 이 행사는 피자 요리와 샐러드 요리로 나누어 소비자들이 직접 메뉴 개발에 참여하는 것으로, 'Ladies First'라는 슬로건에 맞게 여성이 선호할 만한 메뉴를 선발하는 요리 공모전이다. 더불어 여대생을 대상으로 '러브 바이러스'라는 서포터즈를 구성해 미스터피자의 신제품 체험 및 마케팅 활동에 참여하게 하는 프로그램도 진행하고 있다. 이처럼 미스터피자는 여성이라는 우선 공중에 대한 적극적 커뮤니케이션과 그들의 니즈를 반영한 실체(제품)의 변화, 그리고 지속적인 혜택 제공과 참여 유도를 통해 성공적으로 자리매김할 수 있었다.

〈자료 출처〉

- 미스터피자 홈페이지: http://www.mrpizza.co.kr
- 김소연(2014.09.22), 미스터피자, '제8회 그녀들의 피자 콘테스트' 개최, 아시아 경제. http://view.asiae.co.kr/news/view.htm?idxno=2014092209474883132
- 동효정(2015.01.08), 피자는 비싸다? 살아남기 위해 고정관념 탈피 시도하는 피자업계, 데일리한국. http://daily.hankooki.com/lpage/economy/201501/dh20150108110612138090.htm
- 송진현(2014.10.14), '미스터피자, '2014년 한국산업의 고객만족도' 7년 연속 1위', 스포츠 조선 라이프. http://sports.chosun.com/news/ntype.htm?id=201410140100163930010190&servicedate=20141014

자본 7. 영향력 공중과의 우호적 관계 자산을 구축하라

이는 회사의 주요 공중에게 영향을 미치는 오피니언 리더 공중을 확인하고, 그들과의 관계 네트워크를 구축하여 조직의 우호적 공중으로 만들어야 함을 의미한다. 특히 우호적 관계 자산을 구축하기 위해서는 오피니언 리더 간에 커뮤니티를 형성하여 자발적이고 자유로운 커뮤니케이션이 가능하도록 해야 하고 조직의 진정성에 대한 신뢰를 쌓도록 해야 한다.

| 사례 8 | 영향력 공중과의 우호적 관계 자산은 조직의 든든한 지원군이다: 락앤락 사례

락앤락Lock & Lock은 1978년 국진 유통 설립 후, 1994년 하나코비로 상호를 바꾸고 주방, 욕실, 피크닉, 식당, 어린이 용품 등 600여 가지의 생활 용품을 생산했다. 그러나 글로벌 경기 침체와 맞물려 시장 상황이 어려워지면서, 1997년 기타 생산 라인을 과감히 정리하고 4면 결착 밀폐 용기인 'Lock&Lock(락앤락)'에 집중했다. 우리나라의 음식은 수분이 많고 냄새가 강해서 주부들은 높은 밀폐력과 강한 내구성의 밀폐 용기에 대한 니즈가 강했다. 그러나 타파웨어와 같은 외국 브랜드 상품은 비싼 가격 때문에 주부들이 쉽게 구매하기엔 부담이 되었고, 밀폐력이 완벽하지 못하다는 평가를 받기도 했다.

LOCK & LOCK
www.locknlock.com

그림 5.13 락앤락 기업 로고

영향력 공중 맞춤형 커뮤니케이션으로 접근

락앤락의 주요 공중은 주부로, 이들이 원하는 것은 우수한 밀폐력과 내구성, 그리고 합리적인 가격이었다. 그리고 주부들은 제품에 대한 인식을 형성하고 평가를 내리는 데에 주변 지인들의 평가와 입소문에 영향을 많이 받고 있었다. 락앤락은 이러한 핵심 공중의 특성을 파악하여, 이를 토대로 핵심 공중에게 영향을 미치는 영향력 공중의 성향을 살펴보았다. 주부들에게 영향을 미치는 영향력 공중들은 주방 제품군의 초기 선택을 하는 주부들로, 그들 중 다수가 락앤락 출시 당시 국산 제품보다 외산 제품이 더욱 까다로운 제품 기준을 통과하고 더 우수한 기능을 가진, 안전하고 좋은 품질의 제품이라는 인식을 가지고 있다는 것을 확인했다. 그런 이유로 제품 자체의 성능보다는 국산 제품이라는 점에 더욱 주목하다 보니 출시 초반 매출이 미미했다. 이에 락앤락은 해외 시장을 먼저 공략하는 것으로 전략을 수정하고, 미국 홈쇼핑 채널에서 우수한 밀폐력을 앞세워 성공적으로 판매했다. 그리고 해외 시장에서의 성공을 토대로 국내 시장에 재진출하여, 한국인 모델이 아닌 외국인 모델을 광고에 기용하고 Lock & Lock이라는 영문명만 언급하여 초기 선택자들에게 외국 제품처럼 인식되게 커뮤니케이션했다.

주요 공중들의 네트워크를 통해 입지 강화

락앤락은 고객과의 접촉점을 만드는 동시에, 소비자들이 제품에 대해 지속적인 관심을 가지고 신뢰와 우호적 태도를 유지할 수 있는 방법으로 기업 홈페이지와 연동되는 온라인 커뮤니티 '락앤락 써포터즈'를 생성했다. 락앤락은 써포터즈 관리 및 커뮤니티 운영 책임 담당 직원을 따로 두어 커뮤니티 내에서 논의되는 이슈들에 대해 즉각적인 피드백을 제공했다. 또한 운영 책임 직원과 써포터즈 간의 "관계"의 중요성을 인식하고, 여성 써포터즈들에 대해 깊은 이해와 공감이 가능한 여성 담당자를 최소 3년 이상 근무하게 했다.

그리고 커뮤니티를 통한 제품 판매나 광고를 제한하고, 운영자의 개입 또한 최소한으로 하여 회사와 회원 간 커뮤니케이션보다 회원들 간의 자발적 2차 커뮤니케이션이 활발하게 이루어지도록 했다. 커뮤니티의 비상업성은 회원들로 하여금 락앤락의 진정성을 느낄 수 있도록 했고, 회원들은 락앤락과 관련 없는 일상의 대화를 나누거나 다른 정보를 얻기 위해 접속하기도 했다. 또한 커뮤니티의 소속감을 기반으로 회원들의 로열티를 높여 소비자들이 이탈되지 않도록 하는 데에 기여했다. 또한 커뮤니티의 회원들을 대상으로 제품과 관련한 다양한 조사를 하며 이때 받은 피드백을 제품에 적용시켜 회원들에게 더욱 우호적인 반응을 유도했다.

오프라인에서의 직접 경험을 통해 우호적 관계 강화

락앤락은 주요 공중들과의 친밀한 관계 형성 및 충성도 유지를 위해 온라인 커뮤니티뿐 아니라 오프라인에서도 다양한 직접 참여 프로그램을 적극적으로 운영했다. 월 4~8회씩, 10여 년간 쿠킹 클래스, 뷰티 클래스, DIY 클래스 등을 지속했다. 특히 쿠킹 클래스에서는 숨 쉬는 유리 용기를 활용한 발효식품 만들기 등과 같이 락앤락 용기의 장점을 극대화할 수 있는 요리를 선정하여 자연스럽게 제품의 장점을 느끼고

그림 5.14 락앤락은 써포터즈 대상 클래스 등을 통해 영향력 공중과의 우호적 관계를 강화함

구매 욕구가 생길 수 있도록 했다. 그리고 전문 강사뿐 아니라, 일반 주부 회원 중 손재주가 좋은 주부를 강사로 초빙하여 다른 주부들과 좀 더 가까운 눈높이에서 클래스를 진행하기도 했다.

영향력 공중과의 우호적 관계 자산을 통한 위기 극복

2006년 주방 밀폐 용기의 환경 호르몬 배출 논란이 TV 프로그램을 통해 문제로 제기되면서 플라스틱 용기의 환경 호르몬 문제가 사회적으로 큰 이슈가 되었다. 해당 프로그램뿐 아니라 락앤락의 경쟁 업체 중 한 곳은 락앤락이 제품에 사용하는 폴리카보네이트(PC)를 이용한 밀폐 용기가 환경 호르몬을 발생시킨다는 내용의 광고를 내기도 했다. 이와 관련하여 논란이 커지고 업체간 소송으로까지 번지자 식약처(당시 식약청)가 락앤락은 환경 호르몬과 무관하다는 입장을 공표했고, 락앤락은 홈페이지를 통해 이를 공지했으나 소비자들의 부정적 인식과 우려는 쉽게 사그라지지 않고 실제 매출도 감소했다.

이때 락앤락 커뮤니티 회원들이 자신들이 운영하는 개인 블로그와 인터넷 웹사이트에 '락앤락은 문제없다'는 식약처 입장을 올리며 락앤락을 옹호했으며, 이들의 메시지는 락앤락 제품의 주요 구매 및 사용 계층인 일반 주부들에게 크게 영향을 미쳤다. 이와 더불어 락앤락도 폴리카보네이트 소재의 용기 생산을 전면 중단하고 트라이탄 신소재를 사용한 제품을 선보이면서 소비자 편의와 안전을 최우선으로 여기는 기업임을 강조했다.

환경 호르몬 논란은 자칫 기업의 큰 위기가 될 수 있었으나, 락앤락은 평소 커뮤니티를 통해 주부들 사이의 영향력 공중(주로 30대 젊은 주부 공중)과의 우호적 관계를 형성하고 이를 견고하게 유지했다. 그리고 이를 통해 위기 시 조직의 가장 큰 지원군으로 그들이 자발적으로 움직이게 했고, 성공적으로 위기를 극복할 수 있었다.

〈자료 출처〉

- 락앤락 홈페이지: http://www.locknlock.com
- 락앤락 웹진: http://webzine.locknlock.com
- 락앤락 써포터즈 커뮤니티: http://www.bethe1.co.kr
- 엄자현(2006.10.09), 락앤락 "환경호르몬 유발……허위광고로 손해" 경쟁업체 상대 손배소, 법률신문 https://www.lawtimes.co.kr/Legal-News/Legal-News-View?Serial=22328

자본 8. 공중 참여를 통해 감정적 유대 관계를 형성하라

이는 회사의 활동에 주요 공중의 참여engagement를 적극 추진하여 회사와 공중 간의 감정적 유대 관계를 만들어야 함을 의미한다.

| 사례 9 | 기업과 사회가 파트너십을 맺다: 빅이슈의 파트너십

빅이슈Big Issue는 영국에서 노숙인들의 자활을 돕기 위해 창간한 대중문화 잡지이다. 잡지를 판매하여 얻은 수익으로 홈리스의 자립을 통한 자활의 계기를 제공하는 것을 목적으로 하며, 홈리스(노숙인 등 주거취약 계층)에게만 판매할 수 있는 권한이 주어진다. 현재 10개국에서 판매되고 있으며, 유명인들의 재능기부로 잡지가 만들어진다. 빅이슈코리아는 2010년에 홈리스의 자활을 지원해 온 비영리단체인 '거리의 천사들'에서 받아들여 창간을 시작하면서 서울과 대전에서 판매되고 있다. 여러 기관과 기업, 단체들과 파트너십을 맺고 '홈리스 인식 개선 사업'을 위하여 협력 중이다. 2014년 4월까지 30여명의 빅이슈 판매원이 임대주택에 입주했고, 13명 이상의 판매원이 빅이슈를 통해서 재취업에 성공했다. 빅이슈는 조직의 목적과 시스템으로 시민들의 신뢰를 얻게 되었고, 그 신뢰를 바탕으로 시민과 꾸준한 커뮤니케이션을 통해서 명성을 쌓아왔다.

시장과 사회를 모두 생각하는 기업

빅이슈는 주간지로 격주마다 발간된다. 권당 5,000원에 판매되고 이 가운데 50%가 판매자인 홈리스에게 돌아간다. 이처럼 빅이슈는 서울시 및 지자체와 협력하여 안정적인 판매 환경을 제공함을 통해서 홈리스들에게 합법적인 일자리를 제공해 경제적인 자립의 기회를 주는 것을 목적으로 한다. 빅이슈는 다양한 분야의 재능기부를 통해서 만들어진다. 유명 연예인들이 표지 모델로 나서거나 작가들이 글을 기부하는 등 빅이슈의 제작에는 다양한 분야의 재능 기부가 포함된다. 빅이슈는 홈리스Homeless에게는 경제적 자립을, 사회Society에는 홈리스의 가능성을, 시장Market에는 기업의 새로운 패러다임을 제공하는 '사회적 기업'을 비전으로 삼는다.

홈리스와 시민, 그리고 사회를 연결하는 커뮤니케이션

빅이슈는 잡지 판매를 도와 홈리스들의 자활을 돕는 동시에, 다양한 커뮤니케이션 활동을 통해 시민, 사회와 홈리스간의 소통과 조화에 대

그림 5.15 유명 연예인들이 빅이슈 표지 모델로 재능을 기부하고 있음

한 가치를 추구하고, 조직의 목적과 비전 도달을 위해서도 노력한다. 우선 빅이슈 판매자들은 트위터, 페이스북 등 SNS를 통해서 구매자와 직접 커뮤니케이션한다. 이런 커뮤니케이션을 통해서 구매자가 빅이슈를 SNS를 통해서 외부에 알리는 기회가 많아지게 된다. 즉, 빅이슈의 판매자가 직접 구매자 또는 일반 시민들과 소통하면서 빅이슈에 대한 정보를 알 수 있고, 홍보 효과도 내는 것이다. 또한 빅이슈는 구매자뿐만 아니라 재능기부자와 봉사자와도 활발한 커뮤니케이션을 하고 있다. 빅이슈의 제작 시스템이 재능기부라는 방식으로 진행 되고, 표지모델 뿐 아니라 유명 메이크업 아티스트, 포토그래퍼 등의 재능기부도 활발하게 이뤄지며 대학생들이 직접 기자로 나서 유명인과의 인터뷰를 하거나 취재기사를 작성함으로써 경험을 쌓고 빅이슈에 신선한 양질의 기사를 공급한다는 의미를 가진다. 이 밖에도 중요한 재능기부자로는 '빅돔'으로 불리는 판매원 도우미도 있다. 도우미는 판매원 곁에서 그들을 격려하고 판매 홍보를 돕는다.

빅이슈를 넘어서, 사회전체를 향하다

빅이슈는 사회 전반의 홈리스 인식 개선에 힘쓰고 있고, 다양한 프로그램을 실시한다.

- 홈리스 월드컵 — 빅이슈에서는 홈리스 스스로 자활의지를 가지며, 그 결과로 삶의 변화를 불러올 새로운 방법으로 축구를 도입했다. 이를 통해서 모든 사회의 공통적인 사회문제인 '홈리스 문제'에 대한 인식을 전환하고자 한다.
- 더빅드림 — 홈리스를 위한 의류기부행사로, 참가자들에게 기증받은 옷을 홈리스와 나누며 홈리스에 대한 오해와 편견을 줄이고, 관심을 가지게 하는 행사이다.
- 민들레 프로젝트 — 이 프로젝트는 작가들의 재능기부를 통해서 이루어지는데, 홈리스들의 문화적, 예술적 참여를 이끌어 내고, 창작 과정에서 자존감을 회복하게 하는 것을 목적으로 한다. 글쓰기 교실, 창작 레슨, 예술 문학상 공모, 시상의 과정으로 실행되고, 시상금으로는 임대주택보증금을 받게 되어 자활의 기회를 얻는다.
- 더빅스마트 — 홈리스의 소셜 미디어 교육을 통해서 사회-홈리스의 소통을 목적으로 하는 프로그램이다. 사람들이 기증하는 중고 스마트폰을 홈리스에게 전달하여 사용할 수 있는 기회를 제공하고 이를 사용하여 교육을 진행한다.
- 수다회 — 두 달에 한 번씩 정기적으로 가지는 모임으로, 빅판, 빅돔 등 빅이슈와 관련된 참가자들이 모여서 빅이슈와 홈리스에 관한 토의를 하고 앞으로 발전해나갈 방향에 대하여 고민하고 토론하는 기회이다.

빅이슈는 기업 자체의 발전에 국한되지 않고, 기업을 사회로 확장시켜 파트너십을 맺기 위하여 노력해왔다. 이처럼 파트너십을 통한 직접적인 커뮤니케이션 프로그램들은 빅이슈 매거진의 목적과 비전을 구체적으로 사회에 알릴 수 있었으며, 사회와 관련 공중과의 긴밀한 관계를 맺을 수 있었고, 이를 통해서 신뢰와 명성을 얻었다.

〈자료 출처〉
- 빅이슈 홈페이지: http://www.bigissue.kr
- 빅이슈 페이스북: https://www.facebook.com/TheBigIssueKorea
- 빅이슈 트위터: https://twitter.com/bigissuekorea
- 김영주(2015.02.23), 사회적 잡지 '두리번' · '빅이슈' 등 호응, 문화일보 http://www.munhwa.com/news/view.html?no=201502230103 2221084001
- 서민지(2015.01.19), '다큐3일' 소개된 빅이슈, 직접 사본 구매자들 반응 보니, 더 팩트 http://news.tf.co.kr/read/life/1476194.htm
- 이민형(2014.11.27), 노숙인 자립 돕는 잡지 '빅이슈' 국내 효과는, 데일리한국 http://daily.hankooki.com/lpage/society/201411/dh20141127142713137780.htm

자본 9. 조직에 대한 중요한 정보를 지속적으로 커뮤니케이션하라

이는 평소 조직에 대한 중요하고 깊이 있는 정보를 공중에게 지속적으로 커뮤니케이션하여 공중이 조직에 대해 잘 알고 조직에 대한 긍정적 인식을 형성할 수 있도록 하는 것을 의미한다.

| 사례 10 | 아는 만큼 보이고, 보여야 사랑할 수 있다: 국경없는의사회

1971년 나이지리아 내전으로 발생한 기아 문제를 해결하기 위해 민간인에 의해 설립된 국제 인도주의 의료 구호 단체인 국경없는의사회 Médecins Sans Frontières, MSF는 분쟁, 질병, 영양실조, 자연 재해, 인재에 고통 받는 사람들과 의료 혜택을 받지 못하는 사람들에 대한 긴급 구호를 실시하는 비정부 독립 기구이다. 국경없는의사회는 전 세계 70여 개국에서 30,000여 명이 활동하고 있고, 한국을 비롯한 28개 사무소에서 현장 활동가를 모집하고 후원금을 모금하며, 5개 운영 센터를 통해 현장 프로젝트를 운영하고 있다. 국경없는의사회는 중립, 공평, 자원의

3대 원칙과 정치, 종교, 경제적 권력으로부터의 자유라는 기치 아래 운영 기금의 91%를 일반 대중의 기부에 의존하고 있기에, 특정 국가나 기관, 기업과 관계없이 독립적으로 구호 활동을 펼칠 수 있다. 이러한 인도주의 구호 활동에 대한 노력을 인정받아 1996년에는 서울평화상을, 1999년에는 노벨평화상을 수상했다.

상세하고, 구체적인 내용을 지속적으로 알림

국경없는의사회는 보도 자료를 비롯하여, 다양한 간행물을 통해 조직과 조직 관련 활동에 대한 내용을 지속적으로, 그리고 구체적으로 알리고 있다. 간행물은 활동 보고서, 지역 소식지(우리나라의 경우 '국경없는의사회 한국 소식지'), 회계 보고서, 영상 및 인쇄 광고물, 뉴스레터 등 다양한 자료가 온라인과 오프라인을 모두 활용하여 다양한 공중에게 다양한 방식으로 전달, 배포되고 있다.

또한 실제 국경없는의사회 활동가로 의사, 간호사, 물류 전문가, 행

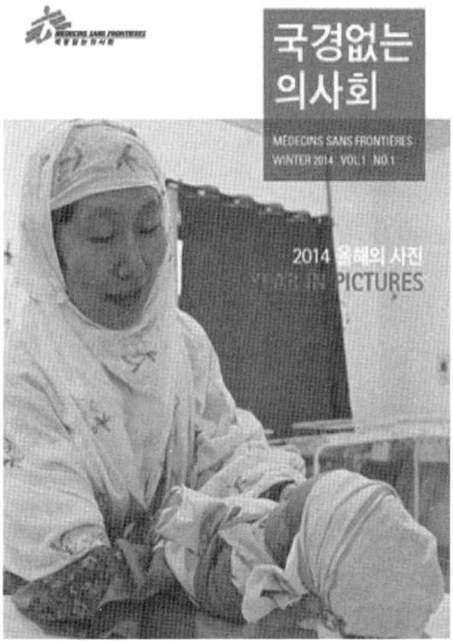

그림 5.16 국경없는의사회는 다양한 간행물을 통해 지속적으로 커뮤니케이션함

정 담당자, 전염병 학자, 정신 건강 전문가 등 다양한 직종의 활동가들이 있음에도 조직의 명칭에서 연상되는 "의사"에 국한된 활동가 이미지를 수정하기 위해 오프라인 설명회와 강연회 등을 통해 정보를 지속적으로 전달하고 있다. 또한 최근 에볼라 바이러스와 같이 국제적 긴급구호 활동이 필요한 사안에 대해 다양한 커뮤니케이션 기회를 활용하여(UN 총회 연설, 미디어와의 인터뷰, 가두 캠페인 등) 적극적으로 알리고 있다.

직접 경험에 기반을 둔 정보 전달로 친숙함을 높이고 긍정적 인식을 형성

국경없는의사회는 정보 전달이 과도하게 전문적이거나 제3자의 간접적 진술에 그쳐 공중들에게 피상적으로 인식될 수 있음을 고려하여, 조직이나 조직 활동과 관련한 내용을 전달하는 정보원으로 현장 활동에 참여한 활동가들을 적극 활용하고 있다. 의료진뿐 아니라 행정 담당가들도 구호 현장에서 다양한 역할로 참여한다는 점에 기반을 두어, 대외 커뮤니케이션 과정에서 의료진뿐 아니라 다양한 활동가들이 직접 자신의 경험을 토대로 국경없는의사회에 대한 소개 및 활동 상황 등을 상세하게 전달한다. 또한 회계 정보도 매년 전체 공개하여 정보의 투명성을 높여 조직에 대한 신뢰도를 높인다.

이러한 커뮤니케이션을 통해 국경없는의사회는 공중들에게 전문성과 진정성을 모두 가지고 있는 조직으로 인식되면서 동시에 "누구라도 참여할 수 있다"는 인식을 높여 조직에 대한 긍정적 인식을 형성하여, 제약회사들과 백신 가격을 두고 논쟁을 벌이는 상황에서 공중들로부터 긍정적 지원을 유도해낼 수 있었다.

〈자료 출처〉

-국경없는의사회 한국 홈페이지: http://www.msf.or.kr

- 배성재(2014.11.18), 국경없는의사회 에볼라 최전선서 사투, 한국일보, http://www.hankookilbo.com/v/cd8d8ceb5dff49509428417fa5cc8147

- 손석희(2015.02.11), 에볼라 구호활동에서 돌아온 국경없는의사회 활동가 정상훈 인터뷰, jtbc news, http://mnews.jtbc.joins.com/News/Article.aspx?news_id=NB10764783(영상 링크: https://www.youtube.com/watch?v=bPLZ-y83Cj8)
- 양영구(2015.01.21), 국경없는의사회, GSK · 화이자에 폐렴구균백신 가격인하 촉구, 청년의사, http://www.docdocdoc.co.kr/news/newsview.php?newscd=2015012000026
- 최정혜(2015.01.29), 의사가 아니어도 괜찮아, 허핑턴포스트 코리아, http://www.huffingtonpost.kr/msf-korea/story_b_6560510.html
- YTN 라디오 인터뷰(2014.11.03), 강지원의 뉴스! 정면승부, http://radio.ytn.co.kr/program/index.php?f=2&id=32659&page=1&s_mcd=0263&s_hcd=01

자본 10. 뉴스 가치를 높이고 미디어 명성을 확보하라

이는 조직이 뉴스 가치가 높은 정보를 선별하여 미디어에 제공하고 긍정적인 미디어 보도를 위해 노력해야 함을 의미한다.

| 사례 11 | '인간적인 영웅'과 '국가적 승리'는 언제나 흥미롭다: 알리바바 그룹

알리바바Alibaba는 영어 교사였던 마윈馬云이 중국 제조 업체와 국외의 구매자들을 위한 기업 대 기업(B2B) 사이트(Alibaba.com)를 1999년 개설하면서 설립되었다. 알리바바는 중국의 문화에 바탕을 둔 '사람 중심'의 기업 철학을 지니고, '신뢰', '중소기업', '생태계'를 중시하는 기업으로의 철학을 밝힌 바 있다. 알리바바는 현재 중국 내 온라인 B2B 시장의 점유율의 69%를 차지하는 중국 최대의 B2B 업체로, 중국 내 최고의 경매 사이트 타오바오 닷컴을 소유하고 있으며 거래 시 대금을 임시로 맡아두는 시스템인 '알리페이'를 도입했다. 마윈이 1999년 50만 위안(한화로 약 8,500만 원)으로 전자 상거래 기업인 알리바바닷컴을 설립한 이후, 2005년 지분의 40%를 10억 달러에 야후

그림 5.17 알리바바 기업 로고

(Yahoo)에게 양도했으며, 8년 만인 2007년에는 홍콩 증시에 상장되고, 2014년에는 뉴욕 증시에도 상장되었다. 주식 평가액은 1,600억 달러를 넘겨 인터넷 기업으로는 구글과 페이스북에 이어 3위의 주식 평가액을 기록하는 등 창업 14년 만에 170조 원의 매출을 올리는 세계 최대 전자 상거래 기업으로 자리매김했다. 중국에서만 1,400만 명의 고용을 창출하고 있는 알리바바는 중국 전자상거래 점유율이 80%(2015년 2월 기준)이상으로, 그동안 전자 상거래를 선도해온 미국의 이베이마저 제치고, 세계 수출·입 관련 사이트 중 방문자수 1위를 보유하고 있다.

역경을 이겨낸 영웅, 영웅이지만 참으로 인간적인 CEO로 포지셔닝

알리바바의 성공 스토리는 CEO인 마윈의 인생 성공 스토리와 직결된다. 마윈의 신화적 성공 스토리는 알리바바에 대한 공중들의 인식과 평가에 긍정적 영향을 미쳤다.

알리바바의 성장에 대해 다루는 기사의 대부분은 마윈이 어떻게 밑바닥에서부터 실패와 역경을 거듭하다 이를 극복하고 세계 유수의 재벌이 되었는지를 상세하게 묘사하고 있다. 대외적으로 커뮤니케이션되는 스토리 속에서 마윈은 일반인보다도 열등한 상황(대입 시험에서 3번 낙방, 입사 시험에서 30회 탈락, 패스트푸드점 아르바이트 채용에서 유일하게 탈락한 지원자, 영어 강사 시절 월급 12달러, 첫 창업 회사의 실패 등) 속에서도 열정과 용기, 유머와 희망, 꿈을 잃지 않고 도전정신을 키워온 인물로 묘사된다. 예를 들어 사람이 물을 마시지 않으면 열흘, 음식을 먹지 않으면 일주일을 버틸 수 있지만, 꿈이 없다면 1분도 살 수 없다거나 열정은 아무도 모방할 수 없다는 마윈의 강연 내용 등이 그것이다. 식당 주인들이 알리바바 덕분에 돈을 많이 벌었다며,

그림 5.18 마윈 회장은 공중과 미디어가 관심있는 이슈를 지속적으로 커뮤니케이션함

그것으로 이미 밥값을 지불한 것이니 마윈에게는 돈을 받지 않겠다고 말했다는 에피소드나, 금융 전문가들에게 혹평받았던 알리페이가 가장 혁신적인 전자 상거래 지불 방식이 되었다는 등의 에피소드들을 통해서도 알리바바와 마윈은 미디어에 "신화적" 성공과 "신화적" 인물의 특성을 강조하고 있다.

그러나 동시에 알리바바는 마윈 CEO를 밑바닥에서 세계 최고의 갑부 중 하나로 성공한 신화적 인물이면서도, 인간적이며 약자와 이해관계자들을 돌아볼 줄 아는 CEO로 포지셔닝하는 메시지를 미디어를 통해 지속적으로 노출시킨다. 예를 들어 알리바바 창업 과정에서 겪은 중소기업의 어려움을 절감하고 중소기업을 도와주는 프로젝트에 적극적으로 참여한다는 메시지, 미국 매체와 인터뷰 시 특히 강조한 '빌게이츠와 자선 활동에 누가 돈을 더 잘 쓰는지 경쟁할 것'이라는 내용, 뉴욕 증시 상장식에 기업 대표인 마윈이 아니라 알리바바와 관련 있는 이해관계자 여덟 명을 참석시켜 첫 거래를 알리는 벨을 울리게 한 뒤 "고객을 성공케 하는 것이 우리의 사명"이라고 강조하는 식이다. 이를 통해 알리바바와 마윈은 고난을 이겨내고 성공한 영웅이면서도, 공중들이 친숙하게 느낄 수 있는 인간적인 기업과 CEO라는 인식을 지속적으로 전달해왔다.

알리바바의 성공이 아니라 중국의 성공으로 프레이밍

알리바바와 마윈은 자신들의 성공이 단순히 하나의 기업의 성공으로 인식되기보다는 중국 IT 산업의 발전과 성장이자, 중국의 성공으로 공중들이 인식하도록 하기 위한 메시지를 지속적으로 전달한다. 자신들이 중국 경제를 이끌어갈 비전과 꿈을 가지고 있으며, 민족주의적 기업이라고 평가받을 수도 있을 만큼 중국과 중국 기업에 대한 자부심이 강하다는 점을 부각시킨다. 뉴욕 증시 상장 시에도 마윈 회장은 자신이 돈을 벌기 위해 미국에 온 것이 아니라 중국 경제를 대표하여 왔음을 미디어에 강하게 어필했다. 또한 중국 내 중소기업들을 지원하여 알리바바와 같은 회사를 1,000만 개 육성하고 1억 명의 고용을 창출하는 것이 자신의 목표라고 강조하고 있다. 이러한 커뮤니케이션 메시지는 자국에 대한 자부심이 강한 중국 문화 내에서 국내 기업의 글로벌 시장에서의 성공을 넘어서 해외 IT 강대국들과 경제 강국들을 상대로 이뤄낸 성공으로 인식되어 알리바바에 대한 호의적 태도를 형성하는 데에 큰 기여를 한 것으로 평가받고 있다.

이처럼 알리바바, 그리고 마윈 CEO는 공중이 흥미로워하는 포인트가 어떤 것들인지, 미디어가 관심 있어 하는 이슈가 어떤 것인지를 파악하고 이에 맞는 커뮤니케이션 메시지를 지속적으로 미디어를 통해 적극 전달하여 미디어 명성을 견고하게 구축할 수 있었다.

〈자료 출처〉

- 알리바바 그룹 홈페이지: http://www.alibabagroup.com

- 이의춘(2014.02.18), 입사 30번 탈락 알리바바 마윈, 세계 최고 갑부 비결, 미디어펜. http://www.mediapen.com/news/articleView.html?idxno=65580
- 티브이데일리온라인뉴스팀(2014.11.12), 알리바바 마윈 회장 "빌게이츠와 자선활동에 돈 잘쓰기 경쟁할 것", 티브이데일리. http://tvdaily.asiae.co.kr/read.php3?aid=1415786173797998016
- 한승호(2014.09.20) '상장대박' 마윈 "알리바바 성공은 중소기업의 성공", 연합뉴스 http://news.naver.com/main/read.nhn?mode=LSD&mid=sec&sid1=105&oid=001&aid=0007130290

자본 11. 조직 이슈를 소유하고 문제 해결 능력을 보여라

이는 조직과 관련된 다양한 이슈 중에서 조직에게 영향을 미치는 중요한 이슈의 우선순위를 정하고, 그 이슈에 대한 조직의 입장과 문제 해결 능력, 전문성을 보여주며 이를 지속적으로 커뮤니케이션해야 한다는 것을 의미한다.

| 사례 12 | 무엇이 문제가 되는지 확인하고 어떻게 해결할지를 지속적으로 알린다: 넥슨

1994년 창립된 넥슨Nexon은 1996년 세계 최장수 상용화 그래픽 온라인 게임인 '바람의 나라' 서비스를 통해 온라인 게임 업계의 리더로 성장하게 된다. 이후 세계 최초 인터넷 퀴즈 게임인 '퀴즈퀴즈'를 통해 부분유료화를 시행하고, 세계 최초 온라인 전략 시뮬레이션 '텍티컬커맨더스'를 개발했다. 이를 통해 2000년 '대한민국 게임 대상', 2001년 '미국 인디게임페스티벌' 등의 국내외 시상식에서 대상을 차지하며 작품성도 인정받게 된다. 이후에도 인터넷 오락실이라는 새로운 개념의 '크레이지 아케이드 비엔비' 개발을 통한 캐주얼 게임 시장 개척, 차세대 RPG로 불리며 각종 국내 게임 관련 시상식을 휩쓴 '마비노기', 국

그림 5.19 넥슨 기업 로고

민게임이라 불린 '카트라이더' 등을 통해 업계 리더 자리를 공고히 하게 된다. 또한 1997년 '바람의 나라'를 미국에 수출한 이후 현재까지 전 세계 150여 개국에서 150여 종의 게임을 서비스하며 약 14억 여명을 회원으로 보유하고 있다.

그러나 넥슨은 다른 게임 기업들에 비해 유저들을 비롯한 소비자들로부터 '돈을 너무 밝힌다', '돈만 밝히는 기업'이라고 비난을 받으며 '돈슨(돈만 밝히는 넥슨)'이라는 조롱 섞인 비난을 받게 된다. 또한 2011년 청소년들의 게임 과몰입 방지책으로 발의된 선택적 셧다운제도 시행과 2013년 정치권에서 게임을 4대악 중 하나로 규정하는 등의 게임 업계 전반의 부정적 이슈까지 더해지면서, 넥슨뿐 아니라 게임 산업 전반에 대한 부정적 이슈가 확산되었다.

버는 만큼 사회에 되돌려준다

넥슨은 '돈슨'이라는 자사 관련 부정적 인식뿐 아니라, 업계 1위로서 게임 업계 자체에 대한 부정적 인식도 해결해야 한다는 압박을 유저를 비롯한 주요 관계자들에게 지속적으로 받게 된다. 넥슨은 이러한 분위기 속에서 일반적인 사회 공헌보다는 온라인 게임 기업으로서의 본질을 유지하면서 동시에 게임을 하나의 문화로 긍적적으로 포지셔닝하기 위한 오프라인 공간을 설립했다. 넥슨은 '넥슨컴퓨터박물관', '넥슨아레나'라는 별도의 공간을 마련하여 게임 체험, 관련 교육 등 다양한 콘텐츠를 제공했다.

- 넥슨컴퓨터박물관 — 제주도에 위치한 '넥슨컴퓨터박물관'은 2013년 7월 개관했다. 넥슨컴퓨터박물관은 세상을 바꾼 아이디어로서 IT 산업의 기반이 된 컴퓨터와 게임 문화의 역사를 수집하고 보존하는데 그 목적을 두고 있으며 디지털과 교육 그리고 예술을 결합

그림 5.20 넥슨은 컴퓨터박물관을 통해 조직의 전문성을 보여줌

한 다양한 전시 및 체험 프로그램을 제공하고 있다. 이곳에는 Apple I, Altair 8800을 비롯한 컴퓨터와 게임의 역사에 관한 소장품들이 있고, 세계 최초의 가정용 게임기인 마그나복스 오디세이 Magnavox Odyssey, 최초의 상업용 게임기인 컴퓨터 스페이스 Computer Space를 비롯하여 최신 웨어러블 기기를 이용한 증강현실 게임에 이르기까지 방대한 게임들이 보관되고 있으며 이를 관람객들이 직접 체험해볼 수 있다.

- 넥슨 아레나 — 2013년 12월 서초구에 개관한 '넥슨 아레나'는 e-sports를 중계하고 관람할 수 있는 시설이 갖춰져 있고, 일반인들에게도 무료로 개방되어 있다. 넥슨은 게임회사로는 전 세계 최초로 e-sports 경기장을 설립했고, 넥슨이 e-sports를 적극적으로 육성하여 전 세대를 아우를 수 있는 게임 문화를 양성해나가겠다는 점을 강조하고 있다. 넥슨은 자사 서비스 게임 외에도, 타사의 게임으로도 대회를 개최하면서, 넥슨은 e-sports 양성자, 문화양성

자로 스스로를 포지셔닝하고, '스타크래프트', 'LOL' 등 타사에서 서비스하는 게임들로 대회를 지속적으로 개최하고 있다.

모르면 알게 하라

넥슨은 넥슨컴퓨터박물관 개관에 앞서 넥슨컴퓨터박물관 블로그를 오픈하여 박물관 개관 준비 과정 및 생생한 뉴스들을 보여줄 '파란만장 박물관 일지'라는 코너로 공유했다. 또한 IT업계 거장들이 컴퓨터와 얽힌 자신만의 특별한 이야기를 인터뷰로 담아낸 '내 인생의 컴퓨터', 1세대 아케이드 게임에 대한 이야기를 담아 이제는 자녀를 둔 3050연령대의 공중을 겨냥한 '아케이드 방언', 박물관의 소소한 일상을 귀여운 캐릭터를 활용하여 다룬 1020세대를 타깃으로 하는 웹툰 '오늘도 GG' 등을 준비하여 지속적으로 커뮤니케이션했다. 특히 목표 공중 각각에게 맞는 콘텐츠를 제작했다는 점이 특징이다. 또한 넥슨컴퓨터박물관 개관에 맞춰 '바람의 나라 1996'의 초기 버전 복원을 진행하여 학계와 업계, 그리고 미디어의 관심을 자연스럽게 이끌어내었다. 그리고 오래된 유물들을 보존하는 곳이라는 박물관에 대한 고정 관념에서 벗어나, 아이들이 컴퓨터에 관해 친숙하고 재미있으면서 창의적으로 접근할 수 있는 교육 프로그램을 운영하고, 온라인 아카이빙 연구의 중요성에 대해서도 지속적으로 환기시키는 역할을 하고 있다.

그리고 넥슨 아레나는 넥슨에 직접적인 매출의 이익을 가져다주지는 않지만, 넥슨에서 서비스하는 게임을 전략적으로 홍보하는 채널로서 기능하면서 넥슨이 영리를 추구하기보다 e-sports 문화를 육성하고 있다는 메시지를 지속적으로 전달했다. 이런 활동들을 통해 넥슨은 공중들이 게임과 연관된 다양한 활동들을 직접 '경험'하고 즐거움을 느끼고 특별한 체험을 기반으로 넥슨과 게임에 대한 부정적 인식을 줄이는 데에 기여했다.

〈자료 출처〉
- 넥슨 홈페이지: http://company.nexon.com
- 넥슨 아레나 홈페이지: http://arena.nexon.com
- 넥슨컴퓨터박물관 홈페이지: http://www.nexoncomputermuseum.org
- 강성길(2014.12.18), [20th 넥슨] 벤처, 신화가 되다… 성공키워드 셋, 데일리게임. http://www.dailygame.co.kr/view.php?ud=2014121813545647106
- 넥컴박(2014.10.28), 넥슨컴퓨터박물관 '내 인생의 컴퓨터', 디스이즈게임. http://www.thisisgame.com/webzine/nboard/212/?n=56721
- 송예원(2014.11.23), 제임스 본드가 찬 디지털 시계! 넥슨컴퓨터박물관, 디스이즈게임. http://www.thisisgame.com/webzine/news/nboard/4/?n=57114

자본 12. 소셜 미디어를 통해 공중과 대화하고 소통하라

이는 상호작용적 커뮤니케이션의 특성을 가진 소셜 미디어를 적극 활용하여 관련 공중과의 상호 작용을 활발히 하고 대화와 소통을 촉진시켜야 함을 의미한다.

| 사례 13 | 고객과 공유하고 확산시켜라: 버진 아메리카

버진 아메리카Virgin america는 2000년대 후반 미국 국내 항공사 시장이 항공 자유화 모드에 접어들면서 급속한 구조 개편이 일어나는 반면, 운송 업계에 대한 규제는 완화되는 상황을 기회삼아 성장한 저비용 항공사로 2007년부터 운항을 개시했다. 버진 아메리카는 "Fun & Unique"를 전면에 내세우고 있는데, 이에 맞춰 기내 조명을 시간대에 따라 색이 바뀌는 시스템을 적용하고 일반적인 무드등 컬러 대신 붉고 푸른 조명을 사용하고 각종 다양한 변화를 시도하여, 7년 만에 미국의 대표적인 저가

그림 5.21 버진 아메리카 기업 로고

항공사로 성장하게 되었다.

고객을 구전 효과의 출발점으로 만든다

버진 아메리카의 창업자 겸 회장인 리차드 브랜슨 회장Richard Branson은 자사의 "Fun & Unique"를 승객들이 직접 경험하고 이들이 소셜 미디어 상에서 오피니언 리더가 되어 다른 공중들의 추가적 구전 효과를 확산시킬 수 있도록 유도했다.

독특한 기내 조명색과 애니메이션 또는 팝 음악으로 만들어진 이륙 전 안전 수칙 동영상은 버진 아메리카의 대표적 차별점들 중 하나인데, 실제 이용 고객들도 이 부분들에서 버진 아메리카가 강조하는 "Fun & Unique"를 느끼고, 자신들의 직접 경험 사례를 소셜 미디어를 통해 공유, 확산하고 있다. 특히 유튜브에 게시된 안전 수칙 영상(https://youtu.be/DtyfiPIHsIg)은 2015년 5월 현재 조회 수가 천만이 넘을 만큼 많은 공중들에게 노출되었다.

또한 이들은 기내 조명색 변화가 기내 피로 해결에 도움을 준다는 과학적 근거에 대해 논하고, 영상을 따라하는 모습 등을 자발적으로 공유하며, 탑승 전, 탑승 중, 탑승 후의 과정을 세세하게 온라인을 포함한 소셜 미디어 상에서 작성, 공유하고 있다. 이를 통해 직접 경험을 한 승객이 구전 효과Word-Of-Mouth의 시발점이 되어 버진 아메리카를 혁신적이고 재미있으며 다시 탑승하고 싶은 항공사로 알리고, 공중들 또한 그러한 인식을 간접 경험을 통해 형성하여 실질적 항공권 구매 유도 효과까지도 보이고 있다.

소통은 쌍방향, 공지가 아니라 공유share와 대화dialogue

버진 아메리카의 트위터는 기내 사용 가능한 상품권이나 마일리지 이벤트 증정 등과 같은 프로모션 정보를 전달하는 가장 주된 채널로, 트위터 계정으로 들어온 모든 멘션에 답변을 한다. 공중들은 이를 통해 버진 아메리카에게 일방적 문의나 항의, 감상을 전달하는 것이 아닌 쌍방향 소통을 한다는 느낌을 강하게 받게 된다. 비행기를 놓친 승객이 트윗을 보낼 경우 답변을 통해 재예약을 돕는 등 자칫 위기나 부정적 이슈가 될 수 있는 상황에 대해서도 트위터를 통해 짧은 시간 안에 효과적으로 대응하고 있다.

페이스북을 통해서도 소비자들과 좀 더 깊이 있게 쌍방향 커뮤니케이션을 진행하고 있다. 그리고 연동이 쉬운 소셜 미디어의 특성을 활용하여, 유입율이 적은 인스타그램이나 핀터레스트 링크를 페이스북과 트위터에 게시하여 자사의 관련 소셜 미디어간 이동 및 신규 유입을 원활하게 만들었다.

버진 아메리카는 이처럼 소셜 미디어를 적극 활용하여 자신들이 가진 "Fun & Unique"라는 정체성을 적극적으로 알릴 뿐 아니라, 쌍방향 커뮤니케이션을 통해 더 큰 애착을 가지게 된 고객이 자발적 홍보대사가 되어 온라인 및 소셜 미디어 상에서 활발하게 정보를 생성, 공유, 확산시킬 수 있게 만들어, 저렴하지만 유쾌하고 즐거운 경험을 할 수 있는 항공사라는 이미지와 명성을 형성, 강화할 수 있었다.

〈자료 출처〉

- 버진 아메리카 트위터: https://twitter.com/VirginAmerica
- 버진 아메리카 탑승 후기 1: http://blog.naver.com/grifeykim/220278677542
- 버진 아메리카 탑승 후기 2: http://jiparyang.blog.me/80166317636
- 위키트리(2013.11.01), '기내 안전 동영상'의 새 장을 연 버진 항공 http://www.wikitree.co.kr/main/news_view.php?id=145032
- 위키백과: http://ko.wikipedia.org/wiki/ %EB%B2%84%EC%A7%84_%EC%95%84%EB%A9%94%EB%A6%AC%EC%B9%B4

자본 13. 일관된 하나의 목소리를 내어라

이는 조직이 갖는 비전이나 스토리를 일관되게 내부적, 외부적으로 커뮤니케이션하는 것을 의미한다. 특히 조직 내부에서 단일한 목소리가 나올 수 있도록 내부 커뮤니케이션을 일관되게 하여야 하며, 이를 기반으로 조직 외부에도 일관된 내용이 전달될 수 있도록 커뮤니케이션해야 함을 의미한다.

| 사례 14 | 하나의 이야기를 지속하고 반복하여 긍정적 인식을 강하게 각인시킨다: 이니스프리

이니스프리는 2000년 아모레퍼시픽이 친환경 자연주의 브랜드를 모토로 '피부에 휴식을 주는 섬'이라는 콘셉트로 탄생시킨 화장품 브랜드이다. 이니스프리는 청정 원료, 연구 개발을 의미하는 약사발, 친환경 용기, 고객에 대한 마음 등을 이미지화하여 심볼을 만들어 자신들이 지향하는 바를 명확하고 구체적이면서도 직접적이고 일관되게 드러내고 있다. 또한 심볼 및 로고, 온라인 홈페이지와 오프라인 매장의 주요 컬러도 그린 계열로 구성하여 친환경 그린 라이프를 실천하는 자연주의 콘셉트와 높은 일관성을 보이고 있다. 설립 이후 지속적으로 성장세를 보여온 이니스프리는 2012년 글로벌 1호점을 상해에 개장한 뒤, 2013년에는 홍콩과 일본에도 매장을 열고 본격적으로 글로벌 시장에서 입지를 굳혀나가고 있다.

그림 5.22 이니스프리 브랜드 로고

메시지 속 착한 단어들을 반복, 지속 사용하여 '착한 기업'으로 포지셔닝

이니스프리는 '친환경', '녹색', '천연', '착한' 등의 키워드를 연결시켜 하나의 스토리를 이끌어내어 통합적으로 커뮤니케이션

그림 5.23 이니스프리는 SNS에서 자연의 아름다움을 담은 사진을 게시하고 기업 이미지와 연결시킴

한다. 시각적으로도 온·오프라인 구매처 및 대표 상품인 그린티 제품의 패키지에서도 이니스프리의 녹색 컬러를 일관되게 사용하고 있으며, 이니스프리에서 진행하는 다양한 사회 공헌 활동에 "그린" 또는 "클린", "에코" 등의 긍정 이미지가 자동으로 연상되는 표현을 주로 적용하고 있다. 재활용지를 활용한 포장재를 사용하는 "그린 상품"의 개발을 위해 지속적으로 노력한다는 내용, 생활 속 다양한 친환경 활동을 모은 "플레이그린", 제주 천연 성분들에 대한 연구가 진행되는 "그린뷰티 연구소", 그리고 이니스프리의 사회 공헌 활동의 방향성에 대한 "그린 프라미스", 대학생 서포터즈 집단을 지칭하는 "그린어스" 등이 그 예이다.

소셜 미디어에서도 이는 쉽게 확인할 수 있는데, 트위터는 계정명 안에 eco를 넣어 생성했고, 트위터 게시물을 올릴 때도 "에코이니"라는 명칭을 꾸준히 사용하고 게시물 중 상당수가 일상 속 그린 라이프에 대한 제안 내용이다. 페이스북 또한 적극적으로 친환경 관련 콘텐츠를 업로드하고 있으며, 인스타그램에서도 이니스프리 제품을 이용한 제품뿐 아니라 자연의 아름다움을 담은 사진도 적극적으로 게시하면서 공중들에게 자연스레 "이니스프리=그린=자연" 등의 개념이 연결될 수 있게 한다.

이처럼 제품부터 매장, 사회 공헌 활동에 이르기까지 명칭 자체에서 공중들에게 긍정의 이미지와 인식을 야기하는 단어들을 일관되게 반복 사용하여 커뮤니케이션 하면서, 이를 통해 공중들에게 자동적으로 "이니스프리=착한 기업, 긍정적 기업"의 연상이 연결되도록 유도하고 있다.

친환경 자연주의의 완성은 고객의 참여와 동참

2000년 설립 시기부터 꾸준히 친환경 자연주의의 정체성을 강조해 온 이니스프리는 관련 활동을 기업 중심에서 공중 참여형으로 발전, 진화시켜나가고 있다. 친환경 자연주의가 어렵거나 무겁고 심각한 것이 아니라 우리 일상생활 속에서 즐겁게 즐기고 실천할 수 있다는 점을 강조하고, 이는 다시 이니스프리 제품 또한 우리 일상 속에서 자연스럽게 접할 수 있는 제품이라는 인식을 자리 잡게 했다. 이니스프리는 공중들이 참여하는 활동의 난이도를 세분화, 다양화하여 "누구라도 쉽게 동참할 수 있는 이니스프리의 친환경 활동"의 인식을 형성하고 공중들의 더욱 적극적이고 자발적인 참여를 유도한다. 예를 들어 이니스프리의 웹사이트에 접속하여 각 페이지를 살펴보는 것만으로도 페이지뷰가 측정되어 "에코게이지"로 환산, 환경을 위한 기부금으로 적립된다거나, 사용한 공병을 매장에 제출하면 현금과 동일하게 사용할 수 있는 포인트로 환산해주는 간단하고 쉬운 방법부터 제시된다. 환경 보호 캠페인으로 진행되는 "에코손수건 캠페인" 또한 단순히 손수건을 사용하는 것부터 매년 새롭게 선보이는 에코손수건 디자인 콘테스트에 참여하는 것까지 공중들은 자신의 흥미와 역량에 맞춰 참여할 수 있다. 2014년부터는 여기서 더 발전하여 생활 속 사소한 친환경 습관들에 대해 공유하고, 관련 지식을 학습(예를 들어 친환경 천연 염색 클래스 등)하며 1년에 하루, 특정 장소에 모여서 다양한 친환경 관련 이벤트(예를 들어 자전거로 전기 만들기, 천연 비누 제작, 공병으로 화분 제작 등)들을 축제처럼 즐기는 "플레이그린 페스티벌"까지 진행하고 있다.

이니스프리는 이처럼 기업의 경영 철학과 비전, 사회 공헌 활동을 기업 중심으로 구성, 운영하는 것에서 진화하여 직접적 이해관계에 있는 소비자들을 비롯한 다양한 공중이 단순히 착한 소비를 넘어 기업 활동을 "함께" 만들어간다고 느끼게 하여 관여도를 높일 수 있게 유도한다.

공간도 커뮤니케이션 아이템으로 적극 활용

이니스프리는 지리적 위치도 커뮤니케이션 아이템으로 적극 활용한다. 이니스프리의 대표 상품 라인인 그린티 제품의 원료가 이니스프리의 모기업인 아모레퍼시픽의 제주 다원의 녹차 추출물을 기반으로 한다는 점에 근거하여, 설립 초기부터 제주의 청정 자연의 이미지를 이니스프리에 전이시키려 했다. 이니스프리가 제주 청정 자연의 유산(heritage)을 물려받았다는 표현을 강조하면서 이니스프리 제품의 원료는 제주 지역에서 생산된 천연 원료를 주 원료로 하는 청정한 제품임을 강조한다. 제품 원료를 연구하는 뷰티 연구소도 제주도 다원 안에 건설하고 "피부에 유익한 소재를 가장 가까이에서 개발하기 위해서"라고 설명한다. 이처럼 이니스프리는 제주 지역이 가지는 청정섬의 이미지를 기업 비전에 투영시키고, 실제 관련 공간을 형성하여 공중들이 제품을 구매하여 사용하지 않더라도 공간을 방문하는 것만으로도 기업의 정체성을 느낄 수 있게 조성했으며, 이를 다시 커뮤니케이션에 적극 활용하고 있다.

〈자료 출처〉

- 이니스프리 홈페이지: http://www.innisfree.co.kr
- 이니스프리 페이스북: https://www.facebook.com/innisfreeHQ?fref=nf
- 이니스프리 트위터: https://twitter.com/ecoinnisfree
- 이니스프리 인스타그램: http://websta.me/n/innisfreeofficial
- 박태연, 역사상 가장 신나는 친환경 페스티벌, 이니스프리 플레이 그린 페스티벌 2014, 디아이매거진. Vol.179. http://www.ditoday.com/articles/articles_view.html?idno=18779
- 플레이그린 2014 참여 후기: http://sweetsale.blog.me/220134834514

자본 14. 사회문제에 관심을 갖고 이를 해결하는 문제 해결 능력을 보여주어라

이는 기업이 조직 경영이나 마케팅 문제 이외에도 사회 문제나 공공 문제에도 관심을 갖고 이를 적극적으로 해결하려는 노력을 기울이는 기업 시민 역할을 해야 함을 의미한다.

| 사례 15 | 사회 문제에 적극 참여하고, 업계의 동참을 유도한다: 화장품 회사 러쉬

1995년에 설립되어 과일, 채소, 에센셜 오일 등 신선한 자연의 성분을 주원료로 하는 영국계 핸드메이드 화장품 회사인 러쉬LUSH는 설립 초기부터 환경 보호, 동물 실험 반대, 과대 포장 반대 등 사회적인 문제 해결에 적극 동참하고 있다. 원료 수확에서부터 제조 및 유통, 포장에 이르기까지 일관되게 유지되는 러쉬의 핵심 가치는 "신선한 핸드메이드Fresh Handmade"로 식료품 원료 구입과 유사한 방식으로 원료를 구매하고 있으며, 무방부제 제품이 전체 제품의 70% 이상을 차지하고 있다. 또한 환경 보호를 위한 제품의 고체화 개발, 포장이 없는 제품 개발을 위해 노력했으며, 1988년 고체 샴푸 바 개발로 특허권을 획득했다. 이는 과대 포장으로 인해 생성되는 쓰레기를 줄이고 환경을 보호하기 위한 러쉬의 기업 이념의 기본이 되며, 대부분 러쉬의 제품은 용기 없이 판매되며, 이는 "Go Naked Campaign"이라는 이름으로 지속적으로 공중들에게 강조되고 있다.

LUSH
FRESH HANDMADE COSMETICS

그림 5.24 러쉬 기업 로고

이러한 지속적인 노력 결과, 1995년 설립 이

후 10년 만에 전 세계 51개국에서 830개 이상의 매장에서 6천5백 명 이상의 직원들이 근무하는 글로벌 기업으로 성장했다. 국내에도 2015년 3월 기준 58개의 매장을 보유하고 있다. 또한 영국의 소비자 단체가 발행하는 매거진 『Which』에서 선정한 베스트 목욕 용품 및 화장품 분야에서 2011년과 2012년 2년 연속 1위로 선정되었고, 2011년에는 영국 제국 훈장을 수여받는 등 품질 개선과 업계의 변화, 동물, 환경, 인권과 관련한 사회 인식 개선을 위해 지속적으로 노력하고 있다.

자신들과 높은 관련성을 지니는 사회 문제와 이슈에 적극 참여

다수의 미용 제품을 생산하는 회사들은 동물 실험을 진행하여 제품의 유해성 여부를 판단하며, 미용 제품을 생산하는 러쉬 또한 동물 실험과의 연관성을 피할 수 없다. 이에 러쉬는 윤리적 생산과 판매라는 기업 철학을 반영하여, 창립 단계부터 업계의 일반적 관행인 동물 실험을 비윤리적이라 보고 매년 강도 높은 퍼포먼스와 함께 관련 시민단체들과 협업하여 강력하게 동물 실험 근절 캠페인을 벌이고 있다. 원료 구입 시에도 동물 실험을 하지 않는 회사에서만 원료를 구입하며, 최대한 동물성 재료를 사용하지 않은 비건Vegan 제품을 개발하기 위해 노력하고 있다. 온라인과 오프라인에서 동시에 "BE CRUELTY FREE"를 모토로 동물 실험을 하지 않는 제품을 사용하는 것이 곧 윤리적인 소비이자 진정한 아름다움이라는 메시지를 부각시켜왔다. 동시에 국제 키스의 날을 맞아 전 세계 50개국 매장에서 동시에 동물 실험을 하지 않고 개발된 러쉬의 이모셔널 브릴리언스Emotional Brilliance 립스틱을 바르고 키스 마크를 찍는 방식의 서명 캠페인을 진행하는 등 때론 시각적 임팩트가 크거나 사회적 이슈가 될 수 있는 퍼포먼스를 동반한 캠페인을 벌이기도 하면서 꾸준히 동물 실험 반대 캠페인과 동물 실험 금지법 제정을 위해 목소리를 높여왔다. 특히 2012년에는 러쉬 프라이즈LUSH PRIZE를 신설하여 동물 실험 반대 운동과 대체 실험에 적극적

그림 5.25 러쉬는 꾸준히 동물 실험 반대 운동을 통해 사회 문제와 이슈에 적극 참여함

인 활동을 해온 개인 및 단체에게 총 25만 파운드(한화로 약 4억5천만 원)의 상금과 상패를 수여하여, 화장품 동물 실험을 근절시키기 위해 앞장서고 있다. 현재는 글로벌 동물 보호 단체인 휴메인 소사이어티 인터내셔널HSI과 동물 보호 시민 단체 카라KaRa와 협업하여 대한민국에서 동물 실험 금지법 제정을 위해 지속적으로 노력하고 있다.

기업을 넘어, 업계의 선한 변화를 위한 지속적인 노력

러쉬는 수년간 화장품 및 음식, 연료 등에 사용되는 팜 오일Palm Oil과 이를 둘러싼 환경적, 사회적 이슈들을 지켜보았다. 그리고 무분별한 팜 오일 생산을 위해 의도적으로 놓은 불로 지구 생태계 전반에 심각한 영향을 미치는 막대한 양의 탄소가 배출되고, 환경뿐 아니라 토착민들과 오랑우탄의 서식지가 파괴되어 멸종 위기에 처했다는 것을 확인했다. 그리고 이러한 현실에 기반을 두어 팜 오일 소비를 줄이기 위해 영국 비누 베이스 제조업체인 "Kay's"와 협업하여 팜 프리Palm-Free 비누 제품을 생산하기 시작했다. 그리고 다른 소매상과 제조업자들도 팜 오일 사용을 최소 절반으로 줄일 것을 설득하는 사회적 캠페인을 환경 단체 Actively Seeking Alternatives to Palm(ASAP)와 협력하여 '러쉬 팜 프리 글로벌 액션LUSH Palm-Free Global Activities'으로 적극적으로 펼쳐나가고 있다

이처럼 러쉬는 환경, 동물, 인권 관련 사회적 이슈에 지속적으로 관심을 가지고 이를 해결하기 위해 온·오프라인 캠페인뿐 아니라, 실제 제품의 생산 과정에도 이를 반영하여 지속적으로 커뮤니케이션하고 있다. 이러한 적극적 노력과 행동으로 인해 공중들에게 착한 제품, 착한 기업으로 인식되고 있다.

〈자료 출처〉

- 러쉬코리아 홈페이지: http://www.lush.co.kr
- 러쉬프라이즈 홈페이지: http://www.lushprize.org
- 러쉬코리아 블로그: http://blog.naver.com/lushonline
- 세계 브랜드 백과(네이버 & 인터브랜드 협력 콘텐츠): http://terms.naver.com/entry.nhn?docId=1976207&cid=43168&categoryId=43168

자본 15. 기업의 사회 책임 활동과 기업 철학과 가치를 연계시켜라

이는 기업의 사회 책임 활동이 기업의 이익을 얻기 위한 전략적 마케팅 활동의 일환이라는 의심과 불신을 희석시키기 위해서는 먼저 기업의 철학과 가치가 근간이 되어야 함을 의미한다. 기업도 사회의 일원이며 사회적 책임을 갖고 있음을 인지하는 기업들은 기업의 철학과 가치로부터 사회 책임 활동을 하게 된다. 그리고 이러한 점을 커뮤니케이션함으로써 사회의 일원인 기업 시민 역할을 하고 있음을 진정성있게 보여주어야 한다.

| 사례 16 | 기업의 미션을 경영하다: 탐스 슈즈의 공익 연계 마케팅

블레이크 마이코스키Blake Mycoskie는 아르헨티나를 여행하던 중, 어린아이들이 맨발로 수 킬로미터를 걸어다니는 모습을 보게 된다. 그는 아이들이 신발이 없어 여러 질병에 노출되어 있는 것을 염려하여 해결 방법을 고민하던 중, 아르헨티나 민속화에서 영감을 얻어 신발을 만들게 된다. 이것이 곧 내일을 위한 신발TOMorrow's Shoes인 TOMS이다. 탐스 슈즈는 설립 할 때부터 신발 한 켤레가 팔릴 때마다 신발이 없는 아이들에게 한 켤레를 기부하는 시스템을 도입했다. 그리하여 불과 몇 년 만에 참신한 디자인과 착화감은 물론이고 나눔의 철학을 실천할 수 있다는 시스템이 많은 사람들로부터 사랑을 받게 되었다. 수익금의 일부를 기부하는 시스템을 차용한 기업은 많았지만, 탐스 슈즈는 One for One 기부 시스템을 차용해 유일하게 현실화시킨 기업이기 때문이다. 이로써 탐스 슈즈는 기업의 경영 철학 자체로도 명성을 얻고 있지만, 탐스 슈즈와 생각을 같이하는 소비자들과의 커뮤니케이션을 통해서 경영 철학을 견고히 하고 실천에 옮기는 힘을 얻고 있다.

나눔의 정신을 기업의 미션으로

탐스 슈즈의 미션은 기업명에서 알 수 있듯, 나눔의 정신을 통해 더 나은 내일을 만드는 것이다. 이를 실현시키기 위해 탐스 슈즈는 One for One 미션을 세우고 실행하고 있다. One for One이란 신발 한 켤레가 팔릴 때마다 한 켤레를 도움이 필요한 어린이에게 전달하는 방식이다. 또한 2011년에는 선글라스 사업을 시작하여 선글라스가 팔릴 때마다 도움이 필요한 한 사람에게 의학적 처치, 시력교정용 안경처방, 시력보존을 위한 수술을 제공하는 또 하나의 One for One을 실행하고 있다.

미션을 뒷받침하는 조직 문화

탐스 슈즈는 온라인 유통을 중심으로 하며, 굉장히 수평적이고 자유로운 분위기의 조직 문화를 보여준다. 탐스 슈즈의 본사를 보면 대형 창고 형태로 직급에 따른 개인 사무실이 주어지지 않고 모두가 같은 공간 안에서 135센티미터의 낮은 칸막이로만 분리된 채 지내고 있다. 이러한 사내 환경은 직원 모두가 직급에 상관없이 동등한 느낌이 들도록 하며 스스로 조직의 중요한 일원으로 느끼도록 만든다. 또한 낮은 칸막이는 쉽고 빠른 의사소통 환경을 만들어주고 있다. 또한 탐스 슈즈는 직함 대신에 신발이 들어간 자신만의 독창적인 닉네임을 사용하고 있다. 닉네임의 사용은 사내 서열을 없애고 보다 유연한 분위기를 만들었을 뿐 아니라 외부인과 접촉할 때에도 직급과 상관없이 가장 중요한 사람으로 대하게 만드는 효과가 있다고 한다. 탐스 슈즈는 직원들의 복지에도 많은 신경을 쓰고 있다. 더 나은 내일을 만드는 데에 가장 앞서는 사람들이 바로 직원들이기 때문이다. 같은 의미에서, 무엇보다 탐스 슈즈의 가장 중요한 조직 문화는 설립자인 마이코스키의 기업 철학을 함께 공유하는 것이다. 마이코스키 혼자만의 회사가 아닌 직원 모두가 대변인이 되도록 만들기 위해 노력하고 있다. 이러한 철학의 공유는 탐스 슈즈를 그만두는 직원이 열손가락에 꼽을 만큼 직원들의 내부 결속력을 높여주고 있다.

탐스 슈즈의 공익 연계 마케팅, 커뮤니케이션 그리고 명성

탐스 슈즈는 다른 영리 기업과 달리 광고를 집행하지 않는다. 이는 광고 집행 비용을 사회 후원 비용으로 돌아가게 하기 위한 것이며, 광고 집행 대신에 다양한 인터넷 매체를 활용한 온라인 커뮤니케이션을 진행하고 있다. 홈페이지부터 블로그, 페이스북, 트위터에 이르기까지 다양한 인터넷 매체들을 통해 탐스 슈즈의 커뮤니케이션은 이루어지고 있다. 홈페이지는 주로 신발과 선글라스를 판매하는 쇼핑몰로서의

그림 5.26 탐스 슈즈는 One for One 기부시스템을 통해 기업의 사회 책임을 실천하고 있음

기능을 담당하고 있고, 페이스북이나 트위터는 다양한 이벤트와 탐스 슈즈의 소식을 전달하는 이야기 전달 매체로 사용하고 있다. 또한 블로그의 경우에는 아홉 가지의 다양한 카테고리를 통해 탐스 슈즈의 이야기, 탐스 슈즈 소비자들의 이야기, 탐스 슈즈의 후원 이야기 등 다양한 정보를 풍부하게 담고 있다. 탐스 슈즈의 주목할 점은 유튜브 동영상을 잘 활용한다는 것이다. 탐스 슈즈는 유튜브에 독자적인 채널을 통해 지속적으로 동영상을 업로드하고 있다. 현재 200여 개가 넘는 동영상이 올라가 있고 그 내용들은 탐스 슈즈의 후원 이야기, 행사, 제품, 소비자들의 홍보 동영상 등으로 이루어져 있다. 또한 탐스 슈즈는 다양한 캠페인을 통해 소비자와의 관계성을 높이고 있다.

탐스 슈즈의 가장 대표적인 캠페인은 'One day without shoes', 즉 신발 없이 하루를 보내는 캠페인이다. 이 캠페인은 신발 없이 생활하는 아이들이 얼마나 힘들게 지내는지 그 생활을 직접 경험해보는 기회를 가지고자 맨발로 하루를 보내며, 평범한 신발 한 켤레가 아이의 삶에 어떻게 영향을 끼치고 변화를 줄 수 있는지 사람들에게 알리기 위해 시작된 캠페인이다. 2007년 미국에서 시작하여 지금은 전 세계의 지역사회 단체, 대학교 캠퍼스 또는 회사에서 개개인들이 모여 1,600개 이상의 행사를 직접 열고 250,000여 명의 사람들이 참여하고 있다. 이러한 탐스 슈즈의 캠페인들은 공중들과의 우호적인 관계를 증진시켰을 뿐 아니라, 공중들로 하여금 자발적으로 캠페인을 홍보하고 참여하게 함으로써 자연스럽게 구전 마케팅 효과까지 가져왔다.

마지막으로 탐스 슈즈의 유명인들을 활용한 커뮤니케이션은 소비자들로부터 좋은 반응을 이끌고 있다. 탐스 슈즈가 인지도를 높이게 된 계기도 데미 무어, 크리스틴 벨, 조나스 브라더스 등 유명인들이 탐스 슈즈를 직접 착용하고 홍보함으로써 이루어졌다. 그러나 여기서 중요한 것은 탐스 슈즈가 이들을 직접 모델로 고용한 것이 아니라 유명인들 스스로 자신들의 트위터, 방송 등을 통해 자발적으로 홍보대사를 담당했다는 것이라 할 수 있다. 탐스 슈즈는 기업의 비전과 미션, 그리고 제품의 일관성을 바탕으로 마케팅을 통한 커뮤니케이션을 진행하고 있다. 탐스 슈즈의 미션인 One for One 자체가 소비자와 기업, 그리고 신발후원을 받는 어린이의 커뮤니케이션을 통해서 이루어지는 것이고, 또한 탐스 슈즈의 기업 비전, 미션을 온라인의 커뮤니케이션 채널들을 통해서 소비자와 공유하고 있다. 사회 공헌 활동들이 중점이 되는 탐스 슈즈의 비전이 외부와 커뮤니케이션을 통해서 공유되고, 사회적으로 파급력과 영향력을 가지게 되면서 탐스 슈즈의 명성으로 자리잡게 된 것이다.

〈자료 출처〉
- 탐스 홈페이지: http://www.tomsshoes.co.kr
- 탐스 블로그: http://www.tomsshoesblog.co.kr

자본 16. 위기 상황에서 평소 조직의 가치와 선행을 상기시켜라

이는 위기가 발생하면 공중이 조직에 대해 평소 갖는 인식과 일치하는 긍정적인 정보를 제공하거나 조직의 선행을 상기시키는 커뮤니케이션을 활성화해야 함을 강조한다. 공중은 위기가 발생하면 왜 조직이 그런 상황이 되었는지 원인을 파악하고자 하기 때문에 그동안 조직이 수행해왔던 긍정적인 활동을 상기시키는 커뮤니케이션을 해야 한다.

| 사례 17 | 부산지방경찰청

부산지방경찰청의 관할 구역은 부산, 경남 지역이지만, 서울, 경기를 비롯해 타 지역의 공중들도 부산지방경찰청의 소셜 미디어를 즐겨 찾기로 유명하다. 이는 부산지방경찰청의 소셜 미디어가 위트 있게 사건을 해석하고, 일반인들도 이해하기 쉽게 설명을 덧붙이며 소셜 미디어를 즐겨 찾는 세대들에게 유행하는 어투나 이미지, 콘텐츠를 적극 활용하여 소통하기 때문이다. 딱딱하거나 재미없게 느껴지는 방법이나 치안 관련 팁들도 유머러스하게 멀티미디어를 활용하여 전달하여 공중들에게 친숙한 경찰의 이미지를 심어주며 고양시청, 한국민속촌과 더불어 공기관 3대 SNS 계정이라 평가되고 있다. 이를 바탕으로 국내 소셜 미디어 관련 각종 시상식에서 주요 상을 휩쓸고, 2014년 말에는 '대한민국 SNS 대상'의 공공 부문 대상을 수상하며 공공 기관 커뮤니케이션 우수 사례로 손꼽히며 부산지방경찰청에 대한 공중들의 호의적 평가와 인식에 큰 기여를 했다. 그러나 2015년 1월 초, 청장이 업무보고 자리에서 부하 직원에게 상습적으로 욕설을 포함한 폭언을 하여 이에 대해 욕설 대상 직원이 청장에게 공식 해명을 요구하는 사건이 발생했다. 언론에서는 이를 두고 대한항공 회항 사태 등과 비교하며 "상사의 갑질"이라 비난하고 퇴직경찰 모임과 시민단체에서는 청장의 퇴진을 요구하기에 이르렀다. 급기야 청장이 당사자들에게 직접 사과하고, 공식 기자회견을 통해 사과를 했음에도 공중들의 비난은 사그라지지 않았고, 소셜 미디어를 통해 공중들에게 긍정적 인식과 우호적 태도를 형성해오던 부산지방경찰청까지도 함께 비난을 받을 위기에 처하게 되었다.

위기 이슈와 거리를 두고, 강점을 커뮤니케이션에 최대한 반영하라

부산지방경찰청은 청장 관련 부정적 여론이 제기된 당일부터 약 4~5일간 페이스북 게시물을 업데이트하지 않았다. 발생한 이슈 자체가 부정적으로 확산 양상을 보이는 시점에서 기존의 밝고 유쾌한 점이 특징이었던 부산지방경찰청의 커뮤니케이션 스타일과 동일하게 포스팅을 할 경우 비난 여론이 더욱 거세질 수 있기에 이는 적절한 대응으로 볼 수 있다. 동시에 이슈와 연관된 내용은 언급 자체를 하지 않은 것 또한 기존 커뮤니케이션의 강점의 훼손을 최소화할 수 있었다고 할 수 있다. 부산지방경찰청은 청장의 공식 사과문과 기자 회견 이후 약간의 시간을 두고 다시 페이스북 포스팅을 게재했는데, 기존 커뮤니케이션의 강점이었던 유머 코드, 멀티미디어 콘텐츠 활용과 더불어 잔잔한 일상 속 감동 코드들도 적당히 강조하면서 훼손된 조직의 친근하고 경쾌한 이미지를 회복하기 위해 노력했다. 사건 당시 "그동안 쌓아온 좋은 이미지가 이번 사건으로 한방에 훼손되었다"는 반응들이 많았던 점을 빗대어, 사건 발생 약 한 달 후, 선물 받은 젠가 사진과 함께 "한 방에 훅 갈 수 있으니 조심하겠다"는 내용의 트윗을 올려 우회적으로 커뮤니케이션하는 재치를 보였다.

그림 5.27 부산지방경찰청 로고

또한 리트윗 기능이 활발히 이루어지는 트위터의 경우, 부산지방경찰청에 대한 긍정적 반응을 리트윗하고, 이후 진행된 아동 학대 근절 캠페인 또한 기존 커뮤니케이션 스타일을 반영하여 감동적이면서도 유쾌하게 커뮤니케이션했다. 또한 소셜 미디어를 통한 커뮤니케이션에 강한 조직의 특성을 활용하여 아동 학대 근절 캠페인을 본격적으로 확산시키기 위해 부산시청, 교육청, 굿네이버스 등 15개 부산 지역 기관 및 단체와 SNS 협력 체계를 구축하고 국내 최초 SNS 협업 모임인 '부애모(부산을 사랑하는 모임)'를 발족했다.

이처럼 부산지방경찰청은 직접적으로 연관되지 않은 위기 이슈와 거리를 두고, 조직의 강점이 되었던 소셜 미디어를 통한 유쾌하고 감동적인 콘텐츠 특징을 커뮤니케이션에 적극 반영하여 위기로부터 성공적으로 벗어나 조직에 대한 공중들의 긍정 인식의 훼손을 막을 수 있었다.

<자료 출처>
- 부산지방경찰청 홈페이지: http://www.bspolice.go.kr
- 부산지방경찰청 페이스북: https://www.facebook.com/BusanPolice
- 부산지방경찰청 트위터: https://twitter.com/polbusan
- 강성명(2015.01.12), 잘나가던 부산경찰, '막말' 파문으로 신뢰 흔들, 동아일보. http://news.donga.com/3/all/20150111/69030259/1
- 김영동(2015.01.09), '막말' 권기선 부산지방경찰청장 공식 사과, 한겨레. http://www.hani.co.kr/arti/society/area/672914.html
- 미디어마실(2014.12.10), 부산경찰 대한민국 SNS 대상을 받은 이유, 위키트리. http://www.wikitree.co.kr/main/news_view.php?id=199946
- 윤봉학(2014.11.26), 부산경찰청 '대한민국 소셜 미디어 대상' 공공부문 대상, 국민일보. http://news.kmib.co.kr/article/view.asp?arcid=0008893715&code=61121111&cp=nv
- 조아현(2015.02.03), 부산경찰, SNS 협력 아동학대 근절 캠페인 본격 추진, 뉴스원. http://news1.kr/articles/?2077851

자본 17. 위기가 발생하면 조직의 책임을 인정하고 적극 커뮤니케이션하라

조직이 위기 상황에 처하면 정당화나 변명, 회피 등의 태도를 보이는 것이 일상적이다. 특히 책임이 낮은 경우에는 본인의 책임을 인정하지 않는 것을 당연하다고 생각하지만, 일단 발생한 문제 상황에 대해서 기본적인 조직 책임을 인정하고 피해자에 대한 관심과 동정을 표현하는 커뮤니케이션을 보여야 한다.

| 사례 18 | 위기를 기회로, 위기 관리를 통한 명성 관리: 타이레놀의 독극물 사건 위기 관리

존슨앤존슨Johnson & Johnson은 1886년에 미국에서 시작된 기업이다. 현재의 존슨앤존슨은 소비재 부문(타이레놀 진통제, 칫솔, 반창고 등), 전문 용품(콘택트 렌즈, 수술 기구, 관절 대용품 등), 의약품(암치료제, 경구피임약 등)을 포함한 총체적인 헬스케어 글로벌 기업이다. 성공한 글로벌 기업 존슨앤존슨의 기업 역사에 있어서 가장 큰 위기를 꼽는다면, 바로 타이레놀 독극물 사건일 것이다. 1982년 9월 30일 오전 11시 30분, 미국 시카고 지역에서 27세의 가정주부 메리 라이너의 사망을 시작으로 일곱 명이 존슨앤존슨의 타이레놀을 먹고 사망하게 된다. 이 사건은 당시 캡슐 형태로 제조된 타이레놀에 누군가가 의도적으로 청산가리를 주입했고, 타이레놀 캡슐에 들은 청산가리 때문에 다수의 사망자가 발생한 사건이다. 하지만 존슨앤존슨은 사상 최대의 위기를 기회로 삼아 명성 관리에도 성공하게 된다. 타이레놀 독극물 사건이 발생 한 후, 소비자와 언론을 대상으로 한 대응을 통해서 외부 공중들은 존슨앤존슨의 경영 신조를 확실히 알 수 있게 된다. 존슨앤존슨은 한 번의 치명적인 사건으로 끝날 수도 있는 위기 상황을 기업의 경영 신조를 바탕으로 확실히 외부로 알릴 수 있는 커뮤니케이션 기회로 삼았다. 존슨앤존슨의 타이레놀사건 당시의 위기대응은 교과서적인 사례로 꼽히며 이후에도 거듭 언급되면서 존슨앤존슨의 기업 명성에 성공적인 요소로 작용했다.

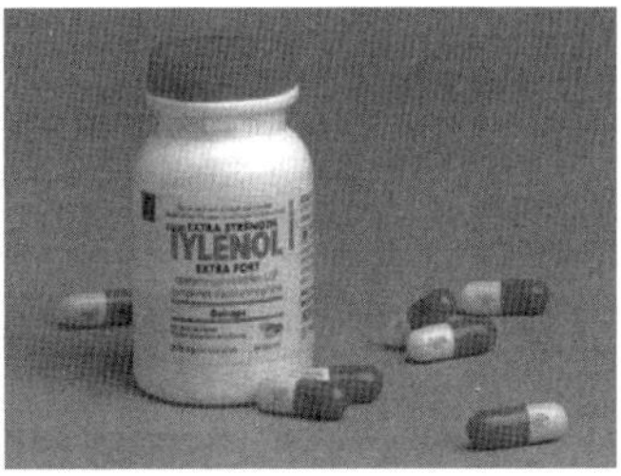

그림 5.28 존슨앤존슨은 타이레놀 독극물 위기에 성공적으로 대응하며 기업 명성을 더욱 강화함

위기 관리의 기반이 된 기업의 사명

존슨앤존슨은 1940년대 로버트 우드 존슨Robert Wood Jonhson 회장이 제정한 'Our Credo'에 따라서 풍부한 경험과 앞선 기술, 책임 경영을 바탕으로 보다 진보된 헬스 케어 전문 제품을 개발하여, 고객에게 최고 수준의 만족을 주는 것을 목표로 하고, 더 나아가 기업으로서 사

회적 책임을 다하는 것을 기업이 추구하는 가치로 삼고 있다. 존슨앤존슨의 'Our Credo'를 살펴보면 네 부분으로 구체화된다. 첫째는 상품과 서비스의 품질에 관한 것으로, 고객의 기대에 부응하기 위해서 최고의 품질을 유지한다는 것이다. 둘째는 근무 환경과 근무자들에 대한 것으로, 정당한 대우와 쾌적한 근무 환경을 제공하여 근무자들이 더 책임감있게 근무할 수 있도록 돕는다는 것이다. 셋째는 지역 사회와 세계 공동체에 대한 부분으로, 기업은 지역 사회의 발전과 건강, 교육을 위하여 힘써야 하며 모든 시설을 최상의 상태로 유지하고, 더 나아가 환경과 천연 자원을 보호하는 것이다. 넷째로는 회사의 주주와 관련된 책임이다. 기업은 건전한 방법으로 수익을 내기 위하여 노력해야 하며, 새로운 장비, 새로운 시설, 새로운 상품 개발에 힘써야 함을 강조한다. 또한 위기에 대비한 대책을 가져야 하며 이러한 원칙들에 의거하여 기업을 운영하여, 기업의 주주들이 정당한 이익을 배당받을 수 있도록 노력해야 한다는 것이다. 존슨앤존슨의 이러한 신조는 타이레놀 독극물 사건과 같은 위기 상황에서 실제로 적용되면서 빛을 발하게 된다. 그리고 이런 경영 철학이 기업의 위기 대응을 통해서 외부 공중에게 드러나게 되고, 이는 곧 존슨앤존슨의 명성이 된다.

존슨앤존슨이 마주한 위기와 위기 관리

타이레놀은 독극물 사건이 일어날 당시 진통제 시장의 35.3%를 점유하고 있었는데, 바이엘, 버퍼린, 아나신 등 타 진통제를 모두 합한 시장 점유율보다 높은 점유율을 보유하고 있었다. 타이레놀은 6년 만에 무려 204%나 되는 매출 상승을 보이며 업계 1위를 유지했다. 이러한 성장의 결과 타이레놀은 존슨앤존슨사 전체 매출의 7%나 차지하게 되었다. 이렇게 업계에서 명성을 쌓아가고 있던 때에, 타이레놀 독극물 사건이 발생하게 된다. 82년 9월 29일에 같은 시카고 지역에서 타이레놀을 먹고 2명이 사망하고, 다음날 추가적으로 3명이 사망했고, 그 다음날인 10월 1일에도 2명이 추가적으로 사망하면서 총 7명이 사망하게 된다. 사건 조사 결과 타이레놀 제조 과정에서는 아무런 결함이 없었고, 존슨앤존슨 기업의 책임도 없는 것으로 밝혀졌다. 유통 과정에서 의도적으로 독극물을 주입한 것이 원인이었기 때문에 제품 자체와 제조사에는 문제가 없다는 것이었다. 하지만 존슨앤존슨은 책임을 받아들여, 10월 1일 즉각적으로 모든 생산과 광고를 중단하고 전국적으로 타이레놀 사용금지 광고를 집행했다. 존슨앤존슨은 미국 전역의 타이레놀 제품을 리콜하게 된다. 또한 사건이 발생한 첫날부터 회사는 미디어를 통해 독극물 사건의 전모를 세세하게 브리핑했다. 심지어 제조 과정에 문제가 없고 회수한 타이레놀 100여만 병 중에서 75정만 독극물에 오염되었다는 검사 결과가 나온 뒤에도 지속적인 방송을 통해 "현재 집에 타이레놀이 있다면 복용하지 말고 회사에 신고해달라"고 설득했다. 또한 언론에 공표하는 비용으로 10억 달러가 넘게 지출되었지만 그들의 입장을 고수했다. 결과적으로는 타이레놀의 제품 형태 자체가 바뀌고 포장 용기가 바뀌는 등 생산 과정 자체를 개선하도록 했다.

위기를 기회로, 즉시 그리고 투명하게 커뮤니케이션하라

존슨앤존슨은 위기가 발생했을 때 신속하게 대응을 하면서 외부에 일관적이고 개방적으로 정보를 제공하는 방식으로 커뮤니케이션했다. 또한 책임의 유무 여부를 떠나서 사건에 깊이 관여하면서 공감하는 커뮤니케이션을 취했다. 존슨앤존슨의 타이레놀 독극물 사건 대응방식을 살펴보면 존슨회장이 제정한 Credo가 반영돼있다. 막대한 비용을 지출하면서 불안을 조성할 수 있는 제품을 전량 수거하고, 제품의 생산 과정을 전면적으로 바꾸는 결정은 결코 쉽지 않은 것이다. 또한 거듭 기자회견을 통해서 내부의 정보를 외부 공중과 공유하는 모습을 보였고, 불안에 떨고 있는 소비자를 포함한 외부 공중과 충분히 커뮤니케이션하여 불안감을 최소화시켰다. 이러한 커뮤니케이션의 결과로 당시 소비자들은 사건 자체에 대한 불안감은 높았지만, 존슨앤존슨은 아무런 책임이 없다고 말하는 소비자가 90% 이상을 차지하며 존슨앤존슨에 긍정적 태도를 보였다.

〈자료 출처〉

- 존슨앤존슨 홈페이지: http://www.jnj-korea.co.kr
- 옛날 신문 〈'음료수, 진통제'살인사건〉: http://navercast.naver.com/contents.nhn?rid=47&contents_id=15109
- 이동성(2010). 한미 기업의 위기관리 커뮤니케이션 사례비교 연구. 한양대학교 언론정보대학원. 석사학위논문

자본 18. 위기시 소셜 미디어를 통하여 상호 작용을 강화하라

이는 위기 상황에서 쌍방성과 신속성, 정확성을 갖춘 소셜 미디어의 매체 특성을 적극 활용하여 2차 위기 확산을 예방하라는 것을 의미한다.

| 사례 19 | 공중이 분노를 표출할 장소를 제공하고 신속하게 정보를 제공한다: 니베아

특유의 파란색 원과 흰색의 심플한 고딕체 로고로 잘 알려져 있는 니베아NIVEA는 1911년 설립된 스킨케어 브랜드로, 스킨 케어, 바디 케어, 립 케어 제품 등을 제조, 판매해오고 있다. 니베아의 시초가 된 니베아 크림은 이삭 리프슈츠 박사가 개발한 유화제 성분인 유세릿을 활용해 탄생했다. 1960년대 경제 부흥기라는 시대적 상황에 따라 여가를 즐기는 바캉스족 증가에 맞춰 니베아는 선스크린 및 선 케어 제품을 확대, 생산하기 시작했고 1980년대 유럽 소비자들을 대상으로 조사한 결과, 소비자의 높은 신뢰를 받는 것을 확인할 수 있었다. 1911년 설립 이후 지금까지 총 500여 종의 파생 제품을 생산, 판매하고 있으며, 특

히 데오도란트의 경우 국내 시장에서 70%가 넘는 점유율을 차지하고 있으며, 립 케어 제품 또한 입술 보습 제품의 대명사격으로 인식되고 있다.

그림 5.29 니베아 브랜드 로고

2011년 니베아는 잡지 『에스콰이어*Esquire*』에 게재한 남성 용품 인쇄 광고에서 수염을 잘 깎은 흑인 남성이 마치 아프리카 원시인 같은 덥수룩한 헤어스타일의 머리 모형을 집어 던지려는 동작 위에 "자신을 문명화하라Re-civilize yourself"라는 카피로 인해 위기를 맞게 된다. 해당 광고에 대해 많은 소비자들은 인종차별적이라고 비난했고, 당시 니베아의 전속 모델이었던 유명 R&B 가수 리한나Rihanna는 니베아와 의절하겠다고 밝히기까지 했다. 당시 니베아의 페이스북에는 "내 헤어스타일은 (광고 속에서 던져버리려는 스타일처럼) 자연스럽지만 박사학위를 가지고 있다. 대체 누가 '문명화'가 필요하단 말인가? 난 니베아를 더 이상 사용하지 않을 것이다"와 같이 성난 소비자들의 비난 댓글이 폭주했다.

소셜 미디어를 통해 빠르게 대응하고, 분노를 표출할 장소를 제공하라

니베아는 공개적으로 사과를 한 뒤, 광고를 철수하고, 자사의 공식 페이스북 계정과 연동된 페이스북 페이지를 개설했다. 페이스북 페이지에서 니베아는 "해당 광고가 많은 이들을 불쾌하게 만들었으며 우리는 이를 진심으로 유감스럽게 생각한다. 우리는 이런 사실을 알게 된 후 해당 광고를 모든 마케팅 활동에서 즉시 삭제했다"며 다시 한 번 해명 및 사과 글을 올리고 해당 페이지를 통해 관련 이슈에 대한 사과 메시지를 지속 전달했다. 이를 통해 소비자들의 관심이 해당 페이지에 쏠리게 하여, 이슈가 다른 소셜 미디어나 온라인 채널을 통해 급속도로 퍼지는 것을 일정 수준 이하로 차단하도록 유도했다.

〈자료 출처〉

- 바이어스도르프 홈페이지: http://www.beiersdorf.com
- 니베아 코리아 홈페이지: http://www.nivea.co.kr
- 소비자 반응 유튜브 영상: http://youtu.be/mfjqOCF-7Bc (Nivea's "Re-civilize yourself" ad: Response from the "uncivilized" consumer)
- 세계 브랜드 백과(네이버 & 인터브랜드 협력 콘텐츠): http://terms.naver.com/entry.nhn?docId=1995875&cid=43168&categoryId=43168
- Tiffany Hsu(2011.08.19), Nivea's 're-civilize' ad called racist; company apologizes, Los Angeles Times. http://latimesblogs.latimes.com/money_co/2011/08/nivea-re-civilize-ad.html
- Ariane(2011.08.27),Nivea Says Recivilize Yourself, BlackNaps.org. http://blacknaps.org/2011/08/27/nivea-recivilize-yourself

| 사례 20 | 신속한 확산은 위기이면서 동시에 기회이다: 제트블루

1999년 설립된 제트블루Jet Blue는 미국의 저가 항공사로 2011년 9·11 테러 이후에도 여전히 수익을 내는 몇 안 되는 항공사로 주목받았으며, 설립 이후 약 7년간 고속 성장을 했다. 설립 이후 제트블루는 온라인 및 소셜 미디어로 인해 대표적인 위기가 두 번 발생했는데 한 번은 2007년 폭설로 인한 결항으로 피해를 본 승객의 블로그 포스팅으로, 또 다른 한 번은 2009년 메모리얼 데이 연휴를 맞아 탑승하려던 승객의 트위터 멘션 때문이었다. 그러나 두 번의 위기 모두, 제트블루의 신속하고 정확한 해결책이 제시되며 진정성 있는 대응을 통해 더 이상 확산되지 않을 수 있었으며, 이후 기업들의 온라인 및 소셜 미디어 대응의 표본처럼 회자되게 되었다.

쌍방향성을 활용하여 진정성을 어필하라

2007년 2월 14일 시카고 지역의 갑작스런 폭설로 인해 비행기가 결항되었으나, 통신 장애로 승객들에게 결항 사실이 제대로 전달되지 않

그림 5.30 미국 저가 항공사 제트블루는 소셜 미디어로 위기에 효과적으로 대응함

았다. 제트블루의 비행기 10여 대는 약 9시간여 동안 비행장 활주로에 갇혀 있어야 했고, 승객들은 비행기 안에서 자세한 안내 없이 거의 탈진 상태에 이르게 된다. 이후 활주로에 내려서 공항 안으로 돌아온 이후에도 승객들은 자세한 안내 사항이나 공지를 받지 못한 채 하염없이 기다리게 되었다. 이에 피해 승객 2명이 승객들이 공항 바닥에서 잠을 자고 있는 모습, 공항 화장실에서 부득이하게 씻는 모습 등을 사진으로 찍고, 1분짜리 동영상으로 찍어 "공항의 인질들"이라는 제목으로 페이스북과 트위터에 업로드했다. 이에 트위터에 부정적 글이 빠른 속도로 확산되었고, 제트블루의 신속하지 못한 대응은 각종 부정적 패러디 영상과 콘텐츠 양산을 야기했다. 제트블루 측은 TV를 통해 사과 방송을 내보냈으나, 트위터와 페이스북을 통한 확산을 막기에는 역부족인 상황이 되었다. 이에 제트블루의 CEO인 데이비드 닐레만은 사건 발생 후 일주일 뒤인 2월 22일 자사가 운영하는 블로그에 "제트블루 고객들에게"라는 제목의 글을 올려 사과를 전달하고, 사과 내용과 함께 고객들이 기존 사과 방송을 보고 불만을 제기했던 재발 방지를 위한 구체적 노력에 대한 내용을 "고객 권리 장전"이라는 형태로 메시지화한 동영상으로 만들어 자신의 블로그와 유튜브에 업로드('Our promise to you', http://youtube.com/watch?v=-r_PIg7EAUw)했다. 그리고 자사 홈페이지의 초기 화면에 고객 권리 장전 동영상이 뜨도록 했다. 이를 접한 공중들은 자신의 블로그에 해당 영상의 링크를 걸기 시작했고, 사과 자체는 늦었으나, 구체적 해결 및 개선 방안에 대한 빠른 대응에 대한 긍정적 반응을 온라인상에서 확산시키기 시작했다. 이를 통해 제트블루는 일방적 사과 영상을 내보내었던 TV 방송 때보다 더욱 호의적인 공중들의 반응을 유도해낼 수 있었으며, 해당 위기 또한 단시간 내에 진정시킬 수 있었다.

19분은 분노를 감사로 바꾸기에 충분한 시간이다

첫 번째 사건 이후 제트블루는 소셜 미디어에서의 정확하고 빠른 대응의 중요성에 대해서 인식하게 된다. 그러던 중 2009년 5월 워싱턴에 거주하는 토니 웨그너가 메모리얼 데이 연휴를 보내기 위해 샌프란시스코행 비행기를 예약했는데, 자신의 좌석이 딸과 아내와 떨어져 배정받은 것을 확인하고 이를 고객 서비스 센터에 수차례 항의했다. 그러나 고객 서비스 센터에서는 신속하게 대응하지 못하고 문제를 해결해주지도 않았다. 이에 분노한 웨그너는 자신의 트위터에 이와 관련하여 분노와 불만을 표출하는 멘션을 올리게 된다. 트위터 대응팀을 운영하던 제트블루측은 곧바로 이 같은 사실을 파악하고, 웨그너의 트윗에 올라온 지 19분 만에 가족이 함께 앉을 수 있게 좌석을 조정하는 조치를 취했다. 제트블루 측의 신속한 조치에 웨그너는 다시 자신의 트윗에 감사의 인사를 전하는 멘션을 올리게 되고, 이를 지켜본 공중들은 제트블루에 대해 더욱 호의적인 반응을 보이게 되었다.

이처럼 제트블루는 예상치 못하게 발생하는 위기 상황에 대해 신속하고 빠르게 대응하고 문제의 원인을 해결하는 모습을 보임으로써 자칫 작은 이슈가 크게 확산되어 현재의 제트블루 고객뿐 아니라 광범위한 잠재 고객이 기업에 대한 호의와 충성도를 잃고 떠나는 것을 막고,

도리어 긍정적 이슈를 확산할 수 있었다.

〈자료 출처〉

- 제트블루 홈페이지: http://www.jetblue.com
- 제트블루 트위터: https://twitter.com/jetblue
- 김상범(2007.03.19), '블로그 마케팅시대' 기업들이여 파워블로거가 되라, 한국일보. http://daily.hankooki.com/lpage/business/200703/wk20070319164830370060.htm
- 심재석(2009.07.23), 트위터의 두 얼굴, 기업에겐 기회와 위기, 디지털데일리. http://www.ddaily.co.kr/news/article.html?no=52354
- 위키 백과: http://ko.wikipedia.org/wiki/%EC%A0%9C%ED%8A%B8%EB%B8%94%EB%A3%A8_%ED%95%AD%EA%B3%B5
- 결항 사태 언급 티스토리: http://peak15.tistory.com/31

참고 문헌

강문정·차희원(2007). 기업 명성과 공중의 이슈 프레임이 기업 정당성 인식에 미치는 영향: 삼성의 경영권 승계 이슈를 중심으로. 『한국언론학보』, 51(2), 479-507.

강지현·송정명·전익기(2013). 국내 기업의 스포츠를 통한 CSR 활동과 소비자태도, 기업평판, 사회적 연결감 및 구매의도의 구조적 관계. 『한국체육과학회지』, 22(1), 545-563.

강태희·차희원(2010). 기업 문화의 유형이 기업 명성에 미치는 영향. 『한국언론학보』, 54(1), 205-227.

구자은(2011). 홈페이지의 대화적 관계를 통한 조직—공중관계성이 조직의 이미지에 미치는 영향. 『언론과학연구』, 11(4), 138-173.

권예지·차유리·유현재(2014). 웹 공간 이용만족도와 기관 명성 간의 관계. 『홍보학연구』, 18(1), 70-106.

김경란(2009). 광고와 퍼블리시티의 이중 혜택—기업 명성과 매출액: 그 효과와 시너지에 대한 평가. 『광고학연구』, 20(2), 57-79.

김금희·김지호(2013). 얼굴 근전도를 활용한 브랜드 명성과 제품품질에 따른 감정 및 평가. 『광고학연구』, 24(2), 175-202.

김대영(2014). 평판 분야의 국내 연구에 대한 내용분석. 『대한경영학회지』, 27(11), 1903-1921.

김무곤·김소진(2009). 기업의 도덕성 위기 상황에서 공중의 CSR활동에 대한 인식이 기업 명성과 브랜드태도에 미치는 영향. 『광고연구』, 83, 313-337.

김민주(1996). 연구논문: 호텔 종업원의 조직동일시에 영향을 미치는 선행요인.

『관광학연구』, 19(2), 133-148.
김병철·이철한(2011). 담배회사의 사회 공헌활동 효과 연구: 제품사용 여부, 공헌 유형, 부합성을 중심으로. 『한국광고홍보학보』, 13(4), 5-37.
김상훈·유승엽(2013). 현대모비스의 사회 공헌활동 캠페인 사례분석: 어린이 교통안전 투명우산 나눔과 주니어공학교실(노벨프로젝트) 캠페인을 중심으로. 『광고학연구』, 24(7), 217-232.
김소연·성민정(2010). 기업의 위기 이력과 평판이 공중의 위기 커뮤니케이션 전략 평가에 미치는 영향: 식품 사고를 중심으로. 『광고학연구』, 21(2), 81-105.
김수연·김인기·김유별(2013). 기업의 CSR커뮤니케이션 효과 분석 연구: 프로그램 유형(기업의 일방적 기부, 소비자 참여형)과 매체(신문기사, 소셜 미디어)의 활용을 중심으로. 『광고학연구』, 24(6), 167-190.
김수현·이한준·서용무·한진영(2013). 다차원척도법에 의한 기업이미지 제고를 위한소셜 미디어 활용방안. 『한국데이터정보과학회지』, 24(3),427-436.
김영욱·이의연(2006). 조직-공중 관계성이 위기와 이미지 회복전략에 대한 인식에 미치는 영향. 『한국커뮤니케이션학』, 14(4), 83-101.
김영화(2014). 기업의 사회적 책임활동이 이익조정 및 기업가치에 미치는 영향. 『세무회계연구』, 40, 147-163.
김용재·김종완·이재연(2013). 조직평판과 조직동일시가 직무만족에 미치는 영향. 『기업경영연구』, 52, 67-84.
김원형(2002). 조직 동일시와 조직 몰입의 선행변수와 결과 변수간의 인과 관계 모형. 『한국심리학회지: 산업 및 조직』, 15(2), 83-121.
김유경·이효복·강소영(2013). 해외홍보방송이 국가브랜드 가치 제고에 미치는 영향에 관한 연구 아리랑 TV의 방송효과를 중심으로. 『광고연구』, 98, 115-153.
김윤애·박현순(2008). 메시지 제시 형태(광고, 퍼블리시티, 블로그)에 따른 설득효과 차이: 설득지식모델을 적용하여. 『한국언론학보』, 52(5), 130-159.
김윤진·이현우(2011). 기업의 사전 명성과 위기 커뮤니케이션 전략이 위기 발생 후 명성과 위기인식에 미치는 효과 연구. 『홍보학연구』, 15(2), 5-39.
김재범·최믿음(2013). 정치인 이미지 구성 요인과 유권자의 투표 행위. 『광고연구』, 98, 154-183.
김재휘·김정애(2010). 위기대처 커뮤니케이션과 "소비자-기업"간 긍정적 관계가 기업의 신뢰성에 미치는 영향. 『한국광고홍보학보』, 12(1), 394-423.

김정섭·박주연(2014). 엔터테인먼트 기업의 사회적 책임(CSR) 활동에 관한 전문가 인식 연구. 『한국방송학보』, 28(1), 131-166.

김정현·김은미·이준웅(2013). 공영채널 브랜드 자산 결정요인으로서의 프로그램 품질 연구. 『홍보학연구』, 17(2), 111-132

김주호·윤성준·이은정(2011). 소비자의 기업 메세나 인지로 인한 메세나 효과가 광고평가에 미치는 영향. 『광고연구』, 91, 277-312.

김중인·박범순(2014). CSR 유형들이 기업 평판에 미치는 영향력의 차이: 개인주의-집단주의 성향의 조절효과. 『광고학연구』, 25(7), 53-80.

김지예·황성욱(2014). 한·미 기업 페이스북 CSR 포스팅에 나타난 메시지 전략 비교연구: 홀/홉스테드의 문화이론을 중심으로. 『광고학연구』, 25(2), 29-51.

김찬석·황성욱(2014). 공중의 성향, 정책-공중 관계성, 행위변인 간의 PR 효과 모형. 『광고연구』, 102, 5-34.

김찬아·신호창·조삼섭(2009). 정부기관의 평판을 구성하는 요인과 정책 간의 관계에 대한 연구: 교육부와 교육정책을 중심으로. 『홍보학연구』, 13(2), 133-165.

김현정·손영곤(2012). 콜센터 종업원의 커뮤니케이션 만족 및 조직풍토 인식이 조직평판에 미치는 영향: 파견회사 콜센터 종업원의 근무회사에 대한 지각을 중심으로. 『홍보학연구』, 16(3), 5-61.

김현정·손영곤(2013). 소셜 미디어를 통한 조직-공중 간 공중관계성 강화를 위한 모색: 삼성의료원 소셜 미디어를 통한 공중관계성 영향력 분석을 중심으로. 『홍보학연구』, 17(3), 278-339.

김혜자·성민정(2011). 대학 졸업생의 모교에 대한 평판 인식과 기부 경험, 기부 동기가 모교 기부의도에 미치는 영향: 조직 일체감과의 관계를 중심으로. 『홍보학연구』, 15(4), 79-114.

김효숙(2010). 위기 상황에서 부정적 보도의 강도에 따라 평판의 면역효과는 어떻게 달라지는가?. 『한국언론학보』, 54(1), 275-292.

김효숙·양성운(2014). 조직-공중 관계성 이론의 발전 과정과 미래 연구 방향에 대한 고찰. 『홍보학연구』, 18(1), 476-515.

김찬중·조준희(2013). 윤리경영과 조직성과의 관계에서 직무만족과 기업이미지의 매개효과. 『기업경영연구』, 47, 43-61.

남화정·차희원(2011). 기업블로그의 대화 커뮤니케이션이 고객만족도와 충성도에 미치는 영향: 인지된 상호 작용성과의 비교를 중심으로. 『홍보학연구』,

15(2), 40-82.
문성준·강승훈·박선홍(2013). 스포츠 스타가 자부심과 국가이미지에 주는 영향. 『스피치와 커뮤니케이션』, 22, 162-189.
문효진·심인(2010). 은행 기업의 아이덴티티와 동일시, 기업 평판과의 관계에 관한 연구. 『한국광고홍보학보』, 12(1), 356-393.
박명호·장영혜(2013). 브랜드위기의 부정적 효과: 인지, 감정 그리고 행동적 측면을 중심으로. 『경영연구』, 28(4), 139-172.
박성수(2011). 조직-공중관계성과 경찰이미지. 『한국경찰학회보』, 30, 93-117.
박성용·이진용·현소은(2013). 브랜드자산 구성 요소들의 순차적 효과 검증에 관한 연구. 『광고학연구』, 24(6), 43-67.
박성화·조정열·박정선(2013). 국가 브랜드 제고를 위한 전통문화 자산에 대한 인식연구. 『한국광고홍보학보』, 15(1), 323-350.
박수정·차희원(2009). 기업 명성과 기업의 사회적 책임 활동의 동기와 적합성이 위기 시 기업 정당성 인식에 미치는 영향. 『한국언론정보학보』, 45, 496-532.
박주형·김흥규(2011). 기업 위기에 대한 공중의 인식 유형과 위기 커뮤니케이션에 관한 연구: 석면 위기를 중심으로. 『광고학연구』, 22(7), 35-60.
박종철·이상엽·이철한(2011). 기업의 사회적 책임활동이 기업 이미지에 미치는 영향. 『광고학연구』, 22(4), 179-201.
박현일·김민정·강호영·이원기(2013). 기업의 사회적 책임수준에 따른 기업가치와 기업 명성 차이. 『재무와 회계정보 저널』, 13(1), 201-219.
배소희·이세진(2014). 기업 위기 상황에서 사회 공헌활동 유형에 따른 광고 효과 연구. 『광고학연구』, 25(2), 185-208.
배지양(2012). 사회 공헌활동에서의 이미지전이효과 분석: 비리에 연루된 비영리기관과 연계한 영리기업의 이미지, 브랜드태도, 구매의도를 중심으로. 『광고학연구』, 23(7), 7-34.
배현미. (2008). 기업의 사회책임활동 (CSR) 이 기업명성에 미치는 영향. 『한국광고홍보학회 춘계학술발표논문집』, 2008(단일호), 1-28.
백경민(2013). 연구논문: 한국 기업 내 사회적 책임 전담 부서의 설치. 조사연구, 14(3), 191-211.
백진숙(2006). 사과광고의 메시지 유형에 따른 공중의 반응 연구. 『한국광고홍보학보』, 8(2), 184-229.
변상호·정성은(2013). 대기업 권력이 SNS 공간에서 의사표현 위축에 미치는 영향.『한국언론학보』, 57(5), 190-213.

서구원·진용주(2008a). 기업의 사회적 책임(CSR) 유형이 기업평판, 사회적 연결감 및 구매의도에 미치는 영향: 대학생의 실증 연구.『광고학연구』, 19(4), 149-163.

서구원·진용주(2008b). 기업의 사회적 책임(CSR) 유형과 기업 평판의 관계에 대한 대학생과 일반인의 비교.『광고학연구』, 19(6), 195-209.

서용구·김보영(2013). 디자인, 브랜드, 명성을 기반한 기업 이미지 무형자산 강화 요인에 관한 연구.『디자인학연구』, 26(2), 235-253.

서용수·이현우(2014). 중국에서 한국 기업의 CSR 활동이 기업평판, 기업-정부 관계 및 정부 지원의도에 미치는 영향에 관한 연구.『한국광고홍보학보』, 16(2), 303-333.

서지원·차희원(2010). 기업의 이슈소유권이 위기커뮤니케이션 수용에 미치는 영향.『한국언론학보』, 54(6), 287-314.

성민정·김윤지·천정호·신서하·안세희(2012). 조직의 위기 이력과 위기 커뮤니케이션 전략이 공중의 위기 인식과 평가에 미치는 영향.『한국광고홍보학보』, 14(2), 331-358.

송연희 (2008). 기업의 이슈소유권이 기업 명성에 미치는 영향과 이슈 두드러짐의 조절효과. 이화여자대학교 대학원 석사학위논문.

신호창·양성운·차희원·이종혁(2007). US news coverage of South Korean events: Newsworthiness and media reputation.『광고학연구』, 18(4), 233-257.

신호창·조삼섭·김찬아(2008). 정부기관의 이미지 구성 요소 및 측정 척도 개발을 위한 실증 연구.『한국광고홍보학보』, 10(1), 268-291.

안대희·한기장(2011). 외식기업의 SNS(Social Networking Service) 품질이 브랜드명성과 품질만족 및 구매의도에 미치는 영향.『외식경영연구』, 14(4), 169-188.

안아림·민동원(2013). 기부 프레이밍과 수혜자 수, 그리고 성별이 공익 연계 마케팅 효과에 미치는 영향.『광고학연구』, 24(6), 121-141

안윤영·장진호(2007). 재무분석가의 명성과 이익예측 허딩 간의 관계.『한국경영학회 학술발표논문집(단일호)』, 1-25.

안주아·황경아·윤석년(2011). 기업의 사회 공헌 활동에 대한 소비자 인식 분석.『한국언론정보학보』, 56, 237-256.

양윤·윤정화(2013). 기업의 사회적 책임, 기업 명성, 사회적 가치지향이 브랜드 태도에 미치는 영향. 『한국심리학회지: 소비자, 광고』, 14(3), 409-426.
양진호·박상봉(2014). 기업평판이 회사몰입과 이직의도에 미치는 영향에 관한 연구. 『경영과 정보연구』, 33(2), 1-12.
여준상·송환웅(2010). 심적 시뮬레이션과 브랜드 명성이 제품 평가에 미치는 영향. 『광고학연구』, 21(1), 85-97.
오재신·김대업(2013). PB 제품에 대한 지각된 가치, 고객만족, 그리고 재구매의도의 관계: 유통업자 명성과 지각된 위험의 조절효과 중심으로. 『유통경영학회지』, 16(5), 15-28.
우승균·설상철·정성광(2013). 지역 원산지 명성과 브랜드 인지도가 구매의도에 미치는 영향: 구매목적의 조절효과를 중심으로. 『소비문화연구』, 16(3), 99-117
우형진(2013). 지상파 방송사 CSR 활동 및 채널 품질에 대한 수용자 인식이 채널 브랜드 자산에 미치는 영향에 관한 연구. 『방송문화연구』, 25(2), 7-36.
유건우·손용석(2012). 기업 명성이 확장제품 평가에 미치는 영향. 『마케팅연구』, 27(3), 73-95.
유장현·심경환·이호배(2011). CSR 관련 퍼블리시티가 기업이미지에 미치는 영향. 『광고학연구』, 22(1), 197-216.
유지수·조삼섭(2008). 기업의 사회 공헌활동 뉴스보도 유형이 기업이미지에 미치는 영향. 『광고학연구』, 19(2), 43-78.
유창하(1991, 4월). 환경문제에 관한 신문보도의 사례연구. 한국언론학회 심포지움 및 세미나, 1-13.
윤각·류지영(2011). CSR 활동의 내부 마케팅 효과 연구-기업 명성과 임직원들의 직무만족을 중심으로. 『홍보학연구』, 15(3), 41-76.
______(2012). CSR 활동과 내부평판이 임직원들의 직무만족도에 미치는 영향: 내부 마케팅 실행요인을 중심으로. 『광고학연구』, 23(1), 71-92.
윤각·이은주(2014). 기업의 사회적 책임(CSR)과 공유가치창출(CSV)의 효과에 관한 연구: 자기효능감과 관여도를 중심으로. 『광고학연구』, 25(2), 53-72.
윤각·조재수(2005). 부정적 언론 보도로 인한 위기 상황이 해당 기업과 브랜드의 명성에 미치는 영향: CSR (기업의 사회 공헌) 활동의 매개 역할을 중심으로. 『홍보학연구』, 9(2),196-220.
______(2007). 기업의 사회적 책임활동 인식에 영향을 미치는 요인들에 관한 연

구. 『광고연구』, 75, 163-186.
윤영민(2007). 수용자의 관점에서 본 위기커뮤니케이션 전략: 공중은 조직의 위기커뮤니케이션 전략을 어떻게 평가하고 있는가?. 『한국언론학보』, 51(5), 424-442.
이건호·최윤정·안순태·차희원·임소혜(2013). 커뮤니케이션과 사회. 이화출판.
이경렬·최일도(2007). 온라인 커뮤니티의 브랜드 자산 형성 과정에 대한 연구: 이용동기와 몰입과 브랜드 자산의 구조적 관계를 중심으로. 『광고학연구』, 18(5), 23-38.
이경렬(2004). CEO 이미지의 브랜드적 가치에 관한 연구: CEO 이미지의 구성요소 및 기업 가치에 미치는 영향을 중심으로. 『홍보학연구』, 8(1), 161-191.
이명천·송병원·김요한(2013). 홍보대사와 캠페인 간 적합성이 행동의도에 미치는 영향. 『광고연구』, 99, 105-129.
이미혜·손동영(2013). 기업의 파워블로그 (power blog) 스폰서쉽 (sponsorship)이 정보신뢰도 및 구매의도에 미치는 영향. 『광고학연구』, 24(7), 67-86.
이병종(2010). 뉴욕타임스에 나타난 한국의 이미지 변화 추이 연구: 한국의 소프트 파워를 중심으로. 『홍보학연구』, 14(3), 150-184.
이상경·이명천(2006a). 기업 위기 대응 수단으로 선택한 사과가 공중에 수용되는 과정에서 CEO 이미지의 역할에 관한 연구: 삼성과 현대자동차 사회헌납 발표와 수용을 중심으로. 『홍보학연구』, 10(1), 125-161.
______(2006b). 기업위기에서 기업 이미지가 사과의 수용, 책임 귀인, 반복성 판단에 미치는 영향: 삼성, 현대 자동차 CEO 위기를 중심으로. 『홍보학연구』, 10(2), 198-232.
______(2007). 기업의 제품 관련 위기 유형과 대응 전략별 효과에 관한 연구. 『한국광고홍보학보』, 9(3), 186-218.
이석규·김경식·오상문(2007). e-브랜드개성 요인에 관한 연구. 『광고학연구』, 18(1), 87-109.
이선희·김은미(2012). 소셜 네트워크 서비스 지속 이용에 관한 연구. 『사이버커뮤니케이션 학보』, 29(3), 121-161.
이선희·백상기·장병희·윤해진·문성철(2013). 지상파채널의 브랜드 확장이 모브랜드 평가에 미치는 영향. 『한국언론정보학보』, 61, 28-51.
이세진·배소희·정수현(2011). 기업의 위기유형에 따른 사회 공헌활동의 효과 연구. 『광고연구』, 89, 66-86.

이완수·김찬석(2012). 기업 PR을 위한 이미지 개념의 성찰과 탐색. 『홍보학연구』, 16(3), 98-131.
이원식·차근호(2007). DEA를 활용한 공항운영자의 명성경쟁력 평가지수에 관한 연구. 『경영학연구』, 36(1), 205-227.
이원준·이한석(2012). 소비자의 부정적 브랜드 루머의 수용과 확산. *ASIA MARKETING JOURNAL*, 14(2), 65-96.
이윤하·최인호·염정윤·정세훈(2013). CSR 메시지에서 내러티브와 영상 이미지의 설득 전략 효과에 관한 연구. 『스피치와 커뮤니케이션』, 22, 66-100.
이정화·차희원(2008). 기업-공중 관계성과 공중 프레임이 기업 명성에 미치는 영향. 『한국언론학보』, 52(6), 258-281.
이준일·우소영·배현미(2007). 기업자산으로서 기업 공중관계성과 기업이미지 가치에 대한 연구. 『광고학연구』, 18(4), 53-81.
이준희·차희원(2014). 이슈소유권, 위기책임성인식, 그리고 대응전략 제시순서에 따른 정서와 위기커뮤니케이션 효과. 『한국언론학보』, 58(4), 5-41.
이지은·전연희·전주언(2013). 브랜드 위기가 브랜드 평가에 미치는 영향: 브랜드 선택을 위한 행동투자 매몰비용(BISC)과 리콜 유형을 중심으로. 『광고학연구』, 24(5), 137-156.
이진용·이유나·이현경·박건희(2013). 한국의 국가 브랜드 이미지 차별화 전략에 대한 연구: 설문응답자의 소속 국가 특성 및 자기범주화에 따른 한-중-일 국가브랜드이미지 인식비교를 중심으로. 『광고학연구』, 24(2), 145-174.
이철한·김병철(2011). 명성과 사회 공헌활동의 부합성이공중의 기업 사회 공헌활동 평가에 미치는 영향연구. 『홍보학연구』, 15(3), 77-101.
이철한·차희원(2005). 기업자산으로서의 기업 명성가치 연구. 『한국언론정보학보』, 30, 203-237.
이현우·김소윤·손승우(2010). 기업 위기 상황에서의 환심 사기 전략의 효과. 『홍보학연구』, 14(1), 5-32.
이현지·정동훈(2013). 트위터와 페이스북의 이용중단의도에 관한 연구. 『한국언론학보』, 57(4), 269-293.
이효복·김유경(2011). 기업 명성과 브랜드 자산의 관계에 관한 연구: 기업 명성이 브랜드 자산에 미치는 영향을 중심으로. 『광고학연구』, 22(2), 97-127.
임채관·정성호(2010). 기능성 화장품의 IMC 활동과 브랜드 이미지가 고객 만족 및 고객 애호도에 미치는 영향. 『홍보학연구』, 14(3), 185-233.

장성빈(2004, 4월). 기업 명성 관리 적용사례. 『한국 PR 학회 학술발표논문집』(단일호), 144-155.
장우성(2008). 공영방송 (KBS 와 MBC) 내부직원의 기업 아이덴티티와 평판 간의 관계: 조직 일체감의 매개효과를 중심으로. 『한국광고홍보학보』(구 한국광고학보), 10(1), 58-98.
장우성·문윤택(2012). SNS (트위터와 페이스북) 브랜드개성과 충성도에 관한 탐색적 연구. 『한국광고홍보학보』, 14(2), 359-387.
장우성·한은경(2007). 기업 아이덴티티, 이미지, 평판간의 관계에 대한 상호지향적 접근. 『광고연구』, 75, 213-245.
장우성·노순석·계상진(2009). 화장품 브랜드 평판과 정서적 충성도, 행동적 충성도 간의 관계 및 정서적 충성도의 매개효과 검증 연구. 『광고학연구』, 20(5), 131-153.
장영혜·박명호·김상우(2011). 기업 명성, 제품판단 및 소비자 적개심과 외국산 제품의 구매 의도간의 구조적 관계. 『경영연구』, 26(3), 21-46.
장정헌·김선호(2014). 공감, 책임귀인, 그리고 분노가 이타적 처벌 의사에 미치는 영향. 『한국언론학보』, 58(5), 97-122.
장현지·차희원(2013). 조직원 간 대인 커뮤니케이션이 기업 명성에 미치는 영향-조직-사원 관계성 및 조직 동일시의 매개효과. 『홍보학연구』, 17(4), 135-186.
전종우·김지은·천용석(2013). 비주얼 아이덴티티와 슬로건이 도시 브랜드 자산에 미치는 영향: 소비자 인지와 개성, 원산지 제품을 중심으로. 『광고학연구』, 24(5), 7-28
전종우·이서용·고헌(2013). 모브랜드 평가 및 준사회적 상호 작용이 종합편성 채널 브랜드 자산에 미치는 영향. 『광고연구』, 96, 221-248.
전종우·천용석·이서용(2013). 해외 빌보드 광고가 국내 소비자의 브랜드 글로벌성 인식과 브랜드 판단에 미치는 영향. 『언론과 사회』, 21(4), 194-237.
전종우·김정렴·천용석·배영한(2015). 지상파의 CSR 이미지가 기업 평판과 채널 충성도에 미치는 영향: 상업방송 SBS를 중심으로. 『광고학연구』, 26(1), 187-206.
전홍민·차승민(2013). 기업의 사회적 책임활동이 신용등급에 미치는 영향. 『세무와 회계 저널』, 14(6), 203-225.
조수영·김선정(2011). 기업이미지, 제품 특성과 CSR 유형의 일치/불일치에 따른 수용자 설득효과. 『한국광고홍보학보』, 13(3), 509-538.
조영신·정세훈(2013). 소셜 미디어를 이용한 사회 공헌 활동 PR 에서 활동 주체와 전달 정보원에 따른 설득효과 연구 설득지식모형을 중심으로. 『한국광고홍보학보』, 15(4), 38-72.
조재수(2013). 적합성과 일관성에 대한 인식이 CSR활동에 대한 소비자들의 평가에 미치는 영향: 구조적 관계를 중심으로. 『광고학연구』, 24(8), 277-299.
주효진·김태희(2012). 소셜 미디어의 이용 동기가 기업이미지에 미치는 영향: 코레일 트위터를 중심으로. 『지방정부연구』, 16(3), 51-67.
진범섭·조문희(2013). 조직의 사회적 자본이 투명성과 신뢰에 미치는 영향력에 관한 연구. 『한국광고홍보학보』, 15(2), 37-64.
진용주·윤천석·유재웅(2014). 국가지도자의 공신력(Credibility)이 국가평판(Reputation) 에 미치는 영향—한국 국가지도자에 대한 중국인의 태도를 중심으로. 『정치커뮤니케이션 연구』, 32, 325-355.
진용주(2014). 국가지도자가 국가평판과 제품태도에 미치는 효과—한국과 중국의 국가지도자에 대한 대학생들의 인식 비교. 『브랜드디자인학연구』, 12(2), 5-16.
진용주·유재웅(2010). 국내 기업의 사회적 책임 활동에서 환경보호 주제와 사회복지 주제가 기업평판과 사회적 연결감에 미치는 영향에 대한 비교분석. 『홍보학연구』, 14(1), 185-216.
전찬수·강준상(2012). 사회체육 경영, 관리: 프로야구단의 사회 공헌활동이 모(母) 기업 명성 및 브랜드태도에 미치는 영향—SK 와이번스 야구단을 중심으로. 『한국사회체육학회지』, 50(1), 157-166.
차희원(2002). 위기유형과 관계관리에 따른 위기 커뮤니케이션 전략 연구. 『홍보학연구』, 6(2), 189-232.
______(2004a). 공중 관여도와 미디어 신뢰도에 따른 기업 명성의 미디어 의제설정 효과 연구. 『한국언론학보』, 48(6), 274-303.
______(2004b). 기업 명성의 개념 정립과 한국형 명성지수개발에 관한 연구. 『광고연구』, 64, 259-289.
______(2005). 기업이미지와 기업 명성이 조직-공중 관계성과 기업 슈퍼브랜드에 미치는 영향. 『광고연구』, 68, 171-199.
______(2006). 미디어 명성(Media Reputation)과 이슈명성(Issue Reputation)이 기업 명성(Corporate Reputation)에 미치는 영향. 『한국언론학보』,

50(5), 297-327.

______(2011). 기업 명성과 커뮤니케이션 특성간 관련성. 『한국언론학보』, 55(4), 187-214.

______(2012). 기업 커뮤니케이션의 네트워크 구조와 기업 명성간 관련성. 『한국언론정보학보』, 60, 75-103.

차희원 · 김찬아(2010). 기업 커뮤니케이션 자본지수 개발 연구. 『한국언론학보』, 54(2), 57-86.

차희원 · 신호창(2007). 국가명성(National Reputation)과 문화 간 커뮤니케이션. 『한국언론정보학보』, 39, 506-543.

차희원 · 양정은(2004). PR과 기업 명성의 관련성에 대한 연구: PR의 개념, 기능 및 PR 팀 역할을 중심으로. 『홍보학연구』, 8(1), 216-255.

차희원 · 임유진(2014). 조직 문화가 기업 명성과 재무적성과에 미치는 영향: 사내 커뮤니케이션의 매개효과를 중심으로. 『광고학연구』, 25(8), 269-292.

차희원 · 김훈순 · 배지양(2007). 금융권 이상적 이미지, 정보원 신뢰도 및 이슈 중요도인식과 금융기업 명성 간 관련성. 『홍보학연구』, 11(2), 89-125.

차희원 · 장서진 · 장현지(2013). 공중 프레임, 고정관념, 트위터의 재매개(remediation)가 국가명성에 미치는 영향. 『한국언론정보학보』, 62, 286-314.

차희원 · 조은영 · 백상기(2013). 공중외교적 관점에서 본 재외동포의 모국 미디어 이용과 모국 명성의 관계. 『한국언론학보』, 57(3), 189-220.

천덕희(2014). 온라인 여행업의 웹사이트 명성, 지각된 위험, 신뢰, 구매의도간의 관계 연구. 『관광연구』, 28(6), 21-39.

천만봉(2013). 외국기업의 현지화와 CSR 활동에 관한 연구: 신뢰도, 몰입도, 기업평판의 매개효과를 중심으로. 『기업경영연구』, 20(2), 103-123.

천정호 · 성민정(2011). 기업의 위기 커뮤니케이션 전략과 정보원, 메시지 전달 유형에 따른 커뮤니케이션 효과. 『광고연구』, 91, 378-414.

최경규 · 이건희(2012). 한국에 진출한 다국적 기업 자회사의 무형자원이 경영 성과에 미치는 영향에 관한 연구. 『국제경영리뷰』, 16(4), 37-62.

최승범 · 김지현 · 김윤경(2014). 기업의 사회적 책임활동 평가에 소비자의 내적 성향이 미치는 영향. 『한국언론학보』, 58(3), 462-492.

최애정 · 조수영(2011). 기업의 CSR 수행에 영향을 미치는 요인들 우연성 이론의 적용. 『홍보학연구』, 15(2), 116-148.

최영택 · 김상훈(2013). 소셜 미디어(SNS)를 활용한 기업의 PR 활동에 관한 연구 — 소셜 미디어 및 기업특성을 중심으로. 『홍보학연구』, 17(3), 37-76.

최원주(2010). 기업 이미지 관리를 위한 기업광고의 전략적 접근. 『주관성연구』, 20, 41-58

최준혁(2011). 기업의 사회적 책임 활동이 공중관계성과 반기업정서에 미치는 영향. 『홍보학연구』, 15(3), 102-143.

하영원·안희경·박용완·김경미(2004). 부정적 언론보도가 기업에 대한 소비자의 태도에 미치는 영향. 『경영학연구』, 33(1), 241-272.

한은경·이보영(2013). 평판자본의 개념 및 구성에 관한 소고. 『광고연구』, 96, 384-419.

한은경·이보영·문효진(2007). 연예인 평판의 척도개발에 관한 연구. 『한국방송학보』, 21(5), 297-338.

한은경·장우성(2010). 증권사 평판 구성요인 탐색 및 고객 충성도와의 관계에 관한 연구. 『광고학연구』, 21(2), 151-174.

한정호·조삼섭(2009). 기업위기발생시 기업 명성과 공중관계성이 공중들의 위기인식과 결과인식에 미치는 영향에 관한 연구. 『한국언론학보』, 53(3), 82-100.

한정호·최승범·곽형주(2013). 위기 상황에서 기업 문화스폰서십 활동의 '완충효과'에 관한 연구. 『홍보학연구』, 17(3), 188-234.

한종선·이병관·안은미(2012). 공익 연계 광고에서 기업과 공익활동의 관련성이 광고 및 기업태도에 미치는 효과 연구: 자기해석의 조절적 역할을 중심으로. 『한국광고홍보학보』, 14(4), 5-38.

황유선(2013). 트위터 활용과 사회자본과의 관계. 『한국언론학보』, 57(6), 94-120.

황장선·임지은(2013). 기업의 전략적 커뮤니케이션 수단으로서의 SNS: 한-미간 주요 기업 페이스북 팬페이지의 내용분석. 『광고학연구』, 24(4), 143-178.

Abratt, R., & Kleyn, N.(2012). Corporate identity, corporate branding and corporate reputations: Reconciliation and integration. *European Journal of Marketing*, 46(7-8), 1048-1063.

Agnihotri, A.(2014). Mass-Media-based Corporate Reputation and Firms' Market Valuation — Evidence from Emerging Markets. *Corporate Reputation Review*, 17(3), 206-218.

Albert, S., & Whetten, D. A.(1985). Organizational identity. *Research in Organizational Behavior*, 7, 263-295.

Alessandri, S. W.(2001). Modeling corporate identity: A concept explication and theoretical explanation. *Corporate Communications*, 6(4), 173-182.

Alessandri, S. W., Yang, S. U., & Kinsey, D. F.(2006). An integrative approach to university visual identity and reputation. *Corporate Reputation Review*, 9(4), 258-270.

Alvesson, M.(1990). Organization: from substance to image?. *Organization Studies*, 11(3), 373-394.

______(2001). Knowledge work: Ambiguity, image and identity. *Human Relations*, 54(7), 863-886.

Anagondahalli, D.(2013). Prior reputation and the transition from image repair to image makeover: The case of Hosni Mubarak. *Public Relations Review*, 39(3), 241-244.

Anastasiadis, S.(2014). Toward a View of Citizenship and Lobbying Corporate Engagement in the Political Process. *Business & Society*, 53(2), 260-299.

Ang, S. H., & Wight, A. M.(2009). Building intangible resources: The stickiness of reputation. *Corporate Reputation Review*, 12(1), 21-32.

Angell, S. I., & Mordhorst, M.(2014). National Reputation Management and the Competition State: The cases of Denmark and Norway. *Journal of Cultural Economy*, 8(2), 184-201.

Ansolabehere, S., & Iyengar, S.(1994). Riding the wave and claiming ownership over issues: The joint effects of advertising and news coverage in campaigns. *Public Opinion Quarterly*, 58(3), 335-357.

Argenti, P. A.(1996). Corporate communication as a discipline toward a definition. *Management Communication Quarterly*, 10(1), 73-97.

Argenti, P. A., & Druckenmiller, B.(2004). Reputation and the corporate brand. *Corporate Reputation Review*, 6(4), 368-374.

Ashforth, B. E., & Mael, F.(1989). Social identity theory and the organization. *Academy of Management Review*, 14(1), 20-39.

Ashforth, B. E., & Gibbs, B. W.(1990). The double-edge of organizational legitimation. *Organization Science*, 1(2), 177-194.

Atakan-Duman, S., & Ozdora-Aksak, E.(2014). The role of corporate social responsibility in online identity construction: An analysis of Turkey's banking sector. *Public Relations Review*, 40(5), 862-864.

Aula, P.(2010). Social media, reputation risk and ambient publicity management. *Strategy & Leadership*, 38(6), 43-49.

______(2011). Meshworked reputation: Publicists' views on the reputational impacts of online communication. *Public Relations Review*, 37(1), 28-36.

Avraham, E., & First, A.(2013). Towards a new model of narrative transformation: from the American myth to the Green myth. *Communication Theory*, 23(1), 67-90.

Bae, J., & Cameron, G. T.(2006). Conditioning effect of prior reputation on perception of corporate giving. *Public Relations Review*, 32(2), 144-150.

Baksh-Mohammed, S., Callison, C., & Choi, M.(2012). Positive influence of organizational charitable involvement on perceptions of credibility and purchase intention. *Public Relations Review*, 38(3), 498-500.

Balmer, J. M. T.(1997). *Corporate identity: past, present and future*. Glasgow, UK: University of Strathclyde.

______(1998). Corporate identity and the advent of corporate marketing. *Journal of Marketing Management*, 14(8), 963-996.

______(2001). Corporate identity, corporate branding and corporate marketing-seeing through the fog. *European journal of marketing*, 35(3-4), 248-291.

Balmer, J. M. T., & Gray, E. R.(2003a). Corporate brands: what are they? What of them?. *European Journal of Marketing*, 37(7-8), 972-997.

Balmer, J. M. T., & Gray, E. R.(2003b). Corporate identity and corporate communications: creating a competitive advantage, in Balmer, J. M. T., & Greyser, S. A.(Eds.), *Revealing the corporation: perspectives on identity, image, reputation, corporate branding, and corporate-level marketing*(pp. 124-135). Routledge.

Balmer, J. M. T., & Greyser, S. A.(Eds.).(2003a). *Revealing the corporation: perspectives on identity, image, reputation, corporate branding, and corporate-level marketing*. Routledge.

Balmer, J. M. T., & Greyser, S. A.(2003b). Managing the multiple identities of the Corporation, in Balmer, J. M. T., & Greyser, S. A.(Eds.), *Revealing the corporation: perspectives on identity, image, reputation, corporate branding, and corporate-level marketing*(pp. 15-29). Routledge.

Bantimaroudis, P., & Zyglidopoulos, S. C.(2014). Cultural Agenda Setting: Salient Attributes in the Cultural Domain. *Corporate Reputation Review*, 17(3), 183-194.

Barnett, M. L., Jermier, J. M., & Lafferty, B. A.(2006). Corporate reputation: The definitional landscape. *Corporate Reputation Review*, 9(1), 26-38.

Barney, J. B.(1986). Organizational culture: Can it be a source of sustained competitive advantage?, *Academy of Management Review*, 11(3), 656-665.

______(1991). Firm resources and sustained competitive advantage. *Journal of Management*, 17(1), 99-120.

Bélanger, É., & Meguid, B. M.(2008). Issue salience, issue ownership, and issue-based vote choice. *Electoral Studies*, 27(3), 477-491.

Bennett, R., & Gabriel, H.(2001). Corporate reputation, trait covariation and the averaging principle-The case of the UK pensions mis-selling scandal. *European Journal of Marketing*, 35(3-4), 387-413.

Bennett, R., & Kottasz, R.(2000). Practitioner perceptions of corporate reputation: an empirical investigation. *Corporate Communications: An International Journal*, 5(4), 224-235.

Benoit, W. L.(2007). Own party issue ownership emphasis in presidential television spots. *Communication Reports*, 20(1), 42-50.

Benoit, W. L., & Airne, D.(2005). Issue ownership for non-presidential television spots. *Communication Quarterly*, 53(4), 493-503.

Berens, G., & van Riel, C. B.(2004). Corporate associations in the academic literature: Three main streams of thought in the reputation measurement literature. *Corporate Reputation Review*, 7(2), 161-178.

Berens, G., van Riel, C. B. M., & van Bruggen, G. H.(2005). Corporate associations and consumer product responses: The moderating role of corporate brand dominance. *Journal of Marketing*, 69(3), 35-48.

Berger, P. L., & Luckmann, T.(1966). *The social construction of reality*. Garden City, NY: Anchor.

Bergh, D. D., Ketchen, D. J., Boyd, B. K., & Bergh, J.(2010). New frontiers of the reputation—Performance relationship: Insights from multiple theories. *Journal of Management*, 36(3), 620-632.

Bick, G., Jacobson, M. C., & Abratt, R.(2003). The corporate identity management process revisited. *Journal of Marketing Management*, 19(7-8), 835-855.

Bolton, S. C., Kim, R. C. H., & O'Gorman, K. D.(2011). Corporate social responsibility as a dynamic internal organizational process: A case study. *Journal of Business Ethics*, 101(1), 61-74.

Bortree, D. S., & Seltzer, T.(2009) Dialogic strategies and outcomes: An analysis of environmental advocacy groups' Facebook profiles. *Public Relations Review*, 35(3), 317-319.

Botan, C.(1997). Ethics in strategic communication campaigns: The case for a new approach to public relations. *The Journal of Business Communication*, 34(2), 188-202.

Bourdieu, P.(1986). The forms of capital, in J. Richardson(Ed.). *Handbook of theory and research for the sociology of education*(pp. 241-258). New York, NY: Greenwood.

Boyd, B. K., Bergh, D. D., & Ketchen, D. J.(2010). Reconsidering the reputation—performance relationship: A resource-based view. *Journal of Management*, 36(3), 588-609.

Brammer, S. J., & Pavelin, S.(2006). Corporate reputation and social performance: The importance if fit. *Journal of Management Studies*, 43(3), 435-455.

Bravo, V., Molleda, J. C., Dávila, A. F. G., & Botero, L. H.(2013). Testing cross-national conflict shifting theory: An analysis of Chiquita brands' transnational crisis in Colombia. *Public Relations Review*, 39(1), 57-59.

Brazeal, L. M., & Benoit, W. L.(2008). Issue ownership in congressional campaign television spots. *Communication Quarterly*, 56(1), 17-28.

Bromley, D. B.(1993). *Reputation, image and impression management*. Hoboken, NJ: John Wiley & Sons, Inc.

______(2001). Relationships between personal and corporate reputation. *European Journal of Marketing*, 35(3/4), 316-334.

______(2002). Comparing corporate reputations: League tables, quotients, benchmarks, or case studies?. *Corporate Reputation Review*, 5(1), 35-50.

Brown, B., & Logsdon, J. M.(1997). *Factors influencing Fortune's corporate reputation for Community and Environmental Responsibility*. in Proceedings of the 8th Annual Meeting of the International Association for Business and Society, Destin, FL.

Brown, N. A., & Billings, A. C.(2013). Sports fans as crisis communicators on social media websites. *Public Relations Review*, 39(1), 74-81.

Brown, T. J., & Dacin, P. A.(1997). The company and the product: corporate associations and consumer product responses. *Journal of Marketing*, 61(1), 68-84.

Brown, T. J., Dacin, P. A., Pratt, M. G., & Whetten, D. A.(2006). Identity, intended image, construed image, and reputation: An interdisciplinary framework and suggested terminology. *Journal of the Academy of Marketing Science*, 34(2), 99-106.

Brønn, P. S.(2007). Relationship outcomes as determinants of reputation. *Corporate Communications: An International Journal*, 12(4), 376-393.

Brunk, K. H.(2010). Reputation building: beyond our control? Inferences in consumers' ethical perception formation. *Journal of Consumer Behaviour*, 9(4), 275-292.

Buhmann, A., & Ingenhoff, D.(2015). The 4D model of the country image: An integrative approach from the perspective of communication management. *International Communication Gazette*, 77(1), 102-124.

Camerer, C., & Vepsalainen, A.(1988). The economic efficiency of corporate culture. *Strategic Management Journal*, 9(S1), 115-126.

Carmeli, A., & Tishler, A.(2005). Perceived organizational reputation and organizational performance: An empirical investigation of industrial enterprises. *Corporate Reputation Review*, 8(1), 13-30.

Carroll, C. E.(2004). How the mass media influence perceptions of corporate reputation: Exploring agenda-setting effects within business news coverage. Unpublished PhD Thesis, University of Texas at Austin, TX.

______(2010). Should firms circumvent or work through the news media?. *Public Relations Review*, 36(3), 278-280.

______(Ed.).(2013). *The Handbook of Communication and Corporate Reputation*. Hoboken, NJ: John Wiley & Sons, Inc.

Carroll, C. E., & McCombs, M.(2003). Agenda-setting effects of business news on the public's images and opinions about major corporations. *Corporate Reputation Review*, 6(1), 36-46.

Caruana, A.(1997). Corporate reputation: Concept and measurement. *Journal of Product and Brand Management,* 6(2), 109-118.

Casado, A. M., Peláez, J. I., & Cardona, J.(2014). Managing corporate reputation: A perspective on the Spanish Market. *Corporate Reputation Review*, 17(1), 46-63.

Caves, R. E., & Porter, M. E.(1977). From entry barriers to mobility barriers: Conjectural decisions and contrived deterrence to new competition. *The Quarterly Journal of Economics*, 241-261.

Caywood, C. L.(2013). Corporate reputation and the discipline of integrated marketing communications, in Carroll, C. E.(Ed.), *The Handbook of Communication and Corporate Reputation* (pp. 74-103), Hoboken, NJ: John Wiley & Sons, Inc.

Cedrola, E., & Battaglia, L.(2013). Country-of-origin effect and firm reputation influence in business-to-business markets with high cultural distance. *Journal of Global Scholars of Marketing Science*, 23(4), 394-408.

Cha, H., Song, Y., & Kim, J. R.(2010). Effects of issue ownership and issue obtrusiveness on corporate reputation at two Korean Corporations.

Public Relations Review, 36(3), 289-291.

Cha, H., Suh, J. W., & Kim, J. R.(2015). The effect of issue obtrusiveness, issue congruence, and response strategies on the acceptance of crisis communication messages. *Asian Journal of Communication*, DOI: 10.1080/01292986. 2014. 978878.

Chaudhri, V.(2014). Corporate social responsibility and the communication imperative: Perspectives from CSR managers. *International Journal of Business Communication*, 51(2), 1-24.

Chen, H.(2012). Medals, media and myth of national images: How Chinese audiences thought of foreign countries during the Beijing Olympics. *Public Relations Review*, 38(5), 755-764.

Chen, N.(2012). Branding national images: The 2008 Beijing Summer Olympics, 2010 Shanghai World Expo, and 2010 Guangzhou Asian Games. *Public Relations Review*, 38(5), 731-745.

Cho, S., Huh, J., & Faber, R. J.(2014). The influence of sender trust and advertiser trust on multistage effects of viral advertising. *Journal of Advertising*, 43(1), 100-114.

Choi, J.(2012). A content analysis of BP's press releases dealing with crisis. *Public Relations Review*, 38(3), 422-429.

Choi, Y. & Lin, Y.(2009). Consumer Responses to Mattel Product Recalls Posted on Online Bulletin Boards: Exploring Two Types of Emotion. *Journal of Public Relations Research*, 21(2), 198-207.

Chong, M.(2009). Employee participation in CSR and corporate identity: insights from a disaster-response program in the Asia-Pacific. *Corporate Reputation Review*, 12(2), 107-119.

Chua, A. A., & Pang, A.(2012). US government efforts to repair its image after the 2008 financial crisis. *Public Relations Review*, 38(1), 150-152.

Chun, R.(2005). Corporate reputation: Meaning and measurement. *International Journal of Management Reviews*, 7(2), 91-109.

Chung, J. Y., Lee, J., & Heath, R. L.(2013). Public relations aspects of brand attitudes and customer activity. *Public Relations Review*, 39(5), 432-439.

Cian, L., & Cervai, S.(2014). Under the reputation umbrella: An integrative and multidisciplinary review for corporate image, projected image, construed image, organizational identity, and organizational culture. *Corporate Communications: An International Journal*, 19(2), 182-199.

Ciftcioglu, A.(2010). The relationship between perceived external prestige and turnover intention: An empirical investigation. *Corporate Reputation Review*, 13(4), 248-263.

Claeys, A. S., & Cauberghe, V.(2012). Crisis response and crisis timing strategies, two sides of the same coin. *Public Relations Review*, 38(1), 83-88.

Claeys, A. S., Cauberghe, V., & Vyncke, P.(2010). Restoring reputations in times of crisis: An experimental study of the Situational Crisis Communication Theory and the moderating effects of locus of control. *Public Relations Review*, 36(3), 256-262.

Clampitt, P. G., &Downs, C. W.(1993). Employee perceptions of the relationship between communication and productivity: A field study. *Journal of Business Communication*, 30(1), 5-28.

Clardy, A.(2012). Organizational reputation: Issues in conceptualization and measurement. *Corporate Reputation Review*, 15(4), 285-303.

Coleman, J. S.(1988). Social capital in the creation of human capital. *American Journal of Sociology*, 94, S95-S120.

Coombs, W. T.(1999) Information and compassion in crisis responses: A test of their effects. *Journal of Public Relations Research*, 11(2), 125-142.

______(2007). Protecting organization reputations during a crisis: The development and application of situational crisis communication theory. *Corporate Reputation Review*, 10(3), 163-176.

______(2013). Situational theory of crisis: Situational crisis communication theory and corporate reputation, in Carroll, C. E. (Ed.), *The Handbook of Communication and Corporate Reputation* (pp.262-278). John Wiley & Sons, Inc.

Coombs, W. T., & Holladay, S. J.(2001). An extended examination of the crisis situations: A fusion of the relational management and symbolic approaches. *Journal of Public Relations Research*, 13(4), 321-340.

______(2002). Helping crisis managers protect reputational assets: Initial tests of the situational crisis communication theory. *Manage Communication Quarterly*, 16(2), 165-186.

______(2008). Comparing apology to equivalent crisis response strategies: Clarifying apology's role and value in crisis communication. *Public Relations Review*, 34(3), 252-257.

______(2011). An exploration of the effects of victim visuals on perceptions and reactions to crisis events. *Public Relations Review*, 37(2), 115-120.

______(2012a). Privileging an activist vs. a corporate view of public relations history in the US. *Public Relations Review*, 38(3), 347-353.

______(2012b). The paracrisis: The challenges created by publicly managing crisis prevention. *Public Relations Review*, 38(3), 408-415.

______(2012c). Fringe public relations: How activism moves critical pr toward the mainstream. *Public Relations Review*, 38(5), 880-887.

Corley, K.G., Harquail, C.V., Pratt, M.G., Glynn, M.A., Fiol, C.M. and Hatch, M. J.(2006). Guiding organizational identity through aged adolescence, *Journal of Management Inquiry*, 15(2), 85-99.

Cornelissen, J. P.(2006). Metaphor and the dynamics of knowledge in organization theory: A case study of the organizational identity metaphor, *Journal of Management Studies*, 43(4), 683-709.

Cravens, K. S., & Oliver, E. G.(2006). Employees: The key link to corporate reputation management. *Business Horizons*, 49(4), 293-302.

Curtin, P. A.(1999). Reevaluating public relations information subsidies: Market-driven journalism and agenda-building theory and practice. *Journal of Public Relations Research*, 11(1), 53-90.

Cutlip, S. M., Center, A. H., & Broom, G. M.(2006). *Effective Public Relations* (9th ed.). Englewood Cliffs, NJ: Pearson Education, Inc.

Dalton, J., & Croft, S.(2003). *Managing corporate reputation: The new currency*. London, UK: Thorogood.

David, P., Kine, S., & Dai, Y.(2005). Corporate social responsibility practices, corporate identity, and purchase intention: A dual-process model. *Journal of Public Relations Research*, 17(3), 291-313.

Davidsson, J. B., & Marx, P.(2013). Losing the issue, losing the vote: Issue competition and the reform of unemployment insurance in Germany and Sweden. *Political Studies*, 61(3), 505-522.

Davies, G.(2003). *Corporate Reputation and Competitiveness*. London, UK: Routledge.

Davies, G., & Chun, R.(2002). Gaps between the internal and external perceptions of the corporate brand. *Corporate Reputation Review*, 5(2-3), 144-158.

Davies, G., & Miles, L. (1998). Reputation management: theory versus practice. *Corporate Reputation Review*, 2(1), 16-27.

Davies, G., Chun, R. & da Silva, R. V.(2001) The personification metaphor as a measurement approach for corporate reputation, *Corporate Reputation Review*, 4(2), 113-127.

Davies, G., Chun, R., daSilva, R., & Roper, S.(2003). *Corporate Reputation and Competitiveness*, London, UK: Routledge.

DeAndrea, D. C.(2014). Advancing warranting theory. *Communication Theory*, 24(2), 186-204

De Castro, G. M., López, J. E. N., & Sáez, P. L.(2006). Business and social reputation: Exploring the concept and main dimensions of corporate reputation. *Journal of Business Ethics*, 63(4), 361-370.

Deephouse, D. L.(2000). Media reputation as a strategic resource: An integration of mass communication and resource-based theories. *Journal of Management*, 26(6), 1091-1112.

Deephouse, D. L., & Carter, S. M.(2005). An examination of differences between organizational legitimacy and organizational reputation. *Journal of Management Studies*, 42(2), 329-360.

Deephouse, D. L., & Suchman, M.(2008). Legitimacy in organizational institutionalism. In Greenwook, R. Oliver, C. Suddaby, R. & Sahlin-Adersson, K.(Eds.), *The Handbook of organizational institutionalism* (pp. 49-77), Thousand Oaks, CA: Sage.

De la Sabaté, J. M. F., & de Puente, E. D. Q.(2003). The concept and measurement of corporate reputation: an application to Spanish financial intermediaries. *Corporate Reputation Review*, 5(4), 280-301.

Delmas, M. A., & Grant, L. E.(2014). Eco-labeling strategies and price-premium the wine industry puzzle. *Business & Society*, 53(1), 6-44.

Del Vecchio, P., Laubacher, R., Ndou, V., & Passiante, G.(2011). Managing corporate reputation in the blogosphere: The case of Dell computer. *Corporate Reputation Review*, 14(2), 133-144.

De Moya, M., & Jain, R.(2013). When tourists are your "friends": Exploring the brand personality of Mexico and Brazil on Facebook. *Public Relations Review*, 39(1), 23-29.

Denhardt, R. B.(1987). Images of death and slavery in organizational life. *Journal of Management*, 13(3), 529-541.

Den Hond, F., Rehbein, K. A., De Bakker, F. G. A., & Lankveld, H. K.(2014). Playing on two chessboards: Reputation effects between Corporate Social Responsibility (CSR) and Corporate Political Activity (CPA). *Journal of Management Studies*, 51(5), 790-813.

Dhalla, R.(2007). The construction of organizational identity: Key contributing external and intra-organizational factors. *Corporate Reputation Review*, 10(4), 245-260.

DiFonzo, N., & Bordia, P.(1998). A tale of two corporations: Managing uncertainty during organizational change. *Human Resource Management*, 37(3-4), 295-303.

DiMaggio, P. J., & Powell, W. W.(1983). The iron cage revisited: institutional isonorphism and collective rationality in organization fields. *American Sociological Review*, 48(2), 147-160.

DiStaso, M. W.(2012). The annual earnings press release's dual role: An examination of relationships with local and national media coverage and reputation. *Journal of Public Relations Research*, 24(2), 123-143.

DiStaso, M. W., McCorkindale, T., & Wright, D. K.(2011). How public relations executives perceive and measure the impact of social media in their organizations. *Public Relations Review*, 37(3), 325-328.

Dolezal, M., Ennser-Jedenastik, L., Müller, W. C., & Winkler, A. K.(2014). How parties compete for votes: A test of saliency theory. *European Journal of Political Research*, 53(1), 57-76.

Dowling, G. R.(1986). Managing your corporate images. *Industrial Marketing Management*, 15(2), 109-115.

______(2001). *Creating corporate reputations: Identity, image, and performance*. Oxford, UK: Oxford University Press.

______(2004). Corporate reputations: Should you compete on yours? *California Management Review*, 46(3), 19-36.

______(2006). How good corporate reputations create corporate value, *Corporate Reputation Review*, 9(2), 134-143.

Dowling, G., & Moran, P.(2012). Corporate Reputations: Built in or Bolted on?. *California Management Review*, 54(2), 25-42.

Du Plessis, N., & Grobler, A. F.(2014). Achieving sustainability through strategically driven CSR in the South African retail sector. *Public Relations Review*, 40(2), 267-277.

Duhe, S. C.(2009). Good management, sound finances, and social responsibility: Two decades of U.S. corporate insider perspectives on reputation and the bottom line. *Public Relations Review*, 35(1), 77-78.

Dutton, J. E., & Dukerich, J. M.(1991). Keeping an eye on the mirror: Image and identity in organizational adaptation. *Academy of Management Journal*, 34(3), 517-554.

Dutton, J. E., Dukerich, J. M., & Harquail, C. V.(1994). Organizational images and member identification. *Administrative Science Quarterly*, 39(2), 239-263.

Dutton, J. E., & Penner, W.(1992). The importance of organizational identity for strategic agenda building, in Johnson, G., Hendry, J., & Balogun, J. (Eds.), *Strategic thinking: leadership and the management of change*. Hoboken, NJ: John Wiley & Sons Inc., 89-113.

Eccles, R. G., & Vollbracht, M.(2006). Media reputation of the insurance industry: an urgent call for strategic communication management. *The Geneva Papers on Risk and Insurance-Issues and Practice*, 31(3), 395-

408.

Edelman, R.(2004). The relationship imperative. *Journal of Integrated Communications*, 7-13.

Einwiller, S.(2013). Corporate attributes and associations. in Carroll, C. E. (Ed.), *The Handbook of Communication and Corporate Reputation* (pp. 291-305), Hoboken, NJ: John Wiley & Sons, Inc.

Einwiller, S. A., & Johar, G. V.(2013). Countering accusations with inoculation: The moderating role of consumer-company identification. *Public Relations Review*, 39(3), 198-206.

Einwiller, S. A., Carroll, C. E., & Korn, K.(2010). Under what conditions do the news media influence corporate reputation & quest; The roles of media dependency and need for orientation. *Corporate Reputation Review*, 12(4), 299-315.

Ellis, K., & Shockley-Zalabak, P.(2001). Trust in top management and immediate supervisor: The relationship to satisfaction, perceived organizational effectiveness, and information receiving. *Communication Quarterly*, 49(4), 382-398.

Elmelund-Præstekær, C.(2011). Issue ownership as a determinant of negative campaigning. *International Political Science Review*, 32(2), 209-221.

Elsbach, K. D. & Kramer, R. M.(1996). Members' responses to organizational identity threats: Encountering and countering the Business Week rankings. *Administrative Science Quarterly*, 41(3), 442-476.

Ertug, G., & Castellucci, F.(2013). Getting what you need: How reputation and status affect team performance, hiring, and salaries in the NBA. *Academy of Management Journal*, 56(2), 407-431.

Etter, M.(2013). Reasons for low levels of interactivity: (Non-) interactive CSR communication in twitter. *Public Relations Review*, 39(5), 606-608.

Ferguson, M. A.(1984, August). *Building theory in public relations: Interorganizational relationships as a public relations Paradigm*. Paper presented at the Public Relations Division, Association for Education in

Journalism and Mass Communication Annual Convention, Gainesville, FL.

Fishbein, M., & Ajzen, I.(1975). *Belief, attitude, intention, and behavior: An introduction to theory and research*. Boston, MA: Addison-Wesley.

Fiske, S. T., & Taylor, S. E.(1991). *Social cognition*, (2nd ed.). New York, NY: McGraw-Hill.

Flatt, S. J., Harris-Boundy, J., & Wagner, S.(2013). CEO Succession: A Help or Hindrance to Corporate Reputation?. *Corporate Reputation Review*, 16(3), 206-219.

Fombrun, C. J.(1996). *Reputation: Realizing value from the corporate image*. Harvard Business School Press, Boston, MA.

______(2007). List of lists: A compilation of international corporate reputation ratings. *Corporate Reputation Review*, 10(2), 144-153.

______(2012). The building blocks of corporate reputation definitions, antecedects, consequences. in Barnett, M. L., & Pollock, T. G. (Eds.), *The Oxford handbook of corporate reputation*(pp. 94-113). Oxford, UK: Oxford University Press.

Fombrun, C. J., & Gardberg, N. A.(2000). The reputation quotient: A multi-stakeholder measure of corporate reputation. *Journal of Brand Management*, 7(4), 241-255.

Fombrun, C. J., & Shanley, M.(1990). What's in a name? Reputation building and corporate strategy. *Academy of management Journal*, 33(2), 233-258.

Fombrun, C. J., & van Riel, C. B.(1997). The reputational landscape. *Corporate Reputation Review*, 1(1), 5-15.

______(2004). *Fame & fortune: How successful companies build winning reputations*. Upper Saddle River, NJ: FT Press.

Fombrun, C. J., & Zajac, E. J.(1987). Structural and perceptual influences on intraindustry stratification. *Academy of Management Journal*, 30(1), 33-50.

Fombrun, C. J., Gardberg, N. A., & Barnett, M. L.(2000). Opportunity platforms and safety nets: Corporate citizenship and reputational risk.

Business and Society Review, 105(1), 85–106.

Fombrun, C. J., Gardberg, N. A., & Server, J.(2000). The reputation quotient: a multi-stakeholder measure of corporate reputation. *The Journal of Brand Management*, 7(4), 241–255.

Forman, J., & Argenti, P. A.(2005). How corporate communication influence strategy implementation, reputation and the corporate brand: An exploratory qualitative study. *Corporate Reputation Review*, 8(3), 245–264.

Foreman, P., & Whetten, D.(2002). Members' identification with multiple-identity organizations. *Organization Science*, 13(6), 618–635.

Foreman, P., Whetten, D., & Mackey, A.(2012). An Identity-Based View of Reputation, Image, and Legitimacy: Clarifications and Distinctions among Related Constructs, in Barnett, M. L., & Pollock, T. G. (Eds.), *The Oxford handbook of corporate reputation*(pp. 179–200). Oxford, UK: Oxford University Press.

Frandsen, F., & Johansen, W.(2013). Public relations and the new institutionalism: In search of a theoretical framework. *Public Relations Inquiry*, 2(2), 205–221.

Freberg, K., Palenchar, M. J., & Veil, S. R.(2013). Managing and sharing H1N1 crisis information using social media bookmarking services. *Public Relations Review*, 39(3), 178–184.

Freberg, K., Saling, K., Vidoloff, K. G., & Eosco, G.(2013). Using value modeling to evaluate social media messages: The case of Hurricane Irene. *Public Relations Review*, 39(3), 185–192.

Friedman, B. A.(2009). Human resource management role implications for corporate reputation. *Corporate Reputation Review*, 12(3), 229–244.

Fukuyama, F.(2001). Social capital, civil society and development. *Third World Quarterly*, 22(1), 7–20.

Fullerton, J., & Kendrick, A.(2014). Country reputation as a moderator of tourism advertising effectiveness. *Journal of Marketing Communications*, DOI: 10.1080/13527266. 2014. 973436.

Fussell, H., Harrison-Rexrode, J., Kennan, W. R., & Hazleton, V.(2006). The relationship between social capital, transaction costs, and organizational outcomes: A case study. *Corporate Communications: An International Journal*, 11(2), 148-161.

Gabbioneta, C., Ravasi, D., & Mazzola, P.(2007). Exploring the drivers of corporate reputation; A study of Italian securities analysts. *Corporate Reputation Review*, 10(2), 99-123.

Gaines-Ross, L.(2000). CEO reputation: A key factor in shareholder value. *Corporate Reputation Review*, 3(4), 366-370.

______(2002). *CEO capital: A guide to building CEO reputation and company success*. Hoboken, NJ: John Wiley & Sons, Inc.

Gardberg, N. A., & Fombrun, C. J.(2002). The global reputation quotient project: First steps towards a cross-nationally valid measure of corporate reputation. *Corporate Reputation Review*, 4(4), 303-307.

______(2006). Corporate citizenship: Creating intangible assets across institutional environments. *Academy of Management Review*, 31(2), 329-346.

Geys, B.(2012). Success and failure in electoral competition: Selective issue emphasis under incomplete issue ownership. *Electoral Studies*, 31(2), 406-412.

Gill, R.(2013). The evolution of organizational archetypes: From the American to the entrepreneurial dream. *Communication Monographs*, 80(3), 331-353.

______(2014). Why the PR strategy of storytelling improves employee engagement and adds value to CSR: An integrated literature review. *Public Relations Review*. DOI: 10.1016/i. pubrev. 2014. 02. 012.

Gilpin, D.(2010). Organizational image construction in a fragmented online media environment. *Journal of Public Relations Research*, 22(3), 265-287.

Gilpin, D. R., & Miller, N. K.(2013). Exploring complex organizational communities: Identity as emergent perceptions, boundaries, and relationships. *Communication Theory*, 23(2), 148-169.

Gioia, D. A., Bouchili, H., Fiol, M., Golden-Biddle, K., Hatch, M. J., Rao, H.,

Rindova, V., Schultz, M., Fombrun, C., Kimberly, J., & Thomas, J.(1998). The identity of organizations, in Whetten, D. A., & Godfrey, P. C.(Eds.), *Identity in organizations: Building theory through conversations*(pp. 33-82). Thousand Oaks, CA: Sage Publications.

Gioia, D. A., Schultz, M., & Corley, K. G.(2000). Organizational identity, image, and adaptive instability. *Academy of management Review*, 25(1), 63-81.

Goble, H., & Werner, T.(2006, March). *The dynamics of issue ownership in US House elections, with a 2002 case study of campaign advertising*. Paper presented at the 2005 meeting of the Western Political Science Association, Oakland, CA.

Gotsi, M., & Wilson, A. M.(2001). Corporate reputation: seeking a definition, *Corporate Communications: An International Journal*, 6(1), 24-30.

Gottschalk, P.(2013). Limits to Corporate Social Responsibility: The Case of Gjensidige Insurance Company and Hells Angels Motorcycle Club. *Corporate Reputation Review*, 16(3), 177-186.

Gök, O., & Özkaya, H.(2011). Does corporate reputation improve stock performance in an emerging economy & quest; evidence from Turkey. *Corporate Reputation Review*, 14(1), 53-61.

Granovetter, M.(1985). Economic action and social structure: the problem of embeddedness. *American Journal of Sociology*, 91(3), 481-510.

Gray, E. R., & Balmer, J. M. T.(1998). Managing corporate image and corporate reputation. *Long Range Planning*, 31(5), 695-702.

Greyser, S. A.(2009). Corporate brand reputation and brand crisis management. *Management Decision*, 47(4), 590-602.

Grolin, J.(1998). Corporate legitimacy in risk society: The case of Brent Spar. *Business Strategy and the Environment*. 7(4), 213-222.

Grunig, J. E.(1993). Image and substance: From symbolic to behavioral relationships. *Public Relations Review*, 19(2), 121-139.

Grunig, J. E., & Huang, Y. H.(2000). From organizational effectiveness to relationship indicators: Antecedents of relationships, public relations strategies, and relationship outcomes, in J. A. Ledingham & S.D. Brunig (Eds.), *Public Relations as Relationship Management: A relational approach to the study and practice of public relations*(pp. 23-53). Mahwah, NJ: Lawrence Drlbaum Associates.

Grunig, J. E., & Hung, C. J. F.(2002, March). *The effect of relationships on reputation and reputation on relationships: A cognitive, behavioral study*. Paper presented at PRSA Educator's Academy 5th Annual International, Interdisciplinary Public Relations Research Conference, Miami, Florida.

Guillory, J. E., & Sundar, S. S.(2014). How Does Web Site Interactivity Affect Our Perceptions of an Organization?. *Journal of Public Relations Research*, 26(1), 44-61.

Guinaudeau, I., & Persico, S.(2014). What is Issue Competition? Conflict, Consensus and Issue Ownership in Party Competition. *Journal of Elections, Public Opinion & Parties*, 24(3), 312-333.

Halff, G.(2013). The Presentation of CEOs in Economic Downturn. *Corporate Reputation Review*, 16(3), 234-243.

Hall, R.(1993). A framework linking intangible resources and capabilities to sustainable competitive advantage. *Strategic Management Journal*, 14(8), 607-618.

Han, E. K., & Ki, E. J.(2010). Developing a measure of celebrity reputation. *Public Relations Review*, 36(2), 199-201.

Han, G., & Wang, X.(2015). From Product-Country Image to National Image: "Made In China" and Integrated Valence Framing Effects. *International Journal of Strategic Communication*, 9(1), 62-77.

Hargie, O., Tourish, D., & Wilson, N.(2002). Communication audits and the effects of increased information: A follow-up study. *Journal of Business Communication*, 39(4), 414-436.

Harlow, R. F.(1976). Building a public relations definition. *Public Relations Review*. 2, Winter 36, 34-42.

Hartman, J., & Lenk, M. M.(2001). Strategic communication capital as an intangible asset. *International Journal on Media Management*, 3(3),

147-153.

Hasanbegović, D.(2011). Corporate reputation and brand architecture: The debate. *South East European Journal of Economics and Business*, 6(2), 37-43.

Hatch, M. J., & Schultz, M.(2000). Scaling the tower of babel: relational differences between identity, image and culture in organisations, in Schultz, M., Hatch, M. J. and Larsen, M. H.(Eds.), *The Expressive Organisation-Linking Identity, Reputation, and the Corporate Brand*, Oxford, UK: Oxford University Press.

______(1997). Relations between organizational culture, identity and image. *European Journal of Marketing*, 31(5-6), 356-365.

______(2003). Bringing the corporation into corporate branding. *European Journal of Marketing*, 37(7-8), 1041-1064.

Hawabhay, B. B., Abratt, R., & Peters, M.(2009). The role of corporate communications in developing a corporate brand image and reputation in Mauritius. *Corporate Reputation Review*, 12(1), 3-20.

Hazleton, V., & Kennan, W.(2000). Social capital: reconceptualizing the bottom line. *Corporate Communications: An International Journal*, 5(2), 81-87.

He, Z., Xianhong, C., & Xing, W.(2012). The image of the United States in the Chinese media: An examination of the evaluative component of framing. *Public Relations Review*, 38(5), 676-683.

Heath, R. L.(1994). *Management of Corporate Communication: From interpersonal contacts to external affairs*. Hillsdale, NJ: Erlbaum.

______(2006). The processes of dialogue: Participation and legitimation management. *Communication Quarterly*, 19(3), 341-375.

Helm, S.(2007a). The role of corporate reputation in determining investor satisfaction and loyalty. *Corporate Reputation Review*, 10(1), 22-37.

______(2007b). One reputation or many? Comparing stakeholders' perceptions of corporate reputation. *Corporate Communications: An International Journal*, 12(3), 238-254.

______(2011). Employees' awareness of their impact on corporate reputation. *Journal of Business Research*, 64(7), 657-663.

______(2013). A matter of reputation and pride: associations between perceived external reputation, pride in membership, job satisfaction and turnover intentions. *British Journal of Management*, 24(4), 542-556.

Helm, S., & Tolsdorf, J.(2013). How Does Corporate Reputation Affect Customer Loyalty in a Corporate Crisis?. *Journal of Contingencies and Crisis Management*, 21(3), 144-152.

Hess, K.(2013). Tertius Tactics:"Mediated social capital" as a resource of power for traditional commercial news media. *Communication Theory*, 23(2), 112-130.

Herbig, P., & Milewicz, J.(1993). The relationship of reputation and credibility to brand success. *Journal of Consumer Marketing*, 10(3), 18-24.

Hietbrink, J. J. C., Berens, G., & Van Rekom, J.(2010). Corporate Social Responsibility in a Business Purchasing Context: The Role of CSR Type and Supplier Product Share Size. *Corporate Reputation Review*, 13(4), 284-300.

Highhouse, S., Brooks, M. E., & Gregarus, G.(2009). An organizational impression management perspective on the formation of corporate reputations. *Journal of Management*, 35(6), 1481-1493.

Hillenbrand, C., & Money, K.(2007). Corporate responsibility and corporate reputation: Two separate concepts or two sides of the same coin?. *Corporate Reputation Review*, 10(4), 261-277.

Holian, D. B.(2004). He's stealing my issues! Clinton's crime rhetoric and the dynamics of issue ownership. *Political Behavior*, 26(2), 95-124.

Holladay, S. J.(2013). Corporate Reputation and the Discipline of Interpersonal Communication, in Carroll, C. E. (Ed.), *The Handbook of Communication and Corporate Reputation*(pp. 20-29). Hoboken, NJ: John Wiley & Sons, Inc.

Holladay, S. J., & Coombs, W. T.(2013). The great automobile race of 1908 as a public relations phenomenon: Lessons from the past. *Public Relations Review*, 39(2), 101-110.

Holtzhausen, D., & Fullerton, J.(2013). The 2010 FIFA World Cup and South Africa: A study of longer-term effects and moderators of country reputation. *Journal of Marketing Communications*, DOI: 10.1080/13527266. 2012. 740065.

Holtzhausen, L.(2014). Non-profit organizations bridging the communication divide in a complex South Africa. *Public Relations Review*, 40(2), 286-293.

Hon, L. C. & Grunig, J. E.(1999). *Guidelines for measuring relationships in public relations*. Gainsville. FL: Institute for Public Relations.

Hong, S. T., & Kang, D. K.(2006). Country-of-origin influences on product evaluations: The impact of animosity and perceptions of industriousness brutality on judgments of typical and atypical products. *Journal of Consumer Psychology*, 16(3), 232-239.

Hong. S. Y., & Yang. S. U.(2009). Effects of reputation, relational satisfaction, and customer-company identification on positive word-of-mouth intentions. *Journal of Public Relations Research*, 21(4), 381-403.

Hong, S. Y., & Yang, S. U.(2011). Public engagement in supportive communication behaviors toward an organization: Effects of relational satisfaction and organizational reputation in public relations management. *Journal of Public Relations Research*, 23(2), 191-217.

Hong, S. Y., Yang, S. U., & Rim, H.(2010). The influence of corporate social responsibility and customer—company identification on publics' dialogic communication intentions. *Public Relations Review*, 36(2), 196-198.

Hooghiemstra, R.(2000). Corporate communication and impression management. *Journal of Business Ethics*, 27(1-2), 55-68.

Hoq, M. Z., Ali, S. M., & Alwi, S. F. S.(2010). The relationship between ethical brand and company reputation: The Malaysian perspective. *Pakistan Journal of Commerce and Social Sciences*, 4(1), 100-110.

Hunter, M. L., & Soberman, D. A.(2010). 'The Equalizer': measuring and explaining the impact of online communities on consumer markets. *Corporate Reputation Review*, 13(4), 225-247.

Hur, W. M., Kim, H., & Woo, J.(2014). How CSR leads to corporate brand equity: Mediating mechanisms of corporate brand credibility and reputation. *Journal of Business Ethics*, 125(1), 75-86.

Hussain, I.(2013). Building Pakistan's country of origin image through the corporate image: Exploring optimal corporate brands for the image transfer. *South Asian Journal of Management Sciences*, 7(2), 46-59.

Hutton. J. G., Goodman. M. B., Alexander. J. B., & Genest, C. M.(2001). Reputation management: the new face of corporate public relations? *Public Relations Review*, 27(3), 247-261.

Ind, N.(1992). *The corporate image: strategies for effective identity programmes*, London, UK: Kogan Page.

Ingenhoff, D., & Koelling, A. M.(2009). The potential of web sites as a relationship building tool for charitable fundraising NPOs. *Public Relations Review*, 35(1), 66-73.

Illia, L.(2010). How business disciplines discuss multiple identities in organizations. *Corporate Reputation Review*, 12(4), 327-344.

Illia, L., & Lurati, F.(2006). Stakeholder perspectives on organizational identity: Searching for a relationship approach. *Corporate Reputation Review*, 8(4), 293-304.

Illia, L., Lurati, F., & Casalaz, R.(2013). Situational theory of publics: Exploring a cultural ethnocentric bias. *Journal of Public Relations Research*, 25(2), 93-122.

Jakobsen, T. G., & Listhaug, O.(2012). Issue ownership, unemployment and support for government intervention. *Work, Employment & Society*, 26(3), 396-411.

Jang, A., & Kim, H.(2013). Cultural identity, social capital, and social control of young Korean Americans: Extending the theory of intercultural Public Relations. *Journal of Public Relations Research*, 25(3), 225-245.

Jansson, A.(2013). Mediatization and social space: Reconstructing mediatization for the transmedia age. *Communication Theory*, 23(3), 279-296.

Jarmon, R.(2009). Reputation's effect on pricing power: the importance of strategy. *Corporate Reputation Review*, 12(3), 281-296.

Jennings, W., & Wlezien, C.(2011). Distinguishing between most important problems and issues?. *Public Opinion Quarterly*, 75(3), 545-555.

Jo, S.(2011). Factors shaping activists' perceptions of corporate organizations: An empirical case from South Korea. *Public Relations Review*, 37(2), 178-180.

Johansen, W., Aggerholm, H. K., & Frandsen, F.(2012). Entering new territory: A study of internal crisis management and crisis communication in organizations. *Public Relations Review*, 38(2), 270-279.

Johnston, K. A., & Everett, J. L.(2012). Employee perceptions of reputation: An ethnographic study. *Public Relations Review*, 38(4), 541-554.

Jordan, P.(2014). Nation Branding: A Tool for Nationalism?. *Journal of Baltic Studies*, 45(3), 283-303.

Kang, D. S.(2014). How international students build a positive relationship with a hosting country: Examination of strategic public, message and channel of national public relations. *International Journal of Intercultural Relations*, 43, 201-214.

Kang, M., & Yang, S. U.(2010). Comparing effects of country reputation and the overall corporate reputations of a country on international consumers' product attitudes and purchase intentions. *Corporate Reputation Review*, 13(1), 52-62.

Keller, K. L.(1993). Conceptualizing, measuring, and managing customer-based brand equity. *The Journal of Marketing*, 57(1), 1-22.

Kelley, H. H.(1972). *Causal schemata and the attribution process*. Morristown, NJ: General Learning Press.

Kemp, E., Kennett-Hensel, P. A., & Kees, J.(2013). Pulling on the heartstrings: Examining the effects of emotions and gender in persuasive appeals. *Journal of Advertising*, 42(1), 69-79.

Kent, M. L., & Taylor, M.(1998). Building dialogic relationships through the world wide web. *Public Relations Review*, 24(3), 321-334.

______(2002). Toward a dialogic theory of public relations. *Public Relations Review*, 28(1), 21-37.

Kim, J. N., & Ni, L.(2013). Two types of public relations problems and integrating formative and evaluative research: A review of research programs within the behavioral, strategic management paradigm. *Journal of Public Relations Research*, 25(1), 1-29.

Kim, J., & Yoon, H. J.(2013). Association Ambiguity in brand extension. *Journal of Advertising*, 42(4), 358-370.

Kim, J. N., Bach, S. B., & Clelland, I. J.(2007). Symbolic or behavioral management? Corporate reputation in high-emission industries. *Corporate Reputation Review*, 10(2), 77-98.

Kim, J. N., Hung-Baesecke, C. J. F., Yang, S. U., & Grunig, J. E.(2013). A strategic management approach to reputation, relationships, and publics: The research heritage of the excellence theory 1, in Carroll, C. E.(Ed.), *The Handbook of Communication and Corporate Reputation* (pp. 197-212). Hoboken, NJ: John Wiley & Sons, Inc.

Kim, J. N., Ni, L., Kim, S. H., & Kim, J. R.(2012). What makes people hot? Applying the situational theory of problem solving to hot-issue publics. *Journal of Public Relations Research*, 24(2), 144-164.

Kim, J. R., & Cha, H.(2013). The effect of public relations and corporate reputation on return on investment. *Asia Pacific Public Relations Journal*, 14(1-2), 107-130.

Kim, J. Y., & Kiousis, S.(2012). The role of affect in agenda building for public relations implications for public relations outcomes. *Journalism & Mass Communication Quarterly*, 89(4), 657-676.

Kim, S., & Liu, B. F.(2012). Are all crises opportunities? A comparison of how corporate and government organizations responded to the 2009 flu pandemic. *Journal of Public Relations Research*, 24(1), 69-85.

Kim, S., & Sung, K. H.(2014). Revisiting the effectiveness of base crisis response strategies in comparison of reputation management crisis responses. *Journal of Public Relations Research*, 26(1), 62-78.

Kim, Y.(2014). Strategic communication of corporate social responsibility

(CSR): Effects of stated motives and corporate reputation on stakeholder responses. *Public Relations Review*, 40(5), 838-840.

Kim, Y. S., & Choi, Y.(2012). College students' perception of philip morris's tobacco-related smoking prevention and tobacco-unrelated social responsibility. *Journal of Public Relations Research*, 24(2), 184-199.

Kim, Y. W.(2001). Measuring the economic value of public relations. *Journal of Public Relations Research*, 13(1), 3-26.

King, B. G., & Whetten, D. A.(2008). Rethinking the relationship between reputation and legitimacy: A social actor conceptualization. *Corporate Reputation Review*, 11(3), 192-207.

Kiousis, S., Popescu, C., & Mitrook, M.(2007). Understanding influence on corporate reputation: An examination of public relations efforts, media coverage, public opinion, and financial performance from an agenda-building and agenda-setting perspective. *Journal of Public Relations Research*, 19(2), 147-165.

Kitchen, P. J., Tourky, M. E., Dean, D., & Shaalan, A. S.(2013). Corporate identity antecedents and components: Toward a theoretical framework. *Corporate Reputation Review*, 16(4), 263-284.

Kjærgaard, A., Morsing, M., & Ravasi, D.(2011). Mediating identity: A study of media influence on organizational identity construction in a celebrity firm. *Journal of Management Studies*, 48(3), 514-543.

Kleinnijenhuis, J., & Walter, A. S.(2014). News, discussion, and associative issue ownership: Instability at the micro level versus stability at the macro level. *The International Journal of Press/Politics*, 19(2) 226-245.

Knobloch-Westerwick, S., & Glynn, C. J.(2013). The matilda effect: Role congruity effects on scholarly communication: A citation analysis of communication research and journal of communication articles. *Communication Research*, 40(1), 3-26.

Koenig, N.(2014). Acceptance of corporate blogs by internet users. *Corporate Reputation Review*, 17(2), 114-137.

Kotler, P., & Gertner, D.(2002). Country as brand, product, and beyond: A place marketing and brand management perspective. *The Journal of*

Brand Management, 9(4), 249-261.

Kottasz, R., & Bennett, R.(2014). Managing the reputation of the banking industry after the global financial crisis: Implications of public anger, processing depth and retroactive memory interference for public recall of events. *Journal of Marketing Communications*, DOI: 10.1080/13527266. 2013. 871322.

Kramer, R. M.(2010). Collective trust within organizations: Conceptual foundations and empirical insights. *Corporate Reputation Review*, 13(2), 82-97.

Kuenzel, S., & Halliday, S. V.(2010). The chain of effects from reputation and brand personality congruence to brand loyalty: The role of brand identification. *Journal of Targeting, Measurement and Analysis for Marketing*, 18(3), 167-176.

Kuperman, J. C.(2003). Using cognitive schema theory in the development of public relations strategy: Exploring the case of firms and financial analysts following acquisition announcements. *Journal of Public Relations Research*, 15(2), 117-150.

Lai, C. N.(2014). Public broadcast of health communication: Extending public relations through social capital in Taiwan. *Public Relations Review*, 40(3), 506-508.

Lai, C. S., Chiu, C. J., Yang, C. F., & Pai, D. C.(2010). The effects of corporate social responsibility on brand performance: The mediating effect of industrial brand equity and corporate reputation. *Journal of Business Ethics*, 95(3), 457-469.

Lancendorfer, K. M.(2014). Pet Food Panic: Procter and Gamble's use of crisis response advertising (CRA) in recall crisis. *Corporate Reputation Review*, 17(2), 94-113.

Lammers, J. C., & Guth, K.(2013) The Institutionalization of corporate reputation. in Carroll, C. E.(Ed.), *The Handbook of Communication and Corporate Reputation* (pp. 222-234). Malden, MA: Wiley-Blackwell.

Lange, D., Lee, P. M., & Dai, Y.(2011). Organizational reputation: A review. *Journal of Management*, 37(1), 153-184.

Lee, H., & Park, H.(2013). Testing the impact of message interactivity on relationship management and organizational reputation. *Journal of Public Relations Research,* 25(2), 188-206.

Lee, S., Rodriguez, L., & Sar, S.(2012). The influence of logo design on country image and willingness to visit: A study of country logos for tourism. *Public Relations Review*, 38(4), 584-591.

Lee, S., & Chung, S.(2012). Corporate apology and crisis communication: The effect of responsibility admittance and sympathetic expression on public's anger relief. *Public Relations Review*, 38(5), 932-934.

Leiva-Soto, R.(2014). The media reputation of Spain during the global financial crisis. *Communication & Society*, 27(2), 1-20

Lewellyn, P. G.(2002). Corporate reputation focusing the Zeitgeist. *Business & Society*, 41(4), 446-455.

Lievens, F., Van Hoye, G., & Anseel, F.(2007). Organizational identity and employer image: towards a unifying framework. *British Journal of Management*, 18, S45-S59.

Li, T., Berens, G., & de Maertelaere, M.(2013). Corporate twitter channels: The impact of engagement and informedness on corporate reputation. *International Journal of Electronic Commerce*, 18(2), 97-126.

Lin. N.(2001). *Social capital: A theory of social structure and action*. New York, NY: Cambridge University Press.

Liu, B. F., Austin, L., & Jin, Y.(2011). How publics respond to crisis communication strategies: The interplay of information form and source. *Public Relations Review*, 37(4), 345-353.

Liu, B. F., Jin, Y., Briones, R., & Kuch, B.(2012). Managing turbulence in the blogosphere: Evaluating the blog-mediated crisis communication model with the American Red Cross. *Journal of Public Relations Research*, 24(4), 353-370.

Logsdon, J. M., & Wood, D. J.(2002). Reputation as an emerging construct in the business and society field an Introduction. *Business & Society,* 41(4), 365-370.

Luo, Y., & Zhao, H.(2013). Doing business in a transitional society:

Economic environment and relational political strategy for multinationals. *Business & Society*, 52(3), 515-549.

Luoma-aho, V.(2007). Reputation formation of innovations. *Innovation Journalism*, 4(2), 1-11.

Luoma-aho, V., & Nordfors, D.(2009). Attention and reputation in the innovation economy. *Innovation Journalism*, 6(2), 1-18.

Lyon, L., & Cameron, G. T.(2004). A Relational approach examining the interplay of prior reputation and immediate response to a crisis. *Journal of Public Relations Research*, 213-241.

Lyu, J. C.(2012). A comparative study of crisis communication strategies between Mainland China and Taiwan: The melamine-tainted milk powder crisis in the Chinese context. *Public Relations Review*, 38(5), 779-791.

Mahon, J. F.(2002). Corporate reputation research agenda using strategy and stakeholder literature. *Business & Society*, 41(4), 415-445.

Mahon, J. F., & Wartick, S. L.(2003). Dealing with stakeholders: How reputation, credibility and framing influence the game. *Corporate Reputation Review*, 6(1), 19-35.

Malmelin, N.(2007). Communication capital: Modelling corporate communications as an organizational asset. *Corporate Communications: An International Journal*, 12(3), 298-310.

Mariconda, S., & Lurati, F.(2014). Being known: A literature review on media visibility, public prominence and familiarity with implications for reputation research and management. *Corporate Reputation Review*, 17(3), 219-236.

Markwick, N., & Fill, C.(1997). Towards a framework managing corporate identity. *European Journal of Marketing*, 31(5-6), 396-409.

Marquez, A., & Fombrun, C.(2005). Measuring corporate social responsibility. *Corporate Reputation Review*, 7(4), 304-308.

Mason, A. M.(2014). The impact of media frames and treatment responsibility within the situational crisis communication theory framework. *Corporate Reputation Review*, 17(1), 78-90.

Maubane, P., Prinsloo, A., & Van Rooyen, N.(2014). Sustainability reporting patterns of companies listed on the Johannesburg securities exchange. *Public Relations Review*, 40(2), 153-160.

McAllister-Spooner, S. M., & Kent, M. L.(2009). Dialogic public relations and resource dependency: New Jersey community colleges as models for web site effectiveness. *Atlantic Journal of Communication*, 17(4), 220-239.

McCorkindale, T.(2008). Does familiarity breed contempt?: Analyses of the relationship among company familiarity, company reputation, company citizenship, and company personality on corporate equity. *Public Relations Review*, 34(4), 392-395.

McDaniel, P. A. & Malone, R. E.(2009). The role of corporate credibility in legitimizing disease promotion. *American Journal of Public Health*, 99(3), 452-477

McDonald, L. M., Sparks, B., &Glendon, A. I.(2010). Stakeholder reactions to company crisis communication and causes. *Public Relations Review*, 36(3), 263-271.

McMillan-Capehart, A., Aaron, J. R., & Cline, B. N.(2010). Investor reactions to diversity reputation signals. *Corporate Reputation Review*, 13(3), 184-197.

Meijer, M. M., & Kleinnijenhuis, J.(2006a). Issue news and corporate reputation: Applying the theories of agenda setting and issue ownership in the field of business communication. *Journal of Communication*, 56(3), 543-559.

Meijer, M. M., & Kleinnijenhuis, J.(2006b). News and corporate reputation: Empirical findings from the Netherlands. *Public Relations Review*, 32(4), 341-348.

Meirick, P. C., Nisbett, G. S., Jefferson, M. D., & Pfau, M. W.(2011). The influence of tone, target, and issue ownership on political advertising effects in primary versus general elections. *Journal of Political Marketing*, 10(3), 275-296.

Men, L. R.(2012). CEO credibility, perceived organizational reputation, and employee engagement. *Public Relations Review*, 38(1), 171–173.

Meng, J., & Berger, B.(2013a). An integrated model of excellent leadership in public relations: Dimensions, measurement, and validation. *Journal of Public Relations Research*, 25(2), 141–167.

_____(2013b). What they say and what they do: executives affect organizational reputation through effective communication, in Carroll, C. E. (Ed.), *The Handbook of Communication and Corporate Reputation* (pp. 306–317). Hoboken, NJ: John Wiley & Sons, Inc.

Merkelsen, H.(2013). Legitimacy and reputation in the institutional field of food safety: A public relations case study. *Public Relations Inquiry*, 2(2), 243–265.

Messner, M., & Reinhard, M. A.(2012). Effects of strategic exiting from sponsorship after negative event publicity. *Psychology & Marketing*, 29(4), 240–256.

Meyer, A. D.(1982). Adapting to environmental jolts. *Administrative Science Quarterly*, 27(4), 515–537.

Meyer, J. W., & Rowan, B.(1977). Institutionalized organizations: Formal structure as myth and ceremony. *American Journal of Sociology*, 83(2), 340–363.

Meyers, O., & Rozen, A.(2014). Framing the flotilla: Newsmaking, image crises and the Kishon Dives investigative report. *Communication Monographs*, 81(1), 108–132.

Milanov, H., & Shepherd, D. A.(2013). The importance of the first relationship: The ongoing influence of initial network on future status. *Strategic Management Journal*, 34(6), 727–750.

Miles, R. H., & Cameron, K. S.(1982). *Coffin nails and corporate strategies*. Upper Saddle River, NJ: Prentice Hall.

Millner, A. G., Veil, S. R., & Sellnow, T. L.(2011). Proxy communication in crisis response. *Public Relations Review*, 37(1), 74–76.

Minor, D., & Morgan, J.(2011). CSR as reputation insurance: Primum non nocere. *California Management Review*, 53(3), 40–59.

Mishina, Y., Block, E. S., & Mannor, M. J.(2012). The path dependence of organizational reputation: how social judgment influences assessments of capability and character. *Strategic Management Journal*, 33(5), 459-477.

Mishra, K., Boynton, L., & Mishra, A.(2014). Driving employee engagement: The expanded role of internal communications. *International Journal of Business Communication*, 51(2), 183-202.

Mishra, S. K.(2013). Perceived external prestige and employee outcomes: mediation effect of organizational identification. *Corporate Reputation Review*, 16(3), 220-233.

Mitnick, B. M., & Mahon, J. F.(2007). The concept of reputational bliss. *Journal of Business Ethics*, 72(4), 323-333.

Mitra, R.(2011). Framing the corporate responsibility-reputation linkage: The case of Tata Motors in India. *Public Relations Review*, 37(4), 392-398.

Monge, P. R., & Contractor, N. S.(2003). *Theories of communication networks*. Oxford, UK: Oxford University Press.

Moody, M.(2011). Jon and Kate Plus 8: A case study of social media and image repair tactics. *Public Relations Review*, 37(4), 405-414.

Morandin, G., & Bergami, M.(2014). Schema-based sensemaking of the decision to participate and its effects on job performance. *European Management Review*, 11(1), 5-20.

Morris, S. A., Bartkus, B. R., Glassman, M., & Rhiel, G. S.(2013). Philanthropy and corporate reputation: An empirical investigation. *Corporate Reputation Review*, 16(4), 285-299.

Mueller, T. S.(2014). Consumer perception of CSR: Modeling psychological motivators. *Corporate Reputation Review*, 17(3), 195-205.

Muralidharan, S., Dillistone, K., & Shin, J. H.(2011). The Gulf Coast oil spill: Extending the theory of image restoration discourse to the realm of social media and beyond petroleum. *Public Relations Review*, 37(3), 226-232.

Murphy, P.(2010). The intractability of reputation: Media coverage as a complex system in the case of Martha Stewart. *Journal of Public*

Relations Research, 22(2), 209-237.

Musteen, M., Datta, D. K., & Kemmerer, B.(2010). Corporate reputation: do board characteristics matter?. *British Journal of Management*, 21(2), 498-510.

Nelson, M. R., & Deshpande, S.(2013). The prevalence of and consumer response to foreign and domestic brand placement in Bollywood movies. *Journal of Advertising*, 42(1), 1-15.

Nguyen, N. & Gaston, L.(2001) Corporate image and corporate reputation in customers' retention decisions in services. *Journal of Retailing and Consumer Services*, 8(4), 227-236.

Newton, K. (1997). Social capital and democracy. *American Behavioral Scientist*, 40(5), 575-586.

Nolan, K. P., Gohlke, M., Gilmore, J., & Rosiello, R.(2013). Examining how corporations use online job ads to communicate employer brand image information. *Corporate Reputation Review*, 16(4), 300-312.

Nord, L. W., & Olsson, E. K.(2013). Frame, set, match! Towards a model of successful crisis rhetoric. *Public Relations Inquiry*, 2(1), 79-94.

Odmalm, P.(2011). Political parties and 'the immigration issue': issue ownership in Swedish parliamentary elections 1991-2010. *West European Politics*, 34(5), 1070-1091.

Odell, A.(1996). Communication theory and the shift handover report. *British Journal of Nursing*, 5(21), 1323-1326.

Olaniran, B. A., Scholl, J. C., Williams, D. E., & Boyer, L.(2012). Johnson and Johnson phantom recall: A fall from grace or a re-visit of the ghost of the past. *Public Relations Review*, 38(1), 153-155.

O'Reilly III, C., & Chatman, J.(1986). Organizational commitment and psychological attachment: The effects of compliance, identification, and internalization on prosocial behavior. *Journal of Applied Psychology*, 71(3), 492-499.

Ou, W. M.(2007). Moderating effects of age, gender, income and education on consumer's response to corporate reputation. *Journal of American Academy of Business*, 10(2), 190-194.

Ou, W. M., & Abratt, R.(2006). Diagnosing the relationship between corporate reputation and retail patronage. *Corporate Reputation Review*, 9(4), 243-257.

Ou, W. M., Abratt, R., & Dion, P.(2006). The influence of retailer reputation on store patronage. *Journal of Retailing and Consumer Services*, 13(3), 221-230.

Panico, M., Raithel, S., & Michel, E.(2014). The effect of media coverage on employer reputation. *Journal of Media Economics*, 27(4), 181-198.

Parahoo, S., Harvey, H., & Radi, G.(2014). Changing consumer behavior paradigms: Does passenger age impact factors influencing MRT usage&quest. *Corporate Reputation Review*, 17(1), 64-77.

Park, H., & Reber, B. H.(2008). Relationship building and the use of Web sites: How Fortune 500 corporations use their Web sites to build relationships. *Public Relations Review*, 34(4), 409-411.

Park, N. H., & Lee, K. M.(2007). Effects of online news forum on corporate reputation. *Public Relations Review*, 33(3), 346-348.

Passow, T., Fehlmann, R., & Grahlow, H.(2005). Country reputation—From measurement to management: The case of Liechtenstein. *Corporate Reputation Review*, 7(4), 309-326.

Pastrana, N. A., & Sriramesh, K.(2014). Corporate social responsibility: perceptions and practices among SMEs in Colombia. *Public Relations Review*, 40(1), 14-24.

Pérez, A., & del Bosque, I. R.(2014). Organizational and corporate identity revisited: Toward a comprehensive understanding of identity in business. *Corporate Reputation Review*, 17(1), 3-27.

Perez, R. C.(2009). Effects of perceived identity based on corporate social responsibility: The role of consumer identification with the company. *Corporate Reputation Review*, 12(2), 177-191.

Petkova, A. P., Wadhwa, A., Yao, X., & Jain, S.(2014). Reputation and decision making under ambiguity: A study of us venture capital firms' investments in the emerging clean energy sector. *Academy of Management Journal*, 57(2), 422-448.

Petrocik, J. R.(1996). Issue ownership in presidential elections, with a 1980 case study. *American Journal of Political Science*, 40(3), 825-850.

Petrocik, J. R., Benoit, W. L., & Hansen, G. J.(2003). Issue ownership and presidential campaigning, 1952-2000. *Political Science Quarterly*, 118(4), 599-626.

Petty, R. E., & Cacioppo, J. T.(1986). The elaboration likelihood model of persuasion. *Advances in experimental social psychology*, 19, 123-205.

Pfarrer, M. D., Pollock, T. G., & Rindova, V. P.(2010). A tale of two assets: The effects of firm reputation and celebrity on earnings surprises and investors' reactions. *Academy of Management Journal*, 53(5), 1131-1152.

Phillips, W. J., Asperin, A., & Wolfe, K.(2013). Investigating the effect of country image and subjective knowledge on attitudes and behaviors: US upper midwesterners' intentions to consume Korean food and visit Korea. *International Journal of Hospitality Management*, 32, 49-58.

Place, K. R., & Vardeman-Winter, J.(2013). Hegemonic discourse and self-discipline: Exploring Foucault's concept of bio-power among public relations professionals. *Public Relations Inquiry*, 2(3), 305-325.

Podnar, K., Tuškej, U., & Golob, U.(2012). Mapping semantic meaning of corporate reputation in global economic crisis context: A Slovenian study. *Public Relations Review*, 38(5), 906-915.

Pollach, I., & Kerbler, E.(2011). Appearing Competent: A Study of Impression Management in US and European CEO Profiles. *Journal of Business Communication*, 48(4), 355-372.

Poppo, L., & Schepker, D. J.(2010). Repairing public trust in organizations. *Corporate Reputation Review*, 13(2), 124-141.

Porter, T., & Miles, P.(2013). CSR longevity: Evidence from long-term practices in large corporations. *Corporate Reputation Review*, 16(4), 313-340.

Post, J. E.(2013). The United Nations Global Compact: A CSR milestone. *Business & Society*, 52(1), 53-63.

Price, K., & Gioia, D. A.(2008). The self-monitoring organization:

Minimizing discrepancies among differing images of organizational identity. *Corporate Reputation Review*, 11(3), 208-221.

Pruzan, P.(2001). Corporate reputation: Image and identity. *Corporate Reputation Review*, 4(1), 50-64.

Putnam, R. D.(1995). Bowling alone: America's declining social capital. *Journal of Democracy*, 6(1), 65-78.

Rao, H.(1994). The social construction of reputation: Certification contests, legitimation and the survival of organizations in the American automobile industry: 1895-1912. *Strategic Management Journal*, 15, 29-44.

Rasmussen, R. K., & Merkelsen, H.(2012). The new PR of states: How nation branding practices affect the security function of public diplomacy. *Public Relations Review*, 38(5), 810-818.

Reuber, A. R., & Fischer, E.(2011). When nobody knows your name: Country-of-origin as a reputational signal for online businesses. *Corporate Reputation Review*, 14(1), 37-51.

Rhee, M., & Haunschild, P. R.(2006). The liability of good reputation: A study of product recalls in the US automobile industry. *Organization Science*, 17(1), 101-117.

Rhee, M., & Valdex, M. E.(2009). Contextual factors surrounding reputation demage with potential implications for reputation repair. *Academy of Management Review*, 34(1), 146-168.

Rindova, V. P.(1997). Part VII: Managing reputation: Pursuing everyday excellence: The image cascade and the formation of corporate reputations. *Corporate Reputation Review*, 1(2), 188-194.

Rindova, V. P., & Fombrun, C. J.(1999). Constructing competitive advantage: the role of firm constituent interaction. *Strategic Management Journal*, 20(8), 691-710.

Rindova, V. P., & Martins, L. L.(2012). Show me the money: A multidimensional perspective on reputation as an intangible asset. in Barnett, M. L., & Pollock, T. G.(Eds.), *The Oxford handbook of corporate reputation*(pp. 16-33). Oxford University Press.

Rindova, V. P., Petkova, A. P., & Kotha, S.(2007). Standing out: how new firms in emerging markets build reputation. *Strategic Organization*, 5(1), 31-70.

Rindova, V. P., Williamson, I. O., & Petkova, A. P.(2010). Reputation as an intangible asset: Reflections on theory and methods in two empirical studies of business school reputations. *Journal of Management*, 36(3), 610-619.

Rindova, V. P., Williamson, I. O., Petkova, A. P., & Sever, J. M.(2005). Being good or being known: An empirical examination of the dimensions, antecedents, and consequences of organizational reputation. *Academy of Management Journal*, 48(6), 1033-1049.

Roberts, P. W., & Dowling, G. R.(2002). Corporate reputation and sustained superior financial performance. *Strategic Management Journal*, 23(12), 1077-1093.

Rogers, E. M., & Kincaid, D. L.(1981). *Communication networks: Toward a new paradigm for research*. New York, NY: Free Press.

Rojas, H.(2011). Communicative Social Capital. *Journal of Communication*. 61, 689-712.

Rokka, J., Karlsson, K., & Tienari, J.(2014). Balancing acts: Managing employees and reputation in social media. *Journal of Marketing Management*, 30(7-8), 802-827.

Rosengren, S., Dahlén, M., & Modig, E.(2013). Think outside the ad: can advertising creativity benefit more than the advertiser?. *Journal of advertising*, 42(4), 320-330.

Rosengren, S., & Dahlén, M.(2013). Judging a magazine by its advertising: exploring the effects of advertising content on perceptions of a media vehicle. *Journal of Advertising Research*, 53(1), 61-70.

Rusbult, C. E.(1987). Responses to dissatisfaction in close relationships: The exit-voice-loyalty-neglect model, in Duck, S., & Perlman, D. (Eds), *Intimate relationships: Development, dynamics, and deterioration*(pp. 209-237). Thousand Oaks, CA: Sage Publications.

Rusbult, C. E., Zembrodt, I. M., & Gunn, L. K.(1982). Exit, voice, loyalty, and neglect: Responses to dissatisfaction in romantic involvements. *Journal of Personality and Social Psychology*, 43(6), 1230-1242.

Rusbult, C. E., Farrell, D., Rogers, G., & Mainous, A. G.(1988). Impact of exchange variables on exit, voice, loyalty, and neglect: An integrative model of responses to declining job satisfaction. *Academy of Management Journal*, 31(3), 599-627.

Saeidi, S. P., Sofian, S., Saeidi, P., Saeidi, S. P., & Saaeidi, S. A.(2015). How does corporate social responsibility contribute to firm financial performance? The mediating role of competitive advantage, reputation, and customer satisfaction. *Journal of Business Research*, 68(2), 341-350.

Sandra C. D.(2009). Good management, sound finances, and social responsibility: Two decades of U.S. corporate insider perspectives on reputation and the bottom line. *Public Relations Review*, 35(1), 77-78.

Satir, Ç.(2006). The nature of corporate reputation and the measurement of reputation components: An emprical study within a hospital. *Corporate Communications: An International Journal*, 11(1), 56-63.

Saxton, M. K.(1998). Where do reputations come from?. *Corporate Reputation Review*, 1(4), 393-399.

Schott, S. G., & Lane, V. R.(2000). A stakeholder approach to organizational identity. *The Academy of Management Review*, 25(1), 43-62.

Schuler, M.(2004). Management of the organizational image: A method for organizational image configuration. *Corporate Reputation Review*, 7(1), 37-53.

Schultz, F., Utz, S., & Göritz, A.(2011). Is the medium the message? Perceptions of and reactions to crisis communication via twitter, blogs and traditional media. *Public Relations Review*, 37(1), 20-27.

Schultz, M. & de Chernatony, L.(2002). The challenges of corporate branding. *Corporate Reputation Review*, 5(2/3), 105-112.

Schultz, M., Hatch, M. J., & Larsen, M. H.(Eds.)(2002). *The expressive organization: Linking identify, reputation, and the corporate brand.* Oxford, UK: Oxford University Press.

Schwarz, A.(2012). How publics use social media to respond to blame games in crisis communication: The Love Parade tragedy in Duisburg 2010. *Public Relations Review*, 38(3), 430-437.

Seitanidi, M. M.(2009). Missed opportunities of employee involvement in CSR partnerships. *Corporate Reputation Review*, 12(2), 89-105.

Seo, H., & Kinsey, D. F.(2013). Three Korean perspectives on US internet public diplomacy. *Public Relations Review*, 39(5), 594-596.

Shane, S., & Cable, D.(2002). Network ties, reputation, and the financing of new ventures. *Management Science*, 48(3), 364-381.

Shapiro, C.(1983). Premiums for high quality products as returns to reputations. *The Quarterly Journal of Economics*, 98(4), 659-679.

Shapiro, S. P.(1987). The social control of impersonal trust. *American journal of Sociology*, 623-658.

Sheehan, N. T., & Stabell, C. B.(2010). Reputation as a driver in activity level analysis: reputation and competitive advantage in knowledge intensive firms. *Corporate Reputation Review*, 13(3), 198-208.

Shi, M., & Wojnicki, A. C.(2014). Money talks to online opinion leaders:: what motivates opinion leaders to make social-network referrals?. *Journal of Advertising Research*, 54(1), 81-91.

Shrum, W., & Wuthnow, R.(1988). Reputational status of organizations in technical systems. *The American Journal of Sociology*, 93(4), 882-912.

Siano, A., Kitchen, P. J., & Giovanna Confetto, M.(2010). Financial resources and corporate reputation: Toward common management principles for managing corporate reputation. *Corporate Communications: An International Journal*, 15(1), 68-82.

Sisco, H. F.(2012a). Nonprofit in crisis: An examination of the applicability of situational crisis communication theory. *Journal of Public Relations Research*, 24(1), 1-17.

Sisco, H. F.(2012b). The ACORN story: An analysis of crisis response strategies in a nonprofit organization. *Public Relations Review*, 38(1), 89-96.

Smaiziene, I., & Jucevicius, R.(2009). Corporate reputation:

Multidisciplinary richness and search for a relevant definition. *Inzinerine Ekonomika —Engineering Economics*. 2, 91-100.

Smaiziene, I., & Jucevicius, R.(2013). Structural composition of a corporate reputation portfolio (Sustainable Development Perspective). *International Journal of Business and Management*, 8(15), 44-56.

Smidts, A., Pruyn, A., & Riel, C.(2001). The impact of employee communication and perceived external prestige on organizational identification. *Academy of Management Journal*, 49(5), 1051-1062.

Smith, K. T., Smith, M., & Wang, K.(2010). Does brand management of corporate reputation translate into higher market value?. *Journal of Strategic Marketing*, 18(3), 201-221.

Smudde, P. M., & Courtright, J. L.(2012). In search of message design best practices: The Silver Anvil Award winners archive. *Public Relations Review*, 38(5), 888-897.

Sohn, Y. J., & Lariscy, R.(2012). Resource-based crisis management: The important role of the CEO's reputation. *Journal of Public Relations Research*, 24(4), 318-337.

______(2014). Understanding reputational crisis: definition, properties, and consequences. *Journal of Public Relations Research*, 26(1), 23-43.

Sperber, D., & Baumard, N.(2012). Moral reputation: An evolutionary and cognitive perspective. *Mind & Language*, 27(5), 495-518.

Spoon, J. J., Hobolt, S. B., & Vries, C. E.(2014). Going green: Explaining issue competition on the environment. *European Journal of Political Research*, 53(2), 363-380.

Srivoravilai, N., Melewar, T. C., Liu, M. J., & Yannopoulou, N.(2011). Value marketing through corporate reputation: An empirical investigation of Thai hospitals. *Journal of Marketing Management*, 27(3-4), 243-268.

St. John III, B., & Arnett, R.(2014). The national association of manufacturers' community relations short film your town: Parable, propaganda, and big individualism. *Journal of Public Relations Research*, 26(2), 103-116.

Stubager, R., & Slothuus, R.(2013). What are the sources of political parties' issue ownership? Testing four explanations at the individual level. *Political Behavior*, 35(3), 567-588.

Suchman, M. C.(1995). Managing legitimacy: Strategic and institutional approaches. *Academy of Management Review*, 20(3), 571-610.

Sung, M., & Yang, S. U.(2008). Toward the model of university image: The influence of brand personality, external prestige, and reputation. *Journal of Public Relations Research*, 20(4), 357-376.

Surroca, J., Tribó, J. A., & Waddock, S.(2010). Corporate responsibility and financial performance: The role of intangible resources. *Strategic Management Journal*, 31(5), 463-490.

Suvatjis, J. Y., & de Chernatony, L.(2005). Corporate identity modelling: a review and presentation of a new multi-dimensional model. *Journal of Marketing Management*, 21(7-8), 809-834.

Takano, K.(2013). McDonald's Japan: A case study of effective public relations. *Public Relations Review*, 39(1), 60-62.

Tang, L., Gallagher, C. C., & Bie, B.(2014). Corporate social responsibility communication through corporate websites: A comparison of leading corporations in the United States and China. *International Journal of Business Communication*, 51(1), 1-23.

Thesen, G.(2013). When good news is scarce and bad news is good: Government responsibilities and opposition possibilities in political agenda-setting. *European Journal of Political Research*, 52(3), 364-389.

Theunissen, P.(2014). Co-creating corporate identity through dialogue: A pilot study. *Public Relations Review*, 40(3), 612-614.

Thomas, G., Zolin, R., & Hartman, J.(2009). The central role of communication in developing trust and its effect on employee involvement. *Journal of Business Communication*, 46(3), 287-310.

Thomaz, J. C.(2010). Identification, reputation, and performance: communication mediation. *Latin American Business Review*, 11(2), 171-197.

Tischer, S., & Hildebrandt, L.(2014). Linking corporate reputation and shareholder value using the publication of reputation rankings. *Journal* of *Business Research*, 67(5), 1007-1017.

Tong, S. C.(2013). Media reputation in initial public offerings: A study of financial news coverage in Hong Kong. *Public Relations Review*, 39(5), 470-483.

Tourish, D., & Hargie, O.(1996). Communication in the NHS: using qualitative approaches to analyse effectiveness. *Journal of Management in Medicine*. 10(5), 38-54.

Treem, J. W.(2013). Technology use as a status cue: The influences of mundane and novel technologies on knowledge assessments in organizations. *Journal of Communication*, 63(6), 1032-1053.

Tresch, A., Lefevere, J., & Walgrave, S.(2013). 'Steal me if you can!': The impact of campaign messages on associative issue ownership. *Party Politics*, 1-11, DOI: 10.1177/1354068812472576.

Turk, J. V., Jin, Y., Stewart, S., Kim, J., & Hipple, J. R.(2012). Examining the interplay of an organization's prior reputation, CEO's visibility, and immediate response to a crisis. *Public Relations Review*, 38(4), 574-583.

Uslaner, E. M.(2010). Trust and the economic crisis of 2008. *Corporate Reputation Review*, 13(2), 110-123.

Utz, S., Schultz, F., & Glocka, S.(2013). Crisis communication online: How medium, crisis type and emotions affected public reactions in the Fukushima Daiichi nuclear disaster. *Public Relations Review*, 39(1), 40-46.

Van den Bogaerd, M., & Aerts, W.(2014). Media reputation of a firm and extent of trade credit supply. *Corporate Reputation Review*, 17(1), 28-45.

Van den Bogaerd, M., & Aerts, W.(2015). Does media reputation affect properties of accounts payable?. *European Management Journal*, 33(1), 19-29.

Van den Bosch, F.A.J., & van Riel, C. B. M.(1998). Buffering and bridging as environmental strategies of firms. *Business Strategy and the Environment*, 7, 24-31.

Van der Brug, W.(2004). Issue ownership and party choice. *Electoral Studies*, 23(2), 209–233.

Van der Meer, T. G., & Verhoeven, J. W.(2014). Emotional crisis communication. *Public Relations Review*, 40(3), 526–536.

Van der Merwe, A. W., & Puth, G.(2014). Towards a conceptual model of the relationship between corporate trust and corporate reputation. *Corporate Reputation Review*, 17(2), 138–156.

Van Riel, C. B. M.(2003). The management of corporate communication, in Balmer, J. M. T., & Greyser, S. A.(Eds.), *Revealing the corporation: perspectives on identity, image, reputation, corporate branding, and corporate-level marketing*(pp. 161–170). Routledge.

Van Riel, C. B. M., & Fombrun, C. J.(2007). *Essentials of corporate communication: Implementing practices for effective reputation management*. London, UK: Routledge.

Varey, R. J.(2013). Corporate reputation and the discipline of marketing communication, in Carroll, C. E. (Ed.), *The Handbook of Communication and Corporate Reputation*(pp. 104–120). Hoboken, NJ: John Wiley & Sons, Inc.

Varma, T. M.(2011). Crisis communication in higher education: The use of "negotiation" as a strategy to manage crisis. *Public Relations Review*, 37(4), 373–375.

Verčič, A. T., & Verčič, D.(2013). Digital natives and social media. *Public Relations Review*, 39(5), 600–602.

Verhoeven, J. W., Van Hoof, J. J., Ter Keurs, H., & Van Vuuren, M.(2012). Effects of apologies and crisis responsibility on corporate and spokesperson reputation. *Public Relations Review*, 38(3), 501–504.

Vieweg, S., Palen, L., Liu, S. B., Hughes, A. L., & Sutton, J.(2008, May). *Collective intelligence in disaster: An examination of the phenomenon in the aftermath of the 2007 Virginia Tech shootings*. In Proceedings of the 5th International Information Systems for Crisis Response and Management Conference (ISCRAM), Washington DC. USA.

Vlachos, P. A., Krepapa, A., Panagopoulos, N. G., & Tsamakos, A.(2013).

Curvilinear effects of corporate social responsibility and benevolence on loyalty. *Corporate Reputation Review*, 16(4), 248-262.

Vliegenthart, R., & Walgrave, S.(2011). When media matter for politics: partisan moderators of mass media's agenda-setting influence on parliament in Belgium. *Party Politics*, 17(3), 321-342.

______(2011). Content matters: the dynamics of parliamentary questioning in Belgium and Denmark. *Comparative Political Studies*, 44(8), 1031-1059.

Wagner, M.(2012). When do parties emphasize extreme positions? How strategic incentives for policy differentiation influence issue importance. European *Journal of Political Research*, 51(1), 64-88.

Wakefield, R. I., Plowman, K. D., & Curry, A.(2013). Institutionalizing public relations: an international multiple-case study. *Journal of Public Relations Research*, 25(3), 207-224.

Wakefield, R. I.(2013). Personal influence and pre-industrial United States: An early relationship model that needs resurgence in US public relations. *Public Relations Review*, 39(2), 131-138.

Walgrave, S., & De Swert, K.(2007). Where does issue ownership come from? From the party or from the media? Issue-party identifications in Belgium, 1991-2005. *The Harvard International Journal of Press/Politics*, 12(1), 37-67.

Walgrave, S., Lefevere, J., & Nuytemans, M.(2009). Issue ownership stability and change: How political parties claim and maintain issues through media appearances. *Political Communication*, 26(2), 153-172.

Walgrave, S., Lefevere, J., & Tresch, A.(2012). The associative dimension of issue ownership. *Public Opinion Quarterly*, 76(4), 771-782

Walgrave, S., Lefevere, J., & Tresch, A.(2014). The limits of issue ownership dynamics: The constraining effect of party preference. *Journal of Elections, Public Opinion & Parties*, 24(1), 1-19.

Walker, K.(2010). A systematic review of the corporate reputation literature: Definition, measurement, and theory. *Corporate Reputation Review*, 12(4), 357-387.

Walker, K., & Dyck, B.(2014). The Primary importance of corporate social responsibility and ethicality in corporate reputation: an empirical study. *Business and Society Review*, 119(1), 147-174.

Walsh, G., Bartikowski, B., & Beatty, S. E.(2012). Impact of customer-based corporate reputation on non-monetary and monetary outcomes: The Roles of Commitment and Service Context Risk. *British Journal of Management*, 25(2), 166-185.

Wang, A.(2007). Priming, framing, and position on corporate social responsibility. *Journal of Public Relations Research*, 19(2), 123-145.

Wang, G., Dou, W., Li, H., & Zhou, N.(2013). Advertiser risk taking, campaign originality, and campaign performance. *Journal of Advertising*, 42(1), 42-53.

Wang, J.(2006). Managing national reputation and international relations in the global era: Public diplomacy revisited. *Public Relations Review*, 32(2), 91-96.

Wang, Y., Kandampully, J. A., Lo, H. P., & Shi, G.(2006). The roles of brand equity and corporate reputation in CRM: A Chinese study. *Corporate Reputation Review*, 9(3), 179-197.

Wartick, S. L.(1992). The relationship between intense media exposure and change in corporate reputation. *Business & Society*, 31(1), 33-49.

Wartick, S. L.(2002). Measuring corporate reputation definition and data. *Business & Society*, 41(4), 371-392.

Weaver, D. H.(1980). Audience need for orientation and media effects, *Communication Research*, 7(3), 361-373.

Weber, M.(2008). The business case for corporate social responsibility: A company-level measurement approach for CSR. *European Management Journal*, 26(4), 247-261.

Weigelt, K., & Camerer, C.(1988). Reputation and corporate strategy: A review of recent theory and applications. *Strategic Management Journal*, 9(5), 443-454.

Weiss, A. M., Anderson, E., & MacInnis, D. J.(1999). Reputation management as a motivation for sales structure decisions. *The Journal of Marketing*,

63(4), 74-89.

Whetten, D. A.(1997). Part II: Where do reputations come from?: Theory development and the study of corporate reputation. *Corporate Reputation Review,* 1(1), 25-34.

Whetten, D. A., & Godfrey, P. C. (Eds.).(1998). *Identity in organizations: Building theory through conversations.* Thousand Oaks, CA: Sage Publications.

Whetten, D. A., & Mackey, A.(2002). A social actor conception of organizational identity and its implications for the study of organizational reputation. *Business & Society*, 41(4), 393-414.

White, R.(1981). *Inventing Australia: images and identity*, 1688-1980 (No. 3). Allen & Unwin.

White, C., & Radic, D.(2014). Comparative public diplomacy: Message strategies of countries in transition. *Public Relations Review*, 40(3), 459-465.

White, J. M., & Wingenbach, G.(2013). Potential barriers to mass media coverage of health issues: Differences between public information officers and journalists regarding beliefs central to professional behaviors. *Journal of Public Relations Research*, 25(2), 123-140.

Wiedmann, K. P., Hennigs, N., Schmidt, S., & Wuestefeld, T.(2013). Brand heritage and its impact on corporate reputation: Corporate roots as a vision for the future. *Corporate Reputation Review*, 16(3), 187-205.

Wigley, S., & Fontenot, M.(2011). The giffords shootings in Tucson: Exploring citizen-generated versus news media content in crisis management. *Public Relations Review,* 37(4), 337-344.

Wigley, S., & Lewis, B. K.(2012). Rules of engagement: Practice what you tweet. *Public Relations Review*, 38(1), 165-167.

Williams, R. J., & Barrett, J. D.(2000). Corporate philanthropy, criminal activity, and firm reputation: Is there a link?. *Journal of Business Ethics*, 26(4), 341-350.

Wilkins, S., & Huisman, J.(2014). Corporate images' impact on consumers' product choices: The case of multinational foreign subsidiaries. *Journal of Business Research*, 67(10), 2224-2230.

Willis, P.(2012). Engaging communities: Ostrom's economic commons, social capital and public relations. *Public Relations Review*, 38(1), 116-122.

Xifra, J.(2012). Sex, lies, and post-trial publicity: The reputation repair strategies of Dominique Strauss-Kahn. *Public Relations Review*, 38(3), 477-483.

Xifra, J., & Ordeix, E.(2009). Managing reputational risk in an economic downturn: The case of Banco Santander. *Public Relations Review*, 35(4), 353-360.

Xue, K., Chen, X., & Yu, M.(2012). Can the World Expo change a city's image through foreign media reports?. *Public Relations Review*, 38(5), 746-754.

Yang, S.(2005). *The effects of organization-public relationships on organizational reputation from the perspective of publics*. Unpublished Ph.D. Thesis, University of maryland, college Park, MD.

_____(2007). An integrated model for organization—public relational outcomes, organizational reputation, and their antecedents. *Journal of Public Relations Research*, 19(2), 91-121.

Yang, S., & Lim, J. S.(2009). The effects of blog-mediated public relations (BMPR) on relational trust. *Journal of Public Relations Research*, 21(3), 341-359.

Yang, S. Kang, M., & Cha, H.(2015). A study on dialogic communication, trust, and distrust: Testing a scale for measuring organization-public dialogic communication (OPDC). *Journal of Public Relations Research*, 27(2), 175-192.

Yang, S. Shin, H., Lee, J. H., & Wrigley, B.(2008). Country reputation in multidimensions: Predictors, effects, and communication channels. *Journal of Public Relations Research*, 20(4), 421-440.

Yoo, J. W., & Jo, S.(2014). A comparative analysis of the perception of public relations in Chinese and South Korean newspapers. *Public Relations Review*, 40(3), 503-505.

Yu, T., & Leter, R. H.(2008). Moving beyond firm boundaries: A social network perspective on reputation spillover. *Corporate Reputation Review*, 11(1), 94-108.

Zatepilina, O.(2009). Non-state ambassadors: NGOs' contribution to America's public diplomacy. *Place Branding and Public Diplomacy*, 5(2), 156-168.

Zatepilina-Monacell, O.(2012). High stakes: US nonprofit organizations and the US standing abroad. *Public Relations Review*, 38(3), 471-476.

Zatepilina-Monacell, O.(2014). Communicating a made-in-America brand: Country- of-origin messaging strategies in the US home furnishings industry. *Corporate Reputation Review*, 17(2), 157-168.

Zhang, W., & Chang, L.(2014). Perceived speech conditions and disagreement of everyday talk: A proceduralist perspective of citizen deliberation. *Communication Theory*, 24(2), 124-145.

Zhang, X.(2014b). The repeat-purchase contract enforcement role of business news. *Corporate Reputation Review*, 17(3), 171-182.

Zhou, L., & Whitla, P.(2013). How negative celebrity publicity influences consumer attitudes: The mediating role of moral reputation. *Journal of Business Research*, 66(8), 1013-1020.

Zou, H. L., Zeng, R. C., Zeng, S. X., & Shi, J. J.(2014). How do environmental violation events harm corporate reputation?. *Business Strategy and the Environment*. DOI: 10.1002/bse. 1849.

찾아보기

기업 명성과 커뮤니케이션

통합 커뮤니케이션 자본 모델의 이론과 전략

펴낸날 초판 1쇄 2015년 6월 29일
지은이 차희원
펴낸이 김훈순
펴낸곳 이화여자대학교출판부
주소 서울특별시 서대문구 이화여대길 52(우120-750)
등록 1954년 7월 6일 제9-61호
전화 02) 3277-2965(편집), 02) 362-6076(마케팅)
팩스 02) 312-4312
전자우편 press@ewha.ac.kr
홈페이지 www.ewhapress.com
책임편집 민지영
디자인 신성기획
찍은곳 네오프린텍

ISBN 979-11-85909-38-7 93300
값 28,000원

이 도서의 국립중앙도서관 출판시도서목록(CIP)은 서지정보유통지원시스템 홈페이지(http://seoji.nl.go.kr)와 국가자료공동목록시스템(http://www.nl.go.kr/kolisnet)에서 이용하실 수 있습니다.(CIP제어번호: CIP2015016182)